Kohlhammer | Deutscher Gemeindeverlag

SCHRIFTENREIHE
DES FREIHERR-VOM-STEIN-INSTITUTES
WISSENSCHAFTLICHE FORSCHUNGSSTELLE
DES LANDKREISTAGES NORDRHEIN-WESTFALEN
AN DER UNIVERSITÄT MÜNSTER

BAND 65

Katharina Kallerhoff

Öffentlich-rechtliche Entsorgungsträger contra private Abfallwirtschaft

Aktuelle rechtliche Entwicklungen unter besonderer Berücksichtigung der gewerblichen Sammlungen von verwertbaren Sekundärrohstoffen

Verlag W. Kohlhammer
Deutscher Gemeindeverlag

Die Rechtswissenschaftliche Fakultät der Westfälischen Wilhelms-Universität Münster hat diese Arbeit als Dissertation angenommen.

D 6

2011
Deutscher Gemeindeverlag GmbH
Verlagsort: 70565 Stuttgart
Gesamtherstellung Deutscher Gemeindeverlag GmbH/Verlag W. Kohlhammer GmbH, Stuttgart

ISBN 978-3-555-01547-7

Vorwort

Seit Jahren ist die Abfallentsorgung Schauplatz einer Auseinandersetzung zwischen den Kommunen und der privaten Entsorgungswirtschaft. Es geht darum, wer den ersten Zugriff auf bestimmte Stoffe hat und die Verwertung auf seine Rechnung vornehmen darf. Die Intensität des Streits schwankt mit der Konjunktur und den Rohstoffpreisen. Je höher die Preise für Wertstoffe, desto attraktiver ist der Zugriff darauf. Wegen des großen Gewichts der Interessengruppen auf beiden Seiten hat die Politik bisher eine klare rechtliche Regelung nicht zustande gebracht. Deshalb hat die rechtliche Auseinandersetzung zwischen Exponenten der beiden Seiten vor Gericht und im Schrifttum große Bedeutung. Die Fülle von Aufsätzen, Gutachten und Urteilsanmerkungen zu der untersuchten Frage wurde von der Verfasserin umfassend ausgewertet. Die Arbeit untersucht die einschlägigen abfallrechtlichen Fragen vor allem am Beispiel der PPK-Fraktion (Papier, Pappe und Karton).

Bei den Handlungsoptionen der Kommunen liegt ein Schwerpunkt der Arbeit. Hierbei wird auf die Information des Bürgers, straßenrechtliche sowie verkehrsrechtliche Optionen, Untersagungsverfügungen, Werbung für kommunale Wertstofftonnen, differenzierte Abfallgebühr, Streichung der Abfallgebühr für die kommunale »Blaue Tonne«, interkommunale sowie überörtliche Entsorgungskooperationen, die Novellierung des KrW-/AbfG, Kooperation mit Privaten, rein private Entsorgung, Konkretisierungsmöglichkeiten im Rahmen der kommunalen Satzungsbefugnis und den Aufbau eines eigenen Holsystems für bestimmte Verwertungsabfälle eingegangen.

Die Untersuchung wurde im Dezember 2010 abgeschlossen. Sie wurde im Wintersemester 2010/2011 von der Rechtswissenschaftlichen Fakultät der Westfälischen Wilhelms-Universität Münster als Dissertation angenommen.

Münster, im Juli 2011

Professor Dr. Janbernd Oebbecke
Geschäftsführender Direktor
des Freiherr-vom-Stein-Instituts

Vorwort der Verfasserin

Die vorliegende Arbeit ist während meiner Tätigkeit als Wissenschaftliche Mitarbeiterin am Freiherr-vom-Stein-Institut (FSI) in Münster entstanden. Mein erster Dank gilt dem Geschäftsführenden Direktor des Instituts, Herrn Professor Dr. Janbernd Oebbecke, der schon während meines Studiums meine Begeisterung für das Öffentliche Recht weckte und mir die Möglichkeit eröffnete, am FSI über das spannende und abwechslungsreiche Rechtsgebiet des Abfallrechts zu promovieren. Herrn Professor Dr. Hans D. Jarass danke ich für die zügige Erstellung des Zweitgutachtens.

Das FSI und der Landkreistag Nordrhein-Westfalen, hier stellvertretend zu nennen der Hauptgeschäftsführer, Herr Dr. Martin Klein, boten mir die Gelegenheit, unter einmaligen Forschungsbedingungen meine Arbeit zu erstellen. Danken möchte ich auch der Leiterin des Instituts, Frau Dr. Sabrina Desens, für ihre kritischen Anmerkungen zu meiner Arbeit sowie meinen Kolleg(inn)en Dr. Jan Lüdde, Dr. Carsten Lund, Matthias Stork, Thomas Jungkamp und Jessica Isenburg für den stetigen wissenschaftlichen Austausch, die gegenseitige Motivation und die kleinen Ablenkungen im wissenschaftlichen Alltagstrott. Auch den zahlreichen Studentischen Hilfskräften, zunächst des FSI und dann des KWI, gilt mein Dank für ihre tatkräftige Unterstützung bei der Literaturbeschaffung. Frau Hiltrud Martellock mit ihrer einzigartigen, herzlichen Art und FSI-Erfahrung ist als Seele des Instituts unersetzbar. Ihr gilt ebenso mein Dank wie Herrn Hans-Jürgen Richard für die Entlastung bei der Erstellung der technischen Druckfassung.

Meiner Familie möchte ich dafür danken, dass sie immer für mich da ist und mich bei all meinem Tun unterstützt.

Zuletzt, aber hervorgehoben, möchte ich Michael für seine Liebe, seine unendliche Geduld und seinen Rückhalt danken. Ihm ist die Arbeit gewidmet.

Münster, im Juli 2011

Katharina Kallerhoff

Inhaltsübersicht

Inhaltsverzeichnis

Abkürzungsverzeichnis

AbfallR	Zeitschrift für das Recht der Abfallwirtschaft
AbfRRL	Abfallrahmenrichtlinie
AbfVerbrVO	Abfallverbringungsverordnung
ABl. Bez.Reg. Mstr.	Amtsblatt für den Regierungsbezirk Münster, Herausgeber: Bezirksregierung Münster
AE KrWG	Arbeitsentwurf Kreislaufwirtschaftsgesetz
AEUV	Vertrag über die Arbeitsweise der Europäischen Union
AltholzVO	Verordnung über Anforderungen an die Verwertung und Beseitigung von Altholz (Altholzverordnung)
AltölVO	Altölverordnung
APuZ	Aus Politik und Zeitgeschichte
ASTO	Abfall- Sammel- und Transportverband Oberberg
AVVO	Verordnung über das Europäische Abfallverzeichnis (Abfallverzeichnis-Verordnung)
AWM	Abfallwirtschaftsbetriebe Münster
BDE	Bundesverband der Deutschen Entsorgungswirtschaft e. V.
BeckOK	Beck´scher Online-Kommentar
Beh.	Behälter(n)
BesVerwR	Besonderes Verwaltungsrecht
Bgr.	Begründer
BremAGKrW-/AbflG	Bremisches Ausführungsgesetz zum Kreislaufwirtschafts- und Abfallgesetz
bvse	Bundesverband Sekundärrohstoffe und Entsorgung e. V.
bzw.	beziehungsweise
ders.	derselbe
DGO	Deutsche Gemeindeordnung
dies.	dieselbe(n)
Drs.	Drucksache
DStGB	Deutscher Städte- und Gemeindebund
Einf.	Einführung
etc.	et cetera = und so weiter
EUWID	Europäischer Wirtschaftsdienst
EVS	Entsorgungsverband Saar
FCKW	Fluorchlorkohlenwasserstoffe
gem.	gemäß
GewAbfVO	Verordnung über die Entsorgung von gewerblichen Siedlungsabfällen und von bestimmten Bau- und Abbruchabfällen (Gewerbeabfallverordnung)
ggf.	gegebenenfalls
GGSC	Gaßner, Groth, Siederer & Collegen

GVwR	Grundlagen des Verwaltungsrechts
Habil.	Habilitationsschrift
HAKA	Hessisches Ausführungsgesetz zum KrW-/AbfG
HdbStR	Handbuch des Staatsrechts
HessVGH	Hessischer Verwaltungsgerichtshof
HS	Halbsatz
i. d. S.	in diesem Sinne
insbes.	insbesondere
INFA	Institut für Abfall, Abwasser und Infrastruktur-Management GmbH
IR	InfrastrukturRecht
IT.NRW	Landesbetrieb Information und Technik Nordrhein-Westfalen
KrW-/AbfR	Kreislaufwirtschafts- und Abfallrecht
KrW-/Abf- und BodenschutzR	Kreislaufwirtschafts-, Abfall- und Bodenschutzrecht
KrWG	Kreislaufwirtschaftsgesetz
LAbfG	Landesabfallgesetz
LAGA	Bund/Länder-Arbeitsgemeinschaft Abfall
Lfg.	Lieferung
LKT	Landkreistag
LNK	LexisNexis-Kommentar
LVerf	Verfassung für das Land; Landesverfassung
MA	Müll und Abfall
MKULNV	Ministerium für Klimaschutz, Umwelt, Landwirtschaft, Natur- und Verbraucherschutz
MUFV RLP	Ministerium für Umwelt, Forsten und Verbraucherschutz Rheinland-Pfalz
MUNLV	Ministerium für Umwelt- und Naturschutz, Landwirtschaft und Verbraucherschutz
NachwVO	Nachweisverordnung
Nds.OVG	Niedersächsisches Oberverwaltungsgericht
NLT	Niedersächsischer Landkreistag – Information, Verbandszeitschrift
n. v.	nicht veröffentlicht
OVG Bln-Bbg	Oberverwaltungsgericht Berlin-Brandenburg
OVG Hmb.	Oberverwaltungsgericht Hamburg
OVG M-V	Oberverwaltungsgericht Mecklenburg-Vorpommern
OVG RhPf	Oberverwaltungsgericht Rheinland-Pfalz
OVG SA	OVG Sachsen-Anhalt
OVG SH	Schleswig-Holsteinisches Oberverwaltungsgericht
POR	Polizei- und Ordnungsrecht

PPK	Papier, Pappe und Kartonagen
REACH	Registration, Evaluation, Authorisation and Restriction of Chemicals
RefE KrWG	Referentenentwurf Kreislaufwirtschaftsgesetz
SächsOVG	Sächsisches Oberverwaltungsgericht
SAWG	Saarländisches Abfallwirtschaftsgesetz
sog.	sogenannt(er/e/es/en)
SRH	Stadtreinigung Hamburg
StGB	Städte- und Gemeindebund
StVO-ZustVO NRW	Verordnung über die Bestimmung der zuständigen Behörden nach der Straßenverkehrs-Ordnung Nordrhein-Westfalen
StVR	Straßenverkehrsrecht
s. u.	siehe unten
ThürOVG	Thüringer Oberverwaltungsgericht
TierNebG	Tierische Nebenprodukte-Beseitigungsgesetz
TierNebVO	Tierische Nebenprodukte-Beseitigungsverordnung
u. a.	unter anderem; unter anderen
u. Ä.	und Ähnliche(s)
UGB	Umweltgesetzbuch
UMK	Umweltministerkonferenz
Univ.	Universität
UVM BW	Ministerium für Umwelt, Naturschutz und Verkehr Baden-Württemberg
v.	von; vom
verb.	verbundene
VerpackVO	Verordnung über die Vermeidung und Verwertung von Verpackungsabfällen (Verpackungsverordnung)
VK	Vergabekammer
VKS	Verband Kommunale Stadtreinigung und Abfallwirtschaft
VKU	Verband Kommunale Unternehmen
Vorbem.	Vorbemerkung(en)
ZAH	Zweckverband Abfallwirtschaft Hildesheim
ZEW	Zweckverband Entsorgungsregion West
zugl.	zugleich
ZustVU	Zuständigkeitsverordnung Umweltschutz
zutr.	zutreffend

Die sonst in der Arbeit verwendeten Abkürzungen richten sich, sofern sie nicht allgemeingebräuchlich oder im Text definiert sind, nach *Kirchner*, Hildebert/ *Pannier*, Dietrich, Abkürzungsverzeichnis der Rechtssprache, 6. Auflage, Berlin 2008.

Einleitung

§ 1 Einführung in die Problematik

In den letzten Jahren ist bundesweit in zahlreichen Städten und Gemeinden ein Konkurrenzkampf zwischen öffentlich-rechtlichen Entsorgungsträgern und privaten Gewerbetreibenden um die in privaten Haushalten anfallenden Abfälle entbrannt, der in der Öffentlichkeit als »Kampf ums Altpapier« Schlagzeilen machte. Wie dieser reißerische Titel vermuten lässt, ist insbesondere der Bereich des Altpapiers bzw. die sog. PPK-Fraktion betroffen. Hierbei handelt es sich um Abfälle aus Papier, Pappe und Kartonagen. Altpapier ist ein Sekundärrohstoff, also ein Wertstoff, der stofflich verwertet wird. Durch die stoffliche Verwertung i. S. d. § 4 Abs. 3 Kreislaufwirtschafts- und Abfallgesetz (KrW-/AbfG)[1] wird neues Papier gewonnen. Zu dieser zunehmend in den Fokus rückenden Gruppierung gehören des weiteren Kunststoffe, Altglas, Elektroschrott, Buntmetalle, Altholz, Bioabfall, Alttextilien usw. Die (Wieder-)Verwertung von Rohstoffen birgt viele Vorteile. Neben dem Kosten- und Ressourcenersparnis sind der Beitrag zum Klimaschutz sowie die Verringerung der Abhängigkeit von rohstoffexportierenden Ländern zu nennen.

Das aktuell zu verzeichnende vermehrte Auftreten gewerblicher Sammlungen hat mehrere Ursachen: Neben der Entwicklung in der verwaltungsgerichtlichen Rechtsprechung, die gewerbliche Sammlungen in einem weiten Ausmaß als zulässig erachtet hat, war auch der zwischenzeitliche Anstieg der Altpapierpreise für die Zunahme der privaten Sammlungen verantwortlich. Die gestiegenen Rohstoffpreise führten dazu, dass diese nicht nur die Kosten für den Aufbau einer Entsorgungsinfrastruktur einschließlich der Bereitstellung von sog. »Blauen Tonnen« für die Erfassung von Altpapier bei den privaten Haushaltungen deckten, sondern hierüber hinaus auch einen hohen Gewinn erwarten ließen.[2] Die hohen Erlöse resultierten aus einer weltweiten Verknappung von Ressourcen und der gestiegenen Nachfrage aus Ländern wie China oder Indien. Da es dort keine

1 Gesetz zur Förderung der Kreislaufwirtschaft und Sicherung der umweltverträglichen Beseitigung von Abfällen (Kreislaufwirtschafts- und Abfallgesetz) v. 27.9.1994, BGBl. I S. 2705. Das Gesetz soll im Zuge der anstehenden Novellierung den praxisfreundlicheren Titel »Kreislaufwirtschaftsgesetz (KrWG)« bekommen.

2 So *Vetter,* VBlBW 2010, 93 f.; s. zur Entwicklung der Altpapiererfassung: *Bilitewski/ Kügler,* MA 2010, 156 ff.

vergleichbaren Sammelsysteme für Rohstoffe gibt, müssen diese Staaten ihren Bedarf durch Import aus anderen Ländern decken, wodurch es zu immensen Preissteigerungen auf dem Markt für Sekundärrohstoffe kommen kann.[3]

Ende 2008 brach dann im Sog der Wirtschaftskrise der Markt für Altpapier innerhalb weniger Wochen ein. Die Finanzkrise führte zu einem zwischenzeitlichen Erliegen der fernöstlichen Nachfrage nach Altpapier und zu einem mehrwöchigen Produktionsstopp der hiesigen Papierindustrie. In der Folge zogen sich private Anbieter zunehmend aus dem für sie weniger lukrativ werdenden Altpapiermarkt zurück. Außerordentlich hohe Rohstofferlöse von bis zu 100 EUR/Tonne Altpapier im Sommer 2008 sind innerhalb weniger Wochen dramatisch gefallen. Um die Jahreswende 2008/2009 lag der Altpapierpreis völlig am Boden.[4] Zeitweise waren lediglich 5 EUR/Tonne zu erzielen.[5] Wegen dieses Preisverfalls ist das Interesse privater Entsorgungsunternehmen an gewerblichen Sammlungen zumindest vorübergehend zurückgegangen. Inzwischen hat der Altpapiermarkt sich stabilisiert und die Preise beginnen langsam wieder zu steigen. Die momentanen Preisangaben für Mischpapier liegen bei 70-75 EUR und haben damit ein ähnliches Niveau wie vor dem Preiseinbruch erreicht.[6]

Neben dieser globalen Seite gibt es auch eine kommunale Dimension der Altpapierverwertung. Die positive Marktentwicklung nutzen in vielen Kommunen privatwirtschaftliche Entsorgungsunternehmen und stellen »Blaue Tonnen« auf. Diese Vorgehensweise ist überwiegend dann zu beobachten, wenn noch kein Holsystem für Altpapier vorhanden ist. Beim Holsystem kommen mehrere Systeme alternativ oder ergänzend in Betracht. Neben haushaltsnahen Depotcontainern sowie Behältern für verschiedene Wertstoffe kommen auch Bündelsammlungen, die in regelmäßigen Abständen durchgeführt werden, in Betracht. Beim Bringsystem sammelt der Verbraucher die Wertstoffe getrennt vom übrigen Abfall und bringt sie zu Recyclinghöfen oder Containersammelstellen.[7] Diese an verschiedenen Plätzen postierten Behälter sind meistens für jeweils eine Wertstoffkomponente geeignet, wie beispielsweise Glas, Papier, Textilien, Schuhe und Ähnliches. Die öffentlich-rechtlichen Entsorgungsträger befürchten durch

3 Vgl. *Scheidler,* ThürVBl. 2010, 25.
4 Dazu: *Braun,* ThürVBl. 2009, 49.
5 S. zur Preisentwicklung: Mitt. StGB NRW 2009, 172.
6 EUWID Recycling und Entsorgung 41/2010, 21.
7 *Thomas/Pott,* Organisation der Abfallentsorgung, S. 54.

die zunehmende private »Rosinenpickerei«[8] Verluste zu erleiden, weil ihnen Einnahmen aus dem Weiterverkauf der lukrativen Sekundärrohstoffe wegbrechen, die in die Abfallgebühren einkalkuliert sind.[9] Die auf europäischer Ebene initiierte Liberalisierung einzelner Wirtschaftssektoren setzt kommunale Unternehmen zusätzlich verstärkt unter Anpassungsdruck.[10] Die öffentlich-rechtlichen Entsorgungsträger befürchten zum einen, dass private Anbieter nur in Städten tätig werden könnten, da dort die pro Kopf-Sammlungskosten niedriger seien als in ländlichen Gebieten (interkommunale Rosinenpickerei). Zum anderen sei mit einem selektiven Agieren innerhalb einer Kommune zu rechnen, indem der private Anbieter nur bei großen Wohnanlagen sammeln oder abgelegene Häuser nicht ansteuern könnte (intrakommunale Rosinenpickerei). Zu denken sei etwa auch an die Entsorgung nur in bestimmten, leicht zugänglichen Teilen eines Gebiets, während Abfall aus engen Straßen, verschachtelten Quartieren oder steilen, mit Entsorgungsfahrzeugen nur schwer zugänglichen Bezirken nicht oder nicht systematisch abgeholt würde (viertelbedingte Rosinenpickerei).[11] Denkbar wäre auch, dass ein privates Unternehmen nur bestimmte Abfallströme, etwa Papier oder Glas, abhole und entsorge und andere Abfälle der Entsorgung durch die Gemeinde überlasse (fraktionsbedingte Rosinenpickerei).[12] Die Kommunen sehen sich auch einer abfallrechtlichen Letztverantwortung für die Entsorgung des in die Tonnen des privaten Anbieters geworfenen Abfalls gegenüber, was insbesondere dann aktuell wird, wenn der private Entsorger an dem Behälterinhalt wegen Fehlbefüllung oder mangelnder Gewinnprognose kein Interesse (mehr) hat.[13]

Die Diskussion um gewerbliche Sammlungen von Sekundärrohstoffen hat zwischenzeitlich zwar aufgrund des durch die Wirtschaftskrise verursachten Preisverfalls an Aktualität verloren, sie ist aber nach wie vor brisant, da die gesetzliche Regelung eine Lücke aufweist, die auch das später darzustellende Grundsatzurteil des BVerwG nicht zu schließen vermochte. Anlässlich der Umsetzung der Abfallrahmenrichtlinie sollen auch die Überlassungs-

---

8 Gemeint ist das Herausnehmen lukrativer Wertstoffe, wie eben gerade des Altpapiers, wohingegen die eher weniger gewinnträchtigen Abfallfraktionen beim öffentlich-rechtlichen Entsorgungsträger verbleiben.

9 *Braun,* ThürVBl. 2009, 49.

10 Vgl. zum Wettbewerb zwischen kommunalen Unternehmen und Privaten: *Reck,* DVBl. 2009, 1546.

11 So etwa die Befürchtung von *Krämer,* AbfallR 2010, 40 (43).

12 *Krämer,* AbfallR 2010, 40 (43).

13 *Braun,* ThürVBl. 2009, 49.

pflichten in erheblichem Umfang novelliert werden. Eine fortschreitende, vor allem durch das Europarecht beeinflusste Liberalisierung des Abfallrechts führt zudem mittelfristig neben steigenden Rohstoffpreisen dazu, dass mit weiteren Wertstofftonnen für die jeweils lukrativen Sekundärrohstoffe, etwa Buntmetall, Holz oder Elektroschrott, gerechnet werden muss.[14] Kurz gesagt: Wenn es heute das Altpapier ist, kann es morgen der Biomüll sein, um den die einzelnen Streitparteien kämpfen werden.[15] Bereits vereinzelt kam es in einigen Kommunen zu ersten gewerblichen Sammlungen von Biomüll und Altglas. Die Sekundärrohstoffe erscheinen zunehmend auch für private Investoren attraktiv. Sie können beispielsweise mittels stofflicher bzw. energetischer Verwertung der Strom- oder Wärmeerzeugung dienen. Es ist nicht auszuschließen, dass in Zukunft nicht mehr der Kampf um die »Blaue Tonne« ausgefochten wird, sondern vielleicht der »Häuserkampf« um die »Rote Tonne« für Kupferschrott.[16] Die Frage der Zulässigkeit einer gewerblichen Sammlung von Haushaltsabfällen ist nicht auf bestimmte Abfallströme beschränkt. Die tatsächlichen und rechtlichen Grundlagen sind im Wesentlichen vergleichbar. Die Voraussetzungen hierfür sollen im Rahmen der Untersuchung anhand des aktuell in den Mittelpunkt geratenen Rohstoffs Altpapier exemplarisch aufgezeigt werden.

Ausgehend von diesen dargestellten, praktischen Problemen stellt sich die juristische Frage, ob private Unternehmen rechtmäßig »Blaue Tonnen« einführen können und sich somit den Markt einverleiben dürfen.[17] Einen Beitrag zur Lichtung dieses Dickichts zu leisten, soll Aufgabe dieser Arbeit sein.

§ 2 Gang der Untersuchung

Soweit landesrechtliche Regelungen von Relevanz sind, orientiert sich die vorliegende Arbeit an der Rechtslage in Nordrhein-Westfalen. Die Vorschriften der anderen Bundesländer werden nur teilweise herangezogen.

---

14 Ähnliche Annahmen äußern: *Kahle,* NordÖR 2009, 10 f.; *Petersen,* NVwZ 2009, 1063 (1070).

15 Die gewerbliche Sammlung wird in Berlin seit Jahrzehnten auch bei Grünschnitt, Sperrmüll und Elektroaltgeräten praktiziert, s. *Paschlau/Rindtorff,* MA 2004, 534 (536); Abfallwirtschaftskonzept für das Land Berlin 2010, Abgeordnetenhaus Berlin-Drs. 16/3403, S. 146.

16 Dazu: EUWID Recycling und Entsorgung, 32/2009, 6.

17 Dazu: *Braun,* ThürVBl. 2009, 49.

Rechtsprechung, Literatur sowie das aktuelle Gesetzgebungsverfahren zur Novellierung des KrW-/AbfG konnten bis Ende Dezember 2010 Berücksichtigung finden.

Ist die Problematik aufgezeigt und die Methode der Bearbeitung bestimmt, können die Ergebnisse der Untersuchung in drei Teilen gewonnen und in einem vierten zusammengefasst werden: Der erste Teil beinhaltet die Struktur und den systematischen Zusammenhang der Überlassungspflichten.

Aufbauend auf den im ersten Teil gelegten Fundamenten werden im zweiten Teil die Verwertungsmöglichkeiten der Erzeuger oder Besitzer von Abfällen aus privaten Haushaltungen gem. § 13 Abs. 1 S. 1 HS 2 KrW-/AbfG, insbesondere die Einschaltung Dritter, erörtert.

Es folgt als der Schwerpunkt der Arbeit die Untersuchung der Zulässigkeit gewerblicher Sammlungen, die durch das Grundsatzurteil des BVerwG vom 18.6.2009 eher an neuen strittigen Ansatzpunkten als an Klärung hinzugewonnen hat (Dritter Teil). Nach einer Darstellung der Entwicklung der hierzu zahlreich ergangenen Gerichtsentscheidungen und der Regelungssystematik des § 13 Abs. 3 S. 1 Nr. 3 KrW-/AbfG werden die Begriffe der Sammlung und der Gewerblichkeit in ihre Einzelbestandteile zerlegt und analysiert. Des Weiteren stellt sich die Frage, unter welchen Voraussetzungen die öffentlich-rechtlichen Entsorgungsträger gewerbliche Sammlungen unter Verweis auf entgegenstehende öffentliche Interessen i. S. d. § 13 Abs. 3 S. 1 Nr. 3 KrW-/AbfG untersagen können. Hierbei soll auf die verschiedenen, von Rechtsprechung und Literatur aufgeworfenen Fallgruppen eingegangen werden. Nach einer kurzen Darstellung der formellen Voraussetzung dieser umstrittensten Ausnahme von den Überlassungspflichten widmet sich die Arbeit der Zulässigkeit gewerblicher Sammlungen von Sekundärrohstoffen außerhalb der PPK-Fraktion. Vor dem Hintergrund des Untersuchten folgt ein Katalog, der vielfältige, rechtsübergreifende Handlungsoptionen der Kommunen im Wettbewerb um die lukrativen Abfallfraktionen aufzeigt. Hierbei ist u. a. die aktuelle Novellierung des Kreislaufwirtschafts- und Abfallrechts und ihre europarechtliche Bewertung Gegenstand der aufgezeigten Lösungswege.

Die Arbeit schließt mit einem Ausblick und einer Zusammenfassung in Leitsätzen.

Erster Teil: Überlassungspflichten

§ 1 Grundsatz der Entsorgungspflicht des Erzeugers und Besitzers von Abfällen (§§ 5 Abs. 2, 11 Abs. 1 KrW-/AbfG)

Die zentralen Grundpflichten des Regelungssystems im KrW-/AbfG sind die Verwertungspflicht nach § 5 Abs. 2 KrW-/AbfG und die Beseitigungspflicht von Abfällen, die nicht verwertet werden, nach § 11 Abs. 1 KrW-/AbfG. Sie beinhalten ein Grundmodell, wonach grundsätzlich die Abfallverursacher, also Erzeuger und Besitzer von Abfällen, selbst zur Verwertung und Beseitigung verpflichtet sind bzw. ihnen die Kosten hierfür zugerechnet werden (Verursacherprinzip).[18] Erzeuger ist gem. § 3 Abs. 5 KrW-/AbfG jede natürliche oder juristische Person, die Vorbehandlungen, Mischungen oder sonstige Behandlungen vorgenommen hat, die eine Veränderung der Natur oder Zusammensetzung der Abfälle bewirken. Besitzer ist nach § 3 Abs. 6 KrW-/AbfG jede natürliche oder juristische Person, die die tatsächliche Sachherrschaft über Abfälle hat. Dabei kommt es – anders als im Zivilrecht – nicht auf den Willen zur Besitzbegründung an.[19]

§ 4 Abs. 1 Nr. 2 KrW-/AbfG regelt den Grundsatz der Verwertung. Danach sind Abfälle in zweiter Linie, soweit sie nicht zu vermeiden sind, stofflich zu verwerten oder zur Gewinnung von Energie zu nutzen (energetische Verwertung). In Anlehnung an den Anhang IIB des KrW-/AbfG lässt sich die Verwertung definieren als Verfahren oder Maßnahme, welche(s) primär auf Nutzung der stofflichen Eigenschaften oder auf Nutzung als Brennstoff und nicht auf die Beseitigung der Schadstoffe gerichtet ist. § 4 Abs. 3 und 4 KrW-/AbfG definieren die Begriffe der stofflichen und energetischen Verwertung, auf welche an anderer Stelle noch näher einzugehen ist.[20]

Abfälle, die nicht verwertet werden, sind dauerhaft von der Kreislaufwirtschaft auszuschließen und zur Wahrung des Wohls der Allgemeinheit zu beseitigen (§ 10 Abs. 1 KrW-/AbfG). Dabei umfasst die Abfallbeseitigung gem. § 10 Abs. 2 S. 1 KrW-/AbfG das Bereitstellen, Überlassen, Einsam-

---

18 Das Verursacherprinzip ist neben dem Kooperations-, Vorsorge- und Integrationsprinzip das vierte grundlegende Prinzip des Umweltrechts. S. hierzu: *Kloepfer,* Umweltschutzrecht, S. 61 ff.

19 Vgl. *Bree,* Die Privatisierung der Abfallentsorgung nach dem KrW-/AbfG, S. 82 f.

20 S. Erster Teil § 2, B.

meln, die Beförderung, die Behandlung, die Lagerung und die Ablagerung von Abfällen zur Beseitigung.

Der Grundsatz der Eigenentsorgung erfährt in §§ 13-18 KrW-/AbfG Ausnahmen, nach denen sowohl die öffentlich-rechtlichen Entsorgungsträger als auch private Dritte entsorgungspflichtig sind oder werden können.[21] § 13 KrW-/AbfG bestimmt, dass in den dort genannten Fällen die Erzeuger und Besitzer ihre Abfälle den nach Landesrecht zur Entsorgung verpflichteten juristischen Personen (öffentlich-rechtliche Entsorgungsträger) zu überlassen haben. Diese sind dann zur Entsorgung der überlassenen Abfälle nach § 15 Abs. 1 KrW-/AbfG verpflichtet. Von der öffentlichen Verantwortung sind wiederum Abweichungen möglich, soweit die Aufgaben anderen Entsorgern übertragen werden.

§ 2 Abfallüberlassungspflicht gem. § 13 Abs. 1 KrW-/AbfG

Die gesetzliche Regelung der Überlassungspflicht in § 13 Abs. 1 KrW-/AbfG steht in einem engen Zusammenhang mit den Grundpflichten der Abfallbesitzer und -erzeuger, die bei ihnen anfallenden Abfälle entweder zu verwerten oder aber gemeinwohlverträglich zu beseitigen. Diese Verwertungs- oder Beseitigungspflichten wandeln sich unter den Voraussetzungen des § 13 Abs. 1 KrW-/AbfG in eine grundsätzliche Zuweisung an den öffentlich-rechtlichen Entsorgungsträger um. Die Überlassungspflicht setzt unmittelbar durch das Gesetz ein. Es bedarf keiner ordnungsrechtlichen Verfügung der zuständigen Abfallwirtschaftsbehörde, um eine solche zu aktualisieren.[22] Sobald Abfallverursacher zur Überlassung verpflichtet sind, dürfen sie ihre Abfälle nicht mehr selbst entsorgen oder entsorgen lassen.[23] § 13 KrW-/AbfG legt fest, unter welchen Umständen die Erzeuger oder Besitzer von Abfällen i. S. d. § 3 Abs. 1 S. 1 KrW-/AbfG diese den zur Entsorgung verpflichteten juristischen Personen zu überlassen haben. Die Bestimmung der öffentlich-rechtlichen Entsorgungsträger obliegt der organisatorischen Gestaltungshoheit der Länder.[24] Die meisten Flächenländer haben die Entsorgungspflicht auf die Landkreise bzw. kreisfreien Städte übertragen.[25] In Nordrhein-Westfalen sind grundsätzlich die Kreise und

---

21 *Beckmann,* KrW-/AbfR, Rn. 209.

22 Vgl. *Beckmann,* KrW-/AbfR, Rn. 211.

23 Vgl. *Beckmann,* KrW-/AbfR, Rn. 210.

24 *Giesberts,* in: Giesberts/Reinhardt, BeckOK KrW-/AbfG, § 13 Rn. 2.

25 *Giesberts,* in: Giesberts/Reinhardt, BeckOK KrW-/AbfG, § 13 Rn. 2.

kreisfreien Städte die zur Entsorgung verpflichteten juristischen Personen i. S. d. §§ 13 Abs. 1 S. 1, 15 Abs. 1 KrW-/AbfG.[26] Dies ergibt sich aus § 5 Abs. 1 LAbfG NRW. Nach § 5 Abs. 6 S. 1 LAbfG NRW sind in Nordrhein-Westfalen aber auch kreisangehörige Städte und Gemeinden öffentlich-rechtliche Entsorgungsträger. Sie haben die abfallwirtschaftliche Aufgabe, die in ihrem Gebiet angefallenen Abfälle einzusammeln und zu den Abfallentsorgungsanlagen oder zu den Müllumschlagsstationen zu befördern, soweit diese von Kreisen oder in deren Auftrag betrieben werden. Die Kreise haben die Aufgabe der Entsorgung der Abfälle durch Verbrennen, Deponieren oder Verwerten.[27] Damit sind die abfallwirtschaftlichen Aufgaben in Nordrhein-Westfalen zwischen den Kreisen und kreisangehörigen Städten und Gemeinden aufgeteilt.[28] Die kreisfreien Städte hingegen erfüllen alle abfallwirtschaftlichen Aufgaben (Einsammeln, Befördern, Entsorgen usw.) aus einer Hand.[29]

Die Überlassungspflicht ist in § 13 Abs. 1 S. 1 KrW-/AbfG für Abfälle aus privaten Haushaltungen geregelt, in S. 2 für Abfälle aus anderen Herkunftsbereichen, die sich als Abfälle »zur Beseitigung« (§ 3 Abs. 1 S. 2 HS 2 KrW-/AbfG) darstellen.

Korrespondierende Vorschrift ist § 15 KrW-/AbfG, der den Umfang der Entsorgungspflicht der öffentlich-rechtlichen Entsorgungsträger als den nach Landesrecht zur Entsorgung verpflichteten juristischen Personen bestimmt.[30] Nach dieser Vorschrift haben die öffentlich-rechtlichen Entsorger die Verpflichtung, die in ihrem Gebiet anfallenden und überlassenen Abfälle aus privaten Haushaltungen, also Abfälle zur Beseitigung und zur

---

26 Vgl. *Schink,* in: Schink/Queitsch/Scholz, LAbfG NRW, § 5 Rn. 2. In den übrigen Flächenländern, außer dem Saarland, sind grundsätzlich die Landkreise und kreisfreien Städte öffentlich-rechtliche Entsorgungsträger, vgl. dazu: *Séché,* Der Rechtsschutz des privaten Abfallentsorgers gegen öffentliche Konkurrenz aus Art. 12 Abs. 1 GG, S. 4. Wobei in Hessen (§ 4 Abs. 1, Abs. 2 und Abs. 3 HAKA) – wie in NRW – auch die Gemeinden öffentlich-rechtliche Entsorgungsträger sind. Im Saarland sind die Gemeinden für die Beseitigung von Erdmassen und Bauschutt sowie die Kompostierung von Grünschnitt u. Ä. zuständig, im Übrigen grundsätzlich der Entsorgungsverband Saar (EVS) (§ 5 Abs. 1 S. 1, Abs. 2 und Abs. 3 SAWG). In den Stadtstaaten Berlin (§ 2 Abs. 1 KrW-/AbfG Bln) und Hamburg (§ 4 Abs. 1 HmbAbfG) sind grundsätzlich die Länder öffentlich-rechtliche Entsorgungsträger, in Bremen (§ 3 Abs. 1 S. 1 BremAGKrW-/AbflG) die Stadtgemeinden Bremen und Bremerhaven.

27 S. *Queitsch,* in: Schink/Queitsch/Scholz, LAbfG NRW, § 9 Rn. 2.

28 S. *Queitsch,* in: Schink/Queitsch/Scholz, LAbfG NRW, § 9 Rn. 2.

29 S. *Queitsch,* in: Schink/Queitsch/Scholz, LAbfG NRW, § 9 Rn. 2.

30 *Knopp,* DÖV 2004, 604 f.

Verwertung, zu entsorgen.[31] Die Abfallentsorgungspflicht erstreckt sich aber auch auf Abfälle zur Beseitigung aus anderen Herkunftsbereichen als privaten Haushaltungen. Sie beinhaltet einerseits die Abfallverwertung nach Maßgabe der §§ 4-7 KrW-/AbfG sowie andererseits die Abfallbeseitigung nach Maßgabe der §§ 10-12 KrW-/AbfG. Die Entsorgungspflicht der öffentlich-rechtlichen Entsorger erfasst dabei nicht nur das Bereitstellen der Gefäße und die Sammlung von z. B. Altpapier, sondern gerade auch die weiteren Verwertungsschritte, d. h. vorliegend das Überlassen des gesammelten Altpapiers an eine geeignete Papierfabrik.[32]

Altpapier oder andere Haushaltsabfälle, die in die »Blaue Tonne« geworfen werden, sind Abfall i. S. d. § 3 Abs. 1 S. 1 KrW-/AbfG, weil sie unter die Gruppe Q 14 des Anhangs I KrW-/AbfG fallen[33] und sich ihr Besitzer ihrer entledigen will oder entledigen muss. Mit Einwurf in die Tonne sollen das Papier bzw. die anderen Gegenstände regelmäßig gem. § 3 Abs. 2 und 3 KrW-/AbfG einer Verwertung i. S. d. Anhangs IIB oder einer Beseitigung i. S. d. Anhangs IIA zugeführt werden. Jedenfalls aber soll die tatsächliche Sachherrschaft darüber unter Wegfall jeder weiteren Zweckbestimmung aufgegeben werden. Die Wohnungseigentümer und -mieter sind Erzeuger und Besitzer von Abfällen gem. § 3 Abs. 5 und 6 KrW-/AbfG. Mit Einwurf in die bereitgestellten Abfalltonnen werden auch die Grundstückseigentümer und -verwalter vermieteter Mehrfamilienhäuser, die die Müllgefäße zur Verfügung stellen, Besitzer der Abfälle nach § 3 Abs. 6 KrW-/AbfG.[34] Die genannten Personen sind verpflichtet, die Abfälle den öffentlich-rechtlichen Entsorgungsträgern zu überlassen.

A. Überlassung

Adressat der Überlassungspflicht ist der Abfallverursacher. Er ist verpflichtet, die Einrichtungen der öffentlichen Abfallentsorgung zu benutzen. Ein Überlassen setzt zunächst einen »physischen Transfer« des Abfalls voraus.[35] Die tatsächliche Sachherrschaft über den Abfall muss dem Entsor-

---

31 *Knopp,* DÖV 2004, 604 f.

32 *Knopp,* DÖV 2004, 604 f.

33 So auch *VG Karlsruhe,* Beschl. v. 19.9.2007 – 3 K 2219/07 –, in: Mitt. StGB NRW 2007, 762, juris, Rn. 17.

34 *VG Koblenz,* Urt. v. 24.3.2009 – 7 K 1189/08 –, in: NVwZ-RR 2009, 634 f.

35 *Hoppe,* in: Hoppe/Bauer/Faber/Schink, Auswirkungen des KrW-/AbfG auf die öffentlich-rechtlichen Entsorgungsträger, S. 68; *Giesberts,* in: Giesberts/Reinhardt,

gungspflichtigen übertragen werden, damit dieser ihn eigenverantwortlich verwerten bzw. beseitigen kann. Bereits das Grundstück vermittelt einen Herrschaftsbereich, der grundsätzlich auch die tatsächliche Gewalt über die dort lagernden Gegenstände begründet.[36] Der Abfallverursacher muss den Abfall körperlich dem Herrschaftsbereich des Verantwortlichen übergeben. Der Begriff des Überlassens setzt daneben zwingend voraus, dass der bisherige Abfallbesitzer jedwede Verfügungsbefugnis über den Abfall verliert und somit seinen Besitz aufgibt.[37] Des Weiteren wird verlangt, dass die Abfälle dem öffentlich-rechtlichen Entsorgungsträger zur Übernahme des Abfallbesitzes tatsächlich zur Verfügung gestellt werden. Der Erzeuger und Besitzer von Abfällen muss die Abfälle »zusammentragen und entsprechend den maßgebenden satzungsrechtlichen Bestimmungen so zur Verfügung stellen [..], dass der Entsorgungspflichtige sie ohne weiteren Aufwand einsammeln kann«.[38] Das Überlassen ähnelt somit von der Konstruktion her der zivilrechtlichen Rechtsfigur des Besitzerwerbs gem. § 854 BGB, welche sowohl das Erlangen der tatsächlichen Sachherrschaft als auch eine Besitzaufgabe sowie einen Besitzbegründungswillen voraussetzt. Der Besitzbegriff des KrW-/AbfG fordert jedoch keinen Besitzbegründungswillen.[39]

Ausnahmen von dem Überlassungsvorgang sind nicht möglich.[40] Mit der Überlassungspflicht des Abfallbesitzers korrespondiert eine entsprechende Übernahmepflicht des öffentlich-rechtlichen Entsorgungsträgers.[41] Der Überlassungsvorgang stellt einen ersten Entsorgungsschritt dar.[42] Dieser zeitlich vorgelagerte Akt ist vom eigentlichen Verwertungs- und Beseitigungsvorgang sorgfältig abzugrenzen, da in den Fällen des § 13 Abs. 1

BeckOK KrW-/AbfG, § 13 Rn. 3; *Kunig,* in: Kunig/Paetow/Versteyl, KrW-/AbfG, § 13 Rn. 9.

36 *VG Koblenz,* Urt. v. 24.3.2009 – 7 K 1189/08 –, in: NVwZ-RR 2009, 634 f.; *Frenz,* AbfallR 2009, 121 (130).

37 *Hoppe,* in: Hoppe/Bauer/Faber/Schink, Auswirkungen des KrW-/AbfG auf die öffentlich-rechtlichen Entsorgungsträger, S. 68.

38 *BVerwG,* Urt. v. 13.12.2007 – 7 C 42/07 –, in: DVBl. 2008, 317; s. auch *Hoppe,* in: Hoppe/Bauer/Faber/Schink, Auswirkungen des KrW-/AbfG auf die öffentlich-rechtlichen Entsorgungsträger, S. 69.

39 *Frenz,* AbfallR 2009, 121 (130); *VG Koblenz,* Urt. v. 24.3.2009 - 7 K 1189/08 –, in: NVwZ-RR 2009, 634 f.

40 *Hoppe,* in: Hoppe/Bauer/Faber/Schink, Auswirkungen des KrW-/AbfG auf die öffentlich-rechtlichen Entsorgungsträger, S. 68.

41 Vgl. *Beckmann,* KrW-/AbfR, Rn. 216.

42 So *Giesberts,* in: Giesberts/Reinhardt, BeckOK KrW-/AbfG, § 13 Rn. 6.

KrW-/AbfG der eigentliche Entsorgungsvorgang in den Verantwortungsbereich der öffentlich-rechtlichen Entsorgungsträger fällt (vgl. § 15 Abs. 1 KrW-/AbfG) und der Pflichtenkreis der ursprünglich entsorgungspflichtigen Abfallerzeuger und -besitzer demnach mit Abschluss des Überlassungsvorgangs endet.[43] Die Überlassung ist somit die maßgebliche Schnittstelle für den Wechsel der Entsorgungsverantwortung vom Abfallerzeuger und -besitzer zum öffentlich-rechtlichen Entsorgungsträger. Der Satzungsgeber kann die Art und Weise der Überlassung regeln, § 9 Abs. 1 S. 2, 3. Fall LAbfG NRW.[44]

Im Fall von Holsystemen kommen zwei mögliche Zeitpunkte der Überlassung in Betracht: Zum einen kann das Befüllen des Behälters als Überlassungszeitpunkt herangezogen werden. Zum anderen kann auf die Abholung der Tonnen zur Entleerung in das Sammelfahrzeug abgestellt werden.[45] Es ist jedoch zu beachten, dass es sich bei dem Einwurf in das Abfallgefäß um eine selbstständige Maßnahme i. S. d. KrW-/AbfG, nämlich um das Bereitstellen von Abfällen i. S. v. §§ 4 Abs. 5, 10 Abs. 2 KrW-/AbfG handelt.[46] Der Zeitpunkt des Bereitstellens von Abfällen liegt regelmäßig vor deren Überlassung und es ist ausgeschlossen, dass Abfall überlassen wird, bevor er bereitgestellt ist.[47] Bis zur Inbesitznahme durch den öffentlich-rechtlichen Entsorgungsträger ist der Abfallbesitzer bei Beachtung des Gebots der gemeinwohlverträglichen Entsorgung (§ 10 Abs. 4 KrW-/AbfG) befugt, die in die Behälter gegebenen Abfälle wieder zu entnehmen, um sie der ordnungsgemäßen Entsorgung zuzuführen. Damit kann der Abfallverursacher auch Dritte beauftragen. Das Zugriffsrecht des öffentlich-rechtlichen Entsorgungsträgers entsteht erst ab der Überlassung der Abfälle, die dem Bereitstellen zeitlich nachfolgt.

Im Fall von Bringsystemen gestaltet sich die Unterscheidung von den anderen Entsorgungsschritten schwieriger: Abgrenzungskriterium ist hier, dass sich die dem Abfallbesitzer obliegende Verbringung der Abfallbehältnisse nicht bereits als wesentlicher Teil der Tätigkeit des Einsammelns und

43 Vgl. *Giesberts,* in: Giesberts/Reinhardt, BeckOK KrW-/AbfG, § 13 Rn. 6.

44 S. hierzu: *Queitsch,* in: Hamacher/Lenz u. a., KAG NRW, § 6 B. Rn. 6.

45 *Giesberts,* in: Giesberts/Reinhardt, BeckOK KrW-/AbfG, § 13 Rn. 3.

46 *BVerwG,* Urt. v. 13.12.2007 – 7 C 42/07 –, in: DVBl. 2008, 317, welches sich im Zusammenhang mit dem Nachsortieren von Haushaltsabfällen aus Restabfallbehältern mit der Frage des Überlassungszeitpunktes beschäftigen musste.

47 *BVerwG,* Urt. v. 13.12.2007 – 7 C 42/07 –, in: NVwZ 2008, 429.

Beförderns i. S. d. § 5 Abs. 6 S. 1 LAbfG NRW darstellt.[48] Wann diese Grenze überschritten ist, lässt sich jedoch nicht abstrakt, sondern nur nach den konkreten Verhältnissen im Einzelfall beurteilen.[49] Da der Transport von Abfällen in einem Fahrzeug regelmäßig zum Einsammeln und Befördern zählt, kann als Faustregel herangezogen werden, dass jedenfalls eine üblicherweise zu Fuß zurückgelegte Strecke noch eine zum Überlassungsakt gehörende Handlung darstellt.[50]

B. Abfälle zur Verwertung

Der Begriff der Verwertung ist in Art. 3 Nr. 15 der Abfallrahmenrichtlinie vom 19.11.2008 (AbfRRL)[51] eigenständig definiert. Danach ist Verwertung jedes Verfahren, als dessen Hauptergebnis die Abfälle innerhalb der Anlage oder in der weiteren Wirtschaft einem sinnvollen Zweck zugeführt werden, indem sie andere Materialien ersetzen, die ansonsten zur Erfüllung einer bestimmten Funktion verwendet worden wären. Andernfalls handelt es sich um ein Beseitigungsverfahren. Das Kriterium der Ressourcensubstitution ist nicht (mehr) anlagenbezogen, sondern ergebnisorientiert und anlagenübergreifend. Dies soll das Ziel fördern, die Verwertung von Abfällen sowie die Verwendung verwerteter Materialien zur Erhaltung natürlicher Rohstoffquellen zu gewährleisten.[52] Die Formulierung »Hauptergebnis« löst den bisher verwendeten Begriff des »Hauptzwecks« ab, um eine Verobjektivierung des Verwertungsbegriffs herbeizuführen.[53]

Das KrW-/AbfG unterscheidet die stoffliche und die energetische Verwertung.[54] Die stoffliche Verwertung beinhaltet laut § 4 Abs. 3 S. 1 KrW-/AbfG die Substitution von Rohstoffen durch das Gewinnen von Stoffen aus Abfällen (sekundäre Rohstoffe), die Nutzung der stofflichen Eigenschaften der Abfälle für den ursprünglichen Zweck oder für andere Zwecke, mit

48 Vgl. *Giesberts,* in: Giesberts/Reinhardt, BeckOK KrW-/AbfG, § 13 Rn. 8.

49 S. *Queitsch,* in: Hamacher/Lenz u. a., KAG NRW, § 6 B. Rn. 7 e.

50 *Giesberts,* in: Giesberts/Reinhardt, BeckOK KrW-/AbfG, § 13 Rn. 8.

51 Richtlinie 2008/98/EG *des Europäischen Parlaments und des Rates* v. 19.12.2008 über Abfälle und zur Aufhebung bestimmter Richtlinien, ABl. EU, L 312 v. 22.11.2008, S. 3 ff.

52 Vgl. den 8. u. 19. Erwägungsgrund der AbfRRL, ABl. EU, L 312 v. 22.11.2008, S. 3 (4 f.).

53 S. *Kropp,* ZUR 2009, 584 f.

54 Vgl. zur Verwertungsdefinition: *Kropp,* ZUR 2009, 584.

Ausnahme der unmittelbaren Energierückgewinnung.[55] Der Hauptzweck der Maßnahme liegt in der Nutzung des Abfalls und nicht in der Beseitigung des Schadstoffpotenzials, vgl. § 4 Abs. 3 S. 2 KrW-/AbfG. Unter stofflicher Verwertung wird die werkstoffliche, die rohstoffliche, die biologische (Kompostierung, Vergärung mit anschließender Kompostierung) sowie die Verfüllung von Hohlräumen in Bergwerken (bergbaulicher Versatz) subsumiert.[56] Eine Rangfolge innerhalb der stofflichen Verwertung wurde vom Gesetzgeber bisher nicht festgesetzt.[57] Sie lässt sich jedoch aus der Forderung nach einer möglichst hochwertigen Verwertung ableiten, die in bestimmten Fällen auch die Festlegung einer Verwertungsart über entsprechende Rechtsverordnungen (z. B. Verpackungsverordnung (VerpackVO[58])) möglich macht. Die werkstoffliche Verwertung ist eine Nutzung des Stoffs, die nicht mit einer chemischen Veränderung einhergeht.[59] Die rohstoffliche Verwertung bezeichnet die Nutzungsarten, bei denen die zu verwertenden Stoffe einer chemischen Veränderung unterzogen werden, die zur stofflichen und/oder energetischen Nutzung geeignet sind.[60] Die biologische Verwertung definiert sich über den Ab- und Umbauprozess organischer Substanzen durch Mikroorganismen in Kompost und, bei Einsatz anaerober Verfahren, also ohne Sauerstoffzufuhr, in Biogas.[61] Für eine energetische Verwertung von Abfällen muss der Hauptzweck der Maßnahme ebenfalls in der Nutzung des Abfalls und nicht, wie bei der thermischen Behandlung, in der Beseitigung des Schadstoffpotenzials liegen, vgl. § 4 Abs. 4 KrW-/AbfG. In der Regel werden bei der energetischen Verwertung Abfallstoffe eingesetzt, die durch vorgeschaltete mechanische Aufberei-

---

55 Der Referentenentwurf Kreislaufwirtschaftsgesetz (RefE KrWG), veröffentlicht unter http://www.bmu.de/abfallwirtschaft/downloads/doc/45401.php, zuletzt abgerufen am 21.12.2010, beinhaltet keine eigene Definition der stofflichen und energetischen Verwertung mehr. Die stoffliche Verwertung unterteilt sich hiernach in das »Recycling« (§ 3 Abs. 25 RefE KrWG) – zu dem auch die Aufbereitung von Altölen zählt (§ 1 a Abs. 2 Altölverordnung (AltölVO), v. 16.4.2002, BGBl. I S. 1368) –, die »Vorbereitung zur Wiederverwendung« (§ 3 Abs. 24 RefE KrWG) und die sonstige stoffliche Verwertung, s. zu den Verwertungsarten: *Kropp,* AbfallR 2010, 193 f.

56 Vgl. zu den einzelnen Verwertungsformen: *Fricke/Bahr/Bidlingmaier/Turk,* MA 2010, 63 f.

57 § 6 RefE KrWG sieht eine Abfallhierarchie vor.

58 V. 21.8.1998, BGBl. I S. 2379.

59 *Fricke/Bahr/Bidlingmaier/Turk,* MA 2010, 63.

60 *Fricke/Bahr/Bidlingmaier/Turk,* MA 2010, 63 f.

61 *Fricke/Bahr/Bidlingmaier/Turk,* MA 2010, 63 f.

tungsschritte in höherwertige Brennstoffqualitäten, gekennzeichnet durch höhere Heizwerte und geringere Schadstoffgehalte, überführt werden.[62]

Unklar ist, ob über § 13 Abs. 1 S. 1 KrW-/AbfG sowohl Abfälle zur Beseitigung als auch Abfälle zur Verwertung erfasst werden.[63]

I. Wortlaut

Der gesetzliche Oberbegriff »Abfall« wird nach § 3 Abs. 1 S. 2 KrW-/AbfG in »Abfall zur Verwertung« und »Abfall zur Beseitigung« unterteilt. Demgegenüber differenziert der Wortlaut des § 13 Abs. 1 S. 1 KrW-/AbfG nicht, sondern erfasst alle Abfälle aus privaten Haushaltungen. Dies können sowohl Abfälle zur Verwertung als auch Abfälle zur Beseitigung sein. Der grundsätzlichen Überlassungspflicht nach § 13 Abs. 1 S. 1 KrW-/AbfG unterfallen danach beide Abfallarten. Fraglich ist jedoch, ob die Einschränkung der Überlassungspflicht nach § 13 Abs. 1 S. 1 HS 2 auch für beide Abfallarten gilt.[64] Auch hier sieht der Wortlaut keine Differenzierung zwischen den beiden Abfallarten vor. Dass der Gesetzgeber die Ausnahme von der Überlassungspflicht aber von der Verwertungsmöglichkeit bzw. der Verwertungsabsicht des Abfallverursachers abhängig macht, spricht jedoch dafür, dass § 13 Abs. 1 S. 1 KrW-/AbfG sich nur auf Abfälle zur Verwertung bezieht.[65]

II. Systematik

Bestätigt wird dieses Ergebnis durch die Systematik des KrW-/AbfG:[66] Nur Abfälle zur Verwertung dürfen verwertet werden (vgl. § 3 Abs. 1 S. 2 KrW-/AbfG). Abfälle zur Beseitigung sind dauerhaft von der Kreislaufwirtschaft auszuschließen und zur Wahrung des Wohls der Allgemeinheit zu beseitigen (§ 10 Abs. 1 KrW-/AbfG). Nach § 11 Abs. 1 KrW-/AbfG sind Erzeuger und Besitzer von Abfällen, die nicht verwertet werden, verpflichtet, diese nach den Grundsätzen der gemeinwohlverträglichen Abfallbeseitigung gem. § 10 KrW-/AbfG zu beseitigen, soweit in den §§ 13-18 KrW-/AbfG nichts anderes bestimmt ist. Eine Verwertung dieser Abfälle ist

---

62 *Fricke/Bahr/Bidlingmaier/Turk,* MA 2010, 63 f.
63 *Beckmann/Kersting,* BB 1997, 161 (164).
64 Hierzu: *Beckmann/Kersting,* BB 1997, 161 (164).
65 So auch *Beckmann/Kersting,* BB 1997, 161 (164).
66 S. dazu: *Beckmann/Kersting,* BB 1997, 161 (164).

unzulässig. Sie können über § 13 Abs. 1 S. 1 HS 2 KrW-/AbfG nicht der Überlassungspflicht entzogen werden.[67] Abfälle zur Beseitigung aus privaten Haushaltungen unterliegen somit der Überlassungspflicht an den öffentlich-rechtlichen Entsorgungsträger. Bei Abfällen zur Verwertung ist dies nur der Fall, soweit die Abfallverursacher zu einer Verwertung nicht in der Lage sind oder diese nicht beabsichtigen.

C. Abfälle zur Beseitigung

Die Grundpflicht der Erzeuger und Besitzer zur Beseitigung ergibt sich aus § 11 Abs. 1 KrW-/AbfG. Der Abfallstrom aus privaten Haushaltungen zur Beseitigung ist derjenige, der am weitesten in den öffentlich-rechtlichen Verantwortungsbereich fällt. Gem. § 13 Abs. 1 S. 1 KrW-/AbfG i. V. m. § 15 Abs. 1 KrW-/AbfG sind ausnahmslos alle Stoffe dieser Abfallfraktion überlassungspflichtig und damit der öffentlichen Entsorgung zugeteilt.[68] Für Abfälle zur Beseitigung aus anderen Herkunftsbereichen gilt die Überlassungspflicht nur, soweit die Abfallverursacher diese nicht in eigenen Anlagen beseitigen oder überwiegende öffentliche Interessen eine Überlassung erfordern, § 13 Abs. 1 S. 2 KrW-/AbfG.

D. Abfälle aus privaten Haushaltungen

Nach der Rechtsprechung des BVerwG setzt der Begriff der privaten Haushaltungen i. S. v. § 13 Abs. 1 S. 1 KrW-/AbfG eine eigenständige Haushaltsführung voraus, die eine selbstbestimmte Lebensgestaltung ermöglicht und auf Dauer angelegt ist.[69] Voraussetzung für eine private Haushaltung und für die Eigenständigkeit des Lebens in diesem Rahmen sind im Wesentlichen räumliche Einrichtungen, wie Aufenthalts- und Schlafräume sowie Küche bzw. Küchenzeile, Bad und WC, die für eine den menschlichen Bedürfnissen angepasste Lebensgestaltung unerlässlich sind.[70] Abfälle aus privaten Haushaltungen sind solche, die bei der privaten Lebensführung typischerweise und regelmäßig wiederkehrend anfallen und entfernt werden müssen.[71] § 2 Nr. 2 Gewerbeabfallverordnung (GewAbfVO)[72] definiert

67 *Beckmann/Kersting,* BB 1997, 161 (164).
68 Vgl. *Beckmann,* KrW-/AbfR, Rn. 217.
69 *BVerwG,* Urt. v. 27.4.2006 – 7 C 10/05 –, in: ZUR 2006, 486.
70 Vgl. *Beckmann,* KrW-/AbfR, Rn. 218.
71 Vgl. *Giesberts,* in: Giesberts/Reinhardt, BeckOK KrW-/AbfG, § 13 Rn. 10.
72 V. 19.6.2002, BGBl. I S. 1938.

Abfälle aus privaten Haushaltungen als Abfälle, die in privaten Haushalten im Rahmen der privaten Lebensführung anfallen, insbesondere in Wohnungen und zugehörigen Grundstücks- oder Gebäudeteilen sowie an anderen vergleichbaren Anfallorten, wie Wohnheimen oder Einrichtungen des betreuten Wohnens. Der Verordnungsgeber ist zwar nicht berechtigt, den gesetzlichen Begriff der privaten Haushaltungen für den Bereich des KrW-/AbfG zu definieren. Es kann jedoch mit dem BVerwG davon ausgegangen werden, dass diese Definition des Verordnungsgebers mit der Regelung des § 13 Abs. 1 S. 1 KrW-/AbfG übereinstimmt.[73] Unter die Definition der Abfälle aus privaten Haushaltungen fallen insbesondere solche aus Ferienwohnungen, Ferienhäusern, Campingplätzen, Wochenendhäusern, Schrebergärten, Studenten-, Senioren- und Altenwohnheimen, auch solche aus Wohnungen gewerblicher Wohnungsbaugesellschaften sowie Wohnungsverwaltungen oder auch Sperrmüll.

Hinsichtlich der Abfälle einer Seniorenwohnanlage gilt es, den Bereich des betreuten Wohnens vom Pflegebereich abzugrenzen. Appartements einer Seniorenwohnanlage sind private Haushaltungen, wenn sie mit den für eine eigenständige Haushaltsführung erforderlichen Einrichtungen (Schlafraum, Küche, Bad, Hausrat) ausgestattet sind und den Bewohnern nicht nur vorübergehend eine selbstbestimmte Lebensgestaltung ermöglichen.[74] Die Bewohner müssen die Entscheidungen über den täglichen Lebensablauf eigenständig treffen können. Abfälle aus dem Pflegebereich werden hingegen als gewerbliche Siedlungsabfälle eingeordnet. Entsprechend den Pflegebedürfnissen ist hier der tägliche Lebensablauf fremdbestimmt, wobei die medizinische und pflegerische Fremdversorgung im Mittelpunkt steht.[75]

Auch bei Hotels handelt es sich wegen der nur zeitlich begrenzten Inanspruchnahme der Räume und wegen des fehlenden privaten Hausrats nicht um private Haushalte.[76] In Ferienhäusern anfallende Abfälle sind dagegen nach Auffassung des BVerwG solche aus privaten Haushaltungen.[77] Die

---

73 *BVerwG,* Urt. v. 27.4.2006 – 7 C 10/05 –, in: ZUR 2006, 486 f.; so auch *Beckmann,* AbfallR 2006, 263 (267).

74 *BVerwG,* Urt. v. 27.4.2006 – 7 C 10/05 –, in: ZUR 2006, 486; vgl. hierzu: *Beckmann,* KrW-/AbfR, Rn. 218; *Queitsch,* in: Hamacher/Lenz u. a., KAG NRW, § 6 B. Rn. 12.

75 *BVerwG,* Urt. v. 27.4.2006 – 7 C 10/05 –, in: ZUR 2006, 486; vgl. hierzu: *Queitsch,* in: Hamacher/Lenz u. a., KAG NRW, § 6 B. Rn. 12.

76 *BVerwG,* Urt. v. 27.4.2006 – 7 C 10/05 –, in: ZUR 2006, 486.

77 *BVerwG,* Urt. v. 7.8.2008 – 7 C 51/07 –, in: DVBl. 2008, 1310; s. hierzu: *Queitsch,* in: Hamacher/Lenz u. a., KAG NRW, § 6 B. Rn. 12.

Anmietung eines Ferienhauses wird im Regelfall von dem Zweck bestimmt, einem bestimmten Personenkreis eine möglichst freie und selbstgestaltete Lebensform zu ermöglichen.[78] Dies setzt nicht das Eigentum am Mobiliar und Hausrat voraus.[79] Die zeitliche Befristung der Vermietung auf wenige Wochen steht einer privaten Haushaltsführung nicht entgegen. Für die Dauerhaftigkeit der Nutzung kommt es darauf an, dass die Ferienwohnung aufgrund ihrer Ausstattung für den jeweiligen Nutzer ein funktionales Äquivalent der Hauptwohnung darstellt und i. d. S. auf eine dauerhafte Nutzung angelegt ist.[80]

E. Abfälle aus anderen Herkunftsbereichen

»Andere Herkunftsbereiche« meint alle Abfälle, die ihrer Herkunft nach nicht aus privaten Haushaltungen stammen, also namentlich aus Industrie und Gewerbe, aus Geschäftsräumen, aus Infrastruktureinrichtungen und ungeachtet der Abfalleigenschaften.[81] Eine Entsorgungspflicht der öffentlich-rechtlichen Entsorgungsträger gilt gem. §§ 15 Abs. 1 S. 1, 13 Abs. 1 S. 2 KrW-/AbfG subsidiär auch für Abfälle zur Beseitigung aus anderen Herkunftsbereichen, soweit die Erzeuger oder Besitzer der Abfälle diese nicht in eigenen Anlagen beseitigen oder überwiegende öffentliche Interessen eine Überlassung erfordern. Sie gilt nur für Abfälle zur Beseitigung. Für gewerbliche Abfälle zur Verwertung ist der Verursacher (im Rahmen der Zumutbarkeit nach § 5 Abs. 4 KrW-/AbfG) selbst entsorgungspflichtig.[82] Hier besteht eine Entsorgungspflicht der öffentlich-rechtlichen Entsorgungsträger nur insoweit, als der Erzeuger oder der Besitzer der Abfälle zu einer Verwertung nicht in der Lage ist oder diese nicht beabsichtigt (vgl. § 13 Abs. 1 S. 2 KrW-/AbfG i. V. m. § 13 Abs. 1 S. 1 KrW-/AbfG).[83]

§ 3 Ausnahmen von der Abfallüberlassungspflicht

Der Gesetzgeber sieht eine Reihe von Ausnahmen von der Überlassungspflicht vor: Für Verursacher von Abfällen aus privaten Haushaltungen

78 *BVerwG,* Urt. v. 7.8.2008 – 7 C 51/07 –, in: DVBl. 2008, 1310 f.
79 *BVerwG,* Urt. v. 7.8.2008 – 7 C 51/07 –, in: DVBl. 2008, 1310 f.
80 *BVerwG,* Urt. v. 7.8.2008 – 7 C 51/07 –, in: DVBl. 2008, 1310 f.
81 *Queitsch,* in: Hamacher/Lenz u. a., KAG NRW, § 6 B. Rn. 9; *Kunig,* in: Kunig/Paetow/Versteyl, KrW-/AbfG, § 13 Rn. 20.
82 *Beckmann,* KrW-/AbfR, Rn. 222.
83 *Beckmann/Kersting,* BB 1997, 161 (165).

besteht eine Überlassungspflicht nur, soweit sie zu einer Verwertung nicht in der Lage sind (Verwertungsmöglichkeit) oder diese nicht beabsichtigen (Verwertungsabsicht), § 13 Abs. 1 S. 1 KrW-/AbfG. Des Weiteren greift diese Grundpflicht für Erzeuger und Besitzer von Abfällen zur Beseitigung aus anderen Herkunftsbereichen nur, soweit sie diese nicht in eigenen Anlagen beseitigen oder überwiegende öffentliche Interessen eine Überlassung erfordern, § 13 Abs. S. 2 KrW-/AbfG. Daneben entfällt die Überlassungspflicht gegenüber den öffentlich-rechtlichen Entsorgungsträgern, wenn Dritten oder privaten Entsorgungsträgern Pflichten zur Entsorgung nach den §§ 16, 17 oder 18 KrW-/AbfG übertragen worden sind (§ 13 Abs. 2 KrW-/AbfG). Keine Überlassungspflicht besteht zudem für Abfälle, die einer Rücknahme- oder Rückgabepflicht aufgrund einer Rechtsverordnung nach § 24 KrW-/AbfG unterliegen, soweit nicht die öffentlich-rechtlichen Entsorgungsträger aufgrund einer Bestimmung nach § 24 Abs. 2 Nr. 4 KrW-/AbfG an der Rücknahme mitwirken (§ 13 Abs. 1 S. Nr. 1 KrW-/AbfG). Darüber hinaus entfällt eine Überlassungspflicht nach § 13 Abs. 3 S. 1 Nr. 1 lit. a KrW-/AbfG für Abfälle, die in Wahrnehmung der Produktverantwortung nach § 25 KrW-/AbfG freiwillig zurückgenommen werden, soweit dem zurücknehmenden Hersteller oder Vertreiber ein Freistellungsbescheid nach § 25 Abs. 3 KrW-/AbfG erteilt worden ist. Eine Überlassungspflicht besteht nach § 13 Abs. 3 S. 1 Nr. 2 und 3 KrW-/AbfG auch nicht für Abfälle, die durch eine gemeinnützige oder gewerbliche Sammlung einer ordnungsgemäßen und schadlosen Verwertung zugeführt werden. Schlussendlich können die Länder zur Sicherstellung der umweltverträglichen Beseitigung Andienungs- und Überlassungspflichten für gefährliche Abfälle zur Beseitigung bestimmen, § 13 Abs. 4 S. 1 KrW-/AbfG.

A. Verwertungsabsicht (§ 13 Abs. 1 S. 1 HS 2, 2. Fall KrW-/AbfG)

Der Wortlaut der Vorschrift legt es zunächst nahe, eine Ausnahme von der Überlassungspflicht bereits dann anzunehmen, wenn die Abfallerzeuger und -besitzer die Verwertung lediglich »beabsichtigen«.[84]

Dagegen ist die Wendung »soweit sie zu einer Verwertung nicht in der Lage sind oder diese nicht beabsichtigen« als Begriffspaar zu sehen und

84 So *Giesberts,* in: Giesberts/Reinhardt, BeckOK KrW-/AbfG, § 13 Rn. 15.

nicht als unterschiedliche tatbestandliche Alternativen.[85] Ein wortlautorientiertes Verständnis der Vorschrift entspricht ersichtlich nicht dem Gesetzeszweck.[86] Vielmehr gilt auch hier der Verwertungsbegriff des § 4 Abs. 3 KrW-/AbfG und es sind die Verwertungsanforderungen nach § 5 Abs. 3 KrW-/AbfG zu erfüllen.[87] Hiernach hat eine solche ordnungsgemäß und schadlos zu erfolgen, § 5 Abs. 3 S. 1 KrW-/AbfG. Erforderlich ist deshalb, dass der Besitzer der Abfälle aufzeigt, dass er zur Verwertung in der Lage ist, indem er eine konkrete von ihm beabsichtigte Verwertungsmöglichkeit benennt.[88] Insofern ist eine Plausibilitätskontrolle geboten. Neben der objektiven Möglichkeit, die Abfälle zu verwerten, muss der Besitzer die Verwertung auch beabsichtigen. Diese Regelung eröffnet dem Besitzer die Möglichkeit eines Wahlrechts dahin gehend, ob er die Abfälle selbst verwerten oder den entsorgungspflichtigen Körperschaften überlassen möchte.[89]

B. Beseitigung in eigenen Anlagen, es sei denn, überwiegende öffentliche Interessen stehen entgegen (§ 13 Abs. 1 S. 2 KrW-/AbfG)

§ 13 Abs. 1 S. 2 KrW-/AbfG sieht vor, dass S. 1 (Überlassungspflicht) auch für Erzeuger oder Besitzer von Abfällen zur Beseitigung aus anderen Herkunftsbereichen gilt, soweit sie diese nicht in eigenen Anlagen beseitigen oder überwiegende öffentliche Interessen eine Überlassung erfordern.

I. Verwertungsabfälle aus anderen Herkunftsbereichen

Für Abfälle zur Verwertung aus anderen Herkunftsbereichen wird die Grundpflicht zur eigenverantwortlichen Verwertung gem. § 5 Abs. 2 KrW-/AbfG nicht aufgehoben. § 13 Abs. 1 S. 2 KrW-/AbfG unterwirft ausdrücklich nur die Abfälle zur Beseitigung der Überlassungspflicht. Gewerbeabfälle können von den Gewerbetreibenden, sonstigen wirtschaftlichen Unternehmen oder auch öffentlichen Einrichtungen in eigener Verantwortung

---

85 So *OVG SH,* Urt. v. 22.4.2008 – 4 LB 7/06 –, in: KommJur 2008, 297 (300); *Queitsch,* AbfallR 2009, 249 f.

86 *Giesberts,* in: Giesberts/Reinhardt, BeckOK KrW-/AbfG, § 13 Rn. 15.

87 Vgl. *Giesberts,* in: Giesberts/Reinhardt, BeckOK KrW-/AbfG, § 13 Rn. 15.

88 *Giesberts,* in: Giesberts/Reinhardt, BeckOK KrW-/AbfG, § 13 Rn. 15.

89 *Giesberts,* in: Giesberts/Reinhardt, BeckOK KrW-/AbfG, § 13 Rn. 15.

verwertet werden.[90] Die Überlassungspflicht entfällt, soweit sie zu einer Verwertung in der Lage sind oder diese beabsichtigen (§ 13 Abs. 1 S. 2 KrW-/AbfG i. V. m. § 13 Abs. 1 S. 1 HS 2 KrW-/AbfG).

II. Überlassungspflicht für Abfälle zur Beseitigung

Nach § 13 Abs. 1 S. 2 KrW-/AbfG werden Abfälle zur Beseitigung grundsätzlich einer Überlassungspflicht unterworfen. Dies gilt jedoch nur, soweit diese Abfälle nicht in den eigenen Anlagen des Besitzers bzw. Erzeugers beseitigt werden oder überwiegende öffentliche Interessen eine Überlassungspflicht erfordern (§ 13 Abs. 1 S. 2 HS 2 KrW-/AbfG).

1. Ausnahme: Beseitigung in eigenen Anlagen

Unklar ist, was unter einer »eigenen Anlage« zu verstehen ist. Eine entsprechende Definition enthält das Gesetz nicht.[91] Fraglich ist, ob die Anlage im Eigentum des Abfallbesitzers stehen muss, ob er nur ein Zugriffsrecht auf eine Anlage haben muss oder ob es gar genügt, wenn er vertraglich zugesicherte Kontingente in einer Abfallbeseitigungsanlage besitzt.[92] Nach dem allgemeinen Sprachgebrauch des Begriffs der »eigenen Anlage« können hierunter nur Anlagen fallen, die in der Verfügungsgewalt des Abfallverursachers stehen.[93] Das Eigentum an einer Anlage genügt in jedem Fall, um über eigene Anlagen i. S. d. § 13 Abs. 1 S. 2 KrW-/AbfG zu verfügen.[94]

Fraglich ist, ob die Überlassungspflicht entfällt, wenn der Abfallbesitzer Dritte einschaltet, oder ob dies nur bei selbst durchgeführter Beseitigung der Fall ist.[95] Eine solche Fremdbeseitigung käme einer Entsorgung gem. §§ 13 Abs. 2 KrW-/AbfG i. V. m. §§ 16 Abs. 2, 17 Abs. 3, 18 Abs. 2

---

90 So *Beckmann/Kersting,* BB 1997, 161 (165).

91 S. hierzu: *Beckmann/Kersting,* BB 1997, 161 (165).

92 Vgl. *Beckmann/Kersting,* BB 1997, 161 (165).

93 *VG Regensburg,* Urt. v. 10.11.1997 – RN 13 K 97.993 –, in: NVwZ 1998, 431 (433); *VG Sigmaringen,* Beschl. v. 26.1.1998 – 3 K 1517/96 –, in: NVwZ 1998, 429 f.; vgl. *Queitsch,* in: Hamacher/Lenz u. a., KAG NRW, § 6 B. Rn. 21; *Walter,* Verteilung der Entsorgungspflichten zwischen Abfallverursacher und öffentlich-rechtlichem Entsorgungsträger nach dem KrW-/AbfG, S. 86 f.

94 So *Beckmann/Kersting,* BB 1997, 161 (165).

95 Hierzu: *Pippke,* Öffentliche und private Abfallentsorgung, S. 74; *Walter,* Verteilung der Entsorgungspflichten zwischen Abfallverursacher und öffentlich-rechtlichem Entsorgungsträger nach dem KrW-/AbfG, S. 86 f.

KrW-/AbfG gleich, die nur unter den dort genannten Voraussetzungen zulässig ist.[96] Eine »eigene Anlage« kann somit stets dann nicht vorliegen, wenn der Abfallverursacher auf die Mitwirkung Dritter bei dem Betrieb einer Anlage angewiesen ist. Vor dem Hintergrund dieser Regelungssystematik kann der Begriff der »eigenen Anlage« auch nicht dahin gehend verstanden werden, dass hierunter auch solche Anlagen fallen, an denen dem Abfallverursacher besondere Nutzungsbefugnisse vertraglicher, dinglicher oder gesellschaftlicher Art zustehen.[97] Andernfalls bestünde die Möglichkeit, durch eine geringe Beteiligung an einer Beseitigungsanlage die Überlassungspflicht zu unterlaufen.[98] Konkret bedeutet dies, dass ein Einkauf von gewissen Kontingenten in Anlagen Dritter nicht dem Begriff der »eigenen Anlage« unterfällt.

2. Rückausnahme: Überwiegende öffentliche Interessen

Eine Überlassungspflicht für die aus anderen Herkunftsbereichen stammenden Abfälle besteht gem. § 13 Abs. 1 S. 2 KrW-/AbfG allerdings nur, soweit deren Erzeuger oder Besitzer diese nicht in eigenen Anlagen beseitigen oder überwiegende öffentliche Interessen eine Überlassung erfordern. Diese Formulierung ist missverständlich.[99] Nach dem Wortlaut stellt nur die erste Alternative des letzten Halbsatzes, nämlich die Beseitigung in eigenen Anlagen, eine Ausnahme von der grundsätzlichen Überlassungspflicht dar.[100] Das hieße jedoch, dass die zweite Alternative, also das Erfordernis einer Überlassung aufgrund überwiegender öffentlicher Interessen, zu einer Voraussetzung der grundsätzlichen Überlassungspflicht würde. Eine solche Auslegung widerspräche aber der Intention des Gesetzgebers sowie der Systematik des § 13 KrW-/AbfG. Vielmehr soll die zweite Alternative, also das Erfordernis einer Überlassung aufgrund überwiegender Interessen, eine Ausnahme von der in der ersten Alternative bestimmten Ausnahme bei der Beseitigung in eigenen Anlagen darstellen.[101] Das »oder« ist danach

96 *Pippke,* Öffentliche und private Abfallentsorgung, S. 74; *Queitsch,* in: Hamacher/Lenz u. a., KAG NRW, § 6 B. Rn. 21; *ders.,* UPR 1995, 412 (416); *ders.,* StuG 1997, 332 (336).

97 *VG Regensburg,* Urt. v. 10.11.1997 – RN 13 K 97.993 –, in: NVwZ 1998, 431 (433); *Queitsch,* in: Hamacher/Lenz u. a., KAG NRW, § 6 B. Rn. 21; so aber *Bartram/Schade,* UPR 1995, 253 (255).

98 Vgl. *Schink,* NVwZ 1997, 435 (440).

99 So *Pippke,* Öffentliche und private Abfallentsorgung, S. 71.

100 *Pippke,* Öffentliche und private Abfallentsorgung, S. 71.

101 So auch *Schink,* ZG 11 (1996), 97 (118); *ders.,* NVwZ 1997, 435 (440).

als »es sei denn, dass« zu verstehen.[102] Abfälle zur Beseitigung sind demnach selbst bei der Möglichkeit einer Beseitigung in eigenen Anlagen dem öffentlich-rechtlichen Entsorgungsträger zu überlassen, wenn überwiegende öffentliche Interessen dies erfordern.[103]

C. Keine Überlassungspflicht bei Pflichtenübertragung (§ 13 Abs. 2 KrW-/AbfG)

Eine Überlassungspflicht gegenüber dem öffentlich-rechtlichen Entsorgungsträger besteht nicht, soweit Dritten oder privaten Entsorgungsträgern Pflichten zur Verwertung und Beseitigung nach den §§ 16, 17 oder 18 KrW-/AbfG übertragen worden sind, § 13 Abs. 2 KrW-/AbfG. Dies gilt gem. § 15 Abs. 2 KrW-/AbfG auch für Abfälle aus anderen Herkunftsbereichen als privaten Haushaltungen. Die Überlassungspflicht entfällt in diesem Zusammenhang nur, wenn es sich um eine befreiende Pflichtenübertragung an den Dritten handelt, wenn also der Dritte nicht nur mit der Erfüllung von Aufgaben des öffentlich-rechtlichen Entsorgungsträgers beauftragt wird, sondern dieser die Aufgabe selbst mit befreiender Wirkung für den öffentlich-rechtlichen Entsorgungsträger übernimmt.[104] Bei einer reinen Drittbeauftragung nach § 16 Abs. 1 KrW-/AbfG, bei Verbänden nach § 17 Abs. 1 KrW-/AbfG oder Selbstverwaltungskörperschaften der Wirtschaft nach § 18 Abs. 1 KrW-/AbfG bleibt die Überlassungspflicht des Abfallbesitzers und -erzeugers gegenüber dem öffentlich-rechtlichen Entsorgungsträger bestehen. Liegt eine Pflichtenübertragung nach § 16 Abs. 2 S. 1 KrW-/AbfG vor, dann wird der Dritte im Grundsatz in gleicher Weise für die Entsorgung verantwortlich, wie zuvor der öffentlich-rechtliche Entsorgungsträger.[105]

D. Rücknahme- und Rückgabepflichten aufgrund einer Rechtsverordnung (§ 13 Abs. 3 S. 1 Nr. 1 KrW-/AbfG)

Die Überlassungspflicht besteht nach § 13 Abs. 3 S. 1 Nr. 1 KrW-/AbfG auch nicht für Abfälle, die einer Rücknahme- oder Rückgabepflicht auf-

---

102 *Hoppe,* in: Hoppe/Bauer/Faber/Schink, Auswirkungen des KrW-/AbfG auf die öffentlich-rechtlichen Entsorgungsträger, S. 83 f.

103 *Pippke,* Öffentliche und private Abfallentsorgung, S. 71 f.

104 Vgl. *Beckmann,* KrW-/AbfR, Rn. 230.

105 S. zur umstrittenen Rechtsnatur und dem Umfang der Pflichtenübertragung ausführlich: *Claus/Schomerus/Versteyl,* AbfallR 2009, 290 (292 ff.).

grund einer Rechtsverordnung nach § 24 KrW-/AbfG unterliegen, soweit nicht die öffentlich-rechtlichen Entsorgungsträger aufgrund einer Bestimmung nach § 24 Abs. 2 Nr. 4 KrW-/AbfG an der Rücknahme mitwirken.

E. Freiwillige Rücknahme (§ 13 Abs. 3 S. 1 Nr. 1 lit. a KrW-/AbfG)

Des Weiteren entfällt eine Überlassungspflicht nach § 13 Abs. 3 S. 1 Nr. 1 lit. a KrW-/AbfG für Abfälle, die in Wahrnehmung der Produktverantwortung nach § 25 KrW-/AbfG freiwillig zurückgenommen werden, soweit dem zurücknehmenden Hersteller oder Vertreiber ein Freistellungsbescheid nach § 25 Abs. 3 oder 6 KrW-/AbfG erteilt worden ist.

F. Gemeinnützige Sammlung (§ 13 Abs. 3 S. 1 Nr. 2 KrW-/AbfG)

Eine Überlassungspflicht besteht nach § 13 Abs. 3 S. 1 Nr. 2 KrW-/AbfG auch nicht für Abfälle, die durch eine gemeinnützige Sammlung einer ordnungsgemäßen und schadlosen Verwertung zugeführt werden. Dies gilt nach § 13 Abs. 3 S. 2 KrW-/AbfG nicht für besonders überwachungsbedürftige Abfälle. Gemeinnützig ist eine Sammlung, die nicht auf persönliche Gewinnerzielung ausgerichtet ist, sondern dem Allgemeinwohl dient und namens oder im Auftrag eines gem. § 52 Abgabenordnung (AO) als gemeinnützig anerkannten Trägers erfolgt.[106] Erforderlich ist, dass der Sammlungsträger mit der Sammlung die als wohltätig anerkannten Zwecke auch tatsächlich verfolgt.[107] Gemeinnützig sind z. B. die Altkleider- und Schuhsammlungen von karitativen Organisationen, wie dem Deutschen Roten Kreuz und dem Malteser Hilfsdienst.

Vereinzelt sind in der Praxis auch Fälle zu beobachten, in denen nicht deutlich wird, ob eine gewerbliche oder eine gemeinnützige Sammlung vorliegt.[108] Fraglich ist, auf welche Abgrenzungskriterien in diesen Grenzfällen zurückgegriffen werden kann. Auch Sammlungen zur Einnahmeerzie-

---

106 *VG Bayreuth,* Beschl. v. 5.10.2004 – B 2 S 04.943 –, in: juris, Rn. 27. Gem. § 17 Abs. 2 S. 2 RefE KrWG gilt die Neuregelung der gemeinnützigen Sammlungen in § 17 Abs. 2 S. 1 RefE KrWG jetzt auch für Sammlungen zu mildtätigen Zwecken nach § 53 AO und kirchlichen Zwecken nach § 54 AO entsprechend.

107 *VG Bayreuth,* Beschl. v. 5.10.2004 – B 2 S 04.943 –, in: juris, Rn. 27.

108 S. hierzu auch: *Karpenstein,* Haushaltsabfälle zwischen Privatisierung und Kommunalisierung, S. 41 f.

lung können gemeinnützige Sammlungen darstellen.[109] Andernfalls liefe der Ausnahmetatbestand des § 13 Abs. 3 S. 1 Nr. 2 KrW-/AbfG weitgehend leer, da karitative Organisationen regelmäßig zum Zwecke der fachgerechten Entsorgung auf professionelle Hilfe eines Dritten angewiesen sind. Dies setzt voraus, dass aus den Abfällen auch Gewinne erzielt werden können. Entscheidend für eine Abgrenzung zwischen gewerblichen und gemeinnützigen Sammlungen ist nach Auffassung des BVerwG, in wessen Regie die Sammlung durchgeführt wird und wer unmittelbar die Erlöse aus der Vermarktung des Wertstoffs zieht.[110] Eine gemeinnützige Sammlung liegt danach dann vor, wenn sich die karitative Einrichtung eines privaten Entsorgungsunternehmens im Sinne eines Erfüllungsgehilfen bedient, welches zum Selbstkostenpreis mitwirkt und den Sammlungserlös an die gemeinnützige Einrichtung auskehrt.[111] Eine gewerbliche Sammlung i. S. v. § 13 Abs. 3 S. 1 Nr. 3 KrW-/AbfG liegt hingegen dann vor, wenn ein privates Unternehmen Abfallbehälter bereitstellt, werthaltige Abfälle befördert, sie auf eigene Rechnung der Verwertung zuführt und der gemeinnützigen Organisation lediglich einen Anteil des Veräußerungserlöses auszahlt.[112] Während also bei der gemeinnützigen Sammlung die karitative Einrichtung lediglich untergeordnete Unterstützungsleistungen des privaten Entsorgungsunternehmens erhält, bedient sich bei einer gewerblichen Sammlung das private Entsorgungsunternehmen der gemeinnützigen Einrichtungen. Ein zentrales Abgrenzungsindiz ist dabei, ob die karitative Organisation die Vermarktungserlöse vollständig erhält – dann gemeinnützige Sammlung – oder ob die gemeinnützige Einrichtung lediglich einen Anteil des Erlöses erhält – dann gewerbliche Sammlung. Die geplante Erweiterung der Anzeigepflicht, auch auf gemeinnützige Sammlungen, in § 18 RefE KrWG könnte eine Unterscheidung erleichtern, da hiernach umfangreiche Angaben, u. a. über die Organisation des Trägers der gemeinnützigen Sammlung und die Art der Sammlung, bei der zuständigen Behörde einzureichen sind.

---

109 So *BVerwG,* Beschl. v. 19.12.2007 – 7 B 55/07 –, in: AbfallR 2008, 39 (LS); *BayVGH,* Urt. v. 12.7.2007 – 23 BV 07.240 –, in: NVwZ 2008, 1140 f.

110 *BVerwG,* Beschl. v. 19.12.2007 – 7 B 55/07 –, in: AbfallR 2008, 39 (LS), juris, Rn. 7; s. https://www.forumz.de/Default.asp?Menue=18&Bereich=5&SubBereich=20&KW=166&NewsPPV=3392, zuletzt abgerufen am 21.12.2010.

111 Vgl. *VG Hannover,* Beschl. v. 17.2.2010 – 12 B 5464/09 –, n. v. So auch jetzt die Legaldefinition einer gemeinnützigen Sammlung in § 3 Abs. 17 S. 2 RefE KrWG.

112 So der Fall in der Entscheidung *VG Bayreuth,* Beschl. v. 5.10.2004 – B 2 S 04.943 –, in: juris, Rn. 27.

Rechtsfolge des § 13 Abs. 3 S. 1 Nr. 2 KrW-/AbfG ist, dass der Abfallverursacher die betreffenden Abfälle nicht dem öffentlichen Entsorgungsträger überlassen muss. Mit dem Wegfall der Überlassungspflicht lebt die Entsorgungsverantwortung des Abfallerzeugers und -besitzers nach §§ 5 Abs. 2, 11 Abs. 1 KrW-/AbfG jedoch nicht wieder auf, da die Ausnahme des § 13 Abs. 3 S. 1 Nr. 2 KrW-/AbfG voraussetzt, dass die Abfälle einer gemeinnützigen Sammlung zugeführt werden. Die Ausnahme greift damit erst in dem Moment, in dem die karitative Sammlung Besitzerin der Abfälle ist und damit die Entsorgungsverantwortung für diese nach §§ 5 Abs. 2, 11 Abs. 1 KrW-/AbfG trägt. Für den Fall, dass keine ordnungsgemäße und schadlose Verwertung durch die Sammlung gewährleistet ist, greift die Ausnahme nicht und die Überlassungspflicht des § 13 Abs. 1 KrW-/AbfG lebt wieder auf.

G. Landesrechtliche Andienungs- und Überlassungspflichten (§ 13 Abs. 4 KrW-/AbfG)

Neben der allgemeinen Überlassungspflicht können die Länder nach § 13 Abs. 4 KrW-/AbfG spezielle Andienungs- und Überlassungspflichten zur Sicherstellung der umweltverträglichen Beseitigung (§ 13 Abs. 4 S. 1 KrW-/AbfG) und Verwertung (§ 13 Abs. 4 S. 2 KrW-/AbfG) für besonders überwachungsbedürftige Abfälle (§ 3 Abs. 8 S. 1 KrW-/AbfG) bestimmen. In den meisten Bundesländern existieren entsprechende Regelungen, die eine Durchführung und Organisation der Andienungspflichten über zentrale Landesgesellschaften vorsehen.[113] In Nordrhein-Westfalen wurde von dieser Ermächtigung kein Gebrauch gemacht.

Eine Andienungspflicht ist die Pflicht, den Abfall einem Dritten zu übergeben, der dann entscheidet, ob, wo und in welchem Verfahren der Abfall durch den weiter entsorgungspflichtigen Abfallbesitzer zu entsorgen ist.[114] Demgegenüber bedeutet die Überlassungspflicht, dass der Abfallverursacher verpflichtet ist, die Einrichtungen der öffentlichen Abfallentsorgung zu nutzen und ihnen die tatsächliche Sachherrschaft am Abfall zu übertragen.[115]

113 *Michler,* LNK – KrW-/AbfG, § 13 Rn. 36.

114 Vgl. *Hoppe,* in: Hoppe/Bauer/Faber/Schink, Auswirkungen des KrW-/AbfG auf die öffentlich-rechtlichen Entsorgungsträger, S. 69; *Beckmann,* KrW-/AbfR, Rn. 252.

115 Vgl. *Hoppe,* in: Hoppe/Bauer/Faber/Schink, Auswirkungen des KrW-/AbfG auf die öffentlich-rechtlichen Entsorgungsträger, S. 69; *Beckmann,* KrW-/AbfR, Rn. 252.

Gem. § 13 Abs. 4 S. 1 KrW-/AbfG können die Länder zur Sicherstellung der umweltverträglichen Beseitigung Andienungs- und Überlassungspflichten für gefährliche Abfälle zur Beseitigung bestimmen. Dies gilt gem. § 13 Abs. 4 S. 2 KrW-/AbfG auch für gefährliche Abfälle zur Verwertung, soweit eine ordnungsgemäße Verwertung nicht anderweitig gewährleistet werden kann. Nach § 13 Abs. 4 S. 3 KrW-/AbfG werden die gefährlichen Abfälle zur Verwertung von der Bundesregierung durch Rechtsverordnung mit Zustimmung des Bundesrats bestimmt. Da diese Rechtsverordnung bislang nicht erlassen wurde und auch in absehbarer Zeit nicht mit einem solchen Erlass zu rechnen ist, kann derzeit von der Ermächtigung in § 13 Abs. 4 S. 2 KrW-/AbfG kein Gebrauch gemacht werden.[116]

Auf die Ausnahmefälle der Verwertungsmöglichkeit (§ 13 Abs. 1 S. 1 HS 2, 1. Fall KrW-/AbfG) und der gewerblichen Sammlung (§ 13 Abs. 3 S. 1 Nr. 3 KrW-/AbfG) soll im Folgenden ausführlicher eingegangen werden.

116 *Beckmann,* KrW-/AbfR, Rn. 253.

Zweiter Teil: Verwertungsmöglichkeit (§ 13 Abs. 1 S. 1 HS 2, 1. Fall KrW-/AbfG)

§ 13 Abs. 1 S. 1 HS 2, 1. Fall KrW-/AbfG bestimmt, dass Erzeuger oder Besitzer von Abfällen aus privaten Haushaltungen zu deren Überlassung an die öffentlich-rechtlichen Entsorgungsträger nur verpflichtet sind, »soweit sie [die Erzeuger oder Besitzer von Abfällen] zu einer Verwertung nicht in der Lage sind oder diese nicht beabsichtigen«.

Wie bereits in den Ausführungen unter Erster Teil, § 2, B. I. erörtert, ist zunächst fraglich, ob die Einschränkung der Überlassungspflicht nach § 13 Abs. 1 S. 1 HS 2 KrW-/AbfG sowohl für die Abfälle zur Verwertung als auch für die Abfälle zur Beseitigung gilt. Hier sieht der Gesetzeswortlaut keine Differenzierung zwischen den beiden Abfallarten vor. Indem der Gesetzgeber die Ausnahme von der Überlassungspflicht von der Verwertungsmöglichkeit bzw. dem Verwertungswillen des Abfallerzeugers oder -besitzers abhängig macht, spricht jedoch einiges dafür, nur Abfälle zur Verwertung über § 13 Abs. 1 S. 1 HS 2 KrW-/AbfG der Überlassungspflicht zu entziehen.[117]

Ob private Haushalte selbst zur Verwertung in der Lage sind, bestimmt sich nach den Anforderungen des § 5 Abs. 3 KrW-/AbfG, wonach die Verwertung ordnungsgemäß und schadlos zu erfolgen hat.[118] Vor allem darf keine Beeinträchtigung des Wohls der Allgemeinheit zu erwarten sein.[119] Eine solche Beeinträchtigung kann z. B. bei der Eigenkompostierung als einer Form der Eigenverwertung dann nicht ausgeschlossen werden, wenn dieser Verwertungsvorgang in nicht nur geringem Maße Siedlungsungeziefer anzieht oder Geruchsbelästigungen in der Nachbarschaft verursacht.[120]

Abgesehen vom Fall der Eigenkompostierung sowie der Weiterverwendung von Abfällen beim Basteln[121], wird ein Abfallbesitzer allerdings regelmäßig nicht in der Lage sein, bestimmte Verwertungstätigkeiten alleine oder ohne Zuhilfenahme bestimmter Fachleute durchzuführen, selbst wenn er es wollte. Es stellt sich deshalb die Frage der Zulässigkeit der Drittbeauftragung.

117 So auch *Beckmann/Kersting,* BB 1997, 161 (164).
118 *Giesberts,* in: Giesberts/Reinhardt, BeckOK KrW-/AbfG, § 13 Rn. 12.
119 *Giesberts,* in: Giesberts/Reinhardt, BeckOK KrW-/AbfG, § 13 Rn. 12.
120 *Giesberts,* in: Giesberts/Reinhardt, BeckOK KrW-/AbfG, § 13 Rn. 12.
121 Vgl. *Schwind,* NLT 2009, 161 f.

§ 1 Einschaltung Dritter

Hinsichtlich der Überlassungspflichten ist in Rechtsprechung und Literatur umstritten, ob bei der Verwertung von Haushaltsabfällen die Entsorgung in eigener Person erfolgen muss oder ob zu diesem Zweck die Einschaltung eines beauftragten Dritten zulässig ist.[122] Der Meinungsstreit ist zwar nicht erst seit der vielbeachteten Entscheidung des OVG Schleswig-Holstein von erheblicher Bedeutung. Jedoch hat er, nachdem das Gericht ohne Not hierzu in einem obiter dictum Stellung genommen hat,[123] an Brisanz dazugewonnen. Denn wenn man die Zulässigkeit der Drittbeauftragung bejaht, ist bei Zugriff auf die Abfälle zur Verwertung aus privaten Haushaltungen das Tor zu einer nahezu vollständigen Liberalisierung auch der Hausmüllentsorgung weit offen.[124] Anhand der auch von der Rechtsprechung und der Literatur in dieser Rechtsfrage ebenfalls herangezogenen klassischen Auslegungsmethoden, nämlich der Auslegung nach dem Wortlaut, nach der Regelungssystematik, nach der Entstehungsgeschichte und nach dem Sinn und Zweck, soll die Regelung des § 13 Abs. 1 S. 1 HS 2 KrW-/AbfG näher untersucht werden.

A. Wortlaut

Nach Ansicht der Befürworter einer »engen« Auslegung kann dem Wortlaut des § 13 Abs. 1 S. 1 HS 2 KrW-/AbfG nicht entnommen werden, dass die Abfallverursacher aus privaten Haushaltungen sich für die Verwertung dieser Abfälle auch privater Dritter bedienen dürfen.[125] Schon der Wortsinn der im letzten Halbsatz des § 13 Abs. 1 S. 1 KrW-/AbfG eröffneten Ausnahmen, »soweit sie zu einer Verwertung nicht in der Lage sind oder diese nicht beabsichtigen«, deute darauf hin, dass mit »sie« die Erzeuger oder Besitzer von Abfällen aus privaten Haushaltungen – das Subjekt des Hauptsatzes – selbst gemeint seien und eine Ausnahme von der Überlassungspflicht nur dann vorliege, wenn sie zu einer eigenen Verwertung in

122 Vgl. die Darstellung der divergierenden Rechtsauffassungen bei *Thärichen,* MA 2004, 19 ff.; *Wenzel,* ZUR 2008, 411 (416 f.); *Koch/Reese,* AbfallR 2009, 58 ff.; *Kahle,* NordÖR 2009, 10 (11 f.).

123 *OVG SH,* Urt. v. 22.4.2008 – 4 LB 7/06 –, in: NVwZ 2008, 922 (924).

124 So *Beckmann,* Krw-/AbfR, Rn. 221.

125 *OVG Hmb.,* Beschl. v. 8.7.2008 – 1 Bs 91/08 –, in: ZUR 2008, 425 ff.; hierzu: *Müller,* Gemhlt 2009, 41 f.

der Lage seien und die Verwertung auch beabsichtigten.[126] Es wird vertreten, dieser Wortlaut und insbesondere das Kriterium der persönlichen Befähigung (»in der Lage«) sowie die fehlende Erwähnung Dritter in diesem Zusammenhang würden dafür sprechen, dass der Pflichtige selbst verwertend tätig werden müsse und eine Einschaltung Dritter die Überlassungspflicht grundsätzlich nicht entfallen lasse.[127]

Die Befürworter einer »weiten« Auslegung sind der Auffassung, dem Wortlaut sei nicht zu entnehmen, dass die Erzeuger und Besitzer »selbst« (d. h. in Person) zur Abfallverwertung bereit und in der Lage sein müssten.[128] Insbesondere aus der Verwendung des Wortes »sie« lasse sich nichts Gegenteiliges entnehmen.[129] Die Verwendung dieses Fürwortes sei eine sprachliche Notwendigkeit, wenn an den vorherigen Halbsatz angeknüpft werde und für bestimmte Fälle die Überlassungspflicht der Abfallverursacher, abhängig von ihren Möglichkeiten und ihrem Willen (in der Lage und bereit), entfallen solle.[130] Es sage nichts im Hinblick auf die Zulässigkeit der Einschaltung Dritter aus. Die Nichterwähnung Dritter in diesem Zusammenhang spreche vielmehr für und nicht gegen eine weite Auslegung des § 13 Abs. 1 S. 1 HS 2, 1. Fall KrW-/AbfG.[131] Da es allgemein zulässig sei, bei der Erfüllung nicht höchstpersönlicher Pflichten Dritte einzuschalten, bedürfe eine Ausnahme hiervon einer ausdrücklichen gesetzlichen Normierung. Beredtes Schweigen des Gesetzgebers spreche daher für die grundsätzliche Zulässigkeit der Einbeziehung Dritter. Im Übrigen könne ein Abfallbesitzer, der selbst nicht in der Lage sei, die Abfälle zu verwerten, mit Hilfe eines beauftragten Dritten seine Verwertungsabsicht umsetzen.[132]

Die einzelnen Ansichten kommen trotz Auslegung der gleichen Wörter und Satzpassagen sowie der offenkundig fehlenden Erwähnung Dritter zu sich widersprechenden Auslegungsergebnissen.[133] Der Wortlaut der Vorschrift

126 *Thärichen,* MA 2004, 19 f.; *Müller,* Gemhlt 2009, 41 f.; *Koch/Reese,* AbfallR 2009, 58 f.; *Kahle,* NordÖR 2009, 10 f.

127 *VGH BW,* Urt. v. 21.7.1998 – 10 S 2614/97 –, in: NVwZ 1998, 1200 ff.; *Wenzel,* ZUR 2008, 411 (416 f.).

128 *OVG SH,* Urt. v. 22.4.2008 – 4 LB 7/06 –, in: KommJur 2008, 297 ff.

129 *OVG SH,* Urt. v. 22.4.2008 – 4 LB 7/06 –, in: KommJur 2008, 297 ff.

130 *OVG SH,* Urt. v. 22.4.2008 – 4 LB 7/06 –, in: KommJur 2008, 297 ff.

131 *OVG SH,* Urt. v. 22.4.2008 – 4 LB 7/06 –, in: KommJur 2008, 297 ff.

132 *Beckmann/Wittmann,* AbfallR 2009, 235 (237).

133 S. zum Phänomen der sich widersprechenden Auslegungsergebnisse: *Vetter,* VBlBW 2010, 93 (95).

kann sowohl für die Zulässigkeit einer Drittbeauftragung als auch gegen die Zulässigkeit der Einschaltung Dritter herangezogen werden.[134] Er ist jedenfalls nicht eindeutig.

B. Historische Auslegung

Auch die Entstehungsgeschichte des KrW-/AbfG kann sowohl für als auch gegen die Zulässigkeit der Einschaltung Dritter ausgelegt werden:[135]

In der Begründung des Gesetzesentwurfs der Bundesregierung zum KrW-/AbfG[136] wird einerseits betont, dass private Haushaltungen »wie bisher dem Anschluss- und Benutzungszwang im Hinblick auf kommunale Einrichtungen« unterliegen, andererseits enthält sie aber den einschränkenden Halbsatz »soweit sie weder zur Eigenentsorgung in der Lage sind oder Verbände/Kammern an ihre Stelle treten«.[137] Ähnlich gegenläufige Formulierungen enthält auch die Antwort der Bundesregierung vom 18.12.1995 auf eine Große Anfrage zur Umsetzung des KrW-/AbfG[138], in der diese ausführt, dass Abfälle aus privaten Haushalten grundsätzlich überlassungspflichtig sind.[139] Ausgenommen wird »lediglich der Fall der Eigenverwertung, z. B. die Eigenkompostierung im häuslichen Garten«. Einen ausdrücklichen Ausschluss der Einbeziehung Dritter enthalten diese Entstehungsmaterialien jedoch nicht.

Der Bericht des Ausschusses für Umwelt, Naturschutz und Reaktorsicherheit zu dem Gesetzesentwurf des KrW-/AbfG enthält ebenfalls Formulierungen, die für unterschiedliche Interpretationen Anlass bieten.[140] Dort heißt es einerseits zu der Gesamtregelung des § 13 KrW-/AbfG: »§ 13 fordert eine Überlassung von Rückständen nur insoweit, als der Erzeuger oder Besitzer zur Verwertung oder Entsorgung selbst – auch unter **Einschaltung eines**

134 So auch *BVerwG,* Urt. v. 18.6.2009 – 7 C 16/08 –, in: DVBl. 2009, 1242.

135 S. zur Entstehungsgeschichte die Ausführungen des *VG Chemnitz,* Beschl. v. 27.2.2004 – 2 K 142/04 –, n. v.; s. auch *Wenzel,* ZUR 2008, 411 (417); sowie *Hutsch,* NJ 2009, 314 (317), die die Gesetzgebungsmaterialien als wenig hilfreich bezeichnen.

136 Vgl. BT-Drs. 12/5672; diesem Gesetzesentwurf wurde vom Bundesrat nicht zugestimmt, BR-Drs. 335/94 (Beschl.), S. 4.

137 BT-Drs. 12/5672, S. 44.

138 BT-Drs. 13/1971.

139 BT-Drs. 13/3368, S. 20; dazu: *VGH BW,* Urt. v. 21.7.1998 – 10 S 2614/97 –, in: NVwZ 1998, 1200 f.

140 Zu einer ähnlichen Wertung kommt *Kahle,* NordÖR 2009, 10 (12), der zu dem Ergebnis kommt, dass der Bericht keine »eindeutige Klärung« herbeiführt.

Dritten (§ 16) – nicht in der Lage ist […]«.[141] Auf der anderen Seite enthält der Bericht des Gremiums folgende Formulierung: »Absatz 1 Satz 1 ordnet Überlassungspflichten für Rückstände aus privaten Haushaltungen an. **Ausnahmen** bestehen bei Eigenverwertung von Sekundärrohstoffen (z. B. Eigenkompostierung oder Altkleiderspenden für die Caritas).«[142] Die Erwähnung von »Ausnahmen« zu den Überlassungspflichten im Rahmen des Ausschussberichts lässt keine eindeutige Schlussfolgerung zu.[143] Es ist jedoch zu vermuten, dass der Ausschuss sich mit der Wahl des Wortes »Ausnahmen« und nicht des Wortes »Rückausnahmen« nicht bewusst für oder gegen die Zulässigkeit einer Drittbeauftragung positionieren wollte. Die Unterscheidung zwischen den Begrifflichkeiten Ausnahmen, Rückausnahmen usw. im Zusammenhang mit dem Normgefüge des § 13 KrW-/AbfG ist erst nach Inkrafttreten des KrW-/AbfG 1996 aufgetaucht und somit nach der Äußerung des Ausschusses im Jahre 1994.

Insbesondere bei den unterschiedlichen Stellungnahmen zur historischen Auslegung fällt auf, dass die jeweiligen Verfechter divergierender Positionen oft gerade die Quellen selektiv auswählen, die zugunsten ihres jeweiligen Lagers – der privaten Entsorgungswirtschaft oder der öffentlich-rechtlichen Entsorgungsträger – und der aus ihrer Sicht wünschenswerten Entscheidung einseitig ausgelegt werden können und die vorgefasste Meinung stützen (»Wessen Brot ich ess, dessen Lied ich sing«).[144] Bezogen auf die jeweilige Gegenposition werden die Motive usw. beiseite geschoben oder als unwichtig abgetan.[145] Mit Hilfe von willkürlich ausgewählten Einzeläußerungen verliert der vorgeblich einheitliche Wille des Gesetzgebers jedoch an Konturen und erweist sich als beliebig auszufüllende Form.[146] Die Entstehungsgeschichte weist auch Widersprüche zwischen einzelnen Äußerungen auf, die ohne ein systematisches vollständiges Sichten immer wieder die Begründung gegensätzlicher Ergebnisse erlauben.[147] Eine

141 S. BT-Drs. 12/7284, S. 17.

142 BT-Drs. 12/7284, S. 17.

143 Anders: *BVerwG,* Urt. v. 18.6.2009 – 7 C 16/08 –, in: DVBl. 2009, 1242 f.

144 Gleicher Ansicht wohl auch *Schink,* NVwZ 1997, 435 (437).

145 *Müller/Christensen,* Juristische Methodik, Bd. I, S. 372.

146 *Müller/Christensen,* Juristische Methodik, Bd. I, S. 372; zu den Unzulänglichkeiten des Willens des Gesetzes als Kriterium der Richtigkeit s. *Schmitt,* Gesetz und Urteil, S. 25 f.

147 S. zu den Möglichkeiten genetischer Auslegung: *Müller/Christensen,* Juristische Methodik, Bd. I, S. 372.

solche erforderliche objektive Auslegung der Gesetzesmaterialien erfolgt in der bislang geführten Diskussion jedoch kaum.

C. Systematik

I. Binnensystematik

Aus dem **Vergleich mit § 13 Abs. 1 S. 2 KrW-/AbfG**, in dem – anders als in § 13 Abs. 1 S. 1 KrW-/AbfG – von »eigenen Anlagen« die Rede ist, kann kein Umkehrschluss dahin gehend gezogen werden, dass die fehlende Erwähnung einer »eigenen« Verwertung in § 13 Abs. 1 S. 1 KrW-/AbfG für eine Einbeziehung Dritter spricht.[148] § 13 Abs. 1 S. 2 KrW-/AbfG betrifft im Gegensatz zur Regelung des § 13 Abs. 1 S. 1 KrW-/AbfG Abfälle zur Beseitigung aus anderen Herkunftsbereichen. Mit den Worten »in eigenen Anlagen« wird dort dem Umstand Rechnung getragen, dass eine Beseitigung von Abfällen aus dem gewerblichen und industriellen Sektor typischerweise komplexere Vorrichtungen und Strukturen, also »Anlagen«, erfordert.[149] Demgegenüber bedarf es für die in § 13 Abs. 1 S. 1 HS 2 KrW-/AbfG angesprochene Verwertung nicht regelmäßig entsprechender »Anlagen«.[150] Das erklärt die abweichende Formulierung und verbietet ein paralleles Verständnis. Aus dem Satzgefüge von § 13 Abs. 1 S. 1 und S. 2 KrW-/AbfG, nämlich der jeweiligen Einschränkung der Überlassungspflicht, kann lediglich gefolgert werden, dass in beiden Fällen eine Überlassungspflicht an den öffentlich-rechtlichen Entsorgungsträger besteht, soweit die Abfälle nicht im Rahmen der eigenen Verwertungsmöglichkeit oder auf dem eigenen Grundstück bzw. auf eigenen Betriebsflächen entsorgt werden.[151] Dies schließt aber keinesfalls die Einbeziehung Dritter im Rahmen der eigenen Sphäre aus.

§ 13 KrW-/AbfG regelt teilweise selbst die Voraussetzungen der Einschaltung Dritter. § 13 Abs. 2 KrW-/AbfG betrifft die Übertragung von Pflichten zur Verwertung und Beseitigung nach Maßgabe der §§ 16, 17 oder 18 KrW-/AbfG und knüpft damit an behördliche Übertragungen von Pflichten an. § 13 Abs. 3 KrW-/AbfG enthält Regelungen, nach denen die Über-

148 So auch *VGH BW,* Urt. v. 21.7.1998 – 10 S 2614/97 –, in: NVwZ 1998, 1200; *BVerwG,* Urt. v. 18.6.2009 – 7 C 16/08 –, in: DVBl. 2009, 1242 f.; anders: *Dinger,* UPR 2007, 373 f.

149 So auch *VGH BW,* Urt. v. 21.7.1998 – 10 S 2614/97 –, in: NVwZ 1998, 1200 f.

150 *VGH BW,* Urt. v. 21.7.1998 – 10 S 2614/97 –, in: NVwZ 1998, 1200 f.

151 *BVerwG,* Urt. v. 18.6.2009 – 7 C 16/08 –, in: DVBl. 2009, 1242 f.

lassungspflicht entfällt, wenn Dritte unter qualifizierten Voraussetzungen in eine Verwertung einbezogen werden.

Es wird vertreten, dass das Verhältnis zwischen § 13 Abs. 1 S. 1 KrW-/AbfG und **§ 13 Abs. 3 KrW-/AbfG** sowie § 16 Abs. 1 KrW-/AbfG unberücksichtigt bliebe, wenn man annähme, dass die Abfallbesitzer schon nach § 13 Abs. 1 S. 1 KrW-/AbfG i. V. m. § 16 Abs. 1 S. 1 KrW-/AbfG ihre Abfälle mit Hilfe Dritter verwerten dürften.[152] Da nicht davon ausgegangen werden könne, dass der Gesetzgeber für § 13 Abs. 3 KrW-/AbfG keinen Anwendungsbereich vorgesehen habe, müsse bei der Auslegung des § 13 Abs. 1 S. 1 KrW-/AbfG darauf Rücksicht genommen werden.[153]

Dem wird berechtigterweise entgegengehalten, § 13 Abs. 3 S. 1 Nr. 3 KrW-/AbfG und § 16 Abs. 1 KrW-/AbfG beträfen unterschiedliche Fallgestaltungen. Im Falle der Drittbeauftragung werde das beauftragte private Entsorgungsunternehmen für den Abfallverursacher im Rahmen dessen Entsorgungsverantwortung tätig, § 16 Abs. 1 S. 2 KrW-/AbfG.[154] Demgegenüber gehe in Fällen der gewerblichen Sammlung nach § 13 Abs. 3 S. 1 Nr. 3 KrW-/AbfG die Entsorgungsverantwortung vom Abfallbesitzer auf das private Unternehmen über.

Entscheidend ist, dass **§ 13 Abs. 2 KrW-/AbfG i. V. m. § 16 Abs. 1 KrW-/AbfG** keinen eigenen Anwendungsbereich hätte, würde man eine Drittbeauftragung im Rahmen des § 13 Abs. 1 S. 1 HS 2, 1. Fall KrW-/AbfG zulassen. Es ist aber davon auszugehen, dass der Gesetzgeber nichts Überflüssiges regelt. Diese Binnensystematik legt den Schluss nahe, dass eine weitergehende Einbeziehung Dritter im Bereich der Verwertung von Haushaltsabfällen Privater bundesgesetzlich nicht möglich sein soll.[155] Bei einem anderen Gesetzesverständnis könnten die qualifizierten Voraussetzungen gem. § 13 Abs. 2 KrW-/AbfG ansonsten durch einen schlichten Überlassungsvorgang an beliebige Dritte nach § 13 Abs. 1 S. 1 KrW-/AbfG

---

152 *VG Schleswig,* Urt. v. 26.3.2001 – 4 A 100/99 –, n. v.; *OVG Hmb.,* Beschl. v. 8.7.2008 – 1 Bs 91/08 –, in: ZUR 2008, 425 ff.; *Gaßner/Thärichen,* AbfallR 2009, 18 f.

153 *OVG Hmb.,* Beschl. v. 8.7.2008 – 1 Bs 91/08 –, in: ZUR 2008, 425 ff.; *Braun,* ThürVBl. 2009, 49 f.

154 *BVerwG,* Urt. v. 28.6.2007 – 7 C 5/07 –, in: NVwZ 2007, 1185 ff.; *Beckmann/Kersting,* in: Landmann/Rohmer, Umweltrecht, Bd. III, § 21 KrW-/AbfG Rn. 12; *Queitsch,* UPR 1995, 412 (418).

155 So auch *Michler,* LNK – KrW-/AbfG, § 13 Rn. 29; *Queitsch,* StuG 1997, 332 (335).

unterlaufen werden.[156] Dies lässt im Rückschluss eine Auslegung des § 13 Abs. 1 S. 1 HS 2 KrW-/AbfG, die Erzeugern oder Besitzern von Abfällen aus privaten Haushaltungen die Verwertung dieser Abfälle durch Dritte ermöglicht, als mit der Systematik des § 13 Abs. 2 KrW-/AbfG unvereinbar erscheinen.

II. Außensystematik

Die Tatsache, dass in einer Vielzahl von Regelungen im KrW-/AbfG die Einbeziehung Dritter normiert ist und in § 13 Abs. 1 S. 1 HS 2, 1. Fall KrW-/AbfG gerade nicht, spricht nach zustimmungswürdiger Ansicht des BVerwG gegen eine Einbeziehung Dritter bei der Verwertung von Haushaltsabfällen.[157]

Die Einschätzung des BVerwG, »eine Drittbeauftragung nach § 16 Abs. 1 S. 1 KrW-/AbfG scheide schon tatbestandlich aus, da die Erzeuger oder Besitzer von Abfällen aus privaten Haushaltungen gerade nicht zur Verwertung und Beseitigung verpflichtet sind«[158], ist hingegen jedoch kaum überzeugend, da die Abfallverursacher nach dem im KrW-/AbfG integrierten Verursacherprinzip gem. §§ 5 Abs. 2 S. 1, 11 Abs. 1 KrW-/AbfG grundsätzlich verpflichtet sind, Abfälle zu verwerten und auch zu beseitigen. Nach § 5 Abs. 2 S. 1 KrW-/AbfG sind »dic Erzeuger oder Besitzer von Abfällen [..] verpflichtet«. Auch nach § 11 Abs. 1 KrW-/AbfG sind »die Erzeuger oder Besitzer von Abfällen, die nicht verwertet werden, [..] verpflichtet«. Abfallerzeuger ist gem. § 3 Abs. 5 KrW-/AbfG jede natürliche oder juristische Person, die Vorbehandlungen, Mischungen oder sonstige Behandlungen vorgenommen hat, die eine Veränderung der Natur oder Zusammensetzung der Abfälle bewirken. Abfallbesitzer ist nach § 3 Abs. 6 KrW-/AbfG jede natürliche oder juristische Person, die die tatsächliche Sachherrschaft über Abfälle hat. Öffentlich-rechtliche Entsorgungsträger sind laut Legaldefinition in § 13 Abs. 1 S. 1 KrW-/AbfG die nach Landesrecht zur Entsorgung verpflichteten juristischen Personen. Die Erzeuger und Besitzer von Abfällen können somit nach der Systematik des KrW-/AbfG nicht mit den öffentlich-rechtlichen Entsorgungsträgern gleichgesetzt werden. Vielmehr handelt es sich bei den Erzeugern und Besitzern von Abfällen hauptsächlich um private Abfallverursacher. Die Überlassungspflicht

156 So auch *Braun,* ThürVBl. 2009, 49 f.

157 *BVerwG,* Urt. v. 18.6.2009 – 7 C 16/08 –, in: DVBl. 2009, 1242 f.

158 *BVerwG,* Urt. v. 18.6.2009 – 7 C 16/08 –, in: DVBl. 2009, 1242 f.

gem. § 13 Abs. 1 S. 1 KrW-/AbfG (»abweichend von § 5 Abs. 2 und § 11 Abs. 1«) ändert an diesem Grundsatz des Verursacherprinzips nichts. Auch das Verwertungswahlrecht der privaten Haushaltungen nach § 13 Abs. S. 1 KrW-/AbfG lässt keine andere Wertung zu,[159] da es sich hierbei um eine Rückausnahme von der Ausnahme der Überlassungspflicht handelt. Die Gleichstellung zwischen Abfallverursachern und dem öffentlich-rechtlichen Entsorgungsträger seitens des BVerwG ist somit schwer nachvollziehbar.

III. Nachweisverordnung (NachwVO)

Fraglich ist, inwiefern die NachwVO für die Auslegung des § 13 Abs. 1 S. 1 HS 2, 1. Fall KrW-/AbfG herangezogen werden kann.[160] Der Verordnungsgeber ist zwar nicht berechtigt, die gesetzlichen Bestimmungen für den Bereich des KrW-/AbfG näher zu bestimmen. Es kann jedoch davon ausgegangen werden, dass die Vorschriften und die Systematik der Verordnung mit der Regelung des § 13 Abs. 1 S. 1 KrW-/AbfG in Einklang stehen. Die Rechtsprechung geht auf diese Verordnung, die auf den ersten Blick nicht naheliegend ist, in diesem Zusammenhang soweit ersichtlich nicht ein. In §§ 43 Abs. 4, 44 Abs. 1 S. 1 KrW-/AbfG i. V. m. § 1 Abs. 3 NachwVO wird ausdrücklich bestimmt, dass private Haushaltungen als Abfallverursacher von der Pflicht zur Nachweisführung ausgenommen sind. Diese Herausnahme aus der Nachweispflicht korrespondiert laut *Queitsch* mit der Abfallüberlassungspflicht der privaten Haushaltungen in § 13 Abs. 1 S. 1 KrW-/AbfG.[161] Private Haushaltungen haben die bei ihnen anfallenden Abfälle zur Beseitigung und zur Verwertung grundsätzlich den öffentlich-rechtlichen Entsorgungsträgern zu überlassen (§ 13 Abs. 1 KrW-/AbfG). Bei Abfällen zur Verwertung prüft der öffentlich-rechtliche Entsorgungsträger, ob eine ordnungsgemäße und schadlose Verwertung der Abfälle durch den privaten Haushalt erfolgt, so dass auch unter dem Gesichtspunkt der abfallrechtlichen Überwachung von einer ordnungsgemäßen und schadlosen Verwertung i. S. d. § 5 Abs. 3 KrW-/AbfG ausgegangen werden kann.[162] Eine Kontrolle der Abfallströme aus privaten Haushaltungen durch die Führung von Entsorgungsnachweisen ist folglich deshalb nicht erforderlich, weil zum einen die Eigenverwertung durch den öffentlich-

159 So aber *Vetter,* VBlBW 2010, 93 (96).
160 S. hierzu: Mitt. StGB NRW 2008, 490.
161 *Queitsch,* AbfallR 2008, 178 (180).
162 *Queitsch,* AbfallR 2008, 178 (180).

rechtlichen Entsorgungsträger gem. § 40 Abs. 1 KrW-/AbfG kontrolliert wird.[163] Zum anderen ergänzt die Regelung in § 13 Abs. 3 KrW-/AbfG mit den dort geregelten Maßgaben die ordnungsgemäße Verwertung von Abfällen aus privaten Haushaltungen, denn es wird mit diesen Voraussetzungen klargestellt, in welchen Fällen private Haushaltungen die bei ihnen angefallenen Abfälle zur Verwertung ausnahmsweise an Dritte abgeben können.[164] Eine Ausweitung der Herausnahme aus der Nachweispflicht durch die Zulässigkeit der Beauftragung Dritter würde nach überzeugender Auffassung von *Queitsch* zwangsläufig eine effektive behördliche Überwachung der Entsorgung erschweren. Diese Konsequenz spricht gegen die Einbeziehung Dritter im Rahmen des § 13 Abs. 1 S. 1 HS 2, 1. Fall KrW-/AbfG.

D. Sinn und Zweck

Fraglich ist, ob der Sinn und Zweck des KrW-/AbfG bei der Auslegung des § 13 Abs. 1 S. 1 HS 2, 1. Fall KrW-/AbfG weiterhilft.[165] Zweck des Gesetzes ist nach § 1 KrW-/AbfG die Förderung der Kreislaufwirtschaft zur Schonung der natürlichen Ressourcen und die Sicherung der umweltverträglichen Beseitigung von Abfällen. Soweit Abfälle nicht vermieden werden können, sind sie nach § 4 Abs. 1 Nr. 2, Abs. 3 KrW-/AbfG vorrangig stofflich zu verwerten, wobei diese Verwertung nach § 5 Abs. 3 KrW-/AbfG ordnungsgemäß und schadlos zu erfolgen hat. Die gesetzlichen Anforderungen an die Art und Weise der Verwertung sprechen dafür, private Haushalte nur unter engen Voraussetzungen von der Überlassungspflicht freizustellen.[166] Denn diese sind wohl regelmäßig mit der Aufgabe der schadlosen Abfallentsorgung überfordert.[167] Das spricht jedenfalls im Prinzip für die Begrenzung der Ausnahmen von der Überlassungspflicht auf Fälle der Eigenverwertung. Zudem ist eine unterschiedliche Betrachtung von Hausmüll- und Gewerbeabfällen auch deswegen gerechtfertigt, weil Gewerbebetriebe unter unterschiedlichen Aspekten kontrolliert werden (Anlagenge-

163 *Queitsch,* AbfallR 2008, 178 (180 f.).

164 *Queitsch,* AbfallR 2008, 178 (181).

165 Hierzu: *VG Chemnitz,* Beschl. v. 27.2.2004 – 2 K 142/04 –, n. v., welches auf die Ausführungen des *VGH BW,* Urt. v. 21.7.1998 – 10 S 2614/97 –, in: NVwZ 1998, 1200 ff., verweist.

166 *Queitsch,* StuG 1997, 332 (334); so auch *BVerwG,* Urt. v. 18.6.2009 – 7 C 16/08 –, in: DVBl. 2009, 1242 (1244).

167 Ebenso *BVerwG,* Urt. v. 18.6.2009 – 7 C 16/08 –, in: DVBl. 2009, 1242 (1244).

nehmigungen, Überwachungsmaßnahmen etc.), die unüberschaubare Vielzahl an Haushalten jedoch nicht in vergleichbarem Ausmaße überwacht werden kann.[168] Auch in anderen Bereichen, wie bei der Wasserversorgung und der Abwasserentsorgung, finden Ausnahmen vom Anschluss- und Benutzungszwang in Gestalt von Hausbrunnen und Versickerungsanlagen ebenfalls nur auf dem eigenen Grundstück statt.[169] Des Weiteren können gewerblichen bzw. industriellen und damit verstärkt ins Wirtschaftsleben eingebundenen Abfallerzeugern und -besitzern wohl eine größere Sachkenntnis und damit auch effektivere Entsorgungsmaßnahmen zugetraut werden.[170]

Bei der ganzen Diskussion um die Zulässigkeit einer Drittbeauftragung zur Verwertung lassen sich – wie bereits an anderer Stelle angesprochen – vereinfachend und zugespitzt zwei Rollenträger beobachten: die private Abfallwirtschaft und die öffentlich-rechtlichen Entsorgungsträger. Gerade im Rahmen der Aufarbeitung der bisher erfolgten systematischen Auslegung zu § 13 Abs. 1 S. 1 KrW-/AbfG fällt auf, der Unterschied zwischen diesen beiden Lagern macht die jeweils andersartige Gewichtung der Rechtswirklichkeit aus. Die Stimmen in der Literatur werden durch ihre Kontakte, entweder zu der privaten Entsorgungswirtschaft oder den öffentlich-rechtlichen Entsorgungsträgern, entsprechend beeinflusst.[171] Neutrale, unvoreingenommene Stellungnahmen findet man selten. Die gleichen Argumente werden für die jeweils gegenteilige Auffassung angeführt.[172] Trotz der Anwendung der gleichen klassischen Auslegungsmethoden kommen die Kontrahenten zu sich widersprechenden Auslegungsergebnissen. Im Rahmen einer neutralen Gesamtschau sprechen die teleologischen Aspekte, aber auch die Gesamtsystematik des § 13 Abs. 1 S. 1 HS 2, 1. Fall KrW-/AbfG gegen eine Zulässigkeit der Einschaltung Dritter. Würde die Einschränkung der Verwertungsmöglichkeit (»in der Lage sein«) eine Drittbeauftragung beinhalten, so wäre es faktisch keine solche. Sowohl der Wortlaut als auch die Entstehungsgeschichte sind bei der Auslegung hingegen wenig hilfreich.

---

168 So auch *Queitsch,* UPR 1995, 412 (416).

169 Vgl. *Pielow/Finger,* Jura 2007, 189 (192 f.).

170 So *VGH BW,* Urt. v. 21.7.1998 – 10 S 2614/97 –, in: NVwZ 1998, 1200 (1202); *BVerwG,* Urt. v. 18.6.2009 – 7 C 16/08 –, in: DVBl. 2009, 1242 (1244).

171 So auch *Michler,* LNK – KrW-/AbfG, § 13 Rn. 10.

172 Vgl. *Vetter,* VBlBW 2010, 93 (95).

§ 2 Die gemeinschaftliche Verwertung von Haushaltsabfällen

Zudem stellt sich die Frage, ob mehrere Abfallverursacher auch dann »zur Verwertung in der Lage« sind, wenn sie sich mit anderen Abfallverursachern zu einer Entsorgungsgemeinschaft zusammenschließen.[173] Dieses Problem wird auch unter der Fragestellung erörtert, ob eine Verwertung auf Fremdgrundstücken möglich ist.[174] Vor allem im Zusammenhang mit der Eigenkompostierung wird problematisiert, ob beispielweise zwei Grundstücksnachbarn gemeinsam einen Komposthaufen unterhalten und ihre Bioabfälle dort zu Kompost verwerten können.[175] Daneben ist aber auch die Fallkonstellation erörterungswürdig, ob zwei Abfallbesitzer und -erzeuger sich zusammentun können, um nur eine Abfalltonne bezahlen zu müssen (»Tonnengemeinschaft«).

Der Wortlaut lässt eine entsprechende Auslegung zu: Er gibt für eine Beschränkung auf das eigene Grundstück bzw. auf den »eigenen Komposthaufen«[176] nichts her.[177] Soweit die Erzeuger oder Besitzer von Abfällen zu einer Verwertung in der Lage sind und eine solche auch beabsichtigen, liegt eine Ausnahme von der Überlassungspflicht vor. Sie können gemeinsam, also als Kollektiv, in der Lage sein. Sie können aber auch allein als Einzelperson in der Lage sein. Die Verwendung der Pluralform »sie« lässt beide Auslegungsvarianten zu.

Anders § 16 Abs. 1 S. 1 Arbeitsentwurf[178] Kreislaufwirtschaftsgesetz (AE

173 Vgl. hierzu: *Walter,* Verteilung der Entsorgungspflichten zwischen Abfallverursacher und öffentlich-rechtlichem Entsorgungsträger nach dem KrW-/AbfG, S. 80.

174 S. hierzu: *Beckmann,* NuR 1999, 24 (29); *ders./Kersting,* in: Landmann/Rohmer, Umweltrecht, Bd. III, § 13 KrW-/AbfG Rn. 40.

175 S. zu diesem Beispiel: *Gädeke,* Öffentliche und private Entsorgungsverantwortung, S. 135.

176 So *Kunig,* in: Kunig/Paetow/Versteyl, KrW-/AbfG, § 13 Rn. 15.

177 Anders: *Queitsch,* UPR 1995, 412 (416).

178 Bei einem *Arbeitsentwurf (AE)* handelt es sich um einen unverbindlichen, nicht ressortabgestimmten Entwurf des zuständigen Fachreferats. Auf die Gestaltung des Entwurfs kann noch mittels Anhörungen und Stellungnahmen Einfluss genommen werden. Das Ministerium nimmt Anregungen und Änderungsvorschläge entgegen. Der Entwurf dient als Diskussions- und Arbeitsbasis für die Erörterungen mit den Ländern, Kreisen und beteiligten Verbänden, s. www.bmu.bund.de/files/download/application/pdf/krwg_entwurf_bf.pdf, zuletzt abgerufen am 21.12.2010. Unklar ist, wie die in der vom BMU veröffentlichten Synopse enthaltene »Neufassung« des Arbeitsentwurfs einzuordnen ist. Diese enthält, insbesondere in § 16 AE KrWG, gravierende Abweichungen vom offiziell und eigenständig veröffentlichten AE. S. generell zu den Vorarbeiten im jeweils zuständigen Ministerium: *Schneider,* Gesetzgebung, § 5 Rn. 95 ff.

KrWG) sowie § 17 Abs. 1 S. 1 Referentenentwurf[179] Kreislaufwirtschaftsgesetz (RefE KrWG), wonach eine Überlassungspflicht für Erzeuger und Besitzer von Abfällen nur gilt, »soweit sie zu einer Verwertung auf den von ihnen im Rahmen ihrer privaten Lebensführung genutzten Grundstücken [...] nicht in der Lage sind [...].« Die Entwürfe präzisieren somit den Ort der Verwertung nicht nur hinsichtlich der Eigentumsverhältnisse bzw. der zivilrechtlichen Verfügungsverhältnisse, sondern auch hinsichtlich der Sphäre, innerhalb derer eine Verwertung erfolgen darf.[180] Es muss sich um Grundstücke handeln, die von den privaten Haushaltungen ohnehin im Rahmen der privaten Lebensführung, d. h. zur Erholung oder gärtnerischen Betätigung genutzt werden, wie z. B. eigene oder gemietete bzw. gepachtete Gartengrundstücke.[181] Fraglich ist, was diese Entwürfe des Bundesumweltministeriums (BMU) über die Lesart der noch geltenden Regelung aussagen. In der juristischen Methodenlehre ist zwar anerkannt, dass die Auslegung des älteren Gesetzes jüngere Aussagen des Gesetzgebers unterstützend und ergänzend einbeziehen darf.[182] Eine Auslegung dahin gehend, dass die im zitierten Entwurf vorgesehene Änderung der Formulierung für die enge, sich auf das eigene Grundstück beschränkende Ansicht spricht, kann jedoch nicht getroffen werden, da es nicht den »einen« Willen des Gesetzgebers gibt.[183] Die Begründungen des Arbeits- und Referentenentwurfs enthalten keine Angaben zur bisherigen Lesart der Vorschrift. Die Änderung der Rechtsvorschrift zeigt aber, dass die Entwurfsverfasser zumindest mit den bisherigen, sich teilweise sogar widersprechenden Interpretationen der Regelung durch die Rechtsanwender nicht einverstanden sind.[184] Die Konkretisierung soll daher zu mehr Rechtssicherheit und Vollzugstauglichkeit

179 Der *Referentenentwurf (RefE)* stellt eine Fortentwicklung des Arbeitsentwurfs dar. Anregungen der Bundesressorts und der Länder sind bereits eingeflossen, Stellungnahmen der beteiligten Kreise zum Arbeitsentwurf wurden ebenfalls berücksichtigt. Mit der Veröffentlichung des RefE erhalten die beteiligten Kreise die Gelegenheit, nunmehr offiziell zum Gesetzentwurf Stellung zu nehmen. Der vorgelegte Entwurf dient als Vorbereitung der Beschlussfassung der Bundesregierung. Er ist innerhalb der Bundesregierung noch nicht abschließend abgestimmt. Vgl. http://www.bmu.de/files/download/application/pdf/krwg_entwurf.pdf, zuletzt abgerufen am 21.12.2010.

180 Vgl. *BMU,* Begr. AE KrWG, S. 101; *BMU,* Begr. RefE KrWG, S. 180.

181 S. *BMU,* Begr. AE KrWG, S. 101; *BMU,* Begr. RefE KrWG, S. 180.

182 *Larenz/Canaris,* Methodenlehre der Rechtswissenschaft, S. 158; *Schneider,* Gesetzgebung, § 15 Rn. 529.

183 So auch *Müller/Christensen,* Juristische Methodik, Bd. I, S. 365, 371.

184 Vgl. zur Diskontinuität als historische Erzählweise: *Müller/Christensen,* Juristische Methodik, Bd. I, S. 366, 368 f.

führen.[185] Die Novellierung sagt jedoch nichts darüber aus, wie die bisherige Norm des § 13 Abs. 1 S. 1 HS 2 KrW-/AbfG zu verstehen ist.

Die historische Auslegung ergibt, dass die viel zitierte Eigenkompostierung nicht der einzige Fall der Eigenverwertung sein soll.[186] Der Ausschussbericht zu dem Gesetzesentwurf des KrW-/AbfG führt als weitere Verwertungsmöglichkeit »Altkleiderspenden für die Caritas« an.[187] Die ordnungsgemäße und schadlose Verwertung von Altkleidern ist aber faktisch und technisch nur außerhalb des eigenen Grundstücks möglich. Dies spricht dafür, dass der Gesetzgeber auch Fälle der Verwertung auf Fremdgrundstücken erfassen wollte.

Der binnensystematische Vergleich mit der Regelung des § 13 Abs. 1 S. 2 KrW-/AbfG zeigt, dass dort ausdrücklich von »eigenen Anlagen« die Rede ist. § 13 Abs. 1 S. 1 HS 2 KrW-/AbfG spricht aber schlicht von »Verwertung« und nimmt gerade keine Unterscheidung zwischen fremden und eigenen Grundstücken vor.

Auch Sinn und Zweck des § 13 Abs. 1 S. 1 HS 2, 1. Fall KrW-/AbfG müssen Berücksichtigung finden. Die objektive Möglichkeit der Verwertung und die Prognose ihrer unschädlichen, den Anforderungen des § 5 Abs. 3 KrW-/AbfG genügenden Durchführung müssen gegeben sein.[188] Die Verwertungsmöglichkeit reicht bis zur Grenze des technisch Möglichen. Im Hinblick auf die gerade in ländlichen Bereichen übliche Kompostierung ist es als begrüßenswert und förderungswürdig anzusehen, wenn Bürger, beispielsweise Nachbarn oder eine Kleingartengemeinschaft, sich hinsichtlich der Gewinnung von nährstoffreichem Kompost durch stoffliche Verwertung von Biomasse zusammentun. Dies insbesondere im Hinblick auf das europaweite Ziel, ein flächendeckendes Netz an Kompostanlagen aufzubauen.[189] Von »privatem Mülltourismus« kann bei einer derartigen nachbarschaftlichen Zusammenarbeit nicht die Rede sein.[190] Anders sieht es im Fall der sonstigen Nicht-Bioabfallverwertung aus: Hier ist der zweite hinzugezogene

185 Vgl. *BMU,* Begr. AE KrWG, S. 100; *BMU,* Begr. RefE KrWG, S. 178.

186 Vgl. den Gesetzesentwurf *der Bundesregierung,* BT-Drs. 12/5672, S. 44, der die Eigenkompostierung als Beispiel für eine Verwertungsmöglichkeit und -absicht aufführt.

187 BT-Drs. 12/7284, S. 17.

188 *Weidemann,* in: Jarass/Petersen/Weidemann, KrW-/AbfG, § 13 Rn. 65; *Kunig,* in: Kunig/Paetow/Versteyl, KrW-/AbfG, § 13 Rn. 17.

189 Vgl. http://www.bmu.de/abfallwirtschaft/downloads/doc/38326.php, zuletzt abgerufen am 21.12.2010.

190 So aber *Queitsch,* UPR 1995, 412 (416).

Abfallverursacher, mit Ausnahme vielleicht von eher selten vorkommenden künstlerischen Abfallgestaltungen bzw. -inszenierungen, die auch unter die Verwertungsmöglichkeit gem. § 13 Abs. 1 S. 1 HS 2, 1. Fall KrW-/AbfG fallen, ebenfalls zur Eigenverwertung nicht in der Lage. Er besitzt keine eigene Verwertungsmöglichkeit, sondern überlässt den Abfall dem öffentlich-rechtlichen Entsorgungsträger im Rahmen seiner Überlassungspflicht. Zumindest einer der Abfallverursacher muss aber die Möglichkeit der Eigenverwertung haben, um von einer zulässigen Ausnahme von der Überlassungspflicht gem. § 13 Abs. 1 S. 1 HS 2 KrW-/AbfG ausgehen zu können. Ein gemeinsames Überlassen von verwertbaren Abfällen stellt somit keine zulässige Ausnahme von der Überlassungspflicht i. S. d. § 13 Abs. 1 S. 1 HS 2 KrW-/AbfG dar.

Nichtsdestotrotz kann der Satzungsgeber einen Anreiz zur Abfallvermeidung/-verwertung i. S. d. § 9 Abs. 2 S. 3 LAbfG NRW für kleine Haushalte bzw. Ein-Personen-Grundstücke schaffen, indem er die Bildung von Entsorgungsgemeinschaften ausdrücklich zulässt.[191] Eine solche satzungsrechtliche Regelung betrifft dann die Art und Weise der Überlassung an die kommunale Abfallentsorgungseinrichtung, die im Gestaltungsermessen der Kommunen liegt. Eine solche Mülltonnengemeinschaft bietet den Vorteil, dass sich die Gruppe beispielsweise ein Entsorgungspaket aus Restmüllgefäß, Papiertonne und Biotonne teilen kann. Für einen solchen Fall kann der Satzungsgeber eine Befreiung vom kommunalen Anschluss- und Benutzungszwang vorsehen.

Dem oben dargestellten bundesrechtlichen Rahmen müssen Vorschriften des Landesrechts über den Anschluss- und Benutzungszwang Rechnung tragen. Soweit die bundesrechtliche Überlassungspflicht reicht, impliziert bereits diese einen Benutzungszwang. Soweit der Besitzer von Überlassungspflichten bundesrechtlich befreit bleibt, kann das landesrechtlich nicht korrigiert werden.[192] Das Land Nordrhein-Westfalen hat eine landesrechtliche Konkretisierung der Eigenverwertung vorgenommen. Nach § 9 Abs. 1 a S. 3 LAbfG NRW kann der Anschluss- und Benutzungszwang bei privaten Haushaltungen für alle Abfälle vorgeschrieben werden, soweit nicht Abfälle

191 S. zur satzungsrechtlichen Zulassung von Entsorgungsgemeinschaften: *Queitsch,* in: Schink/Queitsch/Scholz, LAbfG NRW, § 9 Rn. 195; *VG Münster,* Urt. v. 17.3.2006 – 7 K 2791/04 –, in: juris, Rn. 26, wonach ein Haushalt mit wenigen Personen nicht durch die Mindestgröße des Behälters von Möglichkeiten zur Vermeidung von Abfällen ausgeschlossen werden darf.

192 So *Kunig,* in: Kunig/Paetow/Versteyl, KrW-/AbfG, § 13 Rn. 19.

zur Verwertung durch den Abfallbesitzer selbst auf dem an die kommunale Abfallentsorgungseinrichtung angeschlossenen Grundstück ordnungsgemäß und schadlos im Sinne des § 5 Abs. 3 KrW-/AbfG verwertet werden (Eigenverwertung). Hiermit nimmt der Landesgesetzgeber eine Beschränkung des Verwertungsortes auf das eigene Grundstück vor, die der Bundesgesetzgeber gerade so nicht vorsieht.[193] Die Regelung verstößt daher gegen § 13 Abs. 1 S. 1 HS 2 KrW-/AbfG.[194]

193 So aber ein Konkretisierungsvorschlag von *Queitsch,* UPR 1995, 412 (416).
194 So auch *Beckmann,* NuR 1999, 24 (29).

Dritter Teil: Gewerbliche Sammlung (§ 13 Abs. 3 S. 1 Nr. 3 KrW-/AbfG)

Nach § 13 Abs. 3 S. 1 Nr. 3 KrW-/AbfG sind von der Überlassungspflicht gem. Abs. 1 solche Abfälle ausgenommen, die einer gewerblichen Sammlung zugeführt werden, sofern dem öffentlich-rechtlichen Entsorgungsträger nachgewiesen wird, dass die Abfälle einer ordnungsgemäßen und schadlosen Verwertung zugeführt werden und keine öffentlichen Interessen entgegenstehen.

Nach S. 2 desselben Absatzes gilt dies nicht für besonders überwachungsbedürftige Abfälle.

§ 13 Abs. 3 S. 1 Nr. 3 KrW-/AbfG findet ausschließlich bei Abfällen zur Verwertung aus privaten Haushaltungen Anwendung. Abfälle zur Beseitigung können nicht unter diese Vorschrift fallen, da vorausgesetzt wird, dass die Abfälle der Verwertung zugeführt werden.

§ 1 Die Entwicklung der verwaltungsgerichtlichen Rechtsprechung zur gewerblichen Sammlung von PPK-Abfällen

A. Vor der Entscheidung des BVerwG

Die Streitigkeiten zwischen den öffentlich-rechtlichen Entsorgungsträgern und den privaten Gewerbetreibenden mündeten deutschlandweit in einer Vielzahl von Gerichtsentscheidungen, die sich mit der Zulässigkeit privater Sammlungen befassen.[195]

Der vorliegenden Untersuchung liegt eine Auswertung von mehr als siebzig verwaltungsgerichtlichen Entscheidungen zur gewerblichen Sammlung zugrunde, die allein in den letzten vierzehn Jahren seit Inkrafttreten des

195 S. zur Entwicklung der Rechtsprechung: *Weidemann,* NVwZ 2008, 1086 f.

KrW-/AbfG zu dieser Problematik ergingen.[196] Im Kern geht es in diesen

---

196 S. hierzu diese chronologische Übersicht: *VG Frankfurt a. M.*, Beschl. v. 23.5.1997 – 9 G 1205/97 –, in: NVwZ-RR 1998, 167 ff.; *VG Minden,* Beschl. v. 13.6.1997 – 8 L 438/97 –, in: ZUR 1997, 327 (LS), juris; *VG Sigmaringen,* Beschl. v. 26.1.1998 – 3 K 1517/96 –, in: NVwZ 1998, 429 ff.; *VGH BW,* Urt. v. 21.7.1998 – 10 S 2614/97 –, in: NVwZ 1998, 1200 ff.; *VG Schleswig,* Urt. v. 26.3.2001 – 4 A 100/99 –, n. v.; *VG Chemnitz,* Beschl. v. 27.2.2004 – 2 K 142/04 –, n. v.; *VG Cottbus,* Beschl. v. 31.3.2004 – 3 L 749/03 –, in: AbfallR 2004, 180 (LS), juris; *VG Bayreuth,* Beschl. v. 5.10.2004 – B 2 S 04.943 –, in: juris; *OVG Bln-Bbg,* Beschl. v. 14.10.2004 – 2 B 122/04, – 2 B 135/04 –, in: ZUR 2005, 264 ff.; *SächsOVG,* Beschl. v. 6.1.2005 – 4 BS 116/04 –, in: SächsVBl. 2005, 169 ff.; *BayVGH,* Beschl. v. 12.1.2005 – 20 CS 04.2947 –, in: NuR 2006, 114 f.; *VG Stade,* Beschl. v. 31.5.2005 – 6 B 678/05 –, in: AbfallR 2005, 231 (LS), juris; *Nds.OVG,* Beschl. v. 16.8.2005 – 7 ME 120/05 –, in: NVwZ-RR 2006, 26 f.; *VG Schleswig,* Urt. v. 23.2.2006 – 12 A 147/04 –, in: juris; *VG Bayreuth,* Urt. v. 9.11.2006 – B 2 K 05.661 –, in: juris; *OVG NRW,* Beschl. v. 5.7.2007 – 20 A 2070/06 –, in: juris; *BayVGH,* Urt. v. 12.7.2007 – 23 BV 07.240 –, in: NVwZ 2008, 1140 f.; *VG Lüneburg,* Beschl. v. 17.9.2007 – 2 B 56/07 –, in: AbfallR 2007, 233 (LS), juris; *VG Karlsruhe,* Beschl. v. 19.9.2007 – 3 K 2219/07 –, in: AbfallR 2007, 233 (LS), juris; *VG München,* Beschl. v. 11.12.2007 – M 17 S 07.5458 –, in: juris; *VG Freiburg,* Beschl. v. 27.12.2007 – 4 K 2442/07 –, in: LexisNexis; *Nds.OVG,* Beschl. v. 24.1.2008 – 7 ME 192/07 –, in: NVwZ 2008, 1137 ff.; Beschl. v. 24.1.2008 – 7 ME 193/07 –, AbfallR 2008, 40 (LS), juris; *VGH BW,* Beschl. v. 11.2.2008 – 10 S 2422/07 –, in: VBlBW 2008, 295 ff.; *VG Gießen,* Urt. v. 14.2.2008 – 8 E 1588/06 –, in: ZKF 2010, 20 f.; *VG Augsburg,* Beschl. v. 15.2.2008 – Au 4 S 08.2 –, in: juris; *VG Schwerin,* Beschl. v. 21.2.2008 – 7 B 613/07 –, in: AbfallR 2008, 86 (LS), juris; *VG Greifswald,* Beschl. v. 21.2.2008 – 5 B 46/08 –, in: AbfallR 2008, 87, 147 (LS), juris; *VG Würzburg,* Urt. v. 26.2.2008 – W 4 K 07.1455 –, in: AbfallR 2008, 147 (LS), juris; Beschl. v. 26.2.2008 – W 4 S 07.1459 –, in: AbfallR 2008, 147 (LS), juris; *VG Augsburg,* Beschl. v. 5.3.2008 – Au 4 K 07.1706, – Au 4 S 07.1708 –, in: juris; *VG Münster,* Beschl. v. 28.3.2008 – 7 L 163/08 –, in: AbfallR 2008, 147 (LS), juris; *VG München,* Urt. v. 3.4.2008 – M 17 K 07.5730, – M 17 K 07.5447, – M 17 K 07.5482 –, in: juris; *VG München,* Beschl. v. 7.4.2008 – M 17 S 08.1516 –, in: juris; *OVG Hmb.,* Beschl. v. 8.4.2008 – 1 Bs 68/08 –, in: MA 2008, 268; *OVG SH,* Urt. v. 22.4.2008 – 4 LB 7/06 –, in: KommJur 2008, 297 ff.; *VG Koblenz,* Beschl. v. 23.4.2008 – 7 L 238/08.KO –, in: AbfallR 2008, 147 (LS), juris; *VG Hmb.,* Beschl. v. 23.4.2008 – 4 E 880/08 –, in: juris; *VG Frankfurt (Oder),* Beschl. v. 5.5.2008 – 5 L 113/08 –, in: juris; *VG Dresden,* Beschl. v. 9.5.2008 – 1 L 20/08 –, in: AbfallR 2008, 147 (LS), juris; *VG Hannover,* Beschl. v. 20.5.2008 – 4 B 2279/08, – 4 B 2395/08, – 4 B 2491/08 –, in: juris; *VG Potsdam,* Beschl. v. 23.5.2008 – 1 L 214/08 –, n. v.; *VG Göttingen,* Beschl. v. 29.5.2008 – 4 B 88/08 –, in: LexisNexis; *VG Dresden,* Beschl. v. 13.6.2008 – 1 L 216/08 –, in: Mitt. StGB NRW 2008, 434, juris; *VG Dresden,* Beschl. v. 16.6.2008 – 1 L 176/08 –, in: beck-online; *VG Aachen,* Beschl. v. 17.6.2008 – 6 L 252/08 –, in: NVwZ-RR 2008, 771 ff.; *VG Saarland,* Beschl. v. 26.6.2008 – 5 L 473/08 –, in: juris; *SächsOVG,* Beschl. v. 27.6.2008 – 4 B 193/08 –, in: SächsVBl. 2009, 36 ff.; *VG Göttingen,* Beschl. v. 30.6.2008 – 4 B 94/08 –, in: LexisNexis; *Nds.OVG,* Beschl. v. 1.7.2008 – 7 ME 90/08, – 7 ME 91/08, – 7 ME 92/08 –, in: AbfallR 2008, 206 (LS), juris; *VG Düsseldorf,* Beschl. v. 3.7.2008 – 16 L 1099/08 –, in: juris; *OVG Hmb.,* Beschl. v. 8.7.2008 – 1 Bs 91/08 –, in: ZUR 2008, 425 ff.; *OVG*

Entscheidungen um zwei rechtliche Auslegungsprobleme.[197] Zum einen um die Frage, ob § 13 Abs. 1 S. 1 HS 2 KrW-/AbfG dahin ausgelegt werden kann, dass private Haushalte ihre Abfälle zur Verwertung auch einem Dritten, insbesondere einem gewerblich tätigen Dritten, überlassen können. Zum anderen um die Voraussetzungen, unter denen überwiegende öffentliche Interessen einer privaten Sammlung von Haushaltsabfällen – insbesondere Altpapier – auf der Grundlage von § 13 Abs. 3 S. 1 Nr. 3 KrW-/AbfG entgegengehalten werden können. Bei Verfolgung der Rechtsprechung wird deutlich, dass die Beurteilung der Zulässigkeit derartiger privater Sammlungen mit erheblichen rechtlichen Unsicherheiten behaftet ist. Private Sammlungen werden von den Gerichten auf ein und derselben Rechtsgrundlage sehr unterschiedlich beurteilt. Diese Situation führte zu einer nicht mehr hinnehmbaren Rechtsunsicherheit für die Praxis.

MV, Beschl. v. 8.7.2008 – 3 M 63/08 – in: NordÖR 2008, 395 f.; *VG Arnsberg,* Beschl. v. 11.7.2008 – 14 L 464/08 –, in: juris; *OVG NRW,* Beschl. v. 14.7.2008 – 11 B 1033/08 –, in: juris; *VG Saarland,* Beschl. v. 16.7.2008 – 6 L 416/08 –, in: LKRZ 2008, 425 f.; *VG Leipzig,* Beschl. v. 7.8.2008 – 1 L 53/08 –, in: juris; *VG Weimar,* Beschl. v. 4.9.2008 – 7 E 877/08 We –, in: LexisNexis; *VG Oldenburg,* Urt. v. 11.9.2008 – 5 A 2224/07 –, in: juris; *VG Hmb.,* Beschl. v. 9.10.2008 – 4 E 2624/08 –, in: AbfallR 2008, 306 (LS), juris; *OVG Saarland,* Beschl. v. 22.10.2008 – 3 B 279/08 –, in: LKRZ 2008, 477; *SächsOVG,* Beschl. v. 3.11.2008 – 4 B 251/08 –, in: SächsVBl 2009, 43 ff.; *BayVGH,* Urt. v. 14.11.2008 – 20 BV 08.1624, – 20 BV 08.1739, – 20 BV 08.1757 –, in: Mitt. StGB NRW 2009, 281, juris; Urt. v. 14.11.2008 – 20 BV 08.1663 –, in: BayVBl. 2009, 272 ff.; *ThürOVG,* Beschl. v. 1.12.2008 – 1 EO 566/08 –, in: ThürVBl. 2009, 232 ff.; *VG Gelsenkirchen,* Beschl. v. 1.12.2008 – 14 L 856/08 –, in: AbfallR 2009, 92 (LS), juris; *VG München,* Beschl. v. 19.12.2008 – M 17 S7 08.6054 –, in: juris; *VG Braunschweig,* Urt. v. 10.2.2009 – 6 A 240/07 –, in: KommJur 2009, 299 ff.; *OVG NRW,* Beschl. v. 17.2.2009 – 20 B 1179/08 –, in: juris; *SächsOVG,* Beschl. v. 3.4.2009 – 4 B 229/08 –, in: juris; *VG Dresden,* Urt. v. 9.4.2009 – 3 K 1901/08 –, in: juris; *OVG Hmb.,* Beschl. v. 15.4.2009 – 5 Bs 199/08 –, n. v.; *BVerwG,* Urt. v. 18.6.2009 – 7 C 16/08 –, in: DVBl. 2009, 1242 ff.; *OVG Bln-Bbg,* Beschl. v. 21.12.2009 – 11 S 50.08 –, in: AbfallR 2010, 45 (LS), juris; *VGH BW,* Beschl. v. 25.1.2010 – 10 S 2701/09 –, in: VBlBW 2010, 204 ff.; *VG Oldenburg,* Beschl. v. 9.2.2010 – 5 B 3188/09 –, in: NdsVBl. 2010, 187 ff.; *VG Hannover,* Beschl. v. 17.2.2010 – 12 B 5464/09 –, n. v.; *VG München,* Beschl. v. 22.2.2010 – M 17 S 10.141 –, in: AbfallR 2010, 154 (LS), juris; *Nds.OVG,* Beschl. v. 26.5.2010 – 7 ME 20/10 –, in: AbfallR 2010, 210 f. (LS), juris; *VG Gelsenkirchen,* Beschl. v. 30.7.2010 – 14 L 372/10 –, in: juris; *VG Hmb.,* Beschl. v. 10.9.2010 – 4 E 2180/10 –, n. v.; *VG Düsseldorf,* Beschl. v. 28.10.2010 – 17 L 1318/10, – 17 L 1331/10 –, in: juris; Beschl. v. 28.10.2010 – 17 L 1330/10 –, n. v.; *VG Dresden,* Beschl. v. 16.12.2010 – 3 L 461/10, – 3 L 422/10, – 3 L 463/10, – 3 L 467/10, – 3 L 482/10 –, n. v.

197 So auch *Karpenstein,* Haushaltsabfälle zwischen Privatisierung und Kommunalisierung, S. 21.

So entschieden einerseits Verwaltungsgerichte, dass kommunale Untersagungsanordnungen nicht durch das Abfallrecht gedeckt seien und es keinen Zweifel gebe, dass der private Entsorger nachweisen könne, dass das eingesammelte Papier einer ordnungsgemäßen und schadlosen Verwertung zugeführt werde. Auch überwiegende öffentliche Interessen stünden der Sammlung nicht entgegen. Selbst wenn der Kommune durch die Sammlung Altpapier entginge und dies zu einer Erhöhung der Abfallgebühren führe, gefährde dies die Funktionsfähigkeit der öffentlich-rechtlichen Entsorgung nicht. Auch eventuelle Verstöße gegen straßen- oder verkehrsrechtliche Vorschriften durch Bereitstellen von unbestellten Behältern auf öffentlichen Verkehrsflächen rechtfertigten nach dieser Rechtsprechung in der Regel keine Untersagung des Sammelns.[198] Besonders hervorzuheben ist in diesem Zusammenhang ein Urteil des OVG Schleswig-Holstein v. 22.4.2008, in dem es um die Zulässigkeit einer gewerblichen Sammlung von Altpapier ging.[199] Das Gericht setzte sich in dieser Entscheidung jedoch nicht nur mit den gewerblichen Sammlungen auf der Grundlage des § 13 Abs. 3 S. 1 Nr. 3 KrW-/AbfG auseinander, sondern interpretierte auch die Reichweite der Überlassungspflicht i. S. v. § 13 Abs. 1 S. 1 KrW-/AbfG neu.[200] Nach dieser Vorschrift sind, wie bereits ausgeführt, Erzeuger und Besitzer von Abfällen aus privaten Haushaltungen verpflichtet, diese den nach Landesrecht zur Entsorgung verpflichteten juristischen Personen zu überlassen, soweit sie zu einer Verwertung nicht in der Lage sind oder diese nicht beabsichtigen. Entgegen dem früher ganz überwiegenden Verständnis in der Rechtsanwendung geht das OVG Schleswig-Holstein davon aus, dass die Legalausnahme (»soweit sie zu einer Verwertung nicht in der Lage sind oder diese nicht beabsichtigen«) nicht nur dann gelten soll, wenn die Privatperson selbst, etwa durch Eigenkompostierung, verwertet, sondern auch für den Fall, dass sie einen privaten Dritten mit der Verwertung der im Haushalt anfallenden Abfälle beauftragt.[201] Gegen die Entscheidung des OVG Schleswig-Holstein wurde Revision eingelegt, über die das BVerwG mit dem nachstehend im Einzelnen darzustellenden Grundsatzurteil v. 18.6.2009 entschieden hat.

198 Vgl. zur Entwicklung der Rechtsprechung: *Weidemann,* Altpapierentsorgung durch gewerbliche Sammlung, S. 10, http://www.bde-berlin.org/?p=245, zuletzt abgerufen am 21.12.2010.

199 *OVG SH,* Urt. v. 22.4.2008 – 4 LB 7/06 –, in: KommJur 2008, 297 ff.

200 *OVG SH,* Urt. v. 22.4.2008 – 4 LB 7/06 –, in: KommJur 2008, 297 (299).

201 *OVG SH,* Urt. v. 22.4.2008 – 4 LB 7/06 –, in: KommJur 2008, 297 (299).

Andererseits gingen Gerichte in den zu beurteilenden Fällen von entgegenstehenden öffentlichen Interessen aus, da die Funktionsfähigkeit der öffentlichen Einrichtung Abfallentsorgung beeinträchtigt würde. Hierbei wurden insbesondere zu erwartende Gebührensteigerungen sowie die Gefahr wilder Müllablagerungen und illegaler Entsorgungen als öffentliche Interessen aufgeführt. Hervorzuheben ist hier die Entscheidung des OVG Hamburg, die die Befreiung von der Überlassungspflicht für Haushaltsabfälle auf die Verwertung von kompostierbarem Bioabfall im eigenen Garten beschränkt und somit kein »Einfallstor« für außenstehende Dritte bzw. Sammler bereits im Rahmen des § 13 Abs. 1 S. 1 HS 2, 1. Fall KrW-/AbfG eröffnet.[202] Auch bei der Auslegung von § 13 Abs. 3 S. 1 Nr. 3 KrW-/AbfG setzt sich das Gericht von der Entscheidung des OVG Schleswig-Holstein ab.[203] Der Senat vertritt die Auffassung, eine gewerbliche Sammlung von Altpapier unter Einbeziehung von Verpackungsmüll sei unzulässig, wenn sie die Funktionsfähigkeit flächendeckender Systeme gem. § 6 Abs. 3 Verpackungsverordnung (VerpackVO) zur haushaltsnahen Erfassung von Verkaufsverpackungen aus PPK beeinträchtige.[204]

Wenn man die Rechtsprechung der letzten Jahre zu den gewerblichen Abfallsammlungen verfolgt, so wird durchaus eine Änderung der Rechtsprechung deutlich. So haben frühere Entscheidungen den öffentlichen Interessen der Kommunen ein sehr viel höheres Gewicht beigemessen. Vor dem Urteil des BVerwG zeichnete sich jedoch in der verwaltungsgerichtlichen Rechtsprechung eine Tendenz zugunsten der gewerblichen Sammlungen ab.[205]

B. Nach der Entscheidung des BVerwG

Das BVerwG hat am 18.6.2009 das lang erwartete Grundsatzurteil zum »Kampf ums Altpapier« verkündet.[206] Während sich das oberste Verwaltungsgericht mit seinem Urteil zu § 13 Abs. 1 S. 1 HS 2, 1. Fall KrW-/AbfG der überwiegenden Meinung in Rechtsprechung und Literatur angeschlossen hat, widerspricht es mit seinen Ausführungen zu § 13 Abs. 3 S. 1

202 *OVG Hmb.*, Beschl. v. 8.7.2008 – 1 Bs 91/08 –, in: NVwZ 2008, 1133 f.

203 Hierzu: *Weidemann*, NVwZ 2008, 1086 f.

204 *OVG Hmb.*, Beschl. v. 8.7.2008 – 1 Bs 91/08 –, in: NVwZ 2008, 1133 (1136).

205 Vgl. *Bach/Philipp*, SächsVBl. 2009, 252 f. (255); zu den Entwicklungen in der Rechtsprechung s. *Wenzel*, ZUR 2008, 411.

206 *BVerwG*, Urt. v. 18.6.2009 – 7 C 16/08 –, in: DVBl. 2009, 1242 ff.

Nr. 3 KrW-/AbfG der bislang verbreiteten Auffassung der Verwaltungs- und Oberverwaltungsgerichte.

Im Folgenden soll an den jeweiligen Anknüpfungspunkten auf die Rechtsprechung im Detail eingegangen werden.

§ 2 Regelungssystematik

Die Regelungssystematik des § 13 KrW-/AbfG erschließt sich erst nach mehrfachem Studium des Gesetzestextes. Aber auch hiernach bleiben Unklarheiten, die sich in der Literatur derart widerspiegeln, dass die einzelnen Abstufungen der Regelung unterschiedlich eingeordnet bzw. bezeichnet werden. *Hoppe* beispielsweise bezeichnet die Regelung des § 13 KrW-/AbfG als »kompliziertes System«, welches sich »als ein nicht gerade durch Überschaubarkeit zu charakterisierendes Geflecht von Ausnahmen, Ausnahmen von Ausnahmen, Rückausnahmen und von – durch weitgefasste, unbestimmte und kaum bestimmbare Gesetzesbegriffe geprägten – Einzelregelungen darstellt«.[207]

A. Ausnahme von § 13 Abs. 1 S. 1 KrW-/AbfG

Nach einer Auffassung handelt es sich bei § 13 Abs. 3 KrW-/AbfG um eine Ausnahmevorschrift im Hinblick auf die Regelung des § 13 Abs. 1 KrW-/AbfG.[208] Insoweit liege keine Überlassungspflicht an den öffentlich-rechtlichen Entsorgungsträger vor. Nur für den Fall, dass in Anwendung des § 13 Abs. 1 KrW-/AbfG dem Grundsatz nach eine Überlassungspflicht an den öffentlich-rechtlichen Entsorgungsträger begründet sei, könne jene Pflicht unter den Voraussetzungen des § 13 Abs. 3 KrW-/AbfG entfallen. Dies folge aus dem Wortlaut und der Systematik des § 13 KrW-/AbfG. So beginne § 13 Abs. 3 KrW-/AbfG mit den Worten: »Die Überlassungspflicht besteht nicht für Abfälle, […]«.

207 *Hoppe,* in: Hoppe/Bauer/Faber/Schink, Auswirkungen des KrW-/AbfG auf die öffentlich-rechtlichen Entsorgungsträger, S. 63.

208 Zu gewerblichen Abfallsammlungen als Ausnahmetatbestand s. *Rindtorff/Gabriel,* AbfallR 2004, 194 f.; *Queitsch,* AbfallR 2008, 78.

B. Rückausnahme

Nach einer anderen Ansicht in der Literatur stellt die Regelung in § 13 Abs. 3 KrW-/AbfG eine Rückausnahme für die dort genannten Fälle dar.[209] Das KrW-/AbfG gehe vom Grundsatz der Entsorgungszuständigkeit der privaten Abfallerzeuger und -besitzer aus. Eine Ausnahme bestehe für Abfälle aus privaten Haushaltungen lediglich, soweit die Abfallverursacher zu einer Verwertung nicht in der Lage seien oder diese nicht beabsichtigten. Für diese Fälle greife eine Überlassungspflicht nach § 13 Abs. 1 KrW-/AbfG. Mit dieser korrespondiere die Entsorgungspflicht des öffentlich-rechtlichen Entsorgungsträgers nach § 15 Abs. 1 KrW-/AbfG. Von dieser Ausnahme stelle § 13 Abs. 3 KrW-/AbfG eine Rückausnahme mit der Folge des Wiedererstarkens der Grundpflicht gem. § 5 Abs. 2 KrW-/AbfG dar.

Das KrW-/AbfG hat mit seinem Inkrafttreten gerade das Verursacherprinzip in den Vordergrund gerückt. Abweichend hiervon (»abweichend von § 5 Abs. 2 und § 11 Abs. 1«) regelt § 13 Abs. 1 KrW-/AbfG eine Überlassungspflicht an den öffentlich-rechtlichen Entsorgungsträger. Neben dem Wortlaut sprechen auch die Entstehungsmaterialien für diese Auslegung. Hiernach fordert § 13 eine Überlassung von Rückständen nur insoweit, als der Erzeuger oder Besitzer zur Entsorgung selbst nicht in der Lage ist. Die Überlassungspflichten werden auf den Bereich der notwendigen Daseinsvorsorge beschränkt.[210] Die Entsorgungspflicht liegt also vorrangig bei den Abfallverursachern. Dies stellt den Grundsatz dar. Die Überlassungspflicht bildet hiervon eine Ausnahme, von der unter bestimmten Voraussetzungen wiederum eine Rückausnahme (auch Ausnahme-Ausnahme genannt) vorliegt.

§ 3 Der Sammlungscharakter einer Maßnahme

Nicht ganz eindeutig ist, welche Sachverhalte unter den Tatbestand einer gewerblichen Sammlung i. S. d. § 13 Abs. 3 S. 1 Nr. 3 KrW-/AbfG fallen. Sowohl der Begriff der Sammlung als auch der Begriff der Gewerblichkeit bieten Anlass für Diskussionen. Der auf den ersten Blick so einfach und schlicht anmutende Begriff der Sammlung ist Ausgangspunkt für mehrere

---

209 So *Paschlau/Rindtorff,* MA 2004, 534, die von Ausnahmen-Ausnahmen sprechen; *Kahle,* NordÖR 2009, 10 (13).

210 Vgl. den Bericht des *Ausschusses für Umwelt, Naturschutz und Reaktorsicherheit,* BT-Drs. 12/7284, S. 17.

Auslegungsstreitigkeiten, die sowohl den zeitlichen Aspekt als auch die vertraglichen Grundlagen betreffen. Im Folgenden soll auf einzelne umstrittene Teilkriterien, wie den Turnus, den Einzelauftrag und die vertragliche Grundlage, eingegangen werden.

A. Turnus

Nach Ansicht mehrerer Obergerichte kann dem Vorhaben, den Haushalten die »Blaue Tonne« für Altpapier kostenlos anzubieten und diese in regelmäßigem Turnus zu entleeren, der Charakter einer »Sammlung« i. S. v. § 13 Abs. 3 S. 1 Nr. 3 KrW-/AbfG nicht abgesprochen werden.[211] Der Begriff der Sammlung erfasse neben unregelmäßigen, nur sporadisch stattfindenden Sammlungen auch sogenannte Dauersammlungen.[212] Aus § 4 Abs. 5 KrW-/AbfG lasse sich eine Unterscheidung der Begriffe des »Sammelns« vom »Einsammeln durch Hol- und Bringsysteme« nicht ableiten.[213] Der Gesetzgeber habe in § 4 Abs. 5 KrW-/AbfG die Benennung der verschiedenen Phasen der Abfallverwertung und nicht eine – auf § 13 Abs. 3 KrW-/AbfG übertragbare – Abgrenzung von Tatbeständen vor Augen gehabt.[214] Der Begriff der Sammlung in § 13 Abs. 3 S. 1 Nr. 2 und 3 KrW-/AbfG dürfe im gleichen Sinne wie das Einsammeln in § 4 Abs. 5 KrW-/AbfG und § 49 KrW-/AbfG zu verstehen sein, da er nicht das Sammeln der Abfälle im privaten Haushalt, sondern den Vorgang nach Bereitstellen der Abfälle zur Abholung erfassen will.[215] Einsammeln im weiteren Sinne könne vom Sammeln nicht unterschieden werden. Sammeln i. S. d. Gesetzes sei mithin das Zusammentragen von Abfällen zum Zwecke ihrer Verwertung, das nicht

---

211 *Nds.OVG,* Beschl. v. 24.1.2008 – 7 ME 192/07 –, in: NVwZ 2008, 1137 f.; Beschl. v. 24.1.2008 – 7 ME 193/07 –, in: AbfallR 2008, 40 (LS), juris, Rn. 9; *BayVGH,* Urt. v. 14.11.2008 – 20 BV 08.1663 –, in: BayVBl. 2009, 272; *OVG NRW,* Beschl. v. 17.2.2009 – 20 B 1179/08 –, in: juris, Rn. 6; *SächsOVG,* Beschl. v. 3.4.2009 – 4 B 229/08 –, in: juris, Rn. 12.

212 *Giesberts,* in: Giesberts/Reinhardt, BeckOK KrW-/AbfG, § 13 Rn. 42, will den Begriff der gewerblichen Sammlung sogar auf eine auf Dauer angelegte Sammlung beschränken; *Michler,* LNK – KrW-/AbfG, § 13 Rn. 32.

213 So auch *Nds.OVG,* Beschl. v. 24.1.2008 – 7 ME 193/07 –, in: AbfallR 2008, 40 (LS), juris, Rn. 9.

214 *Nds.OVG,* Beschl. v. 24.1.2008 – 7 ME 193/07 –, in: AbfallR 2008, 40 (LS), juris, Rn. 9.

215 *Nds.OVG,* Beschl. v. 24.1.2008 – 7 ME 193/07 –, in: AbfallR 2008, 40 (LS), juris, Rn. 9.

durch/oder für Entsorgungsträger in Erfüllung ihrer Entsorgungspflicht erfolge.[216]

Nach Auffassung mehrerer Verwaltungsgerichte hingegen kann das Tatbestandsmerkmal »Sammlung« auch durchaus dahin gehend verstanden werden, dass damit ausschließlich gelegentliche Tätigkeiten gemeint seien, wie sie bei den in § 13 Abs. 3 Nr. 2 KrW-/AbfG bezeichneten gemeinnützigen Sammlungen zu beobachten seien.[217] Einer Sammlung sei jegliche Planungssicherheit fremd.[218] Ob das Gesammelte z. B. den Bedarf decke, entscheide sich vielmehr jedes Mal aufs Neue. In dieser Interpretation wäre eine Tätigkeit, die die Einführung eines selbstständigen Entsorgungssystems mit regelmäßigen Abholterminen zum Inhalt habe, mit dem Gesetz nicht vereinbar.

Im Ergebnis sagt der Begriff der Sammlung nichts über den Turnus der Sammlung aus. Er enthält kein Zeitmoment. Vielmehr bezeichnet er lediglich das Zusammentragen von gleichartigen Gegenständen, für die der Handelnde sich interessiert, und zwar unabhängig von der zeitlichen Dimension. Auch das tradierte Bild des Lumpensammlers, welches bei der Gesetzesfassung Vorbildfunktion gehabt haben soll,[219] lässt keine eindeutige Wertung zu. Sinn und Zweck einer ordnungsgemäßen und schadlosen Abfallentsorgung sprechen jedoch für die Zulässigkeit regelmäßiger Dauersammlungen, da nur gesicherte Sammelintervalle eine Alternative zur öffentlich-rechtlichen Entsorgung darstellen können. Auch ein systematisches Argument spricht für diese Auslegung. Eine Entsorgungsstruktur, die von einer parallelen Zuständigkeit der öffentlich-rechtlichen Entsorgungsträger und der privaten Abfallverursacher ausgeht,[220] setzt voraus, dass diese gleichwertig sind. Der öffentlich-rechtliche Entsorgungsträger sollte nicht als Gegenstück zu den privaten Abfallverursachern gesehen werden.[221] Vielmehr ergänzen sich die beiden Entsorgungsverantwortlichen gegenseitig.

---

216 *BayVGH,* Urt. v. 14.11.2008 – 20 BV 08.1663 –, in: BayVBl. 2009, 272.

217 *VG Arnsberg,* Beschl. v. 11.7.2008 – 14 L 464/08 –, in: juris, Rn. 2; *BVerwG,* Urt. v. 18.6.2009 – 7 C 16/08 –, in: DVBl. 2009, 1242 (1244).

218 *VG Chemnitz,* Beschl. v. 27.2.2004 – 2 K 142/04 –, n. v.

219 Statt aller: *BVerwG,* Urt. v. 18.6.2009 – 7 C 16/08 –, in: DVBl. 2009, 1242 (1244); *Frenz,* KrW-/AbfG, § 13 Rn. 89.

220 Vgl. hierzu ausführlich die Ausführungen unter Fn. 1090.

221 So aber *BVerwG,* Urt. v. 18.6.2009 – 7 C 16/08 –, in: DVBl. 2009, 1242 ff.

B. Einzelauftrag

Fraglich ist, ob ein Einzelauftrag seitens des Abfallbesitzers im Rahmen der Sammlung möglich ist.

Eine Sammlung ist nach einer »engen« Ansicht ein Einsammeln von Abfällen ohne Einzelauftrag, d. h. ein freiwilliges und allgemeines Angebot der Überlassung verwertbarer Abfälle.[222] Hiernach sei § 13 Abs. 3 S. 1 Nr. 3 KrW-/AbfG ein Sonderfall einer auf Initiative des Sammlers erfolgenden Verwertung.[223] Diese Einschränkung sei notwendig, da die Einschaltung Dritter zu Entsorgungszwecken bereits durch § 13 Abs. 1 S. 2 und Abs. 2 KrW-/AbfG erfasst werde.[224] Das bloße Einverständnis des Grundstückseigentümers, dass der private Entsorger seine »Blaue Tonne« auf das Grundstück stellen kann, sei noch nicht als Einzelauftrag zu werten.[225] Anders liege der Fall jedoch, wenn die Tonne durch den Haushalt ausdrücklich zu bestellen sei. Dann beauftrage der Abfallbesitzer den privaten Entsorger. Damit erhalte der Entsorgungsbetrieb eine Planungssicherheit, die einer Sammlung gerade fremd sei, weil sich deren Bedarfsdeckung jedes Mal aufs Neue entscheide. Die Planmäßigkeit sei Definitionsmerkmal der Gewerblichkeit und nicht der Sammlung. Der Begriff der Sammlung erschöpfe sich im Einsammeln der Abfälle. Er setze nicht voraus, dass der Sammelnde »planmäßig« seine Erträge genauestens kalkulieren könne und somit sein wirtschaftliches Risiko erheblich reduziere. Typischerweise handle es sich um eine Sammlung, wenn Abfälle, die bis zu einem bestimmten Zeitpunkt ohne rechtliche Verpflichtung der Abfallbesitzer gut sichtbar an der Straße abzulegen sind, abgeholt würden. Die Entleerung beauftragter »Blauer Tonnen« sei dagegen keine Sammlung i. S. d. § 13 Abs. 3 S. 1 Nr. 3 KrW-/AbfG.[226]

Im Ergebnis ist es bei einer Konkretisierung des Begriffs des gewerblichen Sammlers nicht zielführend, darauf abzustellen, von wem die Initiative für

222 *VG Chemnitz,* Beschl. v. 27.2.2004 – 2 K 142/04 –, n. v.; *Beckmann/Kersting,* in: Landmann/Rohmer, Umweltrecht, Bd. III, § 13 KrW-/AbfG Rn. 62; *Braun,* ThürVBl. 2009, 49 (50).

223 *Weidemann,* in: Jarass/Petersen/Weidemann, KrW-/AbfG, § 13 Rn. 69; *Frenz,* KrW-/AbfG, § 13 Rn. 89.

224 *Frenz,* KrW-/AbfG, § 13 Rn. 89.

225 Vgl. *Braun,* ThürVBl. 2009, 49 (50).

226 *Beckmann/Kersting,* in: Landmann/Rohmer, Umweltrecht, Bd. III, § 13 KrW-/AbfG Rn. 62.

die Sammlung ausgegangen ist.[227] Auch der Wortlaut gibt für eine Eingrenzung auf Initiativsammlungen seitens des gewerblichen Sammlers nichts her. Das KrW-/AbfG umfasst sowohl die Figur des gewerblichen Sammlers als auch die Figur des Drittbeauftragten. Das bedeutet jedoch nicht zwangsläufig, dass bestimmte Aspekte sich nicht gleichen bzw. überschneiden können. Für eine Auslegung der Rechtsfiguren des gewerblichen Sammlers und des öffentlich-rechtlichen Entsorgungsträgers einschließlich seiner Erfüllungsgehilfen als absolutes Gegensatzpaar liegen keine stichhaltigen Anhaltspunkte vor. Gerade das aufgeführte Merkmal der Planungssicherheit sollte im Interesse einer allgemeinen ordnungsgemäßen und schadlosen Entsorgung sowohl bei den öffentlich-rechtlichen Entsorgungsträgern, den privaten Abfallverursachern sowie den Drittbeauftragten als auch bei den gewerblichen Sammlern gewährleistet sein.

C. Vertragliche Grundlage

Des Weiteren stellt sich die Frage, ob unter einer gewerblichen Sammlung nur die vertragslose Erfassung von Abfällen zu verstehen ist oder ob für die Entsorgung auch Verträge zwischen Entsorgern und Erzeugern oder Besitzern der Abfälle abgeschlossen werden können.

Nach einer »engen« Auslegung schließt der Sammlungsbegriff Tätigkeiten aus, die auf der Grundlage vertraglicher Bindungen zwischen dem sammelnden Unternehmen und den privaten Haushalten abgewickelt werden. Eine Sammlung sei hiernach das Einsammeln von Abfällen ohne Einzelauftrag, d. h. ein freiwilliges und allgemeines Angebot der Überlassung verwertbarer Abfälle.[228] Im Falle einer Überlassungsverpflichtung erfolge der einzelne Überlassungsvorgang aber nicht mehr freiwillig, sondern zwecks Erfüllung einer vertraglichen Pflicht.[229] Der Abschluss von Überlassungsverträgen führe zu einer Planungssicherheit, die einer Sammlung gerade nicht immanent sei, weil sich deren Bedarfsdeckung jedes Mal neu entscheide.[230] Hinsichtlich der Planmäßigkeit gelten obige Ausführungen der »engen« Ansicht im Rahmen des Teilaspekts Einzelauftrag entsprechend.[231]

---

227 So auch wohl das *BMU,* zitiert nach *LKT NRW,* Rundschreiben-Nr. 0556/09, S. 6.

228 *Braun,* ThürVBl. 2009, 49 (50); *VG Schleswig,* Urt. v. 26.3.2001 – 4 A 100/99 –, n. v.; *BVerwG,* Urt. v. 18.6.2009 – 7 C 16/08 –, in: DVBl. 2009, 1242 (1244).

229 *Dinger,* UPR 2007, 373 (375).

230 *VG Chemnitz,* Beschl. v. 27.2.2004 – 2 K 142/04 –, n. v.

231 Vgl. Dritter Teil, § 3, B.

Andere wiederum halten diese Argumentation für nicht überzeugend.[232] Sie entgegnen, dass der Normtext keine Anhaltspunkte dafür biete, dass nur nicht-vertraglich erfolgende Sammlungen einschlägig seien.[233] Eine Sammlung sei auch bei einem spontanen Entschluss der Beteiligten nicht ohne jede vertragliche Grundlage denkbar. Auch wenn z. B. kein mehrseitiges schriftliches Vertragswerk zwischen dem Abfallbesitzer und dem Sammler vorliege, so könne im Einzelfall doch zwischen beiden ein konkludenter Vertrag geschlossen worden sein.[234] Im Rahmen der die Beseitigung betreffenden Entsorgungsverträge käme niemand auf die Idee, die Sammlung aus den vertraglichen Bestimmungen auszuklammern. Daher könne der Begriff der Sammlung in § 13 Abs. 3 S. 1 Nr. 3 KrW-/AbfG auch nicht an das Fehlen eines Vertrags gekoppelt werden. Schließlich setze die gewerbliche Sammlung definitionsgemäß eine auf Dauer angelegte Tätigkeit und damit eine Planung voraus. Diese sei für beide Seiten nur dann möglich, wenn Abfallverursacher und Sammler ihre Beziehung vertraglich geregelt hätten. Nur dann werde sich für den zu verwertenden Abfall ein Abnehmer finden. Denn auch dieser sei darauf angewiesen, dass er mit einer regelmäßigen und planbaren Rohstoffzufuhr rechnen könne. Folge man der »engen« Auslegung, so wäre ein Wettbewerb zwischen privaten und öffentlichen Entsorgungsträgern praktisch ausgeschlossen. Es wäre Entsorgungsunternehmen nicht möglich, Verträge mit privaten Haushalten zu schließen. Darüber hinaus könne der Nachweis der ordnungsgemäßen und schadlosen Verwertung i. S. d. § 13 Abs. 3 S. 1 Nr. 3 KrW-/AbfG am einfachsten dadurch geschehen, dass der gewerbliche Sammler sein vertragliches Innenverhältnis mit einem Verwertungsunternehmen offenlege.[235] Auch dies könne als Indiz für die Möglichkeit einer vertraglichen Grundlage gewertet werden.

Vom Wortlaut her ergibt sich im Ergebnis keine Präferenz für eine bestimmte Auslegung. Der Begriff der Sammlung enthält keine Aussage darüber, ob die Sammlung mittels Vertrag zustande gekommen sein muss oder nicht. Aus der Entstehungsgeschichte des § 13 Abs. 3 S. 1 Nr. 3 KrW-/AbfG kann zumindest abgeleitet werden, dass in der Regel von einer

232 *Nds.OVG,* Beschl. v. 24.1.2008 – 7 ME 193/07 –, in: AbfallR 2008, 40 (LS), juris, Rn. 9.

233 *Rindtorff,* DVBl. 2001, 1038 (1039); *Paschlau/Rindtorff,* MA 2004, 534; *Hurst,* AbfallR 2005, 146 (149).

234 So auch *Paschlau/Rindtorff,* MA 2004, 534 f.

235 So z. B. *Kunig,* in: Kunig/Paetow/Versteyl, KrW-/AbfG, § 13 Rn. 36; s. u. unter Dritter Teil, § 6, B.

vertraglichen Grundlage ausgegangen wurde. Der Bundesgesetzgeber hat § 13 Abs. 3 S. 1 Nr. 3 KrW-/AbfG der Vorgängerregelung in § 1 Abs. 3 Nr. 7 AbfG nachgebildet, wonach der Übergabe von Stoffen an den gewerblichen Sammler »regelmäßig eine Schenkung zugrunde« lag.[236] Auch eine Schenkung fußt auf einem Schenkungsvertrag gem. § 516 Abs. 1 BGB. Daneben kommen als schuldrechtlich-kausale Verpflichtungsgeschäfte auch ein Kaufvertrag i. S. d. § 433 BGB oder ein Sammlungsvertrag sui generis in Betracht.[237] Hiermit verbunden ist auch der Abschluss eines dinglichen Vertrags. Der Eigentumserwerb durch Übereignung gem. §§ 929 ff. BGB vollzieht sich durch Einigung und Übergabe bzw. Übergabesurrogat. Die Einigung selbst ist ein dinglicher Vertrag. Der Abschluss eines Vertrags widerspricht auch nicht dem tradierten Bild des gewerblichen Sammlers.[238] Der Begriff vertragsgemäß bzw. vertraglich darf hier nicht mit entgeltlich gleichgesetzt werden.[239] Auch dürfen die Begriffe Einzelauftrag und Vertrag nicht miteinander verwechselt werden.[240] Jeder Einzelauftrag des Abfallbesitzers führt zu einem (Auftrags-)Vertrag, aber nicht jeder Vertrag beinhaltet ein Auftragsangebot i. S. d. § 662 BGB seitens des Abfallbesitzers. Die Probleme, ob ein Einzelauftrag möglich ist und ob eine vertragliche Grundlage vorliegt, sind getrennt voneinander zu betrachten. Bei einer Beauftragung seitens des Abfallbesitzers geht das Angebot auch von diesem aus. Angeboten wird nämlich der Übergang des Eigentums am Abfall.[241] Bei einem unaufgeforderten Aufstellen der Tonnen geht das Angebot vom Sammler aus. Zwar wird man in der allgemeinen Werbung an die Bewohner, die aufgestellten Tonnen zu nutzen, noch nicht zwingend ein verbindliches Angebot auf Abschluss eines Entsorgungsvertrags sehen können (invitatio ad offerendum).[242] Mit der Auslieferung der Tonnen macht der gewerbliche Sammler jedenfalls aber ein Angebot zur Abfallentsorgung. Der Bürger nimmt dieses Angebot des Entsorgungsunternehmens an, indem er seine Verwertungsabfälle in die bereitgestellten Tonnen einwirft. Hauptinhalt des Vertrags ist das Bereitstellen der Tonnen und deren

---

236 BT-Drs. 10/2885, S. 13; hierzu: *Queitsch,* UPR 2005, 88 (92).

237 Vgl. *Rindtorff/Gabriel,* AbfallR 2004, 194 (198).

238 So auch *Rindtorff/Gabriel,* AbfallR 2004, 194 (197); *Beckmann/Wittmann,* AbfallR 2009, 235 (243).

239 So aber *Queitsch,* UPR 2005, 88 (92); *Michler,* LNK – KrW-/AbfG, § 13 Rn. 32.

240 So aber *Braun,* ThürVBl. 2009, 49 (50).

241 So auch *Paschlau/Rindtorff,* MA 2004, 534 f.

242 Vgl. *VG München,* Beschl. v. 22.2.2010 – M 17 S 10.141 –, in: AbfallR 2010, 154 (LS), juris, Rn. 63.

unentgeltliche Entleerung. Im Gegenzug überlassen die privaten Haushalte dem Sammler den Erlös aus der Vermarktung des Altpapiers.[243] Die Einzelheiten des Vertrags (z. B. ordnungsgemäße Befüllung, Turnus der Leerung, Eigentum an den Tonnen) ergeben sich aus der konkreten Bewerbung der »Blauen Tonnen«.[244] Das Argument der »weiten« Ansicht, ein Vertrag erleichtere die Planbarkeit der Entsorgung, ist zwar nicht immer zutreffend. Insbesondere ein konkludent geschlossener Vertrag – wahrscheinlich der Regelfall bei den gewerblichen Sammlungen – führt zu keinen Erleichterungen bei der Planung. Insgesamt ist jedoch der »weiten« Auffassung zu folgen. Eine ordnungsgemäße und schadlose Verwertung lässt sich mittels eines Vertrags viel einfacher nachweisen. Es ist der ersten Ansicht lediglich darin beizupflichten, dass das Merkmal der Planbarkeit Bestandteil der Gewerbedefinition und nicht des Begriffs der Sammlung ist.

Der Begriff der Sammlung i. S. v. § 13 Abs. 3 S. 1 Nr. 3 KrW-/AbfG umschreibt das Zusammentragen von in der Regel gleichartigen, verwertbaren Abfällen, welches nicht durch/oder für Entsorgungsträger in Erfüllung ihrer Entsorgungspflicht erfolgt, sondern aufgrund eines Eigeninteresses des Sammelnden an dem Sammelgut. Er schließt keine Tätigkeiten aus, die auf der Grundlage vertraglicher Bindungen – insbesondere aufgrund eines Einzelauftrags des Abfallverursachers – in dauerhaften Strukturen abgewickelt werden.[245]

Die »enge« Auslegung widerspricht überdies aber auch der Definition der »Sammlung« in der neuen AbfRRL zum Umgang mit Abfällen in der Gemeinschaft. Hier heißt es: »Sammlung« ist das Einsammeln von Abfällen, einschließlich deren vorläufiger Sortierung und vorläufiger Lagerung zum Zwecke des Transports zu einer Abfallbehandlungsanlage (vgl. Art. 3 Nr. 10 AbfRRL). Diese vorgegebene, sehr allgemein gehaltene Definition übernehmen auch § 3 Abs. 16 AE KrWG sowie § 3 Abs. 15 RefE KrWG wörtlich. Eine Einschränkung hinsichtlich der zeitlichen Dimension oder der vertraglichen Grundlagen lässt sich dieser Begriffsbestimmung nicht entnehmen.

---

243 S. zum Vertragsinhalt solcher Sammelverträge: *VG München,* Beschl. v. 22.2.2010 – M 17 S 10.141 –, in: AbfallR 2010, 154 (LS), juris, Rn. 63; *VG Dresden,* Beschl. v. 16.12.2010 – 3 L 461/10 –, n. v.

244 *VG München,* Beschl. v. 22.2.2010 – M 17 S 10.141 –, in: AbfallR 2010, 154 (LS), juris, Rn. 63.

245 So aber *BVerwG,* Urt. v. 18.6.2009 – 7 C 16/08 –, in: DVBl. 2009, 1242 (1244).

§ 4 Der Begriff der Gewerblichkeit

Als gewerbliche Sammlung i. S. d. KrW-/AbfG ist die Sammlung von Abfällen durch ein Wirtschaftsunternehmen mit Gewinnerzielungsabsicht zu verstehen, ohne dass dieses selbst entsorgungspflichtig ist.[246] Der Gewerbebegriff der GewO kann hier nicht herangezogen werden, da er einen anderen Bedeutungsinhalt hat, der auf die spezifische Begriffsterminologie des Gewerberechts zugeschnitten ist.[247] Das Vorliegen einer Gewinnerzielungsabsicht bedingt, dass im Rahmen einer Prognose vor Aufnahme der Tätigkeit Überwiegendes für einen geldwerten Vorteil der Sammlung sprechen muss. Von der Gewinnerzielungsabsicht ist auszugehen, wenn die Preise für Altpapier hoch sind. In diesem Fall treten die privaten Entsorger verstärkt auf dem Markt auf, um von den zu erwartenden hohen Gewinnen zu profitieren. Fraglich ist, wie das Vorliegen einer Gewinnerzielungsabsicht zu beurteilen ist, wenn die Preise für Altpapier einen anhaltend niedrigen Stand haben.[248] Hierbei ist davon auszugehen, dass die privaten Betreiber – wenn überhaupt – nur deshalb am Markt bleiben, weil sie mit einer Erholung der Wertstoffpreise rechnen. Bisher war im Fall sinkender Erlöse zu beobachten, dass sich die privaten Sammler dann vom Altpapiermarkt zurückgezogen haben, so dass sich die Frage des Vorliegens der Gewinnerzielungsabsicht bei offensichtlicher Nichtrealisierbarkeit derselben in der Praxis bisher (noch) nicht gestellt hat.

Fraglich ist, ob der Gewerbetreibende Gewinn mit Entgelten der Abfallbesitzer/-erzeuger erzielen kann.[249]

A. Unentgeltlichkeit

Es wird vertreten, dass der Sammlungsbegriff des KrW-/AbfG Tätigkeiten ausschließe, die gegen Entgelt abgewickelt würden.[250] Aus der Entstehungsgeschichte des § 13 Abs. 3 S. 1 Nr. 3 KrW-/AbfG heraus könne zumindest abgeleitet werden, dass vieles dafür spreche, dass im Rahmen

---

246 *VG Bayreuth,* Urt. v. 9.11.2006 – B 2 K 05.661 –, in: juris, Rn. 65; *Beckmann/Kersting,* in: Landmann/Rohmer, Umweltrecht, Bd. III, § 13 KrW-/AbfG Rn. 62.

247 S. allgemein kritisch zum fehlenden einheitlichen Sprachgebrauch in der Gemein- und Rechtssprache: *Middelschulte,* Unbestimmte Rechtsbegriffe und das Bestimmtheitsgebot, S. 40 f.

248 *Kleve,* AbfallR 2008, 272 (277); *Gaßner/Thärichen,* AbfallR 2009, 18 (22).

249 Hierzu: *Queitsch,* UPR 2005, 88 (92).

250 *Gaßner/Thärichen,* AbfallR 2009, 18 (22).

einer gewerblichen Sammlung Gewinne nur durch die Verwertung bzw. den Verkauf der gesammelten Abfälle erzielt werden könnten. Der Bundesgesetzgeber habe § 13 Abs. 3 S. 1 Nr. 3 KrW-/AbfG grundsätzlich der Vorgängernorm nachgebildet, wonach der Übergabe von Stoffen an den gewerblichen Sammler »regelmäßig eine Schenkung zugrunde« lag und der gewerbliche Sammler mithin aus eigener Initiative heraus verwertbare Stoffe mit positivem Marktwert unentgeltlich bei den Haushalten abholte.[251]

B. Auch entgeltpflichtige Sammlungen

Es wird aber auch vertreten, dass das Sammeln von Abfällen keine Unentgeltlichkeit voraussetze.[252] Gewerbliches Sammeln liege vor, wenn der Sammelnde mit Gewinnerzielungsabsicht handle, ohne selbst entsorgungspflichtig oder von einem Entsorgungsunternehmen beauftragt worden zu sein.[253] Das Gesetz eröffne dem Entsorgungspflichtigen in beschränktem Rahmen die Möglichkeit, zwischen verschiedenen Entsorgern zu wählen und überlasse es damit dem Abfallerzeuger bzw. -besitzer, ob er über die gewöhnliche Gebührenpflicht hinaus für die Entsorgung seines Abfalls (zusätzlich) zahlen wolle. Gerade die für Abfallbesitzer zusätzlich entstehende finanzielle Belastung dürfte unter wirtschaftlichen Gesichtspunkten kaum den Schluss zulassen, dass dadurch die Überlassungspflicht aus § 13 Abs. 1 KrW-/AbfG unterlaufen werden könnte. Für diese Betrachtung spreche auch der gewerbliche Charakter der Sammlung. Eine gewerbliche Tätigkeit sei ihrem Wortlaut nach dadurch gekennzeichnet, dass sie in der Absicht betrieben werde, hierdurch einen Gewinn zu erwirtschaften.[254] Der gewerbliche Sammler müsse daher von irgendeiner Stelle ein Entgelt erhalten. Ob dieses ausschließlich vom Abnehmer der von ihm gesammelten Abfälle oder auch vom Erzeuger oder Besitzer der Abfälle stammen könne, sage das Gesetz nicht.[255] Überhaupt sei der Begriff der Sammlung nicht auf das unentgeltliche Entgegennehmen beschränkt.

Historisch betrachtet ist auf den Typ Sammlung abzustellen, den der Gesetzgeber bei Erlass des Gesetzes vor Augen hatte. Dieser soll dem traditio-

---

251 BT-Drs. 10/2885, S. 13; hierzu: *Queitsch,* UPR 2005, 88 (92).

252 *VG Cottbus,* Beschl. v. 31.3.2004 – 3 L 749/03 –, in: AbfallR 2004, 180 (LS), juris, Rn. 10; *Beckmann,* KrW-/AbfR, Rn. 234; *Michler,* LNK – KrW-/AbfG, § 13 Rn. 32; *Rindtorff,* DVBl. 2001, 1038 f.

253 *Beckmann,* KrW-/AbfR, Rn. 234.

254 *Rindtorff,* DVBl. 2001, 1038 f.

255 *Frenz,* KrW-/AbfG, § 13 Rn. 89; *Rindtorff,* DVBl. 2001, 1038 f.

nellen Bild des Lumpensammlers entsprochen haben.[256] Hierbei handelt es sich um eine Tätigkeit, die durch das von Haus-zu-Haus-Ziehen gekennzeichnet ist. Der Altstoffhändler entsorgte die bei der Bevölkerung sich ansammelnden, von ihr nicht weiter verwertbaren Reststoffe und gab dafür Tauschobjekte oder auch Geld.[257] Für sein Sammelgut erhielt er Erlöse, mit denen er die bei den Herstellern seines Tauschguts auf Kommission gekaufte Ware bezahlte. Mit der Industrialisierung verlor gebrauchte und abgetragene Kleidung für die Papierherstellung durch den Übergang auf andere Ausgangsstoffe ihre Rolle, während die Wiederverwertung von Altstoffen aus Metall erheblich an Bedeutung zunahm. Auch dem traditionellen (Vor-)Bild des Lumpensammlers und Schrotthändlers lag also teilweise ein An- und Verkauf zugrunde. Insgesamt zeichnet sich jedoch kein einheitliches Bild des Lumpensammlers ab. Diese Berufssparte ist zu unbestimmt, als dass sie zur Inhaltsbestimmung oder Interpretationshilfe einer gesetzlichen Regelung taugt. Im Übrigen bestätigen die Gesetzesmaterialien einen solchen Bezug zum tradierten Bild des Sammlers nicht. Der zum Teil in diesem Zusammenhang aufgeführte Bericht des Innenausschusses enthält jedenfalls keine derartigen Hinweise.[258] Vielmehr heißt es dort, dass man mit der gefundenen gesetzlichen Lösung erreiche, »dass die gegenwärtige Praxis in Bezug auf karitative Sammlungen erhalten bleibe«.[259] Weder ist hier die Rede vom Erhalt der bisherigen Praxis gewerblicher Sammlungen noch besagt die Bezugnahme auf die gängige Praxis einen Ausschluss der vom herkömmlichen Bild abweichenden Sammlungen.

Das BVerwG verfolgt bei allen diskutierten Teilaspekten des Begriffs der gewerblichen Sammlung konsequent eine »enge« Wertung »zugunsten der Kommunen«.[260] Hiernach schließt der Begriff der gewerblichen Sammlung i. S. v. § 13 Abs. 3 S. 1 Nr. 3 KrW-/AbfG Tätigkeiten aus, »die nach Art eines Entsorgungsträgers auf der Grundlage vertraglicher Bindungen zwischen dem sammelnden Unternehmen und den privaten Haushaltungen in dauerhaften Strukturen abgewickelt werden. Die im Wege einer Gesamtwürdigung vorzunehmende Abgrenzung hat sich an einem Vergleich mit dem Bild des Entsorgungsträgers zu orientieren.« Legt man diese »enge«

256 So auch der Vorstandsvorsitzende des VKS im VKU *Siechau*, s. hierzu: EUWID Recycling und Entsorgung, 34/2009, 4.

257 S. zur Geschichte der Wertstoffsammler: *Frenz*, KrW-/AbfG, § 13 Rn. 89.

258 So aber *BVerwG*, Urt. v. 18.6.2009 – 7 C 16/08 –, in: DVBl. 2009, 1242 (1244).

259 BT-Drs. 10/5656, S. 56.

260 *BVerwG*, Urt. v. 18.6.2009 – 7 C 16/08 –, in: DVBl. 2009, 1242.

Auslegung zugrunde, so sind gewerbliche Sammlungen von Abfällen aus privaten Haushaltungen zukünftig faktisch ausgeschlossen.[261] Denn zum einen sind gewerbliche Sammlungen, die weder entgeltlich noch auf einer vertraglichen Grundlage noch in dauerhaften Strukturen erfolgen, in der Praxis kaum vorstellbar. Lediglich punktuell organisierte Spontansammlungen führen aus unternehmerischer Sicht zu nicht hinnehmbaren Planungsunsicherheiten. Primär wird die Entscheidung des gewerblichen Sammlers, »Blaue Tonnen« aufzustellen, langfristig immer von wirtschaftlichen Aspekten abhängen.[262] Dieses Ergebnis wird zudem durch einen Blick auf die Rechtspraxis bestätigt.[263] Zum anderen wäre die Konsequenz aus der Rechtsprechung des BVerwG, dass öffentlich-rechtliche Entsorgungsträger in Zukunft nahezu ausschließlich für Abfälle aus privaten Haushaltungen zuständig wären und private Entsorger im Wesentlichen nur noch in die Verwertung von Abfällen aus Industrie und Gewerbe eingebunden werden könnten. Dies würde einer dualen Abfallentsorgung i. S. d. KrW-/AbfG widersprechen.

Das BVerwG legt seiner Konkretisierung des Begriffs der gewerblichen Sammlung ohne argumentative Auseinandersetzung mit der (bislang) überwiegenden Gegenauffassung einen neuen Ansatzpunkt zugrunde. Es stützt seine Auslegung auf eine Abgrenzung gegenüber dem öffentlich-rechtlichen Entsorgungsträger und der nach § 16 Abs. 1 S. 1 KrW-/AbfG beauftragten gewerblichen Entsorgungsunternehmen.[264] Auf welcher Grundlage das BVerwG diese strikte Abgrenzung vornimmt, wird nicht ausgeführt. Mit Hilfe der gängigen, herkömmlichen Auslegungsmethoden lässt der neu eingeführte Sammlungsbegriff sich jedenfalls kaum überzeugend herleiten. Gerade dieser Auslegungsschritt wäre aber erklärungsbedürftig gewesen. Die Tatsache, dass das Aufgabenfeld der öffentlich-rechtlichen Entsorgungsträger dadurch gekennzeichnet ist, »dass sie auf vertraglichen Grundlagen

261 *Bach/Philip,* SächsVBl. 2009, 252 (256), sprechen von »nahezu unerfüllbaren Anforderungen«; *Vetter,* VBlBW 2010, 93 (98), prognostiziert das mögliche »Ende der gewerblichen Altpapiersammlungen«.

262 So auch *OLG Saarbrücken,* Urt. v. 17.9.2008 – 1 U 342/08-104 –, in: MA 2008, 642; s. zu den unterschiedlichen Zielsetzungen privatwirtschaftlicher und kommunaler Unternehmen: *Gebhardt/Schuster,* DVP 2010, 29 (31), wonach privatwirtschaftliche Unternehmen die Gewinnerzielung als wichtigste Rahmenbedingung benennen. Der Gewinn ist hiernach das oberste Unternehmensziel, aus dem alle anderen Ziele abgeleitet werden. Für kommunale Verwaltungsbetriebe dominiert dagegen die Rahmenbedingung der Wirtschaftlichkeit.

263 Vgl. *Rindtorff/Gabriel,* AbfallR 2004, 194 (205) m. w. N.

264 *BVerwG,* Urt. v. 18.6.2009 – 7 C 16/08 –, in: DVBl. 2009, 1242 (1244).

und in regelmäßig dauerhaften Strukturen wiederkehrende Entsorgungsleistungen erbringen«, bedeutet nämlich nicht zwangsläufig, dass die Tätigkeit der gewerblichen Sammler konträr gestaltet sein muss.[265] Wenn die privaten Entsorgungsunternehmen eine ähnlich ordnungsgemäße und schadlose Abfallentsorgung anbieten sollen, liegt es vielmehr nahe, bei ihnen vergleichbar zuverlässige, beständige sowie planungssichere Strukturen – wie z. B. auf Dauer angelegte, vertragliche Grundlagen – vorauszusetzen. Dagegen werden bei einer derartig engen Auslegung, wie sie nunmehr vom BVerwG vertreten wird, gewerbliche Sammlungen kaum noch stattfinden. Nur noch in Ausnahmefällen wird es überhaupt auf die »öffentlichen Interessen« i. S. d. § 13 Abs. 3 S. 1 Nr. 3 KrW-/AbfG ankommen. Das entspricht offensichtlich nicht dem Willen des Gesetzgebers. Das BVerwG beschränkt sich in seiner Entscheidung nicht auf die bloße Gesetzesauslegung, sondern nimmt die Rolle eines Gesetzgebers ein, der den öffentlich-rechtlichen Entsorgungsträgern aus einer unbefriedigenden Gesetzeslage helfen möchte.[266]

Der RefE KrWG enthält nunmehr in § 3 Abs. 18 eine Legaldefinition des Begriffs der gewerblichen Sammlung. Hiernach ist eine gewerbliche Sammlung von Abfällen i. S. dieses Gesetzes eine Sammlung, die zum Zweck der Einnahmeerzielung erfolgt. Eine gewerbliche Sammlung ist auch dann anzunehmen, wenn sie auf der Grundlage vertraglicher Bindungen zwischen dem Sammler und dem privaten Haushalt in dauerhaften Strukturen abgewickelt wird. Nach dieser Begriffsbestimmung würden gewerbliche Sammlungen entgegen der »engen« Rechtsprechung des BVerwG auch Tätigkeiten beinhalten, »die nach Art eines Entsorgungsträgers auf der Grundlage vertraglicher Bindungen zwischen dem sammelnden Unternehmen und den privaten Haushaltungen in dauerhaften Strukturen abgewickelt werden«. Das BMU begründet diese Präzisierung mit einer EU-rechtskonformen Auslegung, die der Warenverkehrs- und Wettbewerbsfreiheit den notwendigen Raum gibt.

§ 5 Entgegenstehende überwiegende öffentliche Interessen

Einer gewerblichen Sammlung gem. § 13 Abs. 3 S. 1 Nr. 3 KrW-/AbfG dürfen keine überwiegenden öffentlichen Interessen entgegenstehen. Das

---

265 So auch *Schmehl,* NVwZ 2009, 1262 (1264).
266 So auch *Beckmann/Wittmann,* AbfallR 2009, 235 (243).

Tatbestandsmerkmal der »entgegenstehenden überwiegenden öffentlichen Interessen« enthält voneinander zu unterscheidende Kriterien: die Gründe des öffentlichen Interesses sowie das Überwiegen dieser entgegenstehenden Belange.

A. Zu berücksichtigende öffentliche Interessen

Der Begriff des »öffentlichen Interesses« ist im KrW-/AbfG nicht definiert. Was im Einzelnen überwiegende Interessen sind, hat der Gesetzgeber im KrW-/AbfG offengelassen. Diese in der deutschen Gesetzeslandschaft nicht seltene Formulierung ist ein unbestimmter, mehrdeutiger Begriff, der im Wege der Gesetzesauslegung inhaltlich einzugrenzen und für die Rechtsanwendung nutzbar zu machen ist.[267] Öffentlich ist alles, was die Allgemeinheit betrifft.[268] Unter Interesse ist ein subjektiver, von menschlicher Geistestätigkeit abhängiger Wertbegriff zu verstehen.[269]

Welche öffentlichen Interessen im Rahmen dieser Vorschrift relevant sind und unter welchen Umständen diese überwiegen, ist in der Rechtsprechung nicht abschließend geklärt und wird in der Literatur unterschiedlich beurteilt. Hierbei prallen – wiederum[270] – die verschiedenen Akteure der privaten Entsorgungswirtschaft und die der kommunalen Abfallwirtschaftsbranche aufeinander. Der Begriff stellt ein Einfallstor außerrechtlicher Machtinteressen dar.[271] Eine positive Definition des öffentlichen Interesses gleicht der Quadratur des Kreises, weswegen versucht wird, seine offensichtlichen Verletzungen zu typisieren. Gerade in diesem Konfliktfeld soll eine abschließende Auflistung und Darstellung der einzelnen diskutierten öffentlichen Interessen zur dogmatischen Klärung beitragen.

---

267 Etwa *Frenz,* KrW-/AbfG § 13 Rn. 55; *Gädeke,* Öffentliche und private Entsorgungsverantwortung, S. 148; *Streffing/Gehrmeyer,* Gemhlt 2009, 222 f.; s. allgemein zur Verwendung sprachlich offener Gesetzesformulierungen: *Middelschulte,* Unbestimmte Rechtsbegriffe und das Bestimmtheitsgebot.

268 S. zur Geschichte und Bedeutung des Begriffs »öffentlich«: *Viotto,* Das öffentliche Interesse, S. 15 ff.

269 S. zum Begriff des Interesses: *Viotto,* Das öffentliche Interesse, S. 17.

270 S. bereits die Ausführungen unter Zweiter Teil, § 1, B. u. D.

271 So auch schon *v. Zezschwitz,* Gemeinwohl als Rechtsbegriff, S. 34.

I. Wortlaut

Das »öffentliche Interesse« als Gesetzesbegriff beschreibt ein Bündel relevanter öffentlicher und privater Interessen, deren Konkretisierung und abgewogene Wahrnehmung der im Einzelfall zuständigen Behörde überantwortet sind. Es ist eine Zusammenfassung aller im konkreten Fall erheblichen Einzelinteressen. Für seine Auslegung ist der Wortlaut meist nutzlos, da die Generalklausel des »öffentlichen Interesses« gerade als Einfallstor für zunächst beliebige Belange verwendet wird. Es handelt sich um ein argumentatives Blankett, welches erst durch einen bestimmten Diskurskontext seine eigentliche Bedeutung erhält.[272] Mehrere Rechtsanwender können daher bei der Auslegung des mehrdeutigen Rechtsbegriffs auf denselben Sachverhalt durchaus zu unterschiedlichen, aber jeweils vertretbaren Ergebnissen gelangen.[273] Auch die Fassung des § 13 Abs. 3 S. 1 Nr. 3 KrW-/AbfG ist insoweit nicht ergiebig. Die im Wortlaut angedeutete Abwägung mit anderen, mutmaßlich privaten Interessen schließt die Berücksichtigung absoluter, mithin abwägungsresistenter Allgemeinwohlbelange nicht aus. Dass die fraglichen Interessen von einigem Gewicht sein müssen, um den Ausschluss der gewerblichen Sammlung und Verwertung zu tragen, ergibt sich bereits aus ihrer Kollision mit den beschriebenen grundrechtlich geschützten Privatinteressen. Eine Eingrenzung nur anhand des Wortlauts ist somit nicht möglich.

II. Historische Auslegung

Im Rahmen der Auslegung sind auch historische Aspekte zu berücksichtigen. Es ist zu fragen, welche geschichtlich feststellbare Interessenlage der Norm zugrunde liegt und welchen Interessen der Gesetzgeber Vorrang eingeräumt hat.[274] § 13 Abs. 3 S. 1 Nr. 3 KrW-/AbfG findet seine Entsprechung in der unmittelbaren Vorgängervorschrift des § 1 Abs. 3 Nr. 7 HS 2 AbfG.[275] Es war erklärter Wille des Gesetzesgebers, die Rechtslage hinsichtlich der Voraussetzung der Zulassung gewerblicher Sammlungen

272 So *Krüper,* Gemeinwohl im Prozess, S. 239, zu dem synonym verwendeten Begriff des Gemeinwohls, dessen Wertung sich hier übertragen lässt.

273 S. generell zur Mehrdeutigkeit unbestimmter Rechtsbegriffe: *Mühlenbruch,* Außenwirksame Normkonkretisierung durch »Technische Anleitungen«, S. 47.

274 Zur historischen Auslegung der öffentlichen Interessen s. *Wissing,* Überlassungspflichten begründende Gemeinwohlinteressen im System des KrW-/AbfG, S. 36.

275 Hierzu: *Meyer/Konrad,* BayVBl. 2009, 73 (75).

unverändert zu lassen. Somit ist zur Bestimmung des Begriffs der öffentlichen Interessen der Blick vertieft auf die letztgenannte Norm zu richten. Hiernach gelten die Vorschriften dieses Gesetzes (AbfG) nicht für »Stoffe [...], die durch gewerbliche Sammlung einer ordnungsgemäßen Verwertung zugeführt werden, sofern dies den entsorgungspflichtigen Körperschaften nachgewiesen wird und nicht überwiegende öffentliche Interessen entgegenstehen«. Dabei ist festzustellen, dass § 1 Abs. 3 Nr. 7 AbfG auf eine Initiative der kommunalen Spitzenverbände zurückgeht.[276] Mit der abfallrechtlichen Bestimmung einer Voraussetzung dergestalt, dass der gewerblichen Sammlung von Abfällen überwiegende öffentliche Interessen nicht entgegenstehen dürfen, sollte gerade auch der Schutz kommunaler Entsorgungskonzepte im Vordergrund stehen.[277] Mit dem Tatbestandsmerkmal der öffentlichen Interessen hat der Gesetzgeber in gewisser Weise einen wirtschaftlichen Schutz öffentlicher Sammlungen vor gewerblicher Konkurrenz bewirkt.[278]

III. Systematik

Bei der Bestimmung des normativen Inhalts des Tatbestandsmerkmals des »überwiegenden öffentlichen Interesses« in § 13 Abs. 3 S. 1 Nr. 3 KrW-/AbfG sind auch die im Gesetz zum Ausdruck gebrachten Wertungen heranzuziehen.[279]

1. Binnensystematik des § 13 KrW-/AbfG

§ 13 Abs. 1 S. 1 KrW-/AbfG statuiert die Überlassungspflicht an den öffentlich rechtlichen Entsorgungsträger. Die Absätze 2 und 3 der Vorschrift lassen davon u. a. Ausnahmen zu, sofern nicht wieder eine »Rückausnahme« eingreift. § 13 Abs. 3 S. 1 Nr. 3 KrW-/AbfG stellt eine solche Ausnahme dar. Dies darf indes nicht zu der systematischen Fehlannahme verleiten, die Überlassung an den öffentlich-rechtlichen Entsorgungsträger stelle als gesetzlich vorgesehener Ausgangspunkt des § 13 KrW-/AbfG den gemeinwohlverträglicheren Zustand dar. Vielmehr ist mit Blick auf den

276 BT-Drs. 10/5656, S. 55; s. hierzu: *Zandonella/Thärichen*, NVwZ 1998, 1160 f.; *Thärichen*, Öffentliche Interessen im Abfallrecht, S. 43.

277 BT-Drs. 10/5656, S. 55 f.

278 Entsprechend argumentierend: *Thärichen*, Öffentliche Interessen im Abfallrecht, S. 46.

279 So auch *Gädeke*, Öffentliche und private Entsorgungsverantwortung, S. 148.

Gesetzeszweck aus § 1 KrW-/AbfG auch jede nachgewiesene schadlose und ordnungsgemäße andere Entsorgung i. S. d. KrW-/AbfG als gleichwertig anzusehen. Für die Bestimmung von Umfang und Inhalt des Tatbestandsmerkmals »überwiegende öffentliche Interessen« kann aus dem unmittelbaren Normgefüge nichts hergeleitet werden.

2. Der Katalog des § 10 Abs. 4 S. 2 KrW-/AbfG (Beeinträchtigung des Wohls der Allgemeinheit)

Der unbestimmte Rechtsbegriff der »öffentlichen Interessen« findet an verschiedenen Stellen im KrW-/AbfG Verwendung.[280] Darüber hinaus ist er im Verwaltungs- und Verfassungsrecht allgemein gebräuchlich.[281] In einem demokratischen Rechtsstaat obliegt die Formulierung öffentlicher Interessen in erster Linie dem Gesetzgeber, er besitzt insoweit eine Definitionsprärogative.[282] Bei der Interpretation und Anwendung des Begriffs »öffentliche Interessen« ist somit – falls möglich – auf im Gesetz zum Ausdruck gebrachte Wertungen Bezug zu nehmen. Aufgrund des häufig synonymen Gebrauchs der Begriffe »öffentliches Interesse« und »Wohl der Allgemeinheit«[283] scheint es naheliegend, auf § 10 Abs. 4 KrW-/AbfG zurückzugreifen, der für Abfallbeseitigungsvorgänge exemplarisch Kriterien aufzählt, die eine Beeinträchtigung des Wohls der Allgemeinheit zur Folge haben.[284] Da § 10 Abs. 4 KrW-/AbfG Anforderungen an den **Beseitigungsvorgang** als solchen stellt, handelt es sich bei den dort genannten Kriterien in erster Linie um solche, die auf die Umweltverträglichkeit bezogen sind.[285] § 13 Abs. 3 S. 1 Nr. 3 KrW-/AbfG setzt jedoch bereits den Nachweis einer ordnungsgemäßen und schadlosen Verwertung voraus. Ordnungsgemäß und schadlos ist eine Verwertung nach § 5 Abs. 3 S. 2 und 3 KrW-/AbfG nur dann, wenn sie mit anderen Rechtsvorschriften und dem

280 *Gädeke,* Öffentliche und private Entsorgungsverantwortung, S. 148.

281 *Gädeke,* Öffentliche und private Entsorgungsverantwortung, S. 148.

282 *Martens,* Öffentlich als Rechtsbegriff, S. 186 ff.; *Gädeke,* Öffentliche und private Entsorgungsverantwortung, S. 148.

283 S. z. B. *Martens,* Öffentlich als Rechtsbegriff, S. 169; *Wissing,* Überlassungspflichten begründende Gemeinwohlinteressen im System des KrW-/AbfG, S. 41 ff.; *Viotto,* Das öffentliche Interesse, S. 22 ff.

284 Ebenso *Walter,* Verteilung der Entsorgungspflichten zwischen Abfallverursacher und öffentlich-rechtlichem Entsorgungsträger nach dem KrW-/AbfG, S. 98; *Kunig,* in: Kunig/Paetow/Versteyl, KrW-/AbfG, § 13 Rn. 25; *Thärichen,* Öffentliche Interessen im Abfallrecht, S. 64; *Gädeke,* Öffentliche und private Entsorgungsverantwortung, S. 149.

285 *Gädeke,* Öffentliche und private Entsorgungsverantwortung, S. 149.

Wohl der Allgemeinheit vereinbar ist. Wenngleich sich für die **Abfallverwertung** kein vergleichbarer Katalog wie für die Abfallbeseitigung findet, sind die in erster Linie auf die Umwelt und die öffentliche Ordnung bezogenen Kriterien, die hier berücksichtigt werden müssen, weitgehend dieselben wie in § 10 Abs. 4 KrW-/AbfG.[286] Hieraus folgt, dass die Rechtsbegriffe »öffentliches Interesse« und »Wohl der Allgemeinheit« voneinander zu trennen sind, da ihnen nach der Gesamtkonzeption des KrW-/AbfG unterschiedliche Regelungsfunktionen zukommen.[287] Während der Begriff der »öffentlichen Interessen« im Hinblick auf Aufgaben und Funktion der öffentlich-rechtlichen Entsorgungsträger konzipiert und damit eher abfallwirtschaftlich ausgerichtet ist, erfüllt der Begriff des «Wohls der Allgemeinheit« eine ordnungsrechtliche Funktion im Hinblick auf die materiellen Umweltanforderungen des KrW-/AbfG.[288]

Der Begriff der öffentlichen Interessen muss weiter reichen als der des Wohls der Allgemeinheit in § 10 Abs. 4 KrW-/AbfG.[289] Ansonsten wäre die (Rück-)Ausnahme in der zweiten Alternative des § 13 Abs. 1 S. 2 HS 2 KrW-/AbfG (das Vorliegen des überwiegenden öffentlichen Interesses) von der ersten Alternative (die Beseitigung in eigenen Anlagen) überflüssig, da bereits letztere eine gemeinwohlverträgliche, gefahrlose Abfallbeseitigung bei deren Genehmigung nach §§ 27 Abs. 1, 32 Abs. 1 KrW-/AbfG voraussetzt.[290]

Einer gesonderten Prüfung dieser Kriterien im Rahmen des unbestimmten Rechtsbegriffs der »öffentlichen Interessen« i. S. d. § 13 Abs. 3 S. 1 Nr. 3 KrW-/AbfG bedarf es somit nicht mehr.

3. Verfassungsrechtliche Vorgaben zur Interpretation des öffentlichen Interesses

Auch die verfassungsrechtlichen Vorgaben sind bei der Auslegung des Begriffs des überwiegenden öffentlichen Interesses zu beachten. Nicht

286 *Gädeke,* Öffentliche und private Entsorgungsverantwortung, S. 149.

287 So auch *Frenz,* KrW-/AbfG, § 13 Rn. 91; *Thärichen,* Öffentliche Interessen im Abfallrecht, S. 70.

288 Entsprechend *Thärichen,* Öffentliche Interessen im Abfallrecht, S. 70 f.

289 So *Pippke,* Öffentliche und private Abfallentsorgung, S. 76. Anders im Verkehrsplanfeststellungsverfahren, wo die öffentlichen Interessen den Gründen des Allgemeinwohls entsprechen, vgl. *Hösch,* UPR 2010, 7 (9).

290 *Pippke,* Öffentliche und private Abfallentsorgung, S. 76; *Frenz,* KrW-/AbfG, § 13 Rn. 59 f.

unproblematisch wäre hiernach eine Überlassungspflicht, die privat tätige gewerbliche Sammler von Abfällen vollständig ausschlösse, da sie unverhältnismäßig in das von Art. 12 Abs. 1 GG garantierte Grundrecht auf Berufsausübung solcher Gewerbetreibender eingreifen würde.[291] Daneben ist mit Blick auf Art. 2 Abs. 1 GG und Art. 14 Abs. 1 GG ebenso zu beachten, dass private Erzeuger oder Besitzer von Abfall im Rahmen ihrer grundsätzlich geschützten Privatautonomie diese vorbehaltlich der gesetzlich geregelten Überlassungspflicht auch bei der Wahl des Abfallentsorgers genießen.[292]

Eingriffe in diese Schutzbereiche können aufgrund verschiedener Gemeinwohlbelange gerechtfertigt sein. Neben dem bereits von § 13 Abs. 3 S. 1 Nr. 3 KrW-/AbfG in Gestalt der Notwendigkeit einer schadlosen Abfallverwertung erfassten Belang des Schutzes der Volksgesundheit sind bei der Begriffsbestimmung der überwiegenden Interessen die Grundsätze der Wirtschaftlichkeit und Sparsamkeit der Haushaltsführung, wie sie in Art. 114 Abs. 2 S. 1 GG und Art. 109 Abs. 3 GG i. V. m. § 6 Abs. 1 HGrG als zentrale und mit Verfassungsrang ausgestattete Prinzipien staatlicher Haushaltswirtschaft niedergelegt sind, von besonderer Bedeutung.[293] Die genannten Gemeinwohlbelange verdienen schließlich auch bei der Bestimmung der Rechtsposition der privaten Haushalte besondere Beachtung, da diese als Gebührenschuldner der Abfallentsorgung ihrerseits wiederum an einer möglichst optimierten Auslastung/Funktionsfähigkeit der öffentlichen Entsorgungseinrichtungen interessiert sind.[294]

Des Weiteren ist die Staatszielbestimmung aus Art. 20 a GG zu berücksichtigen.[295] Hiernach schützt der Staat auch in Verantwortung für die künftigen Generationen die natürlichen Lebensgrundlagen und die Tiere im Rahmen der verfassungsmäßigen Ordnung durch die Gesetzgebung und nach Maßgabe von Gesetz und Recht durch die vollziehende Gewalt und die Rechtsprechung. Eine verfassungskonforme Auslegung des unbestimmten Rechtsbegriffs »überwiegende öffentliche Interessen« gebietet danach die Beachtung gerade auch des Belangs der »Sicherung der Nachhaltigkeit

---

291 *Meyer/Konrad,* BayVBl. 2009, 73 (75); zur Rechtfertigung eines Eingriffs in die Berufsfreiheit des gewerblichen Sammlers s. die Ausführungen unter Dritter Teil, § 5, B., I.

292 Hierzu: *Erbguth/Schlacke,* Jura 2009, 431 f.; *Meyer/Konrad,* BayVBl. 2009, 73 (75).

293 *Meyer/Konrad,* BayVBl. 2009, 73 (75).

294 *Meyer/Konrad,* BayVBl. 2009, 73 (75).

295 Hierzu: *Erbguth/Schlacke,* Jura 2009, 431 f.

der Abfallwirtschaft«.[296] Dieser Handlungsauftrag könnte bei der Auslegung der öffentlichen Interessen Berücksichtigung finden, wenn durch das vermehrte Auftreten gewerblicher Sammlungen der Schutz der natürlichen Lebensgrundlagen nicht mehr gewährleistet werden würde. Art. 20 a GG steht jedoch nicht per se gewerblichen Sammlungen im Abfallsektor entgegen. Er verbietet diese nur für den Fall, dass eine Gefährdung der natürlichen Lebensgrundlagen vorliegt. Die Organisationsform privat/gewerblich besagt jedoch nichts hinsichtlich des Grades der Umweltverträglichkeit der jeweiligen Abfallentsorgung.

Das vermehrte Auftreten gewerblicher Sammlungen könnte daneben die von Art. 28 Abs. 2 S. 1 GG garantierte kommunale Selbstverwaltung berühren. Seit dem Inkrafttreten des KrW-/AbfG fallen die Entsorgungszuständigkeiten nur teilweise in den Verantwortungsbereich der Kommunen. So dürfen sie Verwertungsabfälle aus anderen Herkunftsbereichen gar nicht, Beseitigungsabfälle derselben Herkunft nur unter bestimmten Voraussetzungen und Verwertungsabfälle aus privaten Haushaltungen nur dann entsorgen, soweit ihr Verursacher zu einer Verwertung nicht in der Lage ist oder diese nicht beabsichtigt.[297] Des Weiteren gibt es mehrere Ausnahmen von der Überlassungspflicht an den öffentlich-rechtlichen Entsorgungsträger, zu denen auch die gewerblichen Sammlungen gem. § 13 Abs. 3 S. 1 Nr. 3 KrW-/AbfG gehören. Zudem dürften die zunehmend komplexen Umweltschutzanforderungen an eine ordnungsgemäße Abfallentsorgung die Möglichkeiten der örtlichen Gemeinschaft in technischer Hinsicht weitgehend übersteigen.[298] Ob die konkrete Teilaufgabe als Angelegenheit der örtlichen Gemeinschaft qualifiziert werden kann, hängt von der jeweiligen Sparte der Abfallwirtschaft ab.[299] Die Sammlung von Verwertungsabfällen beispielsweise obliegt grundsätzlich den kreisangehörigen Gemeinden, § 13 Abs. 1 S. 1 KrW-/AbfG i. V. m. § 5 Abs. 6 S. 1 LAbfG NRW. Ausnahmsweise können auch gewerbliche Sammlungen erfolgen, § 13 Abs. 3 S. 1 Nr. 3 KrW-/AbfG. Dieser Befund schließt eine generelle Zuordnung der Abfallentsorgung zum Kernbereich der kommunalen Selbstverwaltung aus. Aber auch im Randbereich der Selbstverwaltungsgarantie kommt den Gemeinden kein genereller Schutz vor privater Konkurrenz zu. Nur soweit sie ein

296 *Meyer/Konrad,* BayVBl. 2009, 73 (75).

297 S. hierzu: *Hurst,* Optionsspielräume Privater im KrW-/AbfR, S. 192.

298 Vgl. *Pippke,* Öffentliche und private Abfallentsorgung, S. 174.

299 Vgl. *Pippke,* Öffentliche und private Abfallentsorgung, S. 174.

Entgegenstehen öffentlicher Interessen geltend machen können, lebt die Überlassungspflicht der Abfallverursacher wieder auf.[300]

Auch das Sozialstaatsprinzip nach Art. 20 Abs. 1 GG spielt insbesondere im Hinblick auf die Gebührenbelastung der Bürger eine Rolle.[301] Das Sozialstaatsprinzip verpflichtet den Staat, den Aufbau und das Funktionieren einer sozialen Infrastruktur mit einem Mindeststandard für alle Bürger zu gewährleisten. Dieses Grundkonzept überschneidet sich teilweise mit der Verantwortung des Gemeinwesens, die Güter und Dienstleistungen der Daseinsvorsorge seinen Bürgern bereitzustellen.[302] Der auf *Forsthoff* zurückgehende Begriff der Daseinsvorsorge umfasst nach allgemeiner Auffassung in Rechtsprechung und Literatur auch die Gewährleistungsverantwortung für die Abfallentsorgung.[303] Dies beinhaltet auch eine Grundabfallentsorgung zu akzeptablen Preisen. Gewerbliche Sammlungen schließen eine solche Grundausstattung jedoch nicht aus. Wer im Einzelfall den Aufgaben der Daseinsvorsorge nachkommt und in welcher Rechtsform er dies tut, ist nicht entscheidend.[304] Auch unter der öffentlichen Hand sind die Entsorgungsgebühren in den letzten Jahren teilweise sprunghaft angestiegen. Dies zeigt, dass ein Gebührenanstieg nicht mit einer bestimmten Organisations- oder Rechtsform des Sammelunternehmens zusammenhängt. Den Staat trifft die Verantwortung, hinreichende Rahmenvorgaben zu schaffen, die einen Mindeststandard in der Abfallentsorgung einschließlich stabiler Abfallgebühren, unabhängig von dem Auftreten gewerblicher Sammler, gewährleisten.[305]

Die Auflistung der verfassungsrechtlichen Aspekte zeigt, dass diese bei der Interpretation des unbestimmten Rechtsbegriffs der öffentlichen Interessen zwar eine Rolle spielen und Berücksichtigung finden müssen, sie aber kein öffentliches Interesse formen, welches für sich betrachtet als »k. o.-Argument« gegenüber gewerblichen Argumenten herhalten kann.

---

300 S. *Pippke,* Öffentliche und private Abfallentsorgung, S. 180.

301 Hierzu ausführlich: *Meyer/Konrad,* BayVBl. 2009, 73 (76).

302 *Zacher,* in: Isensee/Kirchhof, HdbStR II, § 28 Rn. 67.

303 *Willand/v. Bechtolsheim/Jänicke,* ZUR 2000, 74 (77); *Ringwald,* Daseinsvorsorge als Rechtsbegriff, S. 137; *Pippke,* Öffentliche und private Abfallentsorgung, S. 173. S. zum Begriff der Daseinsvorsorge nach Forsthoff: *ders.,* Rechtsfragen der leistenden Verwaltung, S. 22 ff.; *Ringwald,* Daseinsvorsorge als Rechtsbegriff, S. 30 ff.

304 *Ringwald,* Daseinsvorsorge als Rechtsbegriff, S. 141.

305 Vgl. zur Art und Weise der Aufgabenerfüllung der Daseinsvorsorge: *Ringwald,* Daseinsvorsorge als Rechtsbegriff, S. 141.

4. Die Vorläufernormen in den Gemeindeordnungen

Die maßgebliche Tatbestandsvoraussetzung für die Schaffung kommunaler Anschluss- und Benutzungszwänge war die Bejahung eines öffentlichen Bedürfnisses.[306] Dieser unbestimmte Gemeinwohlbegriff stellt in gewisser Weise einen Vorläuferbegriff der die Überlassungspflichten begründenden überwiegenden öffentlichen Interessen nach § 13 KrW-/AbfG dar.[307] Bereits bei der Konkretisierung des öffentlichen Bedürfnisses nach § 18 DGO bzw. der entsprechenden Nachfolgebestimmungen in den Gemeindeordnungen der Länder sind maßgebliche Wertungsgesichtspunkte und Argumentationslinien für die rechtliche Bewertung fiskalischer Interessen herausgearbeitet worden, die auch noch für die Interpretation der öffentlichen Interessen nach dem KrW-/AbfG Relevanz besitzen.[308] Hiernach können sich fiskalische Belange grundsätzlich auch als öffentliche Interessen erweisen.[309] Für jede einzelne Rechtsvorschrift, die auf das öffentliche Interesse verweist, muss jedoch gesondert geprüft werden, ob sie auch fiskalische Interessen deckt bzw. wie die Rechtsordnung die finanziellen Interessen des Staates im Einzelnen bewertet.[310] Hierbei ist bei den Begriffen fiskalisch und öffentlich nicht von einem Gegensatzverhältnis auszugehen.

IV. Teleologische Auslegung

Besondere Bedeutung für die Konkretisierung des unbestimmten Rechtsbegriffs des öffentlichen Interesses kommt regelmäßig der teleologischen Auslegung zu, also der Frage nach dem Normzweck.[311] Typisierte Sachlagen, die infolge privater gewerblicher Sammlungen eintreten können, werden unter vielfältigen Aspekten in Rechtsprechung und Literatur – fallgruppenartig und überwiegend streitig – unter der Fragestellung erörtert, ob in der jeweiligen Sachlage öffentliche Interessen i. S. d. § 13 Abs. 3 S. 1 Nr. 3 KrW-/AbfG betroffen sind.[312] Diese Diskussion soll nach Belangen geordnet dargestellt werden. Zielsetzung ist es dabei zum einen zu prüfen,

306 Vgl. zum Anschluss- und Benutzungszwang im Kommunalrecht: *Pielow/Finger,* Jura 2007, 189 (194).

307 So *Thärichen,* Öffentliche Interessen im Abfallrecht, S. 25.

308 *Thärichen,* Öffentliche Interessen im Abfallrecht, S. 26.

309 *Uerpmann,* Das öffentliche Interesse, S. 128.

310 *Uerpmann,* Das öffentliche Interesse, S. 129 f.

311 *Uerpmann,* Das öffentliche Interesse, S. 220.

312 Vgl. *Kleve,* AbfallR 2008, 272 (275).

ob die jeweils in Rede stehenden Interessen die Voraussetzungen des § 13 Abs. 3 S. 1 Nr. 3 KrW-/AbfG erfüllen und deshalb eine Untersagung einer gewerblichen Sammlung rechtfertigen können. Darüber hinaus sollen durch diese Untersuchung fallgruppenübergreifend konkrete Elemente des Begriffs des öffentlichen Interesses gewonnen werden.

1. Gebührenrecht

Inwieweit gebührenrechtliche Interessen im Rahmen des § 13 Abs. 3 S. 1 Nr. 3 KrW-/AbfG zu berücksichtigen sind, ist höchstrichterlich nicht entschieden und im Übrigen streitig.[313] Dieser Belang soll nachfolgend einer näheren Betrachtung unterzogen werden.

Das Interesse der Benutzer der Einrichtung der Abfallentsorgung an niedrigen Gebühren kann nach einer Ansicht ein öffentliches Interesse im Sinne des § 13 Abs. 3 S. 1 Nr. 3 KrW-/AbfG begründen.[314] Eine gebührenrechtliche Überforderung liege vor, wenn die Abfallgebühren unangemessen erhöht werden würden.[315] In welcher Größenordnung von einer solchen Gebührenerhöhung gesprochen werden könne, sei bislang allerdings nicht geklärt. Zu bedenken sei aber in diesem Zusammenhang, dass jede Anhebung der Abfallgebühren die Gefahr berge, dass die Überlassungspflichtigen ihren Müll auf andere Weise illegal entsorgen.[316]

Vereinzelt wird demgegenüber angenommen, aus rein wirtschaftlichen Überlegungen der öffentlich-rechtlichen Entsorgungsträger könnten keine entgegenstehenden überwiegenden öffentlichen Interessen folgen.[317] Die gesetzliche Öffnung für gewerbliche Abfallsammler durch § 13 Abs. 3 S. 1 Nr. 3 KrW-/AbfG nehme zwangsläufig in Kauf, dass private Entsorger gerade die lukrativen Teile der Abfallentsorgung den öffentlich-rechtlichen Entsorgungsträgern entzögen und somit ein selektiver Zugriff stattfinde. Es sei der Vorschrift immanent, dass dies zu einem Einnahmeverlust des öffentlich-rechtlichen Entsorgungsträgers führe. Würde bereits jeglicher

---

313 *Klages,* AbfallR 2007, 229 (231).

314 Vgl. etwa *Dinger,* UPR 2007, 373 (375); *Thärichen,* Öffentliche Interessen im Abfallrecht, S. 77 ff., insbes. S. 98 f.; *Walter,* Verteilung der Entsorgungspflichten zwischen Abfallverursacher und öffentlich-rechtlichem Entsorgungsträger nach dem KrW-/AbfG, S. 102.

315 So *Nds.OVG,* Beschl. v. 24.1.2008 – 7 ME 192/07 –, in: NVwZ 2008, 1137 (1139).

316 *VG Lüneburg,* Beschl. v. 17.9.2007 – 2 B 56/07 –, in: AbfallR 2007, 233 (LS), juris, Rn. 46.

317 *Klages,* AbfallR 2007, 229 (231); *Knopp/Küchenhoff,* UPR 2007, 216 (218).

Einnahmeverlust ein entgegenstehendes, überwiegendes öffentliches Interesse begründen, liefe die Vorschrift des § 13 Abs. 3 S. 1 KrW-/AbfG leer. Da dem öffentlich-rechtlichen Entsorgungsträger durch das KrW-/AbfG eine Reserve- und Auffangfunktion[318] zukomme, könne er entsprechende Aufwendungen für das Vorhalten konkreter Entsorgungsstrukturen für PPK-Abfälle im Gegenzug gebührenrechtlich berücksichtigen. Hierzu verweisen die Vertreter dieser Meinungsgruppe darauf, dass die Vorhaltekosten beispielsweise auch von denjenigen als Grundgebühren erhoben werden können, die die öffentlich-rechtliche Entsorgung des Papierabfalls aufgrund der Sammeltätigkeit der gewerblichen Entsorgungsunternehmen nicht in Anspruch nehmen.[319] Daraus wird gefolgert, gebührenrechtliche Erwägungen müssten außer Betracht bleiben, denn sie seien die Folge abfallrechtlicher Entscheidungen, nicht aber die Voraussetzung für die öffentlich-rechtliche oder privatrechtliche Organisation und Durchführung der Abfallentsorgung.[320]

Schließlich kann nach einer vermittelnden und zustimmungswürdigen Ansicht eine Gefährdung der Funktionsfähigkeit der öffentlich-rechtlichen Entsorgung durch Einnahmeminderungen infolge privater Sammlungen jedenfalls nicht ohne weiteres angenommen werden, insbesondere nicht schon bei jeder Verteuerung der öffentlich-rechtlichen Entsorgung.[321] Zwar müssen die Kommunen versuchen, eine möglichst kostengünstige Abfallentsorgung für ihre Bürger zur Verfügung zu stellen.[322] Denn nach § 1 Abs. 3 S. 2 LAbfG NRW ist bei allen Maßnahmen der Abfallentsorgung unter Beachtung der in § 1 LAbfG NRW genannten Ziele und Grundsätze eine möglichst kostengünstige Lösung anzustreben. Gegen eine uneingeschränkte Berücksichtigungsfähigkeit gebührenrechtlicher Erwägungen

---

318 *Wilpsbäumer,* Leiter des Bau- und Entsorgungsbetriebs der Stadt Greven, spricht sogar von der »Funktion des Notnagels«, die der Stadt zukomme, http://www.westfaelische-nachrichten.de/lokales/kreis_steinfurt/greven/1058561_Altpapier_Stadt_steigt_aus.html, zuletzt abgerufen am 21.12.2010.

319 Vgl. *Bach/Philipp,* SächsVBl. 2009, 252 (255); s. zu den Vorhaltekosten trotz Nichtinanspruchnahme der kommunalen Biotonne: *Brüning/Schulte/Wiesemann,* in: Driehaus, Kommunalabgabenrecht, § 6 Rn. 327 c, 330.

320 *VGH BW,* Beschl. v. 11.2.2008 – 10 S 2422/07 –, in: NVwZ 2008, 919 (922).

321 *Nds.OVG,* Beschl. v. 24.1.2008 – 7 ME 192/07 –, in: NVwZ 2008, 1137 (1139); Beschl. v. 24.1.2008 – 7 ME 193/07 –, in: AbfallR 2008, 40 (LS), juris, Rn. 15; *VGH BW,* Beschl. v. 11.2.2008 – 10 S 2422/07 –, in: NVwZ 2008, 919 (922); *VG Greifswald,* Beschl. v. 21.2.2008 – 5 B 46/08 –, in: AbfallR 2008, 147 (LS), juris, Rn. 37; *Gädeke,* Öffentliche und private Entsorgungsverantwortung, S. 150.

322 *Beckmann/Gesterkamp,* AbfallR 2003, 227 (230).

spricht jedoch, dass grundsätzlich alle Kosten[323], die zur öffentlich-rechtlichen Abfallentsorgung notwendig sind, durch kostendeckend zu kalkulierende Benutzungsgebühren auf die Gebührenschuldner – begrenzt durch das Äquivalenzprinzip – umgelegt werden können.[324] Auch nichtausnutzbare Restkapazitäten aufgrund gewerblicher Sammlungskonkurrenz muss der Gebührenschuldner mitfinanzieren.[325] Hierbei handelt es sich um für den laufenden Betrieb oder für die Betriebszeit der Anlage angelegte Reserven, da der Kommune im Falle eines Rückzugs des gewerblichen Sammlers eine Gewährleistungsfunktion zukommt.[326] Die kommunale Abfallwirtschaft ist deshalb erst dann gefährdet, wenn durch die gewerbliche Sammeltätigkeit eine betriebswirtschaftliche Führung des Entsorgungsunternehmens wesentlich erschwert oder gar unmöglich wird.[327] Im Einzelfall kann der Gebührenaspekt auf die Funktionsfähigkeit des öffentlich-rechtlichen Entsorgungssystems durchschlagen. Jedoch ist nicht jede Verteuerung der öffentlich-rechtlichen Entsorgung geeignet, ein überwiegendes Interesse i. S. d. § 13 Abs. 3 S. 1 Nr. 3 KrW-/AbfG zu begründen. Das Ausmaß der Gebührenerhöhung muss vielmehr die Prognose erlauben, dass es zu einer ernsthaften Gefährdung der Funktionsfähigkeit des öffentlich-rechtlichen Entsorgungssystems führen wird.[328] Es müssen wenigstens tragfähige Fakten für eine zu erwartende signifikante Verteuerung der öffentlich-rechtlichen Entsorgung vorliegen.[329]

2. Unterlaufen des Ausschreibungsverfahrens

Zudem ist teilweise zu beobachten, dass im Rahmen des Ausschreibungsverfahrens von kommunalen PPK-Entsorgungsleistungen unterlegene private Unternehmen nach der getroffenen Vergabeentscheidung im Gegenzug als gewerbliche Sammler in Konkurrenz zum öffentlich-rechtlichen Entsor-

---

323 S. zum Kostenbegriff: *Quaas,* VBlBW 2000, 89 f.

324 *VG Karlsruhe,* Beschl. v. 19.9.2007 – 3 K 2219/07 –, in: AbfallR 2007, 233 (LS), juris, Rn. 21; *ThürOVG,* Beschl. v. 1.12.2008 – 1 EO 566/08 –, in: ThürVBl. 2009, 232 (235); *Gädeke,* Öffentliche und private Entsorgungsverantwortung, S. 151 f.

325 So *Quaas,* VBlBW 2000, 89 (93); *Dittmann,* NWVBl. 1997, 413 (420).

326 *Oebbecke,* in: Hendler u. a., Abfallentsorgung zwischen Wettbewerb und hoheitlicher Lenkung, S. 85 (95).

327 *ThürOVG,* Beschl. v. 1.12.2008 – 1 EO 566/08 –, in: ThürVBl. 2009, 232 (235).

328 *VGH BW,* Beschl. v. 11.2.2008 – 10 S 2422/07 –, in: NVwZ 2008, 919 (922); *Queitsch,* AbfallR 2008, 78 (81).

329 *VGH BW,* Beschl. v. 11.2.2008 – 10 S 2422/07 –, in: NVwZ 2008, 919 (922).

gungsträger auftreten.[330] Den privaten Unternehmern wird in diesem Zusammenhang vorgeworfen, das durchgeführte Ausschreibungsverfahren, an dem sie selbst – wenn auch erfolglos – teilgenommen haben, zu unterlaufen.[331] Die konkurrierende Sammlung des unterlegenen Bieters würde zudem unmittelbar Art und Umfang des Altpapieraufkommens aus privaten Haushaltungen negativ beeinflussen, dessen Erfassung und Entsorgung aber gerade Gegenstand der Ausschreibung war.[332] Die Vergabestellen könnten die Abfallmengen nicht mehr verlässlich abschätzen, was jedoch für die Erstellung einer Leistungsbeschreibung nach § 8 Abs. 1 S. 2 lit. a VOL/A erforderlich sei.[333] Fraglich ist, ob die Unterbindung der konkurrierenden gewerblichen Sammlung des unterlegenen Bieters als öffentliches Interesse geltend gemacht werden kann.

Dieses Verhalten der privaten Unternehmer zu verhindern, stellt nach Ansicht des OVG Sachsen kein öffentliches Interesse i. S. d. § 13 Abs. 3 S. 1 Nr. 3 KrW-/AbfG dar. Es bewertet diese Fallgestaltung ohne weitere Ausführungen vielmehr unter Rückgriff auf den allgemeinen Rechtsgrundsatz von Treu und Glauben (vgl. § 242 BGB).[334]

Das BVerwG hingegen merkt in seiner Grundsatzentscheidung vom 18.6.2009 ohne weitere Begründung an, dass das Erschweren bzw. Unterlaufen einer Ausschreibung von Entsorgungsleistungen als Beispiel für eine mehr als nur geringfügige Auswirkung auf die Organisation und Planungssicherheit des öffentlich-rechtlichen Entsorgungsträgers aufgeführt werden könne, welches ein entgegenstehendes öffentliches Interesse begründen könne.[335]

Unter Berücksichtigung der Systematik und der Verteilung der Verantwortung zwischen privater und öffentlicher Verantwortung im KrW-/AbfG lässt sich jedoch durch das in Rede stehende Verhalten der privaten Unternehmer weder ein Verstoß gegen Treu und Glauben noch ein entgegenstehendes

330 Hierzu: *Bleicher,* AbfallR 2008, 173 (177); s. zu den vergaberechtlichen Aspekten weiterführend: *Beckmann/Gesterkamp,* AbfallR 2003, 227 ff., 279 ff.; *Diekmann/ Besche,* AbfallR 2004, 87 ff.; *Ax/Schmidt,* DVBl. 2008, 1295 ff.

331 Vgl. *SächsOVG,* Beschl. v. 6.1.2005 – 4 BS 116/04 –, in: SächsVBl. 2005, 169 (173).

332 *Kafka,* NZBau 2009, 765 (767).

333 *Kafka/Schmelzle,* IR 2009, 218, 221.

334 *SächsOVG,* Beschl. v. 6.1.2005 – 4 BS 116/04 –, in: SächsVBl. 2005, 169 (173); hierzu: *Bleicher,* AbfallR 2008, 173 (177).

335 *BVerwG,* Urt. v. 18.6.2009 – 7 C 16/08 –, in: DVBl. 2009, 1242 (1244 f.).

öffentliches Interesse herleiten: Eine Treuepflicht dahin gehend, dass die Teilnehmer des Vergaberechtsverfahrens es zu unterlassen haben, eine konkurrierende gewerbliche Altpapiersammlung durchzuführen, stellt einen unzulässigen vergaberechtsfremden Aspekt i. S. v. § 97 Abs. 4 S. 3 GWB dar.[336] Hiernach dürfen vergaberechtsfremde Anforderungen nur dann an die Auftragnehmer gestellt werden, wenn dies durch Bundes- oder Landesgesetz vorgesehen ist. Die Vergabestelle kann sich jedoch hinsichtlich einer solchen Unterlassungsvorgabe auf keinen gesetzlichen Anspruch stützen.[337] Die Durchführung konkurrierender gewerblicher Sammlungen von PPK steht grundsätzlich im Einklang mit dem KrW-/AbfG.[338] Der Wettbewerb zwischen öffentlich-rechtlichen Entsorgungsträgern bzw. den von ihnen beauftragten Dritten i. S. d. § 16 Abs. 1 KrW-/AbfG und gewerblichen Sammlungen ist mit der Zulassung letzterer in § 13 Abs. 3 S. 1 Nr. 3 KrW-/AbfG bereits im Gesetz angelegt.[339] Die Verdrängung der öffentlich-rechtlichen Entsorgung durch die gewerbliche Sammlung wird in bestimmten, besonders lukrativen Bereichen, wie hier den PPK-Abfällen, vom Gesetzgeber in Kauf genommen.[340] Die Ausschreibung kommunaler Entsorgungsleistungen betrifft keinen konkurrenzfreien Raum. Der Gegenstand der Ausschreibung ist von vornherein auf den ausnahmefreien Bereich der Überlassungspflichten begrenzt. Es wird dem öffentlich-rechtlichen Entsorgungsträger zugemutet, seine Entsorgung nach dem aktuellen Bedarf zu richten.[341] Im Rahmen der von ihm geschlossenen abfallrechtlichen Verträge muss er die gesetzlichen Regelungen, die eine gewerbliche Sammlung zulassen, beachten und die vertraglichen Vereinbarungen – z. B. bezüglich des Abfallvolumens – entsprechend flexibel gestalten bzw. Anpassungsklauseln[342] einfügen.[343] Die Ausnahme der gewerblichen Sammlung gem. § 13 Abs. 3 S. 1 Nr. 3 KrW-/AbfG von den Überlassungs-

336 Vgl. *OLG Rostock,* Beschl. v. 6.3.2009 – 17 Verg 1/09 –, in: NZBau 2009, 531 (533).

337 *OLG Rostock,* Beschl. v. 6.3.2009 – 17 Verg 1/09 –, in: NZBau 2009, 531 (533).

338 *OLG Rostock,* Beschl. v. 6.3.2009 – 17 Verg 1/09 –, in: NZBau 2009, 531 (533).

339 Vgl. *OLG Rostock,* Beschl. v. 6.3.2009 – 17 Verg 1/09 –, in: NZBau 2009, 531 (533).

340 *OVG M-V,* Beschl. v. 4.7.2008 – 3 M 63/08 –, in: NordÖR 2008, 395 f.; *OLG Rostock,* Beschl. v. 6.3.2009 – 17 Verg 1/09 –, in: NZBau 2009, 531 (533).

341 *VG München,* Urt. v. 3.4.2008 – M 17 K 07.5447 –, in: juris, Rn. 44, 49.

342 S. zu Preisanpassungsregelungen: *Ax/Schmidt,* MA 2008, 245 f., die unter Hinweis auf die Rechtsprechung des *OLG Celle,* Beschl. v. 12.5.2005 – 13 Verg 6/05 –, in: juris, Rn. 32, für eine analoge Anwendung des § 2 Nr. 3 VOB/B plädieren.

343 Vgl. *VG München,* Urt. v. 3.4.2008 – M 17 K 07.5447 –, in: juris, Rn. 52.

pflichten gem. § 13 Abs. 1 KrW-/AbfG gilt unabhängig davon, ob der öffentlich-rechtliche Entsorgungsträger die Entsorgung selbst oder mit Hilfe eines beauftragten Dritten i. S. d. § 16 Abs. 1 KrW-/AbfG durchführt. Die Beauftragung Dritter nach § 16 KrW-/AbfG und die gewerbliche Sammlung nach § 13 Abs. 3 S. 1 Nr. 3 KrW-/AbfG stehen rechtlich nebeneinander und betreffen verschiedene Regelungsbereiche.[344] Im Falle des § 16 KrW-/AbfG beauftragt der öffentlich-rechtliche Entsorgungsträger einen Dritten, in der Regel einen privaten Entsorger, mit der Wahrnehmung der ihm nach § 15 Abs. 1 S. 1 KrW-/AbfG obliegenden Pflichten, die überlassenen Abfälle zu entsorgen. Soweit Abfälle durch die gewerbliche Sammlung einer Verwertung zugeführt werden, besteht keine Überlassungspflicht für private Haushalte. Die Überlassungspflichten sollen auf den notwendigen Bereich der Daseinsvorsorge bzw. auf die Gewährleistungsfunktion beschränkt werden, so dass den gewerblichen Sammlungen der Vorrang eingeräumt wird, soweit nicht öffentliche Interessen entgegenstehen.[345] Es handelt sich somit bei der Konkurrenz im Vergabeverfahren unterlegener Unternehmen nicht um einen vergaberechtsrelevanten Aspekt und somit folglich auch nicht um einen sich hieraus ergebenden Belang von öffentlichem Interesse.

3. VerpackVO

Eine Ausnahme von der Überlassungspflicht besteht gem. § 13 Abs. 3 S. 1 Nr. 1 KrW-/AbfG für solche Abfälle aus privaten Haushaltungen, die einer Rücknahme- oder Rückgabepflicht aufgrund einer Rechtsverordnung nach § 24 KrW-/AbfG unterliegen.[346] Die VerpackVO basiert vor allem auf § 24 Abs. 1 Nr. 2, 3 und 4 und Abs. 2 Nr. 1 KrW-/AbfG, so dass die privaten Haushaltungen insoweit grundsätzlich keiner Überlassungspflicht unterliegen.[347] Gem. § 2 Abs. 1 VerpackVO fallen auch Verkaufsver-

344 Vgl. *VG Leipzig,* Beschl. v. 7.8.2008 – 1 L 53/08 –, in: juris, Rn. 40.

345 So auch *OVG NRW,* Urt. v. 10.8.1998 – 22 A 5429/96 –, in: NVwZ 1999, 91 f.; *OVG M-V,* Beschl. v. 4.7.2008 – 3 M 63/08 –, in: NordÖR 2008, 395 f.

346 *Pauly/Heidmann,* AbfallR 2009, 62.

347 Zur 5. Novelle der VerpackVO v. 2.4.2008 (BGBl. I S. 531), s. *Pauly/Heidmann,* AbfallR 2009, 62; s. zur Neuordnung der Entsorgung von Verkaufsverpackungen: *Hendler/Belz,* GewArch 2009, 5 ff.

packungen aus Papier und Pappe in den Anwendungsbereich der VerpackVO.[348]

Überwiegende öffentliche Interessen, die einer gewerblichen Sammlung entgegenstehen, können sich nach Auffassung einiger Obergerichte daraus ergeben, dass durch die Sammlung die Funktionsfähigkeit eines bestehenden flächendeckenden Systems zur regelmäßigen haushaltsnahen Erfassung von Verkaufsverpackungen aus Papier, Pappe und Karton gem. § 6 Abs. 3 VerpackVO bestandsgefährdend beeinträchtigt wird.[349] Die Erfassung von PPK-Abfällen mit Hilfe von »Blauen Tonnen« bei privaten Haushaltungen führe notwendigerweise dazu, dass damit auch die Verkaufsverpackungen aus Papier, Pappe und Karton, die bei den Verbrauchern anfielen, zumindest zu guten Teilen miterfasst würden.[350] Von den privaten Abfallerzeugern und -besitzern könne schwerlich erwartet werden, bei der Sammlung von PPK-Abfällen zwischen Abfällen, die nach dem Regelungsgefüge des § 6 VerpackVO der Rücknahme und Verwertungspflicht der Erzeuger unterliegen, und solchen Abfällen zu unterscheiden, die, wie beispielsweise Zeitungen, nicht hierunter fallen.[351] Die Vertreiber und Hersteller von Verpackungen seien verpflichtet, vom Endverbraucher gebrauchte restentleerte Verkaufsverpackungen am Ort der tatsächlichen Übergabe oder in dessen unmittelbarer Nähe unentgeltlich zurückzunehmen und einer Verwertung entsprechend den Anforderungen der VerpackVO zuzuführen.[352] Indem gewerbliche Sammler einen nicht unerheblichen Teil der anfallenden Verkaufsverpackungen mit ihren PPK-Sammlungen bei den Verbrauchern einsammelten, würde dieser Anteil der Verbrauchsverpackungen der mengenmäßigen Erfassung für die Rückführungs- und Verwertungsquote, die der Systembetreiber gegenüber der zuständigen Behörde nachzuweisen

348 *Braun,* ThürVBl. 2009, 49 (53). In Anbetracht der unklaren Gesetzeslage an den Schnittstellen zwischen öffentlich-rechtlichen Entsorgungsträgern, Systembetreibern und beauftragten Entsorgern gibt es Überlegungen, die PPK-Fraktion aus dem Anwendungsbereich der VerpackVO herauszunehmen und die Zuständigkeit für die haushaltsnahe Erfassung von Verkaufsverpackungen in die kommunale Entsorgungszuständigkeit zurückzuführen, vgl. hierzu: *Gruneberg/Wenzel,* AbfallR 2010, 2 (9).

349 *OVG Hmb.,* Beschl. v. 8.7.2008 – 1 Bs 91/08 –, in: ZUR 2008, 425 ff.; *SächsOVG,* Beschl. v. 3.11.2008 – 4 B 251/08 –, in: SächsVBl. 2009, 43 f.; so auch *BVerwG,* Urt. v. 18.6.2009 – 7 C 16/08 –, in: DVBl. 2009, 1242 (1245), welches dies ohne weitere Begr. annimmt; *Kahle,* NordÖR 2009, 10 (15); *Frenz,* AbfallR 2009, 187 (196).

350 *OVG Hmb.,* Beschl. v. 8.7.2008 – 1 Bs 91/08 –, in: NVwZ 2008, 1133 (1136).

351 *OVG Hmb.,* Beschl. v. 8.7.2008 – 1 Bs 91/08 –, in: NVwZ 2008, 1133 (1136).

352 *OVG Hmb.,* Beschl. v. 8.7.2008 – 1 Bs 91/08 –, in: NVwZ 2008, 1133 (1136).

hätte, entzogen.[353] Da der Systembetreiber verpflichtet sei, im Jahresmittel einen entsprechenden Prozentsatz der in den Kreislauf eingespeisten Papier-, Pappe-, und Kartonverpackungen einer stofflichen Verwertung zuzuführen, sei der Nachweis hierüber nicht mehr zu führen, wenn ein nicht unerheblicher Teil der Verkaufsverpackungen unkontrolliert der Erfassung durch den Systembetreiber dadurch entzogen werde, dass gewerbliche Sammler die Verkaufsverpackungen bei den Endverbrauchern einsammelten.[354] Die Sicherung des Rücknahme- und Kreislaufsystems der Verpackungsverordnung sei ein schwerwiegender öffentlicher Belang, der der Durchführung der gewerblichen Sammlung entgegenstehen könne.[355] Auch bei Berücksichtigung der durch Art. 12 GG geschützten Erwerbsinteressen des gewerblichen Sammlers würden die öffentlichen Interessen an der Aufrechterhaltung der Funktionsfähigkeit des bestehenden flächendeckenden Systems der Rücknahme von Papier-, Pappe- und Kartonverpackungen überwiegen.[356] Dieses System sei darauf ausgerichtet, Verpackungsabfälle zu vermeiden, weswegen die Nachweispflicht einer hohen Rücknahmequote bestehe, was aber unmöglich werde, wenn Verpackungsabfälle mit der PPK-Fraktion über die »Blaue Tonne« entsorgt würden.[357]

Nach der Rechtsprechungslinie der übrigen Ober- und Verwaltungsgerichte vermag die Verpflichtung gegenüber Systembetreibern nach § 6 Abs. 3 VerpackVO, die eine Mitbenutzung des PPK-Systems vorsieht, eine Untersagung der gewerblichen Sammlung nicht zu rechtfertigen.[358] Es sei zu berücksichtigen, dass es Sache des öffentlichen Entsorgungsträgers sei, im Rahmen der von ihm abgeschlossenen abfallrechtlichen Verträge die gesetzlichen Regelungen, die gemeinnützige und gewerbliche Sammlungen zulassen, zu berücksichtigen und die vertraglichen Vereinbarungen entsprechend

353 *OVG Hmb.*, Beschl. v. 8.7.2008 – 1 Bs 91/08 –, in: NVwZ 2008, 1133 (1136); *Ihmels*, MA 2010, 69 (71).

354 *OVG Hmb.*, Beschl. v. 8.7.2008 – 1 Bs 91/08 –, in: NVwZ 2008, 1133 (1136); hierzu: *Kleve*, AbfallR 2008, 272 (276).

355 *OVG Hmb.*, Beschl. v. 8.7.2008 – 1 Bs 91/08 –, in: NVwZ 2008, 1133 (1136).

356 *OVG Hmb.*, Beschl. v. 8.7.2008 – 1 Bs 91/08 –, in: NVwZ 2008, 1133 (1136); s. hierzu auch: *Kleve*, AbfallR 2008, 272 (276); *Braun*, ThürVBl. 2009, 49 (53); *Müller*, Gemhlt 2009, 41 f.

357 *OVG Hmb.*, Beschl. v. 8.7.2008 – 1 Bs 91/08 –, in: NVwZ 2008, 1133 (1136).

358 *Nds.OVG*, Beschl. v. 24.1.2008 – 7 ME 192/07 –, in: NVwZ 2008, 1137 (1139); *BayVGH*, Urt. v. 14.11.2008 – 20 BV 08.1624, – 20 BV 08.1739 –, in: AbfallR 2009, 43 (LS), juris, Rn. 35 ff.; *VG Gelsenkirchen*, Beschl. v. 1.12.2008 – 14 L 856/08 –, in: AbfallR 2009, 92 (LS), juris, Rn. 141 ff.

zu gestalten bzw. anzupassen.[359] Es erscheine im Übrigen mit dem Verhältnismäßigkeitsgrundsatz nicht vereinbar, wegen letztlich nicht vermeidbarer Fehlwürfe bei Verpackungsabfällen gewerbliche Abfallsammlungen vollständig zu untersagen und die gesetzliche Regelung des § 13 Abs. 3 S. 1 Nr. 3 KrW-/AbfG damit praktisch auszuhebeln, zumal dies auch in gleicher Weise die in § 13 Abs. 3 S. 1 Nr. 2 KrW-/AbfG vorgesehenen gemeinnützigen Sammlungen betreffen würde, die ebenfalls nicht gegen Bestimmungen des Abfallrechts verstoßen dürften.[360] Einer Untersagung bedürfe es auch nicht, weil der gesetzliche Entsorgungsträger es als zuständige Abfallwirtschaftsbehörde in der Hand habe, durch ordnungsrechtliche Auflagen, etwa eine Kennzeichnungspflicht auf den Sammelbehältern, durch Aufklärung in den Haushaltsinformationen der Kommune oder des Kreises oder mit Hilfe anderer Maßnahmen auf eine Minimierung von Fehlwürfen hinzuwirken.[361] Für private Haushalte bleibe die Möglichkeit der Überlassung an den öffentlich-rechtlichen Entsorgungsträger bestehen. Ihnen sei aber auch freigestellt, diese Abfälle einer privaten Wertstoffsammlung gem. § 13 Abs. 3 S. 1 Nr. 3 KrW-/AbfG zu übergeben. Eine unzulässige gewerbliche Sammlung läge nur dann vor, wenn der Sammler gezielt Verpackungen einsammle.

Zunächst ist zu berücksichtigen, dass es sich bei den dualen Systemen größtenteils um private Einrichtungen handelt. Fraglich ist, ob die privaten Interessen an der Aufrechterhaltung dualer Systeme überhaupt öffentliche Interessen i. S. v. § 13 Abs. 3 S. 1 Nr. 3 KrW-/AbfG darstellen können. Die Beteiligung Privater bildet nicht zwangsläufig einen Interessenskonflikt bzw. Gegensatz zur Verfolgung öffentlicher Interessen.[362] Beide Interessen können vielmehr auch zusammenfallen. Das öffentliche Interesse ist ein aus der Summe aller privaten und staatlichen – d. h. auf die Existenz und den Bestand des Gemeinwesens gerichteten – Belange zusammengesetzter Begriff.[363] Es entspricht auch dem öffentlichen Interesse, ein Verwertungssystem aufzubauen, innerhalb dessen eine Entlastung der Kommunen durch

---

359 *Nds.OVG,* Beschl. v. 24.1.2008 – 7 ME 192/07 –, in: NVwZ 2008, 1137 (1139).

360 *Nds.OVG,* Beschl. v. 24.1.2008 – 7 ME 192/07 –, in: NVwZ 2008, 1137 (1139 f.); hierzu: *Kahle,* NordÖR 2009, 10 (16).

361 *Nds.OVG,* Beschl. v. 24.1.2008 – 7 ME 192/07 –, in: NVwZ 2008, 1137 (1140).

362 Vgl. zur Vereinbarung von öffentlichen und privaten Interessen: *Klowait,* Die Beteiligung Privater an der Abfallentsorgung, S. 25 f.; *Viotto,* Das öffentliche Interesse, S. 25.

363 Hierzu: *Stein,* DVBl. 2010, 563 (565).

sukzessiv steigende Verwertungsquoten herbeigeführt werden kann.[364] Die VerpackVO mit ihren Einzelregelungen spiegelt die Wertentscheidung des Verordnungsgebers für die Einrichtung eines dualen Systems wider. Trotz der zivilrechtlichen Gestaltung des dualen Systems verfolgt die Gewährleistung eines flächendeckenden Rücknahmesystems i. S. d. § 6 VerpackVO somit abfallrechtliche und damit öffentlich-rechtliche Ziele.[365] Die Erhaltung dieses Sammelsystems liegt somit grundsätzlich im öffentlichen Interesse.

Daneben ist zu beachten, dass der private Endverbraucher nicht rückgabepflichtig gegenüber dem öffentlich-rechtlichen Entsorgungsträger ist, sondern lediglich die nach dem Verpackungsrecht verpflichteten Hersteller und Vertreiber rücknahmepflichtig sind. Mit dem Wegfall der Rückgabepflicht entfällt jedoch auch die Überlassungspflicht. Demnach ist die private Haushaltung grundsätzlich frei, wem sie die anfallenden Verpackungsabfälle überlässt. Die privaten Verbraucher können sich demnach auch dafür entscheiden, die Verpackungsabfälle einer gewerblichen Sammlung zuzuführen.

Bei der Frage, ob die Gefährdung des Sammelsystems für Verkaufsverpackungen ein öffentliches Interesse darstellt, ist aber auch die Pflicht zur Gewährleistung der flächendeckenden Rücknahme von Verkaufsverpackungen gem. § 6 VerpackVO zu berücksichtigen. Ein privates Unternehmen kann erst dann in einen Wettbewerb der Systeme eintreten, nachdem eine behördliche Systemfeststellung gem. § 6 Abs. 5 S. 1 VerpackVO erteilt wurde.[366] Ein duales System muss nicht bloß die Vorkehrungen für eine flächendeckende, endverbrauchernahe, regelmäßige und ausreichende Abholung gebrauchter Verpackungen treffen, sondern den Betrieb auch aufrechterhalten. So beinhaltet etwa das Gebot der flächendeckenden Abholung gebrauchter Verkaufsverpackungen beim Endverbraucher die vollständige Abdeckung eines ganzen Bundeslandes.[367] Vertreter einer lockeren Variante des Flächendeckungsgebots sehen zumindest die Beschränkung eines dualen Systems auf eine Gebietskörperschaft oder eine Gruppe von Gebietskörperschaften vor.[368] Das private Unternehmen darf sich also nicht auf

---

364 *Klowait,* Die Beteiligung Privater an der Abfallentsorgung, S. 170.

365 So ebenfalls *Flanderka,* BB 1996, 654; s. auch *Leisner,* »Privatisierung« des Öffentlichen Rechts, S. 110, wonach private Interessen zu öffentlichen Interessen werden können.

366 *Fischer/Arndt,* VerpackVO, § 6 Rn. 125.

367 Vgl. § 3 Abs. 10 VerpackVO; *Fischer/Arndt,* VerpackVO, § 6 Rn. 130.

368 *Fischer/Arndt,* VerpackVO, § 6 Rn. 132, 135.

bestimmte attraktive Bereiche beschränken.[369] Damit soll verhindert werden, dass sich ein System auf die Ballungsräume beschränkt und die weniger attraktiven ländlichen Gebiete ausspart.[370] Es würde der Chancengleichheit im Wettbewerb zuwiderlaufen, wenn ein örtlich begrenztes Konkurrenzsystem im Vergleich zum landesweit betriebenen System geringere Zulassungs- und Betriebsvoraussetzungen erfüllen müsste.

Bei der Frage, ob die Gefährdung des Sammelsystems für Verkaufsverpackungen ein öffentliches Interesse darstellt, ist unabhängig von der grundsätzlichen Anerkennung der Sicherung des Rücknahme- und Kreislaufsystems der VerpackVO als öffentlicher Belang im Hinblick auf den jeweiligen Sekundärrohstoff zu differenzieren: Zum einen sind die unterschiedlichen Verwertungsquoten gem. Anhang I zu § 6 VerpackVO zu berücksichtigen.[371] Zum anderen spielt der Anteil an Verkaufsverpackungen im Rahmen der jeweiligen Sekundärrohstoffmenge eine erhebliche Rolle. Zunächst ist zu berücksichtigen, dass Anhang I Nr. 1 Abs. 2 zu § 6 VerpackVO unterschiedliche Verwertungsquoten von 60 % bis zu 75 % für verschiedene Verpackungsmaterialien vorsieht.

Fraglich ist, ob sich dieser Prozentsatz auf die erfasste Menge des Systembetreibers oder auf die Gesamtmenge an gesammelten Wertstoffen bezieht, wobei letztere auch von gewerblichen Sammlern erfasste Abfälle mit einbeziehen kann. Die Frage ist also, welche Sammelmenge die 100 % ausmacht. Anhang I Nr. 1 Abs. 1 macht deutlich, dass Systeme nach § 6 Abs. 3 hinsichtlich der Verpackungen, für die sich Hersteller oder Vertreiber an ihrem System beteiligen, die Verwertungsanforderungen der Absätze 2 bis 4 zu erfüllen haben. Für alle Verkaufsverpackungen gilt eine Systembeteiligungspflicht. Da Verkaufsverpackungen nur dann an private Endverbraucher abgegeben werden dürfen, wenn sich die Hersteller und Vertreiber an einem System nach § 6 Abs. 3 VerpackVO beteiligen (§ 6 Abs. 3 S. 3 VerpackVO), ist davon auszugehen, dass die Gesamtmenge der erfassten Wertstoffe für die Verwertungsquote zugrunde gelegt werden soll, also den Grundwert von 100 % darstellt.

---

369 *Fischer/Arndt,* VerpackVO, § 6 Rn. 88, 130.

370 *Fischer/Arndt,* VerpackVO, § 6 Rn. 88.

371 Die kommunalen Spitzenverbände sowie private Entsorgungsverbände fordern in einem gemeinsamen Positionspapier eine einheitliche stoffliche Verwertungsquote von 75 % (bisherige Quote für Glas), vgl. unter http://www.dstgb.de/dstgb/Kommunalreport/Neuordnung%20der%20Verpackungsentsorgung%3A%20Verb%C3%A4nde%20pr%C3%A4sentieren%20gemeinsames%20Positionspapier/2_pk_verpackv_positionspapier.pdf, zuletzt abgerufen am 21.12.2010.

Je höher die vorgegebene, zu erfüllende Verwertungsquote ist, desto eher ist grundsätzlich bei einer gewerblichen Sammlungskonkurrenz von einer Gefährdung des Erreichens dieser Vorgaben und somit letztendlich der Ziele der VerpackVO auszugehen. Jedoch ist generell fraglich, inwiefern in der Praxis überhaupt von einer ernst zu nehmenden Gefährdung der zu erreichenden Verwertungsquoten ausgegangen werden kann.[372] Die Duales System Deutschland GmbH (DSD) berichtet nämlich seit Jahren von steigenden Verwertungsquoten, die weit über den gesetzlichen Vorgaben der VerpackVO liegen.[373]

Zudem ist zu berücksichtigen, dass der Anteil an Verkaufsverpackungen bei jeder einzelnen Sekundärrohstofffraktion unterschiedlich hoch ist: Bei Altpapier beispielsweise ist der Anteil an Verkaufsverpackungen mit ca. 40 % als eher gering zu bewerten.[374] Bei Altglas hingegen nimmt er mit fast 100 % eine große Quote ein.[375] Die Miterfassung von Verkaufsverpackungen im Rahmen einer gewerblichen Sammlung wirkt sich somit unterschiedlich auf das Sammelsystem für Verkaufsverpackungen aus, je nachdem, wie hoch ihr Beitrag im Rahmen des jeweiligen Sekundärrohstoffes ist. Macht – wie im Fall des Altglases – der Anteil an Verkaufsverpackungen fast die Gesamtmenge des Sekundärrohstoffs aus, so ist das Gefährdungspotenzial für die Funktionsfähigkeit des Sammelsystems für Verkaufsverpackungen im Fall einer konkurrierenden, gewerblichen Altglassammlung höher einzustufen. Aber auch hier ist letztendlich auf die tatsächlich vom gewerblichen Sammler erfasste Menge abzustellen. Liegt dagegen der Prozentsatz unter der Hälfte der Gesamtmenge, so kann grundsätzlich keine Gefährdung unterstellt werden.

4. Wettbewerbsrechtliche Aspekte

In der Literatur wird zum Teil die Auffassung vertreten, auch die Erhaltung eines geordneten Wettbewerbs in der Entsorgungswirtschaft sei ein öffentli-

372 So auch *Hutsch,* NJ 2009, 314 (319).

373 S. http://plasticker.de/news/shownews.php?nr=5764, zuletzt abgerufen am 21.12.2010.

374 Vgl. http://www.bmu.de/files/pdfs/allgemein/application/pdf/papier_hauptsortengruppen.pdf, zuletzt abgerufen am 21.12.2010; s. die Studie des *INFA* zum Verpackungsanteil im getrennt erfassten Altpapiergemisch aus Anfallstellen des privaten Endverbrauchs, die nach Ortsgrößenklassen und Art der Sammlungen (Behälter, Bündel, Depotcontainer oder Wertstoffhof) differenziert, *LKT NRW,* Rundschreiben-Nr. 0455/10, Anlage.

375 Vgl. hierzu: *VG Oldenburg,* Urt. v. 11.9.2008 – 5 A 2224/07 –, in: juris, Rn. 25.

ches Interesse i. S. d. § 13 Abs. 3 S. 1 Nr. 3 KrW-/AbfG.[376] Die mitunter recht aufdringliche Werbung, insbesondere das unmittelbare Ansprechen von privaten Haushaltungen sowie das unaufgeforderte Aufstellen von »Blauen Tonnen« seitens der gewerblichen Sammler, wirft danach die Frage auf, ob bzw. in welchem Umfang ein solches Verhalten unter wettbewerbsrechtlichen Gesichtspunkten zulässig ist[377] und ob ein etwaiger Verstoß gegen wettbewerbsrechtliche Vorschriften ein zu berücksichtigendes öffentliches Interesse darstellen kann. Das Abwerben von Kunden ist jedoch grundsätzlich zulässig, da es sich hierbei – auch im Falle des Hinwirkens auf eine Vertragsauflösung – um eine Ausprägung des freien Wettbewerbs handelt.[378]

Die Anerkennung von Gesichtspunkten des Wettbewerbs als öffentliches Interesse ist im Übrigen schon vom Ansatz her zu verneinen, da der Schutz des Wettbewerbs spezialgesetzlich im GWB geregelt ist und die Kartellbehörden auch im Entsorgungssektor umfassende Befugnisse haben (vgl. § 48 Abs. 1 GWB).[379] Eine zusätzliche wettbewerbsrechtliche Prüfungskompetenz der Abfallwirtschaftsbehörden würde insofern in den Kompetenzbereich der Kartellbehörden eingreifen und die Gefahr sich widersprechender Sachentscheidungen hervorrufen.[380] Da der Wettbewerbsschutz durch ein eigenes fachbehördliches Verwaltungsverfahren gewährleistet wird, sind die Abfallwirtschaftsbehörden bei der Prüfung öffentlicher Interessen insoweit unzuständig und unbefugt.[381] Sie können nicht eigenmächtig Handlungen über das Einfallstor der öffentlichen Interessen ahnden, die aus ihrer Sicht wettbewerbswidrig sind und somit die wettbewerbsrechtlichen Regelungen, Zuständigkeiten sowie hiermit verbundenen Ermessenspielräume unterlaufen. Wettbewerbliche Schutzinteressen können danach nicht im Rahmen des generalklauselartigen Tatbestandsmerkmals der öffentlichen Interessen durch die Abfallwirtschaftsbehörde berücksichtigt werden.

---

376 So z. B. *Paschlau,* MA 2000, 740 (744).

377 Hierzu: *Hagmann,* AbfallR 2008, 293 ff.

378 So *Hagmann,* AbfallR 2008, 293 f.; s. zum Abwerben unter Wettbewerbern ausführlicher die Ausführungen unter Dritter Teil, § 9, E.

379 *Thärichen,* Öffentliche Interessen im Abfallrecht, S. 309.

380 *Thärichen,* Öffentliche Interessen im Abfallrecht, S. 309.

381 *Thärichen,* Öffentliche Interessen im Abfallrecht, S. 309.

5. Funktionsfähigkeit der öffentlichen Entsorgung

Öffentliche Interessen i. S. d. § 13 Abs. 3 S. 1 Nr. 3 KrW-/AbfG können einer gewerblichen Sammlung nach vorherrschender, nahezu einhellig vertretener Auffassung jedenfalls dann entgegenstehen, wenn die Funktionsfähigkeit der öffentlich-rechtlichen Entsorgung ohne die Überlassung der fraglichen Abfälle zur Verwertung an den zuständigen öffentlich-rechtlichen Entsorgungsträger gefährdet wäre.[382]

Zur Konkretisierung des seinerseits recht konturenarmen Begriffs der »Gefährdung der Funktionsfähigkeit öffentlich-rechtlicher Entsorgung« werden von Literatur und Rechtsprechung zahlreiche, unterschiedliche Gesichtspunkte herangezogen. Auch nach der früheren Rechtsprechung des BVerwG lagen überwiegende Interessen vor, wenn ohne die Überlassung von Abfällen zur Verwertung die Funktionsfähigkeit der öffentlich-rechtlichen Entsorgung gefährdet wäre.[383] Als Kriterium führte das BVerwG eine Existenzgefährdung an. Wann letztendlich eine konkrete Beeinträchtigung der Funktionsfähigkeit der öffentlich-rechtlichen Entsorgung als Voraussetzung eines »Überwiegens öffentlicher Interessen« gegeben war, blieb eine nicht immer leicht zu beantwortende Frage des Einzelfalls.

Das BVerwG hat in seiner Grundsatzentscheidung vom 18.6.2009 den Begriff der Funktionsfähigkeit nunmehr näher konkretisiert.[384] Hiernach stehen überwiegende öffentliche Interessen einer gewerblichen Sammlung nicht erst bei einer Existenzgefährdung des öffentlich-rechtlichen Entsorgungssystems entgegen, sondern schon dann, »wenn die Sammlungstätigkeit nach ihrer konkreten Ausgestaltung mehr als nur geringfügige Auswirkungen auf die Organisation und die Planungssicherheit des öffentlich-rechtlichen Entsorgungsträgers nach sich zieht«. Hierbei weist das BVerwG auf

382 *VG Karlsruhe,* Beschl. v. 19.9.2007 – 3 K 2219/07 –, in: AbfallR 2007, 233 (LS), juris, Rn. 20; *VG Greifswald,* Beschl. v. 21.2.2008 – 5 B 46/08 –, in: AbfallR 2008, 147 (LS), juris, Rn. 30; *VG Schwerin,* Beschl. v. 21.2.2008 – 7 B 613/07 –, in: AbfallR 2008, 86 (LS), juris, Rn. 21; *VG Münster,* Beschl. v. 28.3.2008 – 7 L 163/08 –, in: AbfallR 2008, 147 (LS), juris, Rn. 10. Diese Interpretation ähnelt dem Verständnis des nordrhein-westfälischen Landesgesetzgebers hinsichtlich des Begriffs der öffentlichen Interessen i. S. d. § 13 Abs. 1 S. 2 KrW-/AbfG. Gem. § 5 Abs. 5 S. 2 LAbfG NRW soll zu den überwiegenden öffentlichen Interessen insbesondere zählen, dass der Bestand oder die Funktionsfähigkeit der Einrichtungen der öffentlich-rechtlichen Entsorgungsträger nicht beeinträchtigt werden. Zur Frage der Konkretisierungskompetenz der Länder und Kommunen s. die weiteren Ausführungen unter Dritter Teil, § 9, M.

383 *BVerwG,* Urt. v. 16.3.2006 – 7 C 9/05 –, in: NVwZ 2006, 688.

384 *BVerwG,* Urt. v. 18.6.2009 – 7 C 16/08 –, in: DVBl. 2009, 1244 f.

die getätigten Investitionen hin. Als Beispiele für beträchtliche Auswirkungen führt das Gericht die wesentliche Änderung und Anpassung der Entsorgungsstruktur (z. B. durch Vorhaltung von Personal), das Erschweren bzw. Unterlaufen einer Ausschreibung von Entsorgungsleistungen sowie die Beeinträchtigung der Funktionsfähigkeit eines bestehenden flächendeckenden Systems zur regelmäßigen haushaltsnahen Erfassung von Verkaufsverpackungen nach § 6 Abs. 3 VerpackVO an.[385]

Ob diese Konkretisierung die Handhabung des Begriffs der öffentlichen Interessen praxistauglicher macht, ist zu bezweifeln, da das Gericht eine unklare Formulierung durch eine andere ersetzt.[386] Zudem verkennt das BVerwG die Bedeutung, die der Gesetzgeber den »überwiegenden öffentlichen Interessen« beimisst. Das Wort »Überwiegen« beinhaltet zwei Schritte. Zum einen müssen öffentliche Interessen betroffen sein. Zum anderen müssen diese öffentlichen Interessen gegenüber den privaten Interessen des gewerblichen Sammlers dominieren. Die Formulierung »mehr als nur geringfügige Auswirkungen« bezieht sich nur auf den ersten Schritt, nämlich die Beeinträchtigungen des öffentlich-rechtlichen Systems. Den zweiten Schritt der Abwägung lässt das Gericht dabei außen vor. Deshalb wirkt die ungenaue Wortlautauslegung durch das BVerwG eher als Konkretisierung der »öffentlichen Interessen« und nicht der »überwiegenden öffentlichen Interessen«.

Welcher Ansicht man auch folgt, eine Definition des Begriffs der öffentlichen Interessen gleicht der Quadratur des Kreises, da eine sehr konkrete Definition die Gefahr birgt, sachgerechter Weise zu erfassende Fälle außen vor zu lassen, wohingegen eine sehr weite, schwammige Definition sich leicht als zu restriktiv erweisen kann. Das Kriterium der »Gefährdung« der Funktionsfähigkeit der öffentlich-rechtlichen Entsorgungswirtschaft erweist sich dabei als Konkretisierung am geeignetsten, da es durch das Bilden von Fallgruppen durch die Rechtsprechung oder von Regelbeispielfällen durch den Gesetzgeber (»insbesondere, wenn …«)[387] eine konturenscharfe Eingrenzung ermöglicht, die auch in vielen anderen Rechtsgebieten praxistauglich ist. Dagegen würde die Voraussetzung »mehr als nur geringfügiger Auswirkungen« auf die Funktionsfähigkeit ein Einfallstor für Untersagungsverfügungen gegenüber gewerblichen Sammlungen bieten.

---

385 *BVerwG,* Urt. v. 18.6.2009 – 7 C 16/08 –, in: DVBl. 2009, 1244 f.

386 So auch *Beckmann/Wittmann,* AbfallR 2009, 235 (244).

387 So jetzt auch in § 17 Abs. 3 S. 1 RefE KrWG.

Fraglich ist zudem, auf welchen Umfang bei der Betrachtung der Funktionsfähigkeit abzustellen ist. Es wird vertreten, es sei auf die Funktionsfähigkeit der gesamten öffentlich-rechtlichen Entsorgung im Zuständigkeitsgebiet abzustellen.[388] Es sei also eine Gesamtbetrachtung vorzunehmen.

Das OVG NRW hingegen lässt im Rahmen eines Kostenbeschlusses anklingen, dass es als Gegenstand für die insoweit zu prüfende Funktionsfähigkeit nicht nur die Entsorgung in ihrer Gesamtheit, sondern bereits die des einzelnen Stoffstroms – im konkreten Rechtsstreit ging es um den Wertstoff Altpapier – ausreichen lässt.[389] Eine Einzelbetrachtung sei also ausreichend.

Im Ergebnis spricht Überwiegendes dafür, eine Gesamtbetrachtung vorzunehmen: Das Wegbrechen einer einzelnen – mitunter im Vergleich zu anderen Sektoren eher unbedeutenden – Entsorgungssparte könnte ansonsten trotz Gesamtfunktionsfähigkeit des öffentlich-rechtlichen Entsorgungsträgers dazu führen, dass gewerbliche Sammlungen untersagt werden können. In der Abwägung können die öffentlichen Interessen aber nur dann überwiegen und demnach auch der gewerblichen Sammlung entgegenstehen, wenn ihnen ein Gewicht zukommt, das größer ist als das der Berufsfreiheit des gewerblichen Sammlers sowie weiterer Interessen, die für die gewerbliche Sammlung sprechen.[390]

6. Zweck und Ziele des KrW-/AbfG

Weiter ist die in § 1 KrW-/AbfG niedergelegte Intention des Gesetzgebers zu berücksichtigen. Zweck des Gesetzes ist die Förderung der Kreislaufwirtschaft zur Schonung der natürlichen Ressourcen und die Sicherung der umweltverträglichen Beseitigung von Abfällen. Fraglich ist, ob der Begriff des »öffentlichen Interesses« einengend dahin gehend zu verstehen ist, dass erstens nur die im KrW-/AbfG selbst angelegten öffentlichen Interessen Berücksichtigung finden oder ob zweitens auch öffentliche Interessen

388 *BayVGH,* Urt. v. 14.11.2008 – 20 BV 08.1624, – 20 BV 08.1739 –, in: AbfallR 2009, 43 (LS), juris, Rn. 27.

389 S. *OVG NRW,* Beschl. v. 17.2.2009 – 20 B 1179/08 –, in: MA 2009, 216, juris, Rn. 10; so auch *Queitsch,* AbfallR 2010, 188 (191), der eine solche Stoffstrombetrachtung im Rahmen der Novellierung vorschlägt.

390 So auch *Beckmann/Wittmann,* AbfallR 2009, 235 (244). S. zu weiteren Interessen des gewerblichen Sammlers die Ausführungen unter Dritter Teil, § 5, B.

jedweder Art oder drittens solche in Betracht zu ziehen sind, die in sonstiger Weise im Sachzusammenhang mit der Sammlung stehen.[391]

Der überwiegende Teil der obergerichtlichen Rechtsprechung sowie der Literatur geht davon aus, dass zu den öffentlichen Interessen i. S. v. § 13 Abs. 3 S. 1 Nr. 3 KrW-/AbfG, die einer gewerblichen Abfallsammlung entgegenstehen können, jedenfalls nur solche Belange gehören, die auf die Verfolgung der Zielvorgaben und Zwecke des KrW-/AbfG gerichtet sind.[392]

Nach der Gegenauffassung, der zuzustimmen ist, können sich jedoch gegenüber gewerblichen Sammlungen nicht nur auf das Abfallrecht beschränkte öffentliche Interessen durchsetzen.[393] Der Begriff des öffentlichen Interesses in § 13 Abs. 3 S. 1 Nr. 3 KrW-/AbfG ist nicht einengend dahin gehend auszulegen, dass nur die im Gesetz selbst angelegten öffentlichen Interessen Berücksichtigung finden können. Weder aus dem Wortlaut, der Systematik noch aus der Entstehungsgeschichte lässt sich eine restriktivere Auslegung ableiten.[394] Allerdings liegt es nahe, dass die öffentlichen Interessen, die in § 13 Abs. 3 S. 1 Nr. 3 KrW-/AbfG Berücksichtigung finden können, nicht öffentliche Interessen jedweder Art sind, sondern nur solche gemeint sind, die sich aus den Zielen des KrW-/AbfG ergeben oder sonst im Sachzusammenhang mit der Sammlung selbst stehen. Öffentliche Interessen, die die Art und Weise oder die Durchführung der Sammlung selbst betreffen, sind grundsätzlich berücksichtigungsfähig. Der Vergleich mit § 13 Abs. 3 S. 1 Nr. 2 KrW-/AbfG, der für gemeinnützige Sammlungen keinen Vorbehalt entgegenstehender öffentlicher Interessen statuiert, spricht dafür, dass sich gegenüber den gewerblichen Sammlungen, für die im Gegensatz zu den gemeinnützigen keine öffentlichen Interessen streiten, nicht nur auf das Abfallrecht beschränkte öffentliche Interessen durchsetzen können.[395]

---

391 *Spannagel,* AbfallR 2008, 232 (236).

392 *VG Karlsruhe,* Beschl. v. 19.9.2007 – 3 K 2219/07 –, in: AbfallR 2007, 233 (LS), juris, Rn. 20; *VGH BW,* Beschl. v. 11.2.2008 – 10 S 2422/07 –, in: NVwZ 2008, 919 (921); *VG Münster,* Beschl. v. 28.3.2008 – 7 L 163/08 –, in: AbfallR 2008, 147 (LS), juris, Rn. 14; *OVG M-V,* Beschl. v. 8.7.2008 – 3 M 63/08 –, in: NordÖR 2008, 395 f.; *ThürOVG,* Beschl. v. 1.12.2008 – 1 EO 566/08 –, in: DÖV 2009, 466; *SächsOVG,* Beschl. v. 3.4.2009 – 4 B 229/08 –, in: juris, Rn. 14; *Michler,* LNK – KrW-/AbfG, § 13 Rn. 33.

393 *OVG Hmb.,* Beschl. v. 8.7.2008 – 1 Bs 91/08 –, in: ZUR 2008, 425 (427); hierzu: *Spannagel,* StuG 2008, 321 ff.

394 *Spannagel,* AbfallR 2008, 232 (236).

395 *OVG Hmb.,* Beschl. v. 8.7.2008 – 1 Bs 91/08 –, in: ZUR 2008, 425 (427).

7. Fiskalische Belange

Inwieweit fiskalische Interessen, insbesondere der Schutz von Erlösen aus der Entsorgung werthaltiger Abfallfraktionen, im Rahmen des § 13 Abs. 3 S. 1 Nr. 3 KrW-/AbfG berücksichtigungsfähig sind, ist noch nicht abschließend entschieden.[396] In der verwaltungsgerichtlichen Judikatur werden hierzu drei Ansätze vertreten:[397]

Einige Gerichte, unter Führung des VGH Baden-Württemberg, machen grundsätzliche Bedenken gegen die Berücksichtigung derartiger Interessen geltend, da diese nicht auf die Zielvorgaben des KrW-/AbfG gerichtet seien.[398] Hinsichtlich der Zulässigkeit der Abschöpfung der lukrativen Abfallfraktion der PPK-Abfälle und der hieraus möglichen Gewinne durch gewerbliche Sammlungen merkt das OVG Mecklenburg-Vorpommern an, dass mit der Zulassung gewerblicher Sammlungen in § 13 Abs. 3 S. 1 Nr. 3 KrW-/AbfG eine Konkurrenz mit der Abfallverwertung durch öffentlich-rechtliche Entsorgungsträger bereits im Gesetz angelegt und die Verdrängung der öffentlich-rechtlichen Entsorgung durch die gewerbliche Sammlung in bestimmten, besonders lukrativen Bereichen, wie zurzeit den PPK-Abfällen, zwangsläufig in Kauf zu nehmen sei.[399] Dies entspreche erkennbar dem Willen des Gesetzgebers. Nach der Gesetzesbegründung werde dem öffentlich-rechtlichen Entsorgungsträger nämlich zugemutet, auf verstärkte Sammlungstätigkeiten organisatorisch zu reagieren.[400] Die Überlassungspflichten sollten auf den notwendigen Bereich der Daseinsvorsorge beschränkt werden, so dass den gewerblichen Sammlungen der Vorrang eingeräumt werde, soweit nicht öffentliche Interessen entgegenstünden.[401]

Ein anderer Ansatz hält eine ernsthafte Gefährdung der Rentabilität der öffentlich-rechtlichen Entsorgung für ein überwiegendes öffentliches Inter-

---

396 Zur Berücksichtigung fiskalischer Interessen bei der Interpretation des öffentlichen Interesses s. *Thärichen,* Öffentliche Interessen im Abfallrecht, S. 27 ff.; *Karpenstein,* Haushaltsabfälle zwischen Privatisierung und Kommunalisierung, S. 33 f.; *Häberle,* Öffentliches Interesse als juristisches Problem, S. 512 ff.; *Kahle,* NordÖR 2009, 10 (14).

397 So auch *Karpenstein,* Haushaltsabfälle zwischen Privatisierung und Kommunalisierung, S. 33.

398 *Schink,* NVwZ 1997, 435 (442); *Meyer/Konrad,* BayVBl. 2009, 73 f.; *Karpenstein,* Haushaltsabfälle zwischen Privatisierung und Kommunalisierung, S. 33.

399 *OVG M-V,* Beschl. v. 8.7.2008 – 3 M 63/08 –, in: NordÖR 2008, 395 f.

400 *OVG M-V,* Beschl. v. 8.7.2008 – 3 M 63/08 –, in: NordÖR 2008, 395 f.

401 *OVG M-V,* Beschl. v. 8.7.2008 – 3 M 63/08 –, in: NordÖR 2008, 395 f.

esse und folgert daraus die Unzulässigkeit flächendeckender Sammlungen.[402] Das rentable Betreiben öffentlicher Einrichtungen sei schon deshalb ohne Zweifel ein »öffentliches Interesse«, weil das öffentliche Haushaltsrecht die öffentlich-rechtlichen Entsorgungsträger gem. Art. 114 Abs. 2 S. 1 GG und Art. 109 Abs. 3 GG i. V. m. § 6 Abs. 1 HGrG zu Wirtschaftlichkeit und Sparsamkeit verpflichte.[403]

Im Ergebnis sind rein fiskalische Belange im Rahmen der öffentlichen Interessen nach einem dritten Ansatz allenfalls nachrangig, also ergänzend zu einem anderen Aspekt, zu berücksichtigen.[404] Sie können mittelbar zum Tragen kommen, wenn die Funktionsfähigkeit der öffentlich-rechtlichen Abfallentsorgung in Folge der gewerblichen Sammlung nur noch mit Hilfe immenser, sozial unerträglicher Gebührenerhöhungen zu gewährleisten ist.[405]

8. Wirtschaftlichkeit

Die Diskussion zur Wirtschaftlichkeit der Entsorgung als Teilaspekt des öffentlichen Interesses ist geprägt durch einen vielfältigen Gebrauch ökonomischer Begriffe. Die Schlagworte divergieren allerdings. Eine konturenscharfe Abgrenzung der einzelnen Fallgruppen ist selten möglich. Es lassen sich jedoch die als öffentliche Interessen diskutierten Aspekte der wirtschaftlichen Auslastung, der getätigten Investitionen sowie der Planungssicherheit »herausfiltern« und unter dem Begriff der Wirtschaftlichkeit zusammenfassen. Wirtschaftlichkeit liegt dann vor, wenn es gelungen ist, ökonomisch zu handeln. Dies wird erreicht, indem mit einer gegebenen Menge an Produktionsfaktoren der größtmögliche Gütertrag erwirtschaftet

402 *Queitsch,* UPR 2005, 88 (93); *Meyer/Konrad,* BayVBl. 2009, 73 f.; so etwa *Karpenstein,* Haushaltsabfälle zwischen Privatisierung und Kommunalisierung, S. 33; so auch wohl *Nds.OVG,* Beschl. v. 16.8.2005 – 7 ME 120/05 –, in: NVwZ-RR 2006, 26 f., welches eine »Preisanpassung« als mögliche Interessenverletzung prüft.

403 *VG Schleswig,* Urt. v. 23.2.2006 – 12 A 147/04 –, in: juris, Rn. 67; *Knopp/Küchenhoff,* UPR 2007, 216 (218); *Meyer/Konrad,* BayVBl. 2009, 73 (75, 77).

404 *Nds.OVG,* Beschl. v. 24.1.2008 – 7 ME 192/07 –, in: NVwZ 2008, 1137 f.; so auch *Karpenstein,* Haushaltsabfälle zwischen Privatisierung und Kommunalisierung, S. 33; *Michler,* LNK – KrW-/AbfG, § 13 Rn. 33.

405 *VG Münster,* Beschl. v. 28.3.2008 – 7 L 163/08 –, in: AbfallR 2008, 147 (LS), juris, Rn. 10.

(Effektivität) oder für einen gegebenen Gütterertrag ein geringstmöglicher Mitteleinsatz beansprucht wird (Effizienz).[406]

a. Wirtschaftliche Auslastung

Der Aspekt der Wirtschaftlichkeit kann sich auf die Auslastung einer Anlage beziehen. Auslastung bedeutet, dass die vorhandenen Kapazitäten voll beansprucht werden. Die ressourcenschonendste Art der Aufgabenerfüllung ist gewährleistet, wenn eine Anlage in ihrer Gesamtheit ausgelastet ist. Umstritten ist zunächst, welche Bedeutung dem Aspekt der wirtschaftlichen Auslastung der öffentlich-rechtlichen Entsorgung für die Auslegung des Begriffs der öffentlichen Interessen zukommt.[407]

Nach einer Auffassung sind überwiegende öffentliche Interessen schon dann anzunehmen, wenn die öffentlich-rechtlichen Abfallentsorgungseinrichtungen nicht mehr wirtschaftlich ausgelastet sind.[408]

Teile der abfallrechtlichen Literatur erkennen dagegen den Gesichtspunkt der Auslastung der Anlagen der öffentlich-rechtlichen Entsorgungsträger nicht als öffentliches Interesse an.[409] So soll es hinzunehmen sein, dass öffentlich-rechtliche Altstoffsammlungen durch private Konkurrenz beein-

406 S. zum Begriff der Wirtschaftlichkeit: *Gebhardt/Schuster,* DVP 2009, 426 f.; *Schmidt-Jortzig,* in: Butzer, Wirtschaftlichkeit durch Organisations- und Verfahrensrecht, S. 19 f. Bei dem Begriff der Wirtschaftlichkeit wird zumeist zwischen den Begriffen *Effektivität* und *Effizienz* unterschieden. Das Kriterium der *Effektivität* verlangt, dass die zur Verfügung stehenden Ressourcen so eingesetzt werden, dass eine sachgerechte Aufgabenerfüllung umfassend und langfristig gewährleistet ist, vgl. *Gebhardt/Schuster,* DVP 2010, 29 f. Das Erfordernis der *Effizienz* hingegen verlangt sicherzustellen, dass von der Gemeinde bei der Verwendung der zur Verfügung stehenden Kapazitäten unter mehreren zur effektiven Aufgabenerfüllung gleichermaßen geeigneten Möglichkeiten die ressourcenschonendste Alternative ausgewählt wird, vgl. hierzu: *Tepe,* Zuständigkeitsverlagerungen zwischen Gemeindeverbandsebenen, S. 120 f.; *Pünder,* Haushaltsrecht im Umbruch, S. 57 ff.

407 Hierzu ausführlich: *Gaßner/Willand/Fischer/Pippke,* Rechtliche Grundsatzfragen der Auslegung der neuen abfallrechtlichen Vorschriften des KrW-/AbfG, Gutachten, S. 32 ff.; *Thärichen,* Öffentliche Interessen im Abfallrecht, S. 77 ff.; *Michler,* LNK – KrW-/AbfG, § 13 Rn. 14.

408 *VG Minden,* Beschl. v. 13.6.1997 – 8 L 438/97 –, in: ZUR 1997, 327 (LS), juris; *VG Sigmaringen,* Beschl. v. 26.1.1998 – 3 K 1517/96 –, in: NVwZ 1998, 429 (431); *Walter,* Verteilung der Entsorgungspflichten zwischen Abfallverursacher und öffentlich-rechtlichem Entsorgungsträger nach dem KrW-/AbfG, S. 101 f.; *Gaßner/Willand/Fischer/Pippke,* Rechtliche Grundsatzfragen der Auslegung der neuen abfallrechtlichen Vorschriften des KrW-/AbfG, Gutachten, S. 38.

409 S. hierzu: *Gaßner/Willand/Fischer/Pippke,* Rechtliche Grundsatzfragen der Auslegung der neuen abfallrechtlichen Vorschriften des KrW-/AbfG, Gutachten, S. 33.

trächtigt werden.[410] Insbesondere wird die Ansicht vertreten, dass auch eine »Rosinenpickerei« durch gewerbliche Sammler mit der Konsequenz einer Verteuerung der Entsorgungsleistungen hingenommen werden müsse.[411] Zur Begründung dieser restriktiven Auffassung wird angeführt, dass die Berufsfreiheit und die Eigentumsgarantie für die Zulässigkeit einer gewerblichen Sammlung stritten.[412] Nach dieser Auslegung wären die Möglichkeiten, gewerbliche Sammlungen unter Hinweis auf Gesichtspunkte der Auslastung als überwiegende öffentliche Interessen zu unterbinden, begrenzt.

Öffentliche Interessen sind jedoch zweifelsfrei jedenfalls dann betroffen, wenn infolge der gewerblichen Sammlungen Bestand und Funktionsfähigkeit der öffentlich-rechtlichen Entsorgungsstruktur gefährdet sind.[413] Die Regelungen in § 13 Abs. 3 S. 1 Nr. 3 und Abs. 1 S. 2 KrW-/AbfG spiegeln den bei der Schaffung des KrW-/AbfG gefundenen Kompromiss zwischen den Befürwortern eines konsequenten Verursacherprinzips, welche die Entsorgungspflicht des Abfallerzeugers und -besitzers in den Vordergrund stellten, und den Bundesländern, die an der öffentlich-rechtlichen Entsorgungsverantwortung festhalten wollten, wider.[414] Sieht man mithin den Ausgleich zwischen diesen widerstreitenden Ansätzen als normprägenden Zweck des § 13 Abs. 3 S. 1 Nr. 3 KrW-/AbfG an, so deutet auch dies darauf hin, dass die Auslastung öffentlich-rechtlicher Entsorgungsanlagen jedenfalls insoweit zu den öffentlichen Interessen im Sinne dieser Vorschrift gehört, als sie Bestand und Funktionsfähigkeit der öffentlichen Entsorgungsinfrastruktur sichert. Wegen des Kompromisscharakters der Vorschrift können jedoch hinreichende Auslastung und wirtschaftlicher Betrieb der öffentlichen Anlagen keinesfalls als vorrangiges Regelungsanliegen gesehen werden.

In diesem Zusammenhang wird diskutiert, ob im Rahmen der Auslegung des Begriffs der öffentlichen Interessen eine Analogie zum Gemeindewirtschaftrecht hergestellt werden kann.[415] Diese vergleichende Betrachtungsmethode ergänzt und überschneidet sich teilweise mit dem Gesichtspunkt

---

410 *Weidemann,* in: Jarass/Petersen/Weidemann, KrW-/AbfG, § 13 Rn. 98.

411 *Weidemann,* in: Jarass/Petersen/Weidemann, KrW-/AbfG, § 13 Rn. 98.

412 So *Schink,* NVwZ 1997, 435 (442).

413 *VG Chemnitz,* Beschl. v. 27.2.2004 – 2 K 142/04 –, n. v.

414 *Versteyl/Wendenburg,* NVwZ 1994, 833 (838); *Meyer/Konrad,* BayVBl. 2009, 73 f.

415 S. hierzu ausführlich: *Thärichen,* Öffentliche Interessen im Abfallrecht, S. 90 ff., der diese Fallgruppe auch im Rahmen der teleologischen Auslegung aufführt.

der wirtschaftlichen Auslastung. Eine Analogie zum Gemeindewirtschaftrecht kann zum einen durch eine Gegenüberstellung der Begriffe der »öffentlichen Interessen« und des »öffentlichen Zwecks« i. S. d. § 107 Abs. 1 S. 1 Nr. 1 GO NRW geschehen. Zum anderen kann insbesondere danach gefragt werden, wie das Gemeindewirtschaftrecht Auslastungsinteressen in kommunalen Tätigkeitsbereichen bewertet, die grundsätzlich einer öffentlichen Zweckbindung unterliegen.[416]

Gem. § 107 Abs. 1 S. 1 GO NRW darf sich die Gemeinde zur Erfüllung ihrer Aufgaben wirtschaftlich betätigen, wenn erstens ein öffentlicher Zweck die Betätigung erfordert, zweitens die Betätigung nach Art und Umfang in einem angemessenen Verhältnis zu der Leistungsfähigkeit der Gemeinde steht und drittens beim Tätigwerden außerhalb bestimmter Bereiche der Daseinsvorsorge der öffentliche Zweck durch andere Unternehmen nicht besser und wirtschaftlicher erfüllt werden kann. Als wirtschaftliche Betätigung i. S. d. kommunalen Gemeindewirtschaftsrechts gilt nicht der Betrieb von Einrichtungen der Abfallentsorgung (§ 107 Abs. 2 S. 1 Nr. 4 GO NRW). Im Gemeindewirtschaftrecht haben auslastungsbedingte Annextätigkeiten der Gemeinde teil an der Privilegierung der Abfallentsorgung als nichtwirtschaftlicher Tätigkeit und insofern auch mittelbar an der Fiktion der öffentlichen Zweckerfüllung.[417]

Laut *Thärichen* ist auch das Interesse an einer wirtschaftlichen (infrastrukturellen) Auslastung öffentlich-rechtlicher Entsorgungsanlagen als öffentliches Interesse i. S. v. § 13 Abs. 3 S. 1 Nr. 3 KrW-/AbfG anzuerkennen.[418] Die gemeindewirtschaftliche Wertung, auslastungsbedingte Annextätigkeiten im zweckgebundenen bzw. im nichtwirtschaftlichen kommunalen Tätigkeitsbereich als vom öffentlichen Zweck der Haupttätigkeit mit umfasst zuzulassen,[419] könne nur durch die Anerkennung des Auslastungsinteresses als öffentliches Interesse i. S. d. KrW-/AbfG auf das Abfallrecht übertragen werden. In beiden Fällen gehe es um die Privilegierung des Auslastungsinteresses, obwohl sein Bezug zu öffentlichen Interessen bzw. Zwecken nur ein mittelbarer sein könne.

---

416 *Thärichen,* Öffentliche Interessen im Abfallrecht, S. 91; vgl. auch zu dieser Art der Argumentationshilfe: *Häberle,* Öffentliches Interesse als juristisches Problem, S. 307.

417 *OVG NRW,* Beschl. v. 13.8.2003, – 15 B 1137/03 –, in: NVwZ 2003, 1520 (1522 f.).

418 *Thärichen,* Öffentliche Interessen im Abfallrecht, S. 98.

419 *OVG NRW,* Beschl. v. 13.8.2003, – 15 B 1137/03 –, in: NVwZ 2003, 1520 (1522 f.).

Die mangelnde Auslastung von Entsorgungsanlagen spielt somit, wie bereits oben erwähnt, nur eine Rolle, soweit sie eine Gefährdung der Funktionsfähigkeit der öffentlichen Entsorgung zur Folge hat.

b. Schutz getätigter Investitionen

Ein Kriterium der Wirtschaftlichkeit, nämlich das der Effizienz, verlangt sicherzustellen, dass von der Gemeinde bei der Verwendung der zur Verfügung stehenden Ressourcen unter mehreren zur effektiven Aufgabenerfüllung gleichermaßen geeigneten Möglichkeiten die ressourcenschonendste Alternative ausgewählt wird.[420] Es geht also um das Verhältnis zwischen getätigten Investitionen und Gewinnen.

Nach Auffassung der öffentlich-rechtlichen Entsorgungsträger sieht § 13 Abs. 3 S. 1 Nr. 3 KrW-/AbfG einen Abwehrmechanismus vor, der es ihnen gestattet, unter Hinweis auf überwiegende öffentliche Interessen die getroffene Investitionsentscheidung im Interesse der Abfallgebührenzahler vor Interventionen gewerblicher Sammler zu schützen. Wäre diese Vorschrift anders zu verstehen, hätte es ihrer Ansicht nach der Gesetzgeber in Kauf genommen, dass wohl überlegte Entscheidungen zum Nachteil des Abfallgebührenzahlers durch temporär wirtschaftlich opportun erscheinende Aktivitäten gewerblicher Sammler entwertet werden könnten. Aktivitäten der öffentlich-rechtlichen Entsorgungsträger gegen gewerbliche Sammler zielten mithin primär nicht darauf ab, sich vor privater Konkurrenz zu schützen, sondern dienten vielmehr der Vermeidung erfolgloser Investitionen.

Das BVerwG weist in der mündlichen Verhandlung v. 18.6.2009[421], aber auch ansatzweise in seinen Entscheidungsgründen[422], auf die milliardenhohen öffentlichen Mittel hin, die zur Finanzierung der Entsorgungsinfrastruktur aufgewendet wurden. Den Erhalt dieser Infrastruktur und letztendlich auch dieser getätigten Investitionen sieht das Gericht als schützenswertes öffentliches Interesse an.[423]

---

420 Vgl. hierzu: *Tepe,* Zuständigkeitsverlagerungen zwischen Gemeindeverbandsebenen, S. 121.

421 S. hierzu: *LKT NRW,* Rundschreiben-Nr. 0556/09, S. 6; zustimmend: *Wustlich,* ZUR 2009, 515 (518).

422 *BVerwG,* Urt. v. 18.6.2009 – 7 C 16/08 –, in: DVBl. 2009, 1242 (1244).

423 *LKT NRW,* Rundschreiben-Nr. 0556/09, S. 6.

Dem ist zu entgegnen, dass der Umstand, dass der öffentliche Entsorgungsträger in die Erfassung und Sammlung von PPK-Abfällen aus privaten Haushaltungen investiert hat, nicht zwangsläufig zu der Annahme führen muss, dass diese Investitionen infolge der Zulässigkeit gewerblicher Sammlungen ohne weiteres und pauschal völlig vergeblich und daher als öffentliches Interesse zu berücksichtigen sind.[424] Denn die kommunale Abfallwirtschaft ist deswegen nicht daran gehindert, im Wettbewerb mit dem gewerblichen Sammler ihrerseits parallel dazu die Einsammlung und Verwertung zu betreiben und somit zumindest einen bestimmten Anteil der getätigten Investitionen nutzbringend zu verwenden.

c. *Planungssicherheit*

Die Ermittlung der Wirtschaftlichkeit eines Betriebs dient nicht nur der Kontrolle eines abgelaufenen Zeitraums, sondern auch der Planungssicherheit für künftiges Handeln.

Es wird zum einen vertreten, dass ein entgegenstehendes öffentliches Interesse vorliege, wenn die zum Betrieb der öffentlichen Entsorgungseinrichtungen notwendige Planungssicherheit nicht mehr gewährleistet sei und somit letztendlich eine geordnete Abfuhr und Entsorgung der Abfälle aus privaten Haushaltungen nicht mehr sichergestellt werden könne.[425] Eine wirtschaftliche Betriebsführung und Investitionstätigkeit erfordere ein angemessenes Maß an Planbarkeit und Schutz der Kapitalanlagen, insbesondere für die beträchtlichen mittel- bis langfristigen Investitionen, die mit den Sammlungs- und Entsorgungsaufgaben verbunden seien.[426] Andernfalls sei damit zu rechnen, dass die Investitionen der öffentlichen Entsorgungsträger laufend entwertet würden und erhebliche unnötige Kosten dadurch entstünden, dass der öffentlich-rechtliche Entsorgungsträger das Ausfallrisiko

424 *OVG Hmb.*, Beschl. v. 8.7.2008 – 1 Bs 91/08 –, in: NVwZ 2008, 1133 (1135).

425 *OVG Bln-Bbg*, Beschl. v. 14.10.2004 – 2 B 122/04, – 2 B 135/04 –, in: ZUR 2005, 264 (266); *VG Karlsruhe*, Beschl. v. 19.9.2007 – 3 K 2219/07 –, in: AbfallR 2007, 233 (LS), juris, Rn. 20; *VGH BW*, Beschl. v. 11.2.2008 – 10 S 2422/07 –, in: NVwZ 2008, 919 (921); *Giesberts*, in: Giesberts/Reinhardt, BeckOK KrW-/AbfG, § 13 Rn. 43; *Meyer/Konrad*, BayVBl. 2009, 73 (75).

426 *Koch/Reese*, Hausmüllentsorgung zwischen kommunaler Trägerschaft und gewerblichen Sammelsystemen, Gutachten, n. v., S. 16.

der privaten Sammler durch kostenträchtige Vorhaltekapazitäten aufzufangen habe.[427]

Andere stellen für das Vorliegen öffentlicher Interessen darauf ab, ob der öffentlich-rechtliche Entsorgungsträger zu einer wesentlichen Änderung und Anpassung seiner Entsorgungsstruktur gezwungen werde. Dies könne zum Beispiel durch Vorhaltung von Personal für die Situation, dass der gewerbliche Sammler infolge veränderter Marktbedingungen seine Tätigkeit einstellen und der öffentlich-rechtliche Entsorgungsträger deshalb möglicherweise unvermittelt zur Übernahme der Entsorgungstätigkeit genötigt sein sollte, der Fall sein. Innerhalb dieser Meinungsgruppe besteht jedoch Uneinigkeit darüber, ob bereits eine »einfache« Gefährdung ausreiche[428] – so das BVerwG[429] – oder eine existenzielle Gefährdung[430] erforderlich sei.

Des Weiteren wird der Aspekt der Planungssicherheit auch als ein nicht eigenständiges öffentliches Interesse eingeordnet. Der Umstand, dass dem öffentlich-rechtlichen Entsorgungsträger in Folge der gewerblichen Sammlung nur eine Gewährleistungsfunktion verbleibe, stehe deren Zulassung nicht entgegen.[431] Es sei davon auszugehen, dass dem Gesetzgeber bekannt gewesen sei, dass die Preise für Abfälle Schwankungen unterliegen und sich damit das Risiko ergebe, dass gewerbliche Sammler sich bei nicht gewinnversprechenden Rohstoffpreisen vom Markt zurückziehen, was dann notwendigerweise zu einer Reserve- bzw. Auffangfunktion des öffentlich-rechtlichen Entsorgungsträgers führe.[432] Der Gesetzgeber mute dem

427 *Koch/Reese,* Hausmüllentsorgung zwischen kommunaler Trägerschaft und gewerblichen Sammelsystemen, Gutachten, n. v., S. 16.

428 So wohl *Dinger,* UPR 2007, 373 (376), der es bereits als ausreichend betrachtet, wenn das Abfallaufkommen aufgrund selektiver privater Verwertungspraktiken kurzfristig und stark schwankt; auch *Meyer/Konrad,* BayVBl. 2009, 73 (76), die einen ausreichenden Schutz nur dann als gewährleistet ansehen, wenn bereits deutlich jenseits erheblicher oder sogar unzumutbarer (= existenzieller) Gefährdungen des öffentlich-rechtlichen Entsorgungsauftrags ein Einschreiten zugunsten der Sicherung desselben möglich ist.

429 *BVerwG,* Urt. v. 18.6.2009 – 7 C 16/08 –, in: DVBl. 2009, 1242 (1244).

430 Vgl. z. B. *OVG Bln-Bbg,* Beschl. v. 14.10.2004 – 2 B 122/04, – 2 B 135/04 –, in: ZUR 2005, 264 (266).

431 *Nds.OVG,* Beschl. v. 24.1.2008 – 7 ME 193/07 –, in: AbfallR 2008, 40 (LS), juris, Rn. 13; s. allgemein zu staatlichen Garanten- bzw. Gewährleistungspflichten als typische Privatisierungsfolge: *Kämmerer,* Privatisierung, S. 475 ff.; *Tomerius/Breitkreuz,* DVBl. 2003, 426 (430 ff.).

432 *Nds.OVG,* Beschl. v. 24.1.2008 – 7 ME 193/07 –, in: AbfallR 2008, 40 (LS), juris, Rn. 13; *Gädeke,* Öffentliche und private Entsorgungsverantwortung, S. 152 f.; *Kahle,* NordÖR 2009, 10 (14 f.).

öffentlichen Entsorgungsträger offenkundig eine gewisse Flexibilität bei Aufbau und Unterhaltung der Abfallentsorgungsstrukturen zu.[433]

Die Einordnung des Aspekts der Planungssicherheit als öffentliches Interesse i. S. d. § 13 Abs. 3 S. 1 Nr. 3 KrW-/AbfG kann aus folgenden Gründen nicht überzeugen: Erstens hat der Gesetzgeber ein duales Abfallwirtschaftssystem gewählt, welches sich durch ein flexibles Nebeneinander von Entsorgungsleistungen der öffentlich-rechtlichen Entsorgungsträger und der privaten Unternehmen kennzeichnet und den Unwägbarkeiten des Marktes und des Wettbewerbs unterliegt. Ein solches System kann keine absolute Planungssicherheit gewährleisten. Zwar erfordern kommunale Abfallentsorgungseinrichtungen und -anlagen schon aufgrund langer Genehmigungsverfahren und Bauzeiten sowohl im Hinblick auf Investitionen als auch auf Verträge eine vorausschauende Planung.[434] Jedoch ist zu berücksichtigen, dass kaum ein langfristig abgeschlossener Entsorgungsvertrag auf die Dauer ohne die eine oder andere Änderung bzw. Anpassung auskommt. Bereits bei der Vergabe sollten öffentliche Auftraggeber daher die Notwendigkeit späterer Vertragsanpassungen vorwegnehmen und in den Vertrag entsprechende Öffnungs- und Anpassungsklauseln einfügen.[435]

Zweitens ist die Erwägung des BVerwG, dass der öffentlich-rechtliche Entsorgungsträger bei einem Ausstieg des privaten Entsorgers aus der gewerblichen Sammlung wieder die betroffenen Entsorgungstätigkeiten übernehmen und daher dauerhaft Personal vorhalten müsse[436], nicht überzeugend. Es bleibt nämlich unberücksichtigt, dass es dem öffentlich-rechtlichen Entsorgungsträger bei Eintritt einer solchen Sachlage möglich ist, notfalls innerhalb kürzester Zeit ein privates Entsorgungsunternehmen im Rahmen des § 16 Abs. 1 KrW-/AbfG vergaberechtskonform – mitunter vielleicht unter Hinnahme überhöhter Preise – mit der Durchführung der betroffenen Entsorgungsdienstleistungen zu beauftragen. Für jede Art der Abfallentsorgungsleistung sind geeignete Entsorgungsunternehmen am

433 *Nds.OVG,* Beschl. v. 24.1.2008 – 7 ME 193/07 –, in: AbfallR 2008, 40 (LS), juris, Rn. 13; *Kahle,* NordÖR 2009, 10 (15).

434 Vgl. *Dittmann,* NWVBl. 1997, 413 (418).

435 *Hölzl/Fedke,* DVBl. 2010, 64 (66); vgl. zur sorgfältigen Erstellung der Vergabeunterlagen: *Willand/v. Bechtolsheim/Jänicke,* ZUR 2000, 74 (81). Das *OVG SH,* Urt. v. 22.4.2008 – 4 LB 7/06 –, in: NVwZ 2008, 922 (924), ist daher auch der Auffassung, dass »die flächendeckenden Sammlungen von Abfällen durch gewerbliche Unternehmen deshalb vor allem ein Gebührenproblem und kein Organisationsproblem« seien.

436 *BVerwG,* Urt. v. 18.6.2009 – 7 C 16/08 –, in: DVBl. 2009, 1242 (1244).

Markt tätig. Eine Vorhaltung von Sach- und Personalmitteln für den Eventualfall ist mithin nicht nur nicht erforderlich, sondern widerspricht auch dem Gebot einer sparsamen Haushaltsführung nach § 75 Abs. 1 S. 2 GO NRW.

Drittens gebietet auch die mitunter zeitaufwändige Durchführung eines Vergabeverfahrens keine andere Beurteilung: Zum einen kann der öffentlich-rechtliche Entsorgungsträger kurzfristig ein privates Entsorgungsunternehmen nach § 3 a Nr. 2 lit. d VOL/A ohne vorherige Vergabebekanntmachung mit der Sammlung beauftragen, wenn die Leistung aufgrund von Entsorgungsengpässen besonders dringlich ist.[437] Dieser Ausnahmetatbestand setzt voraus, dass erstens für den Auftraggeber ein unvorhersehbares Ereignis – beispielsweise der plötzliche Rückzug der gewerblichen Sammler – vorliegt, zweitens eine Einhaltung der vorgeschriebenen vergaberechtlichen Fristen nicht möglich ist und drittens zwischen der ersten und der zweiten Voraussetzung ein Kausalzusammenhang besteht.[438] Das Vergaberecht bietet somit auch Möglichkeiten, in besonderen Situationen zu reagieren.

Zum anderen kann ein Vergabeverfahren eingeleitet werden, sobald vorhersehbar ist, dass der öffentlich-rechtliche Entsorgungsträger für den gewerblichen Sammler »einspringen« muss.[439] Er ist also nicht vergaberechtlich gezwungen, von Anfang an entsprechende Kapazitäten bereitzuhalten.[440] Für den theoretischen Fall, dass entsprechende Sach- und Personalmittel bei den privaten Entsorgungsunternehmen wider erwarten nicht frei sein sollten, bestünde für den öffentlich-rechtlichen Entsorgungsträger zudem die Möglichkeit, die Abfälle durch kostenarme Bringsysteme zu erfassen. Hierbei sammelt der Verbraucher die Wertstoffe getrennt vom übrigen Abfall und bringt sie zu öffentlich aufgestellten Abfallbehältern. Dieses System bietet den privaten Endverbrauchern zwar weniger Service und ist für sie weniger bequem, bringt jedoch den Vorteil mit sich, dass es hierfür nur vereinzelt postierter Depotcontainer bedarf und die Inanspruchnahme von Personal sich in Grenzen hält. Die genaue Größenordnung an Vorhaltekapazitäten

---

437 Hierzu: *Bach/Philipp,* SächsVBl. 2009, 252 (257), die aber ausgehend von einem fehlerhaften Verhalten des öffentlich-rechtlichen Entsorgungsträgers zu einem anderen Ergebnis kommen.

438 Vgl. *Müller,* in: Daub/Eberstein, VOL/A, § 3 a Rn. 27; *Kulartz,* in: Kulartz/Marx/Portz/Prieß, VOL/A, § 3 a Rn. 93.

439 Zur Gefahr, dass der Staat die Notwendigkeit der Aufrechterhaltung eigener (Not-)Kapazitäten nicht oder nicht rechtzeitig erkennt s. *Kämmerer,* Privatisierung, S. 381.

440 So aber *Bach/Philipp,* SächsVBl. 2009, 252 (257).

wird sich danach richten müssen, wie kapazitätsintensiv die Sammlung des jeweiligen Sekundärrohstoffs ist.

9. Verfolgung sozial- bzw. beschäftigungspolitischer Ziele

Fraglich ist, ob die Beschäftigungssicherung – nicht zuletzt in Anbetracht der aktuellen Wirtschafts- und Arbeitsmarktlage – als öffentliches Interesse zu werten ist.[441] Nach allgemeiner, zustimmungswürdiger Ansicht sind sozial- bzw. beschäftigungspolitische Ziele und Zwecke im Rahmen der Überprüfung des überwiegenden öffentlichen Interesses nach § 13 Abs. 3 S. 1 Nr. 3 KrW-/AbfG nicht berücksichtigungsfähig.[442] Zweck des KrW-/AbfG ist die Förderung der Kreislaufwirtschaft zur Schonung der natürlichen Ressourcen und die Sicherung der umweltverträglichen Beseitigung von Abfällen. Die Einbeziehung arbeitsmarktpolitischer Gesichtspunkte würde diese vorgegebene Zweckrichtung des Gesetzes überschreiten und steht hierzu auch in keinem Sachzusammenhang.[443]

10. Flächendeckender Charakter einer Maßnahme

Teilweise wird angenommen, ein überwiegendes öffentliches Interesse stehe einer gewerblichen Sammlung bei konkreten Anhaltspunkten dafür entgegen, dass mit einer gewerblichen Sammlung der Einstieg in eine flächendeckende Abfallerfassung auf Dauer[444] geplant sei.[445] Dahinter steht die Überlegung, dass ein rentables Betreiben öffentlich-rechtlicher Entsorgungseinrichtungen ein schützenswertes Interesse darstellen soll.

---

441 Vgl. z. B. den »Auslegungsleitfaden zu Art. 6 Abs. 4 der Habitatrichtlinie 92/43 EWG« 2007, S. 9 f., http://www.bfn.de/0316_links.html, zuletzt abgerufen am 21.12.2010, in dem die *Europäische Kommission* als Beispiele für öffentliche Interessen den Abbau einer hohen Arbeitslosenquote sowie die Verbesserung der Wirtschaftsbedingungen nennt. S. hierzu: *Hösch,* UPR 2010, 7 f.

442 *VG Münster,* Beschl. v. 28.3.2008 – 7 L 163/08 –, in: AbfallR 2008, 147 (LS), juris, Rn. 14; *Thärichen,* Öffentliche Interessen im Abfallrecht, S. 270.

443 Etwa *Thärichen,* Öffentliche Interessen im Abfallrecht, S. 270.

444 Neben den Kriterien der Dauerhaftigkeit sowie des flächendeckenden Charakters wird teilweise auch der Umfang einer PPK-Sammlung als Gesichtspunkt herangezogen.

445 *VG Frankfurt a. M.,* Beschl. v. 23.5.1997 – 9 G 1205/97 –, in: NVwZ-RR 1998, 167 f.; *VG Schleswig,* Urt. v. 23.2.2006 – 12 A 147/04 –, in: juris, Rn. 69; *VG Bayreuth,* Urt. v. 9.11.2006 – B 2 K 05.661 –, in: juris, Rn. 77, welches ein flächendeckendes PPK-System als Indiz für eine Gefährdung der Planungssicherheit wertet; *VG Lüneburg,* Beschl. v. 17.9.2007 – 2 B 56/07 –, in: AbfallR 2007, 233 (LS), juris, Rn. 46.

Dem wird entgegengehalten, eine nicht mehr hinnehmbare Beeinträchtigung der öffentlichen Abfallwirtschaft könne nicht allein deswegen angenommen werden, weil der gewerbliche Abfallsammler ein gebietsumfassendes Erfassungssystem aufbaue.[446] Eine Untersagung allein im Hinblick auf den flächendeckenden Charakter gewerblicher Abfallsammlungen i. S. v. § 13 Abs. 3 S. 1 Nr. 3 KrW-/AbfG würde das Gebiet einer Gemeinde oder eines Kreises für vollständig abdeckende Sammlungen faktisch ausschließen.[447] § 13 Abs. 3 S. 1 Nr. 3 KrW-/AbfG sehe gewerbliche Sammlungen aber allgemein und nicht nur in örtlich beschränkter Form vor.[448] Auch ließen einerseits die abfallrechtlichen Grundpflichten, die das Prinzip der Verursacherverantwortung zum Ausdruck bringen, und andererseits das nach wie vor geltende Entsorgungsmonopol der öffentlichen Hand für Haushaltsabfälle es nicht zu, ein Vorrang- oder Regel-/Ausnahmeverhältnis zur Auslegung des Begriffs der »überwiegenden öffentlichen Interessen« in § 13 Abs. 3 S. 1 Nr. 3 KrW-/AbfG heranzuziehen.[449]

Im Ergebnis dürfte dem Gesichtspunkt einer flächendeckenden Sammlung wohl nur eine bloße Indizwirkung zukommen. So wird beispielweise eine gewerbliche Sammlung von Altpapier trotz gebietsumfassenden Ausmaßes und Dauerhaftigkeit die öffentlich-rechtliche Entsorgung schon dann nicht gefährden, wenn der öffentlich-rechtliche Entsorgungsträger selbst gar kein Interesse an einer eigenen PPK-Erfassung hat, weshalb er diesbezüglich weder eigene Anlagen und/oder Betriebsstätten unterhält noch sich eines Drittbeauftragten bedient und insoweit nur eine Auffangfunktion erfüllt. Erst etwaige Folgeerscheinungen einer besonders umfangreichen, auf Dauer angelegten und/oder flächendeckend erfolgenden gewerblichen Sammlung können ggf. als hinreichend konkrete Gefährdung der Funktionsfähigkeit der öffentlich-rechtlichen Entsorgung gewertet werden.

---

446 *VG Freiburg,* Beschl. v. 27.12.2007 – 4 K 2442/07 –, in: LexisNexis; *Nds.OVG,* Beschl. v. 24.1.2008 – 7 ME 192/07 –, in: ZUR 2008, 206 f.; Beschl. v. 24.1.2008 – 7 ME 193/07 –, in: AbfallR 2008, 40 (LS), juris, Rn. 12.

447 *Nds.OVG,* Beschl. v. 24.1.2008 – 7 ME 192/07 –, in: ZUR 2008, 206 f.; Beschl. v. 24.1.2008 – 7 ME 193/07 –, in: AbfallR 2008, 40 (LS), juris, Rn. 12.

448 *Nds.OVG,* Beschl. v. 24.1.2008 – 7 ME 192/07 –, in: ZUR 2008, 206 f.; Beschl. v. 24.1.2008 – 7 ME 193/07 –, in: AbfallR 2008, 40 (LS), juris, Rn. 12; *Michler,* LNK – KrW-/AbfG, § 13 Rn. 32.

449 *Nds.OVG,* Beschl. v. 24.1.2008 – 7 ME 192/07 –, in: ZUR 2008, 206 f.; Beschl. v. 24.1.2008 – 7 ME 193/07 –, in: AbfallR 2008, 40 (LS).

11. Verkehrssicherheit (Belange der öffentlichen Sicherheit und Ordnung)

Als weiterer Anknüpfungspunkt für die zu berücksichtigenden öffentlichen Interessen werden Belange der öffentlichen Sicherheit und Ordnung diskutiert. Hierbei wird zum einen die Beeinträchtigung der Verkehrssicherheit und -verträglichkeit durch unnötige Abfalltransporte sowie das vermehrte Aufstellen von Tonnen, insbesondere in Wohngebieten, aufgeführt. Zum anderen werden Verschmutzungen in der näheren Umgebung von Abfallgefäßen thematisiert.[450]

Das ständige Bereitstellen von Wertstoffbehältern im öffentlichen Verkehrsraum kann zu Behinderungen des Durchgangverkehrs führen.[451] Auf den Privatgrundstücken ist für die Mülltonnen oft nur begrenzt Stellplatz vorhanden. Meist sind dort bereits mehrere Abfallgefäße des öffentlich-rechtlichen Entsorgungsträgers (z. B. für Restmüll, Bioabfall, Papier) aufgestellt. Durch die Vielzahl der aufgestellten Behälter kann es zu einer Blockierung der Bürgersteige, Radwege und Fahrbahnen kommen, durch die u. a. Fußgänger (z. B. Eltern mit Kinderwagen, ältere Menschen, Schulkinder) als Verkehrsteilnehmer beeinträchtigt werden. Auch das vermehrte Aufkommen an Abfallentsorgungsfahrzeugen, die die einzelnen Straßen und Grundstücke anfahren, kann die Verkehrssicherheit und die Wohnqualität gerade in Wohngebieten mindern.[452]

Im Umfeld von Wertstoffcontainern kommt es zudem immer wieder zu Ablagerungen und Verschmutzungen durch in den Behältern zu entsorgende Wertstoffe und sonstige Abfälle. Diese Zustände können sich je nach Größe und Beschaffenheit der an den Tonnen deponierten Dinge sowie dem Zuschnitt des konkreten Standorts auch auf die Sicherheit und Leichtigkeit des Straßenverkehrs auswirken. So können etwa sperrige Gegenstände den für Fußgänger verbleibenden Raum einengen, aufgewirbeltes Papier kann zu Gefahren für den Pkw-Verkehr auf einer in der Nähe des Sammelplatzes

---

450 So *Kleve,* AbfallR 2008, 272 (275); Mitt. StGB NRW 2008, 489; *Gaßner/Versmann,* Neuordnung kommunaler Aufgaben im KrW-/AbfG, S. 97; *Koch/Reese,* Hausmüllentsorgung zwischen kommunaler Trägerschaft und gewerblichen Sammelsystemen, Gutachten, n. v., S. 14 f.

451 *Queitsch,* AbfallR 2008, 78 (82).

452 S. insbesondere zum Aspekt der Wohnqualität: Mitt. StGB NRW 2009, 281; *Queitsch,* AbfallR 2010, 188 (191), der in diesem Zusammenhang von sog. »Wettkampf-Arenen« spricht.

gelegenen Straße führen. Maßgeblich ist stets die konkrete örtliche Situation.

Anders zu beurteilen ist die Situation jedoch in Fällen, in denen keine Behälter bereitgestellt werden, sondern die gewerblich Tätigen ihre Leistungen mittels mobiler Wagen anbieten (wie dies z. B. einschlägige Tiefkühlkostunternehmen, Eisverkäufer oder Landwirte, die ihre landwirtschaftlich erzeugten Produkte verkaufen, bereits praktizieren). Hier kann in der Regel nur eine Behinderung durch deren Durchgangsverkehr entstehen.

Falls es durch gewerbliche Altpapiersammlungen zu chaotischen, straßenrechtlich relevanten und straßenverkehrsgefährdenden Verhältnissen kommt, ist es Aufgabe des Straßenbaulastträgers und der Straßenverkehrsbehörden, bei solchen Störungen einzugreifen und entsprechende Verfügungen zu erlassen (§§ 17, 43 StrWG NRW; § 44 Abs. 1 S. 1 StVO i. V. m. § 1 StVO-ZustVO NRW).[453] § 10 Abs. 4 S. 1 Nr. 6 KrW-/AbfG nennt die Gefährdung oder Störung der öffentlichen Sicherheit und Ordnung als Beeinträchtigung der gemeinwohlverträglichen Abfall**beseitigung**. Im Zusammenhang mit der Abfallentsorgung kommt hierbei den Belangen des Verkehrs eine besondere Bedeutung zu.[454] Die Vorschrift kann nicht als Rechtsgrundlage für Anordnungen nach § 21 KrW-/AbfG bei Abfällen zur **Verwertung** herangezogen werden.[455] Im Übrigen können Gründe der Logistik und Verkehrssicherheit nur dann zu einer Untersagung einer gewerblichen Sammlung führen, wenn eine solche verhältnismäßig wäre. Verhältnismäßig dürften jedoch in diesem Bereich regelmäßig nur behördliche Anordnungen sein, die das »Wie«, also die Art und Weise der Sammlung (z. B. Abfuhrrhythmus, Tageszeit, Auslieferung der Tonnen nur nach Bestellung), nicht jedoch das »Ob« betreffen.[456]

Darüber hinaus ist fraglich, ob Gründe der Verkehrssicherheit überhaupt als öffentliche Interessen i. S. d. § 13 Abs. 3 S. 1 Nr. 3 KrW-/AbfG eingeordnet werden können. Gem. § 13 Abs. 3 S. 1 Nr. 3 KrW-/AbfG besteht die Überlassungspflicht nicht für Abfälle, die durch gewerbliche Sammlung einer ordnungsgemäßen und schadlosen Verwertung zugeführt werden,

---

453 *BayVGH,* Urt. v. 14.11.2008 – 20 BV 08.1624, – 20 BV 08.1739 –, in: AbfallR 2009, 43 (LS), juris, Rn. 33; hierzu: Mitt. StGB NRW 2009, 281.

454 So auch *Beckmann/Kersting,* in: Landmann/Rohmer, Umweltrecht, Bd. III, § 10 KrW-/AbfG Rn. 151.

455 *BayVGH,* Urt. v. 14.11.2008 – 20 BV 08.1624, – 20 BV 08.1739 –, in: AbfallR 2009, 43 (LS), juris, Rn. 33.

456 So auch *Kafka/Schmelzle,* IR 2009, 218 (221).

soweit dies den öffentlich-rechtlichen Entsorgungsträgern nachgewiesen wird und nicht überwiegende öffentliche Interessen entgegenstehen. Es handelt sich bei den Begriffen »ordnungsgemäß« und »öffentliche Interessen« um getrennt zu prüfende Merkmale mit jeweils unterschiedlichem Bedeutungsinhalt. Die Verwertung erfolgt ordnungsgemäß gem. § 5 Abs. 3 S. 2 KrW-/AbfG, wenn sie im Einklang mit den Vorschriften dieses Gesetzes und anderen öffentlich-rechtlichen Vorschriften steht. Hierzu gehören auch die Regelungen des Straßen- und Wegerechts, des Straßenverkehrsrechts (StVG, StVO, in diesem Zusammenhang insbesondere § 1 (Grundregeln), § 2 (Straßenbenutzung durch Fahrzeuge), § 10 (Einfahren und Anfahren)[457], § 35 Abs. 6 S. 1 (Sonderrechte der Müllabfuhr)[458]) sowie des allgemeinen Ordnungsrechts (OBG NRW). Die vorhandene ausdrückliche Regelung des § 5 Abs. 3 KrW-/AbfG verbietet es, eine inhaltsgleiche Aussage in den unbestimmten Rechtsbegriff der überwiegenden öffentlichen Interessen hineinzulesen (lex specialis-Gedanke). Sie mit dem unbestimmten Rechtsbegriff der »öffentlichen Interessen« gleichzusetzen, wäre ein Rückschritt hinter die erreichte Differenzierung des Gesetzes, der vom Gesetzgeber nicht gewollt sein kann. Belange der öffentlichen Sicherheit und Ordnung, wie die Verkehrssicherheit, können somit nicht als öffentliche Interessen i. S. d. § 13 KrW-/AbfG eingeordnet werden.

12. Beeinträchtigung des Straßen- und Ortsbildes

Des Weiteren wird vertreten, als überwiegendes öffentliches Interesse, welches einer Sammlung entgegenstehen könne, komme auch die Beeinträchtigung des Straßen- und Ortsbildes in Betracht.[459] Hierbei wird das

---

457 Ungeachtet etwaiger Sichtbehinderungen und Hindernisse sind die Verkehrsteilnehmer verpflichtet, die gebotene Vorsicht beim Ein- oder Anfahren gem. § 10 StVO zu beachten. Hiernach muss sich wer aus einem Grundstück, aus einem Fußgängerbereich, aus einem verkehrsberuhigten Bereich auf die Straße oder von anderen Straßenteilen oder über einen abgesenkten Bordstein hinweg auf die Fahrbahn einfahren oder vom Fahrbahnrand anfahren will, so dabei verhalten, dass eine Gefährdung anderer Verkehrsteilnehmer ausgeschlossen ist; erforderlichenfalls hat er sich einweisen zu lassen.

458 Gem. § 35 Abs. 6 S. 1 StVO dürfen Fahrzeuge, die der Müllabfuhr dienen, auf allen Straßen und Straßenteilen und auf jeder Straßenseite in jede Richtung zu allen Zeiten fahren und halten, soweit ihr Einsatz dies erfordert. Von anderen Vorschriften der StVO ist die Müllabfuhr jedoch nicht ausgenommen. Für sie gilt auch §§ 1 Abs. 2 und 2 Abs. 2 StVO, wonach sich jeder Verkehrsteilnehmer so zu verhalten hat, dass kein anderer geschädigt, gefährdet oder mehr als nach den Umständen vermeidbar behindert wird bzw. die rechte Fahrbahn zu benutzen ist.

459 *Gaßner/Versmann,* Neuordnung kommunaler Aufgaben im KrW-/AbfG, S. 97 f.

Phänomen der (verschmutzten) Wertstoffsammelstellen unter ästhetischen Aspekten beleuchtet. Eine Beeinträchtigung des Straßen- und Ortsbildes setzt voraus, dass das Objekt dem Straßen- und Ortsbild in ästhetischer Hinsicht grob unangemessen ist und auch von einem für ästhetische Eindrücke offenen Betrachter als belastend empfunden wird.[460] Ob die Schwelle zur Beeinträchtigung überschritten ist, hängt von den konkreten Umständen der jeweiligen Situation ab.[461]

Grundsätzlich können auch kommunale Erwägungen zum Schutz eines bestimmten Straßen- und Ortsbildes, beispielsweise hinsichtlich der Anzahl und Standortwahl öffentlicher Müllcontainer, berücksichtigt werden.[462] Solche Gesichtspunkte dürfen aber nur berücksichtigt werden, wenn sie auf einem vom Rat beschlossenen, konkreten Gestaltungskonzept beruhen.[463] Standortkonzepte, die die Kommunalverwaltung bei ihren Entscheidungen binden sollen, sind grundlegende Richtlinien von besonderer Bedeutung für die Kommune und nach dem Kompetenzsystem des Kommunalrechts daher vom Rat aufzustellen.[464] Ein bestimmtes Straßen- und Ortsbild kann nur geschützt werden, wenn eine konkretisierte Vorstellung darüber besteht, wie die Flächen zu gestalten sind.[465] Dieses Leitbild festzulegen, ist eine Entscheidung von grundlegender und weitreichender Bedeutung für die Stadtgestaltung mit erheblichen Auswirkungen auf das äußere Erscheinungsbild der Stadt.[466]

Bezogen auf die gewerblichen Sammlungen kann das Straßenbild zum einen durch die Wertstoffcontainer selbst beeinträchtigt werden. Die Behälter

---

460 Angelehnt an die Definition, die das *BVerwG* in seinem Beschl. v. 18.3.2003 – 4 B 7/03 –, in: BauR 2004, 295, für den Begriff der »Verunstaltung« i. S. d. § 35 Abs. 3 S. 1 Nr. 5 BauGB vorgenommen hat.

461 *BVerwG,* Beschl. v. 15.10.2001 – 4 B 69/01 –, in: BauR 2002, 1052 f. Daneben ist es aber auch zulässig, die Beeinträchtigungsquelle umfassend und nachhaltig mit Hilfe eines Gestaltungskonzepts zu unterbinden, auch wenn die Gefahr einer Beeinträchtigung des Ortsbildes an jeder einzelnen Stelle oder an bestimmten einzelnen Standorten eher gering ist, *VG Berlin,* Urt. v. 11.5.2010 – 1 K 618/09 –, in: AbfallR 2010, 257 (LS), juris, Rn. 29.

462 *VG Braunschweig,* Urt. v. 10.2.2009 – 6 A 240/07 –, in: NdsVBl. 2009, 176 f.; EUWID Recycling und Entsorgung, 9/2009, 13.

463 So *VG Braunschweig,* Urt. v. 10.2.2009 – 6 A 240/07 –, in: NdsVBl. 2009, 176 f.; s. auch zum kommunalen Gestaltungskonzept: *VGH BW,* Beschl. v. 2.11.2009 – 5 S 3121/08 –, in: NVwZ-RR 2010, 164; *Naumann,* BayVBl. 2010, 102 f.

464 Vgl. auch *OVG NRW,* .

465 So auch *VG Braunschweig,* Urt. v. 10.2.2009 – 6 A 240/07 –, in: NdsVBl. 2009, 176 f.

466 *VG Braunschweig,* Urt. v. 10.2.2009 – 6 A 240/07 –, in: NdsVBl. 2009, 176 f.

werden teils gruppiert und teils vereinzelt aufgestellt. Zwecks besserer Unterscheidung sind sie je nach dem konkret gesammelten Rohstoff farblich unterschiedlich gestaltet. Dies kann ein sehr unruhiges, ungeordnetes Bild ergeben. Zum anderen kommt es an Wertstoffcontainern durch den abgelagerten Abfall, wie z. B. Kartons, Glasscherben und Tüten, immer wieder zu Verschmutzungen der Umgebung. Vielfach werden die zu entsorgenden Wertstoffe selbst auch neben die Container gestellt, wenn die Behälter überfüllt sind. Jede weitere Tonne begründet die Gefahr einer zunehmenden »Vermüllung« des öffentlichen Straßenraums, da diese sich als Müllanziehungspunkte erweisen. Zudem werden Sammelcontainer häufig durch Graffiti langfristig verunstaltet.

Die Beeinträchtigung des Straßen- und Ortsbildes stellt jedoch kein öffentliches Interesse dar, welches einer gewerblichen Sammlung entgegenstehen kann. Vielmehr bestehen im Rahmen der Verhältnismäßigkeit mildere Maßnahmen als die Untersagung des Aufstellens der Wertstoffcontainer. Ein Instrument der Kommunen im Umgang mit dem vermehrten Auftreten von Abfalltonnen besteht in der Erteilung einer Sondernutzungserlaubnis mit zusätzlichen Nebenbestimmungen.[467] So kann eine Bewilligung etwa unter der Auflage bestimmter abfallrechtlicher Handlungen erteilt werden, um dem Problem einer zunehmenden Verschmutzung rund um die Abfallcontainer entgegenzuwirken. Auf diesem Wege ist beispielsweise auch die Verpflichtung zu regelmäßigen und kurzen Leerungsintervallen durchzusetzen. Schließlich kann die Gemeinde auch besondere gestalterische Vorgaben, wie etwa die Farbgebung der Behälter, vom Betreiber verlangen. Hierdurch wird gewährleistet, dass sich die Sammelcontainer bestmöglich in die vorhandene Umgebung einfügen. Eine seitens der Kommune befürchtete »Verschandelung« des Ortsbildes kann so vermieden, zumindest aber weitgehend vermindert werden.

Unabhängig vom Aspekt des Schutzes des Ortsbilds ist es Sache der Straßenbaulastträger (§§ 43, 47 Abs. 1 StrWG NRW) und der Straßenverkehrsbehörde (§ 44 StVO i. V. m. § 1 StVO-ZustVO NRW), bei straßenrechtlich relevanten oder straßengefährdenden Störungen einzuschreiten (§ 5 Abs. 9 LAbfG NRW) bzw. entsprechende Verfügungen (§ 17 StrWG NRW; § 32 Abs. 1 S. 1 StVO) zu erlassen.[468] Die Verunreinigung durch Abfall weist

467 S. hierzu und zu den nachfolgenden Anmerkungen: *Naumann,* BayVBl. 2010, 102 (104).

468 *VG München,* Beschl. v. 19.12.2008 – M 17 S7 08.6054 –, in: juris, Rn. 35.

einen Bezug zur Straße auf. Über das LAbfG NRW können entsprechende Maßnahmen zur Entsorgung von »wildem Müll« eingeleitet werden.[469] Die Entsorgungspflicht der öffentlich-rechtlichen Entsorgungsträger umfasst hiernach auch das Einsammeln der im Gemeindegebiet fortgeworfenen und verbotswidrig abgelagerten Abfälle von den der Allgemeinheit zugänglichen Grundstücken, wenn Maßnahmen gegen den Verursacher nicht möglich oder nicht vertretbar sind und kein anderer verpflichtet ist, § 5 Abs. 6 S. 2 LAbfG NRW.

Zudem können Belange der öffentlichen Sicherheit und Ordnung – wie die Verkehrssicherheit und die Verunstaltung des Straßen- und Ortsbildes – der Sammlung durch Private nicht i. S. d. § 13 Abs. 3 S. 1 Nr. 3 KrW-/AbfG als öffentliche Interessen entgegenstehen: Nach § 10 Abs. 4 S. 2 Nr. 6 KrW-/AbfG liegt eine Beeinträchtigung des Allgemeinwohls insbesondere dann vor, »wenn sonst die öffentliche Sicherheit und Ordnung gefährdet oder gestört werden«. Unter öffentlicher Sicherheit versteht man den Schutz der Rechtsordnung, der subjektiven Rechte und Rechtsgüter des Einzelnen sowie des Bestandes und der Funktionsfähigkeit der Einrichtungen und Veranstaltungen des Staates.[470] Die Beeinträchtigung des Straßen- und Ortsbildes kann jedoch nur im Rahmen der öffentlichen Sicherheit berücksichtigt werden, wenn sie auf einem vom Rat beschlossenen Gestaltungskonzept beruht. Ansonsten kann die Verunstaltung auch unter das Schutzgut der »öffentlichen Ordnung« fallen. Hierunter wird die Gesamtheit der ungeschriebenen Regeln verstanden, deren Befolgung nach den jeweils herrschenden Anschauungen als unerlässliche Voraussetzung für ein geordnetes menschliches Zusammenleben innerhalb eines bestimmten Gebiets angesehen wird.[471] Die Vorschrift des § 10 Abs. 4 KrW-/AbfG betrifft jedoch – wie schon dargelegt – die Abfall**beseitigung** und kann nicht als Rechtsgrundlage für Anordnungen nach § 21 KrW-/AbfG bei Abfällen zur **Verwertung** herangezogen werden.[472]

Überdies sind die Begriffe des Wohls der Allgemeinheit sowie des öffentlichen Interesses als zwei eigenständige Begriffe mit eigenem Bedeutungsinhalt zu sehen.[473] Im Gegensatz zu § 10 Abs. 4 S. 2 Nr. 6 KrW-/AbfG kommt § 13 Abs. 3 S. 1 Nr. 3 KrW-/AbfG keine ordnungsrechtliche Funk-

469 S. hierzu ausführlich die Ausführungen unter Dritter Teil, § 9, B., III.
470 *Wolffgang/Hendricks/Merz,* POR NRW, Rn. 54.
471 *Dietlein,* in: Dietlein/Burgi/Hellermann, Öffentliches Recht in NRW, § 3 Rn. 55.
472 So auch *BayVGH,* Urt. v. 14.11.2008 – 20 BV 08.1757 –, juris, Rn. 36.
473 Vgl. hierzu die Ausführungen unter Dritter Teil, § 5, A., III., 2.

tion zu. Belange der öffentlichen Sicherheit und Ordnung stellen somit keine zu berücksichtigenden öffentlichen Interessen i. S. d. § 13 Abs. 3 S. 1 Nr. 3 KrW-/AbfG dar.

13. Schutz von Vertragsbeziehungen des öffentlich-rechtlichen Entsorgungsträgers

Vereinzelt wird vertreten, schon die drohende Auflösung eines Vertrags des öffentlich-rechtlichen Entsorgungsträgers mit einem drittbeauftragten Unternehmen über die Abfallentsorgung aufgrund ausbleibender vertragsgegenständlicher Abfallmengen begründe ein Entgegenstehen überwiegender öffentlicher Interessen i. S. d. § 13 Abs. 3 S. 1 Nr. 3 KrW-/AbfG.[474]

Dem kann jedoch entgegengehalten werden, dass eine vertragliche Verpflichtung des öffentlich-rechtlichen Entsorgungsträgers es nicht vermag, eine Untersagungsverfügung zu rechtfertigen.[475] Die von Verwaltung und Rechtsprechung, ungeachtet eventuell vorhandener abweichender abfall- und/oder rechtspolitischer Vorstellungen, zu respektierende Entscheidung des Gesetzgebers, private Sammlungen nach § 13 Abs. 3 S. 1 Nr. 3 KrW-/AbfG zuzulassen und die Überlassungspflicht insoweit einzuschränken, würde unterlaufen, könnten gewerbliche Sammlungen bereits unter Hinweis auf entgegenstehende vertragliche Beziehungen untersagt werden.[476] Im Übrigen ist es auch hier Sache des öffentlich-rechtlichen Entsorgungsträgers, im Rahmen der von ihm geschlossenen abfallrechtlichen Verträge die Regelungen des KrW-/AbfG, die gewerbliche Sammlungen zulassen, zu berücksichtigen und die vertraglichen Vereinbarungen entsprechend flexibel zu gestalten bzw. anzupassen.[477] Bereits bei der Vergabe von langfristigen Aufträgen sollten öffentliche Auftraggeber die Notwendigkeit späterer Vertragsanpassungen mit einkalkulieren und entsprechende Öffnungs- und

474 *VG Lüneburg,* Beschl. v. 17.9.2007 – 2 B 56/07 –, in: AbfallR 2007, 233 (LS), juris, Rn. 45 f.; *OVG Bln-Bbg,* Beschl. v. 21.12.2009 – 11 S 50.08 –, in: AbfallR 2010, 45 (LS), juris, Rn. 40; *Bleicher,* AbfallR 2007, 260 (264 f.).

475 *Nds.OVG,* Beschl. v. 24.1.2008 – 7 ME 192/07 –, in: NVwZ 2008, 1137 (1139); Beschl. v. 24.1.2008 – 7 ME 193/07 –, in: AbfallR 2008, 40 (LS), juris, Rn. 20; *ThürOVG,* Beschl. v. 1.12.2008 – 1 EO 566/08 –, in: ThürVBl. 2009, 232 (236).

476 *Nds.OVG,* Beschl. v. 24.1.2008 – 7 ME 192/07 –, in: NVwZ 2008, 1137 (1139); Beschl. v. 24.1.2008 – 7 ME 193/07 –, in: AbfallR 2008, 40 (LS), juris, Rn. 20; *ThürOVG,* Beschl. v. 1.12.2008 – 1 EO 566/08 –, in: ThürVBl. 2009, 232 (236).

477 *ThürOVG,* Beschl. v. 1.12.2008 – 1 EO 566/08 –, in: ThürVBl. 2009, 232 (236).

Anpassungsklauseln einfügen.[478] Dies gebietet auch das Gebührenrecht, welches vorsieht, dass der Gebühr eine äquivalente Leistung gegenübersteht. Damit wäre es unvereinbar, wenn aufgrund der Unflexibilität der vertraglichen Bindungen die Gebührenhöhe und der Wert der Gegenleistung unverhältnismäßig – nach oben oder unten – auseinanderfielen. Gem. § 6 Abs. 2 S. 2 KAG NRW kann der Gebührenberechnung ein Kalkulationszeitraum von bis zu drei Jahren zugrunde gelegt werden, so dass hierdurch ein zusätzlicher Spielraum bei der Beachtung des Kostendeckungsprinzips gewährleistet ist. Wenn gewerbliche Sammlungen nach § 13 Abs. 3 S. 1 Nr. 3 KrW-/AbfG zulässig sind, muss der öffentlich-rechtliche Entsorgungsträger in seine Planungen einstellen, dass Menge und Qualität der zur stofflichen Verwertung überlassenen Abfälle Änderungen unterliegen können.[479]

14. Störung des Kommunikationskonzepts zur Altpapiererfassung

Erwägungen, wonach öffentliche Interessen dadurch beeinträchtigt werden, dass das Kommunikationskonzept des öffentlichen Entsorgungsträgers zur Altpapiererfassung ernsthaft gestört werde, weil den privaten Abfallerzeugern durch Flyer und Zeitungsanzeigen widersprüchliche Informationen über die Entsorgung des Altpapiers zugehen, sind nicht überzeugend.[480] Dieser Gefahr kann der öffentliche Entsorgungsträger selbst begegnen, indem er die in seinem Gebiet bestehenden Möglichkeiten der Altpapierentsorgung einschließlich des privaten Angebots in sein Kommunikationskonzept aufnimmt und die ihm als Hoheitsträger obliegende wertfreie Information über die verschiedenen Angebote der Abfallentsorgung vornimmt.[481]

15. Hygiene und Seuchenschutz

Einer gewerblichen Biotonne, insbesondere einer gewerblichen Sammlung von biogenen, also aus abgestorbenen Lebewesen gebildeten Abfällen,

478 Vgl. zur Notwendigkeit von Vertragsanpassungen: *Hölzl/Fedke,* DVBl. 2010, 64 (66).

479 *ThürOVG,* Beschl. v. 1.12.2008 – 1 EO 566/08 –, in: ThürVBl. 2009, 232 (236).

480 *Nds.OVG,* Beschl. v. 24.1.2008 – 7 ME 192/07 –, in: NVwZ 2008, 1137 (1139); Beschl. v. 24.1.2008 – 7 ME 193/07 –, in: AbfallR 2008, 40 (LS), juris, Rn. 18.

481 *Nds.OVG,* Beschl. v. 24.1.2008 – 7 ME 192/07 –, in: NVwZ 2008, 1137 (1139); Beschl. v. 24.1.2008 – 7 ME 193/07 –, in: AbfallR 2008, 40 (LS), juris, Rn. 18. S. zur Handlungsoption der Information der Bürger die Ausführungen unter Dritter Teil, § 9, A.

könnte der Gesichtspunkt der Hygiene und der Verhütung von Seuchengefahren entgegenstehen.[482] Mit Hilfe der Biotonne werden Bioabfälle aus Haushalten, wie etwa Küchen- und Gartenabfälle, erfasst.[483] Zu den Küchenabfällen, die in die Biotonne gehören, zählen auch Fisch- und Fleischreste.[484] Bei der gewerblichen Sammlung von biogenen Abfällen liegt ein öffentliches Interesse vor, da die Gefahr besteht, dass der gesetzlich nicht verpflichtete gewerbliche Sammler jederzeit die Sammlung einstellt. Eine geordnete Bioabfallentsorgung setzt jedoch eine sichere, turnusgemäße Entsorgung voraus, die sich unabhängig von Preisentwicklungen zeigt und eine Auffangfunktion bietet, falls ein Konkurrent seine Abfallerfassung einstellt.[485] Der Grundsatz der allgemeinwohlverträglichen Abfallentsorgung verlangt, dass bei der Abfallentsorgung u. a. keine Gesundheitsgefahren und schädliche Umwelteinwirkungen durch Luftverunreinigungen entstehen (vgl. § 10 Abs. 4 S. 2 Nr. 1 und 4, 1. Fall KrW-/AbfG).[486] Durch die Organisation der Abfallentsorgung dürfen deshalb keine Gefahren für die menschliche Gesundheit oder das menschliche Wohlbefinden verursacht werden. Ein unregelmäßiger, ungeregelter Abfuhrrhythmus für die Biotonne und die Restmülltonne gewährleistet dies nicht, da hierbei mit Ungezieferbefall (Fliegen, Maden und anderen Insekten) und Geruchsbelästigungen[487] gerechnet werden muss, die geeignet sind, die Gesundheit oder zumindest das Wohlbefinden von Menschen zu beeinträchtigen.[488] Zudem

---

482 Hierzu: *v. Köller,* KrW-/AbfG, S. 170; *Frenz,* KrW-/AbfG, § 13 Rn. 55; *Kunig,* in: Kunig/Paetow/Versteyl, KrW-/AbfG, § 13 Rn. 25; *Queitsch,* StuG 1997, 332 (334). Zur Diskussion einer gewerblichen Bioabfallsammlung s. auch die Ausführungen unter Dritter Teil, § 8, A.

483 *Hams/Becker/Mrotzek,* MA 2009, 237 f.

484 Vgl. http://www.bmu.de/abfallwirtschaft/doc/3763.php, zuletzt abgerufen am 21.12.2010. Das *BMU* weist darauf hin, dass der lokale öffentlich-rechtliche Entsorgungsträger letztlich verbindlich festlegt, welche Abfälle konkret von der kommunalen Biotonne erfasst werden. Die örtliche Auflistung dessen, was in die jeweilige Abfalltonne gehört, kann also von der des *BMU* abweichen, s. hierzu die Auflistung der *AWM* unter http://www.muenster.de/stadt/awm/privbioliste.html, zuletzt abgerufen am 21.12.2010.

485 S. hierzu auch: *Queitsch,* UPR 1998, 88 (90).

486 *Schink,* in: Schink/Queitsch/Scholz, LAbfG NRW, § 5 Rn. 73.

487 S. zum Vorkommen von Fliegen und Gerüchen bei der Bioabfallsammlung die Untersuchung des *UBA* unter http://www.bmu.de/abfallwirtschaft/doc/3751.php, zuletzt abgerufen am 21.12.2010.

488 *Schink,* in: Schink/Queitsch/Scholz, LAbfG NRW, § 5 Rn. 73; *Michler,* LNK – KrW-/AbfG, § 13 Rn. 9; *Queitsch,* UPR 1995, 412 (416); *ders.,* StuG 1997, 332 f.; *Schink,* NVwZ 1997, 435 (437).

sind die Anwohner an den Behälterstandplätzen den mikrobiellen Belastungen durch den Abfall relativ schutzlos ausgesetzt.[489]

Die Zulässigkeit einer gewerblichen Sammlung setzt voraus, dass die Entsorgungsmaßnahme bestimmten gesetzlichen Anforderungen genügt und ihr überwiegende öffentliche Interessen nicht entgegenstehen. Es handelt sich insofern um getrennt zu prüfende Merkmale mit jeweils unterschiedlichem Bedeutungsgehalt.[490] Wie schon ausgeführt, wäre das Kriterium der »überwiegenden öffentlichen Interessen« überflüssig, wenn es Anforderungen beinhalten würde, die bereits in den §§ 5 Abs. 3, 10 KrW-/AbfG konkretisiert sind.[491] Sie mit dem unbestimmten Rechtsbegriff der »öffentlichen Interessen« gleichzusetzen, wäre ein Rückschritt hinter die erreichte Differenzierung des Gesetzes, der vom Gesetzgeber nicht gewollt sein kann. Der Unterschied besteht darin, dass die öffentlichen Interessen nicht auf Umweltanforderungen reduziert werden können, sondern – umgekehrt – das Kriterium der »ordnungsgemäßen und schadlosen« Verwertung mit dem öffentlichen Interesse an der Funktionsfähigkeit der Entsorgung aufgeladen wird.[492]

16. Förderung gemeinnütziger Organisationen

Des Weiteren wird diskutiert, inwiefern die Förderung gemeinnütziger Organisationen ein entgegenstehendes öffentliches Interesse darstellen kann.[493] Wertstoffe, die durch gewerbliche Sammler abgefangen werden, können in der Folge nicht mehr von karitativen Vereinigungen verwertet werden. Gemeinnützige Sammlungen lohnen sich nicht mehr in dem Maße.

Eine Privilegierung der gemeinnützigen Vereine gegenüber den gewerblichen Sammlungen kann dem Gesetzestext nicht entnommen werden, so

---

489 So *Friege,* in: Krautscheid, Daseinsvorsorge im Spannungsfeld von europäischem Wettbewerb und Gemeinwohl, S. 216.

490 Zur Abgrenzung s. ausführlich *Gaßner/Willand/Fischer/Pippke,* Rechtliche Grundsatzfragen der Auslegung der neuen abfallrechtlichen Vorschriften des KrW-/AbfG, Gutachten, S. 24.

491 *Gaßner/Willand/Fischer/Pippke,* Rechtliche Grundsatzfragen der Auslegung der neuen abfallrechtlichen Vorschriften des KrW-/AbfG, Gutachten, S. 25. Vgl. hierzu die Erörterung unter Dritter Teil, § 5, A., IV., 11.

492 *Gaßner/Willand/Fischer/Pippke,* Rechtliche Grundsatzfragen der Auslegung der neuen abfallrechtlichen Vorschriften des KrW-/AbfG, Gutachten, S. 28.

493 *VG Karlsruhe,* Beschl. v. 19.9.2007 – 3 K 2219/07 –, in: AbfallR 2007, 233 (LS), juris, Rn. 25; *VG Freiburg,* Beschl. v. 27.12.2007 – 4 K 2442/07 –, in: LexisNexis.

dass die Förderung gemeinnütziger Organisationen nicht als öffentliches Interesse gewertet werden kann.

Festzuhalten ist, dass für eine Generalklausel, wie das öffentliche Interesse, keine allgemeingültige inhaltliche Definition gefunden werden kann, da diese den sich ständig wandelnden gesellschaftlichen und politischen Auffassungen nicht gerecht werden könnte.[494] Jedoch lässt sich der Begriff – wie vorstehend im Einzelnen dargestellt – näher eingrenzen.

B. Überwiegen im Rahmen des § 13 Abs. 3 S. 1 Nr. 3 KrW-/AbfG

Im Rahmen der Abwägung zwischen ggf. vorhandenen öffentlichen Interessen mit den privaten Interessen eines gewerblichen Sammlers sind schließlich im Hinblick auf die Privatinteressen neben den konkreten Umständen des Einzelfalls regelmäßig insbesondere die Grundrechte zu beachten, auf die sich das private Entsorgungsunternehmen berufen kann. Für den gewerblichen Sammler könnten hierbei vornehmlich die Rechtspositionen aus Art. 12 und 14 GG streiten.[495]

Nach dem Wortlaut des § 13 Abs. 3 S. 1 Nr. 3 KrW-/AbfG müssen die gegen die gewerbliche Sammlung angeführten Interessen »überwiegen« und der Sammlung »entgegenstehen«. Es erfolgt eine Gegenüberstellung bzw. Abwägung der öffentlichen und privaten Interessen. Hierbei muss den öffentlichen Interessen mehr Gewicht zukommen. Dies geht über »mehr als nur geringfügige Auswirkungen« auf die Funktionsfähigkeit des öffentlich-rechtlichen Entsorgungsträgers hinaus.[496]

I. Rechtfertigung eines Eingriffs in die Berufsfreiheit

Im Falle des Entgegenstehens überwiegender öffentlicher Interessen gegenüber einer gewerblichen Sammlung erfolgt in der Regel eine auf § 21 KrW-/AbfG gestützte Verbotsverfügung, die die gewerbliche Sammlung unterbindet. § 13 Abs. 3 S. 1 Nr. 3 KrW-/AbfG definiert ein Recht der gewerblichen Entsorgungswirtschaft, das auch grundrechtlich, nämlich durch

494 So auch *Viotto,* Das öffentliche Interesse, S. 11 f.

495 Ebenfalls *Schink,* NVwZ 1997, 435 (442).

496 So aber *BVerwG,* Urt. v. 18.6.2009 – 7 C 16/08 –, in: DVBl. 2009, 1242 (1244).

die verfassungsrechtlich garantierte Berufsfreiheit gem. Art. 12 Abs. 1 GG, abgesichert ist.[497]

Fraglich ist zunächst, auf welches Berufsbild abzustellen ist. Ein Berufsbild des gewerblichen Abfallsammlers gibt es nicht, sondern vielmehr private Entsorgungsunternehmen, die – neben anderen Betätigungen – teilweise auch als gewerbliche Sammler in Erscheinung treten.[498] Zwar beschäftigen sich eine Reihe von Unternehmen ausschließlich mit der Sammlung von Altpapier.[499] Dabei beschränkt sich ihr Tätigkeitsbereich aber nicht auf die gewerbliche Sammlung. Sie sind als Drittbeauftragte für Kommunen genauso tätig wie für andere Gewerbebetriebe.

Problematisiert wird des Weiteren, auf welcher Stufe ein Verbot gewerblicher Sammlungen ansetzt.[500] Ob also eine Konkretisierung der im Rahmen des § 13 Abs. 3 S. 1 Nr. 3 KrW-/AbfG zugelassenen gewerblichen Tätigkeit eine bloße Berufsausübungsregelung darstellt oder ob es sich dabei um eine objektive Berufswahlregelung im Sinne der »Stufenlehre« des BVerfG handelt.[501] Durch das Verbot der gewerblichen Sammlung ist lediglich ein sachlich-räumlicher Teilbereich bzw. eine Teilfunktion des privaten Entsorgungsunternehmens betroffen, so dass von einer bloßen Berufsausübungsregelung auszugehen ist.[502] Da die betreffenden Tätigkeiten der gewerblichen Sammler regelmäßig auch Gegenstand kommunaler Ausschreibungen sind, würde eine Untersagung der Sammlungstätigkeit gerade nicht zur Folge haben, dass die entsprechenden Entsorgungstätigkeiten einer gewerblichen Betätigung im Hausmüllbereich vollständig entzogen würden.[503] Die privaten Entsorger könnten danach die gewinnorientierte

---

497 Vgl. *Weidemann,* Altpapierentsorgung durch gewerbliche Sammlung, S. 4, s. http://www.bde-berlin.org/?p=245, zuletzt abgerufen am 21.12.2010; vgl. dazu ausführlich: *Séché,* Der Rechtsschutz des privaten Abfallentsorgers gegen öffentliche Konkurrenz aus Art. 12 Abs. 1 GG, S. 91 ff.

498 So auch *Siechau,* MA 2009, 134 (136); *Koch/Reese,* AbfallR 2009, 58 (61); *dies.,* Hausmüllentsorgung zwischen kommunaler Trägerschaft und gewerblichen Sammelsystemen, Zusammenfassung des Gutachtens in Thesen, S. 4, s. unter http://www.vksimvku.de/de/Presse/Presseinformationen_2008_/04.12.2008_Aenderungen_der_Rahm_schieben_697.html, zuletzt abgerufen am 21.12.2010.

499 S. hierzu: *Hurst,* NuR 2010, 180 (184).

500 *Karpenstein,* Haushaltsabfälle zwischen Privatisierung und Kommunalisierung, S. 91.

501 *Karpenstein,* Haushaltsabfälle zwischen Privatisierung und Kommunalisierung, S. 91.

502 So *Thärichen,* Öffentliche Interessen im Abfallrecht, S. 176, 178; *Paschlau/Rindtorff,* MA 2004, 534 f.

503 So auch *Siechau,* MA 2009, 134 (136); *Koch/Reese,* AbfallR 2009, 58 (61).

Sammlung von Haushaltsabfällen zur Verwertung weiterhin als Geschäftsfeld wahrnehmen, wären insoweit jedoch auf den Zuschlag in einem Ausschreibungswettbewerb angewiesen.

In diesem Fall muss das Verbot auf vernünftigen Erwägungen des Gemeinwohls beruhen und im Übrigen den Grundsatz der Verhältnismäßigkeit wahren.[504] Soweit die Abfallentsorgung eine staatliche Aufgabe[505] ist, dient die abfallwirtschaftliche Betätigung der öffentlichen Hand einem zulässigen Zweck.[506] Soweit die öffentlich-rechtlichen Entsorgungsträger ihre Tätigkeit sachlich über den Pflichtbereich des § 15 Abs. 1 KrW-/AbfG hinaus ausdehnen und Leistungen außerhalb ihres Zuständigkeitsbereichs erbringen, handeln sie jedoch nicht in Erfüllung einer staatlichen Aufgabe.[507] Soweit die Abfallentsorgung nicht staatliche, sondern nur öffentliche Aufgabe[508] ist, dient die abfallwirtschaftliche Betätigung der öffentlichen Hand einem zulässigen Zweck, wenn und soweit sie den diese Aufgabenqualität begründenden öffentlichen Interessen im Rahmen der Verhältnismäßigkeit dient, nämlich dem Gesundheitsschutz (Art. 2 Abs. 2 S. 1 i. V. m. Art. 1 Abs. 1 GG) und dem Umweltschutz (vgl. Art. 20 a GG).[509] Bei der menschlichen Gesundheit handelt es sich um ein besonders schutzwürdiges, hochrangiges Rechtsgut, so dass bei der Abschätzung der Auswirkungen sogar außergewöhnliche ungünstige Rahmenbedingungen, etwa besonders keimträchtiger, hygienisch kritischer Abfall, die Nähe von Behälterstandorten zu Wohnungen bzw. Verkehrsflächen und eine erhöhte Anfälligkeit von Risikogruppen gegenüber den gesundheitlich relevanten Faktoren von Emissionen, einzubeziehen sind. Es muss also auf die konkrete Abfallfraktion und die Begleitumstände abgestellt werden, um zu beurteilen, ob

---

504 *Thärichen,* Öffentliche Interessen im Abfallrecht, S. 176, *Uerpmann,* Das öffentliche Interesse, S. 298.

505 Eine »staatliche Aufgabe« liegt vor, wenn es sich um eine sog. originäre Staatsaufgabe oder um eine dem Staat zulässigerweise zugewiesene Aufgabe handelt, vgl. *Séché,* Der Rechtsschutz des privaten Abfallentsorgers gegen öffentliche Konkurrenz aus Art. 12 Abs. 1 GG, S. 163.

506 *Séché,* Der Rechtsschutz des privaten Abfallentsorgers gegen öffentliche Konkurrenz aus Art. 12 Abs. 1 GG, S. 172.

507 *Séché,* Der Rechtsschutz des privaten Abfallentsorgers gegen öffentliche Konkurrenz aus Art. 12 Abs. 1 GG, S. 173.

508 Die »öffentliche Aufgabe« umschreibt eine zwar im öffentlichen Interesse stehende, aber nicht ausschließlich der öffentlichen Hand vorbehaltene Aufgabe, vgl. *Séché,* Der Rechtsschutz des privaten Abfallentsorgers gegen öffentliche Konkurrenz aus Art. 12 Abs. 1 GG, S. 175.

509 *Séché,* Der Rechtsschutz des privaten Abfallentsorgers gegen öffentliche Konkurrenz aus Art. 12 Abs. 1 GG, S. 187.

eine Rechtfertigung unter Hinweis auf den Schutz der Volksgesundheit in Betracht kommt.[510] Bei der Fraktion Altpapier scheint eine solche Gefahr aufgrund ihrer Stoffeigenschaften – auch bei einer nicht ordnungsgemäßen Lagerung – unwahrscheinlich.

Selbstverwaltungsgarantie und Sozialstaatsprinzip vermögen einen Eingriff in die Berufsfreiheit der gewerblichen Sammler nicht zu rechtfertigen.[511]

Stellt sich das Verbot der gewerblichen Sammlung jedoch ausnahmsweise als objektive Zulassungssperre dar, so kann zur Rechtfertigung nur eine Gefährdung für ein überragend wichtiges Gemeinschaftsgut, wie die unmittelbare Gefährdung der Entsorgungssicherheit durch Beeinträchtigung der Entsorgungsinfrastruktur, der Schutz der Volksgesundheit sowie die Erhaltung einer menschenwürdigen Umwelt, herangezogen werden, die in diesem Fall allein das öffentliche Interesse zu begründen vermag.[512]

II. Schutz des Eigentums nach Art. 14 GG

Auch das aus Art. 14 Abs. 1 GG abzuleitende Recht eines privaten Entsorgungsunternehmens am eingerichteten und ausgeübten Gewerbebetrieb könnte berührt sein. Primär dürfte es sich hier aber wohl um die zukünftige wirtschaftliche Betätigung, also um die Erwerbschancen der privaten Entsorger handeln. Art. 14 GG erfasst jedoch nicht die Chancen, innerhalb derer der Unternehmer seine Tätigkeit entfaltet.[513] Das Grundrecht gewährleistet keinen Erwerbsschutz.[514]

---

510 Bei der gewerblichen Sammlung kann es sich aufgrund von § 13 Abs. 3 S. 2 KrW-/AbfG nur um ungefährliche Abfälle zur Verwertung handeln. Dass diese Abfallsorte frei von Gefahrenpotenzial ist (so *Hurst,* NuR 2010, 180 (185)), ist ein Trugschluss, da auch ungefährlicher Abfall, wie beispielsweise Bioabfall, bei unsachgemäßer Behandlung – wie etwa einem unregelmäßigem Abfuhrturnus – eine (Seuchen-) Gefahr hervorrufen kann.

511 *Séché,* Der Rechtsschutz des privaten Abfallentsorgers gegen öffentliche Konkurrenz aus Art. 12 Abs. 1 GG, S. 187 ff.

512 S. hierzu: *Klages,* Vermeidungs- und Verwertungsverbote als Prinzipien des Abfallrechts, S. 61, der von vornherein von einer objektiven Zulassungsschranke ausgeht; *Siechau,* MA 2009, 134 (136); *Koch/Reese,* AbfallR 2009, 58 (61); *Thärichen,* Öffentliche Interessen im Abfallrecht, S. 178.

513 *Jarass,* in: Jarass/Pieroth, GG, Art. 14 Rn. 25.

514 *Jarass,* in: Jarass/Pieroth, GG, Art. 14 Rn. 10.

III. Beweislast

Ferner stellt sich die Frage, ob der gewerbliche Sammler das Vorliegen der Ausnahmevoraussetzungen oder aber die jeweilige Kommune als öffentlich-rechtlicher Entsorgungsträger ihr Nichtvorliegen nachweisen muss, wer also die Beweislast trägt. Die Verteilung der Beweislast beinhaltet die Frage, zu wessen Lasten die Unerweislichkeit einer für die Entscheidung erheblichen Tatsache geht. Das KrW-/AbfG trifft dazu keine Aussage.

Nach Auffassung einiger bayerischer Gerichte sprechen insbesondere der Ausnahmecharakter der Nichtüberlassungspflicht, aber auch umweltpolitische und Praktikabilitätserwägungen dafür, dass dem die Ausnahme zu Gute kommenden privaten Sammler zumindest eine Darlegungspflicht im Hinblick auf das Vorliegen der Ausnahmevoraussetzungen auferlegt werden könne.[515] Nach der Formulierung und der erkennbaren Zielsetzung des § 13 KrW-/AbfG sehe der Gesetzgeber die kommunale Entsorgung von Abfällen als die Regel und eine konkurrierende gewerbliche Entsorgung als eine Abweichung hiervon an.[516] Dementsprechend müssten etwaige Zweifel zulasten desjenigen gehen, der eine solche Ausnahme begehre.[517]

Nach zustimmungswürdiger Auffassung anderer Verwaltungsgerichte[518] sowie eines Großteils der Literatur[519] trägt der Träger der öffentlichen Abfallentsorgung die Darlegungslast für eine konkrete, nicht mehr hinnehmbare Beeinträchtigung der öffentlichen Abfallwirtschaft. Diese Auffassung steht im Einklang mit der Gesetzesformulierung, der zufolge eine gewerbliche Sammlung bei Vorliegen der übrigen Voraussetzungen regelmäßig

515 *BayVGH,* Beschl. v. 12.1.2005 – 20 CS 04.2947 –, in: NuR 2006, 114 f.; *VG München,* Beschl. v. 11.12.2007 – M 17 S 07 5458 –, in: juris, Rn. 47; s. auch *Pippke,* Öffentliche und private Abfallentsorgung, S. 68 f., die sich jedoch bei ihren Ausführungen auf die Ausnahme der Eigenverwertung gem. § 13 Abs. 1 S. 1 KrW-/AbfG bezieht.

516 *BayVGH,* Beschl. v. 12.1.2005 – 20 CS 04.2947 –, in: NuR 2006, 114 f.; *VG München,* Beschl. v. 11.12.2007 – M 17 S 07 5458 –, in: juris, Rn. 47.

517 *BayVGH,* Beschl. v. 12.1.2005 – 20 CS 04.2947 –, in: NuR 2006, 114 f.; *VG München,* Beschl. v. 11.12.2007 – M 17 S 07 5458 –, in: juris, Rn. 47.

518 *Nds.OVG,* Beschl. v. 24.1.2008 – 7 ME 192/07 –, in: NVwZ 2008, 1137 f.; Beschl. v. 24.1.2008 – 7 ME 193/07 –, in: AbfallR 2008, 40 (LS), juris, Rn. 12; *VG Schwerin,* Beschl. v. 21.2.2008 – 7 B 613/07 –, in: AbfallR 2008, 86 (LS), juris, Rn. 21; *VG Münster,* Beschl. v. 28.3.2008 – 7 L 163/08 –, in: AbfallR 2008, 147 (LS), juris, Rn. 12; *VG Potsdam,* Beschl. v. 23.5.2008 – 1 L 214/08 –, n. v.

519 *Rindtorff,* DVBl. 2001, 1038 (1040); *Gruber,* AbfallR 2008, 31 (33); *Gädeke,* Öffentliche und private Entsorgungsverantwortung, S. 155 f.; *Schink,* in: Schink/Queitsch/Scholz, LAbfG NRW, § 5 Rn. 102.

zulässig ist, »soweit […] nicht überwiegende öffentliche Interessen entgegenstehen«. Die Tatsache, dass der Gesetzgeber dem Änderungsvorschlag des Bundesrats nicht gefolgt ist, spricht ebenfalls gegen eine Beweislasttragung des Ausnahmebegünstigten.[520] Denn diese Anregung sah vor, dass der Abfallbesitzer auf Verlangen die tatsächliche Verwertung nachweisen oder die beabsichtigte Verwertung glaubhaft machen sollte.[521] Dem ist der Gesetzgeber nicht gefolgt.

§ 6 Anforderungen an den formellen Nachweis der Verwertung

§ 13 Abs. 3 S. 1 Nr. 3 KrW-/AbfG setzt den Nachweis der ordnungsgemäßen und schadlosen Verwertung gegenüber den Kommunen als öffentlich-rechtliche Entsorgungsträger voraus. Unklar ist, wann und wie die gewerblichen Sammler den Nachweis einer ordnungsgemäßen und schadlosen Verwertung i. S. d. § 5 Abs. 3 KrW-/AbfG zu führen haben.[522]

A. Zeitpunkt des Nachweises

Der Zeitpunkt des Nachweises ist in § 13 Abs. 3 S. 1 Nr. 3 KrW-/AbfG nicht ausdrücklich bestimmt. Fraglich ist, ob die Informationen vor oder nach Durchführung der Sammlung zu übermitteln sind.

I. Nachweis im Laufe des Verfahrens

Es wird argumentiert, die Pflicht zur Nachweisführung bedeute nicht, dass vor der Sammlung ein präventives Genehmigungs- oder ein sonstiges Zulassungsverfahren durchzuführen sei.[523] Der Gesetzeswortlaut verlange eine solche Auslegung nicht. Der Sammler habe den öffentlich-rechtlichen Entsorgungsträger lediglich im Laufe des Verfahrens zu informieren, wie er seiner Verpflichtung, die gesammelten Abfälle einer ordnungsgemäßen und schadlosen Verwertung zuzuführen, nachkomme.

---

520 *Pippke,* Öffentliche und private Abfallentsorgung, S. 68, die sich aber im Zusammenhang mit § 13 Abs. 1 S. 1 KrW-/AbfG zu dieser Frage äußert.

521 S. die Stellungnahme *des Bundesrates,* BT-Drs. 12/5672, S. 79, Rn. 77.9.

522 *Queitsch,* UPR 2005, 88 (92 f.).

523 *Weidemann,* in: Jarass/Petersen/Weidemann, KrW-/AbfG, § 13 Rn. 97.

II. Anzeige vor der Sammlung

Dem ist entgegenzuhalten, dass der Nachweis einer ordnungsgemäßen und schadlosen Abfallverwertung nach Wortlaut sowie nach Sinn und Zweck des § 13 Abs. 3 S. 1 Nr. 3 KrW-/AbfG vor Beginn der gewerblichen Sammlung geführt werden muss.[524] Die Entbindung der Abfallerzeuger und -besitzer von der Überlassungspflicht nach § 13 Abs. 1 KrW-/AbfG sowie die gesetzliche Privilegierung gewerblicher Sammlungen sind nur dann gerechtfertigt, wenn von vornherein feststeht, dass auch im Falle eines Wechsels des Entsorgungsregimes die ordnungsgemäße und schadlose Abfallverwertung sichergestellt ist.[525] Gewerbliche Sammlungen sind gem. § 13 Abs. 3 S. 1 Nr. 3 KrW-/AbfG nicht genehmigungsbedürftig; der zu führende Nachweis stellt der Sache nach eine bloße Anzeige dar.[526] Die zuständige Behörde kann gegen die gewerbliche Sammlung einschreiten, wenn ihrer Ausübung überwiegende öffentliche Interessen entgegenstehen. Etwas nachweisen bedeutet, das Vorhandensein einer Tatsache eindeutig zu belegen bzw. zu beweisen. Diese Informationsfunktion kann der Nachweis nur erfüllen, wenn die Übermittlung der Angaben vor Beginn der gewerblichen Sammlung erfolgt.[527] Nur dann ist der pflichtige öffentlich-rechtliche Entsorgungsträger in der Lage, bei einer drohenden nicht ordnungsgemäßen Abfallverwertung Maßnahmen zu ergreifen.[528]

Für diese Auslegung sprechen auch die beiden Entwürfe zum KrWG: Bereits der AE KrWG sah in § 16 Abs. 5 ausdrücklich eine Anzeigepflicht vor der Sammlung vor. Der RefE KrWG sieht nun sogar eine eigene Regelung zum »Anzeigeverfahren für Sammlungen« vor (§ 18). Die Begründungen des AE KrWG und RefE KrWG enthalten zwar keine Angaben zur bisherigen Lesart der Vorschrift.[529] Sie unterstreichen und verdeutlichen

524 So auch *VG Cottbus,* Beschl. v. 31.3.2004 – 3 L 749/03 –, in: AbfallR 2004, 180 (LS), juris, Rn. 13; *VGH BW,* Beschl. v. 11.2.2008 – 10 S 2422/07 –, in: NVwZ 2008, 919 f.; *ThürOVG,* Beschl. v. 1.12.2008 – 1 EO 566/08 –, in: ThürVBl. 2009, 232 f.; *Queitsch,* UPR 2005, 88 (92 f.).

525 *VGH BW,* Beschl. v. 11.2.2008 – 10 S 2422/07 –, in: NVwZ 2008, 919 f.

526 *VGH BW,* Beschl. v. 11.2.2008 – 10 S 2422/07 –, in: NVwZ 2008, 919 f.

527 *Queitsch,* UPR 2005, 88 (92 f.); *VGH BW,* Beschl. v. 11.2.2008 – 10 S 2422/07 –, in: NVwZ 2008, 919 f.

528 *Fluck/Giesberts,* in: Fluck, KrW-/Abf- und BodenschutzR, § 13 KrW-/AbfG Rn. 157 a; *ThürOVG,* Beschl. v. 1.12.2008 – 1 EO 566/08 –, in: ThürVBl. 2009, 232 f.

529 S. zur Auslegung des Gesetzestextes mittels Heranziehung aktueller Gesetzesentwürfe ausführlich die Ausführungen unter Zweiter Teil, § 2.

jedoch, dass ein Anzeigeverfahren sicherstellt, dass die Behörde die gesetzlichen Voraussetzungen für die Sammelsysteme rechtzeitig prüfen und gegebenenfalls durch Verwaltungsakt sicherstellen kann.[530] Durch die Anzeige spätestens einen Monat vor Aufnahme der Sammlung soll der Behörde eine angemessene Prüfungsfrist eingeräumt werden.[531] Sinn und Zweck eines Anzeigeverfahrens sprechen somit für den Nachweiszeitpunkt vor Ausübung der Sammlung.

B. Umfang des Nachweises der ordnungsgemäßen und schadlosen Verwertung

Fraglich ist, welchen Umfang der Nachweis der ordnungsgemäßen und schadlosen Verwertung haben muss. Hierzu werden in erster Linie drei Auffassungen vertreten:

I. Gegenstand und Verfahren der Verwertung

Nach der ersten Ansicht stellt § 13 Abs. 3 S. 1 Nr. 3 KrW-/AbfG nicht auf den »Entsorger«, sondern auf die Verwertung und damit auf die »Entsorgung« ab.[532] Die dem öffentlich-rechtlichen Entsorgungsträger zu übermittelnden Informationen müssten sich auf den Gegenstand der Sammlung und das beabsichtigte Verwertungsverfahren beziehen.[533] Der Nachweis, dass es sich bei dem gewerblichen Sammler um einen zertifizierten Entsorgungsfachbetrieb handle, genüge den gesetzlichen Anforderungen somit nicht vollständig.[534]

II. Innenverhältnis zu einem Verwertungsunternehmen

Eine weitere Auffassung geht davon aus, der gewerbliche Sammler genüge regelmäßig seiner Nachweispflicht, wenn er sein vertragliches Innenverhält-

530 *BMU,* Begr. AE KrWG, S. 105; *BMU,* Begr. RefE KrWG, S. 184.

531 *BMU,* Begr. RefE KrWG, S. 184.

532 *ThürOVG,* Beschl. v. 1.12.2008 – 1 EO 566/08 –, in: ThürVBl. 2009, 232 f.

533 *Braun,* ThürVBl. 2009, 49 (51); *Fluck/Giesberts,* in: Fluck, KrW-/Abf- und BodenschutzR, § 13 KrW-/AbfG Rn. 158.

534 *ThürOVG,* Beschl. v. 1.12.2008 – 1 EO 566/08 –, in: ThürVBl. 2009, 232 f.

nis mit einem Verwertungsunternehmen, das selbst über die erforderliche Genehmigung verfügt, offen lege.[535]

III. Vorherige Tätigkeit eines Unternehmens für den öffentlich-rechtlichen Entsorgungsträger

Andere erkennen neben der Vorlage eines Vertrags zum Weiterverkauf der Verwertungsabfälle auch die vorherige Tätigkeit eines privaten Entsorgungsunternehmens für den öffentlich-rechtlichen Entsorgungsträger als Indiz für eine zuverlässige Erfüllung an.[536] Der Nachweis gelte bereits dann als erbracht, wenn das betreffende Unternehmen über einen längeren Zeitraum für den öffentlich-rechtlichen Entsorgungsträger unbeanstandet Abfälle eingesammelt und einer ordnungsgemäßen sowie schadlosen Verwertung zugeführt habe.[537] Anders liege die Situation, wenn aufgrund neuer Erkenntnisse berechtigte Zweifel an einer weiterhin ordnungsgemäßen Verwertung vorliegen könnten.[538] Insgesamt seien in der Sache selbst an den zu führenden Nachweis jedenfalls keine allzu hohen Anforderungen zu stellen.

§ 18 RefE KrWG sieht nun, wie bereits angesprochen, eine eigenständige Regelung für das »Anzeigeverfahren für Sammlungen« vor. Hierbei ist der Anzeige u. a. »eine Darlegung der innerhalb des angezeigten Zeitraums vorgesehenen Verwertungswege einschließlich der erforderlichen Maßnahmen zur Sicherstellung ihrer Kapazitäten« beizufügen (Abs. 2 Nr. 4). Sinn und Zweck eines Nachweises der ordnungsgemäßen und schadlosen Verwertung unterstreichen dieses Erfordernis. Eine vorherige Tätigkeit eines Unternehmens für den öffentlich-rechtlichen Entsorgungsträger besitzt keinen Aussagegehalt über die jetzige Sicherstellung von Verwertungswegen und Kapazitäten. Auch das bloße Vertragsverhältnis mit einem Verwertungsunternehmen beinhaltet keine Einzelheiten. Soll der Nachweis bzw. die Anzeige nicht seine/ihre Berechtigung verlieren, so ist es aber erforderlich,

535 *Nds.OVG,* Beschl. v. 24.1.2008 – 7 ME 192/07 –, in: NVwZ 2008, 1137 f.; Beschl. v. 24.1.2008 – 7 ME 193/07 –, in: AbfallR 2008, 40 (LS), juris, Rn. 10; *Gruber,* AbfallR 2008, 31 f.

536 *VGH BW,* Beschl. v. 11.2.2008 – 10 S 2422/07 –, in: NVwZ 2008, 919 f.

537 *VGH BW,* Beschl. v. 11.2.2008 – 10 S 2422/07 –, in: NVwZ 2008, 919 f.; *VG Schwerin,* Beschl. v. 21.2.2008 – 7 B 613/07 –, in: AbfallR 2008, 86 (LS), juris, Rn. 20, wonach es für den Nachweis auch genügen soll, dass das private Unternehmen bereits auf dem Gebiet anderer Körperschaften die Altpapierentsorgung bislang unbeanstandet durchführt.

538 *VGH BW,* Beschl. v. 11.2.2008 – 10 S 2422/07 –, in: NVwZ 2008, 919 f.

dass das Sammelunternehmen konkrete Angaben über den Gegenstand und das Verfahren der Verwertung macht. Nur so reduziert sich die formelle Darlegung nicht auf eine bloße Scheinvoraussetzung. Nach Ablehnung der beiden letztgenannten Auffassungen bleibt somit nur die erste Ansicht, die Gegenstand und Verfahren der Verwertung als darzulegenden Inhalt deklariert, als gangbarer Weg, um einen Nachweis der ordnungsgemäßen und schadlosen Verwertung zu erbringen.

C. »Nachträglicher Fortfall des Verwertungsnachweises durch Annahmestopp von Papierfabriken und Ausfall der Exportmärkte«

Sowohl der Fach- als auch der Tagespresse konnte entnommen werden, dass die herkömmlichen Verwertungswege für gewerblich gesammeltes Altpapier vielerorts zwischenzeitlich – wie bereits dargestellt – nicht mehr zur Verfügung standen, da z. B. Papierfabriken ihre Produktion drastisch zurückgefahren hatten und die Nachfrage allgemein zurückgegangen war.[539] Für die zuständigen Abfallwirtschaftsbehörden besteht in einer solchen Situation durchaus Veranlassung, einen erneuten Nachweis der ordnungsgemäßen und schadlosen Entsorgung i. S. v. § 13 Abs. 3 S. 1 Nr. 3 KrW-/AbfG zu verlangen, da der bislang nachgewiesene Verwertungsweg u. U. nicht mehr gewährleistet erscheint.[540] In diesem Zusammenhang drängt sich die Frage auf, ob für ein erneutes Nachweisverlangen der Hinweis auf zwischenzeitlich gesunkene Sekundärrohstoffpreise ausreicht oder ob konkrete Hinweise[541] dafür vorliegen müssen, dass der bislang nachgewiesene Verwertungsweg tatsächlich nicht mehr gegeben ist.[542] Zumindest bestimmten, unternehmensbezogenen Informationen über Überkapazitäten von Entsorgungsanlagen ist nachzugehen, da diese mancherorts ein Indiz dafür sein können, dass eine ordnungsgemäße und schadlose Verwertung des gewerblich gesammelten Altpapiers inzwischen nicht mehr nachgewiesen werden kann.[543]

539 EUWID Recycling und Entsorgung, 10/2009, 1; 16/2009, 5; 25/2009, 5.

540 S. hierzu u. zur Überschrift dieses Abschnitts *Gaßner/Thärichen,* AbfallR 2009, 18 (22); *Braun,* ThürVBl. 2009, 49 (51).

541 So wohl *SächsOVG,* Beschl. v. 3.4.2009 – 4 B 229/08 –, in: juris, Rn. 7, welches eine Verwertung außerhalb der üblichen Verwertungswege für unwahrscheinlich hält.

542 So *Gaßner/Thärichen,* AbfallR 2009, 18 (22).

543 *Gaßner/Thärichen,* AbfallR 2009, 18 (22).

§ 7 Keine gefährlichen Abfälle (§ 13 Abs. 3 S. 2 KrW-/AbfG)

Gem. § 13 Abs. 3 S. 2 KrW-/AbfG gelten die Nummern 2 und 3 des § 13 Abs. 3 S. 1 KrW-/AbfG nicht für gefährliche Abfälle. Laut § 1 Nr. 2 der Abfallverzeichnis-Verordnung (AVVO)[544] umfasst der Anwendungsbereich der AVVO u. a. die Einstufung von Abfällen nach ihrer Gefährlichkeit. Gem. § 3 Abs. 1 S. 1 AVVO sind die mit einem (*) versehenen Abfallarten im Abfallverzeichnis gefährlich i. S. d. § 3 Abs. 8 KrW-/AbfG i. V. m. § 41 KrW-/AbfG (Abfallbezeichnung, Gefährliche Abfälle). Dies gilt nach S. 2 der Regelung auch für die von den öffentlich-rechtlichen Entsorgungsträgern nach § 15 KrW-/AbfG gesammelten Abfälle. Alle anderen Abfälle sind nicht gefährlich (§ 3 Abs. 8 KrW-/AbfG i. V. m. § 41 S. 2 KrW-/AbfG). Die Überlassungspflichten nach § 13 KrW-/AbfG gelten gegenüber den öffentlich-rechtlichen Entsorgungsträgern. Die private Sammlung von Elektroaltgeräten beispielsweise, die als gefährlicher Abfall eingestuft werden (s. die Anlage zur AVVO, Abfallschlüssel 16 02 ff.), ist hiernach größtenteils unzulässig, so dass gegen gewerbliche Sammler insoweit durch die untere Abfallwirtschaftsbehörde vorgegangen werden kann.

§ 8 Gewerbliche Sammlungen von weiteren Sekundärrohstoffen außerhalb der PPK-Fraktion

Die Diskussion um gewerbliche Sammlungen von Altpapier stellt lediglich den Beginn eines zu erwartenden Ansturms auf weitere Abfälle privater Haushaltungen dar. Längst ist aus dem »Kampf gegen Abfall« ein »Kampf um Abfall« geworden.[545] Einen vergleichbaren wirtschaftlichen Nutzen und Wert können auch Abfälle wie Bioabfälle, Elektroschrott, Metalle, Altholz, Glas, Alttextilien usw. erreichen.[546] Die Problematik ist daher trotz der derzeitigen Fokussierung auf Altpapier nicht auf diesen Sekundärrohstoff begrenzt.[547] Die Begehrlichkeiten werden sich künftig auch auf andere Stoffe ausweiten. So sind bereits vereinzelt gewerbliche Samm-

544 V. 10.12.2001, BGBl. I S. 3379.

545 Vgl. *Weidemann,* NVwZ 2000, 1131 (1133).

546 So auch *Kafka/Schmelzle,* IR 2009, 218; *Vetter,* VBlBW 2010, 93 f.

547 Dazu: *Kleve,* AbfallR 2008, 272.

lungen von Bioabfall und Altglas in den Fokus der Betrachtung gerückt.[548] Dies zeigt, dass die Frage der Zulässigkeit einer gewerblichen Sammlung von Haushaltsabfällen nicht auf bestimmte Abfallströme beschränkt werden kann. Die Nachfrage auf dem Markt wird entscheiden, um welchen Sekundärrohstoff der nächste »Kampf« geführt werden wird.

Anhand einiger ausgesuchter Sekundärrohstoffe soll gezeigt werden, welche Rolle gewerbliche Sammlungen außerhalb des viel diskutierten Altpapierabfalls spielen. Auf den Wertstoff Kunststoff soll hierbei nicht eingegangen werden. Entscheidungen zu gewerblichen Sammlungen von Kunststoffabfällen liegen, soweit ersichtlich, nicht vor. Dies dürfte daran liegen, dass bei Haushaltsabfällen das duale System die wesentlichen Mengen abschöpft. Bei gewerblichen Kunststoffabfällen besteht keine Überlassungspflicht, so dass es hier zu keinem Konflikt mit den öffentlich-rechtlichen Entsorgungsträgern kommen kann, auf den hier näher einzugehen wäre.

A. Zulässigkeit der gewerblichen Sammlung von Bioabfällen

Die juristische Diskussion um die gewerblichen Sammlungen von Sekundärrohstoffen dreht sich in der Praxis bisher zumeist nur um Altpapier. Dies ist aber nicht der einzige Wertstoff, der für gewerbliche Sammlungen lukrativ sein kann. Vereinzelt ist auch die Erfassung und Verwertung von Bioabfall in das Blickfeld gewerblicher Sammelunternehmen geraten.[549] Gem. § 2 Nr. 1 BioAbfVO[550] sind unter Bioabfällen grundsätzlich Abfälle tierischer oder pflanzlicher Herkunft zur Verwertung zu verstehen, die durch Mikroorganismen, bodenbürtige Lebewesen oder Enzyme abgebaut werden

548 So wurde die Einführung einer gewerblichen Bioabfalltonne im Kreis Düren im Vorfeld des Grundsatzurteils des BVerwG diskutiert, s. hierzu auch die nachfolgende Fn. Eine gewerbliche Altglassammlung war Gegenstand des Rechtsstreits vor dem *VG Oldenburg,* Urt. v. 11.9.2008 – 5 A 2224/07 –, in: juris.

549 So z. B. im Kreis Düren, wo laut Auskunft der Kreisverwaltung zwischenzeitlich eine gewerbliche Erfassung und Verwertung von Bioabfällen aus privaten Haushaltungen angekündigt wurde. Von diesem Vorhaben wurde aber aufgrund der Rspr. des BVerwG Abstand genommen. Es kann damit gerechnet werde, dass der gewerbliche Sammler seine Pläne bei einer sammlerfreundlichen Novellierung des KrW-/AbfG wiederaufnimmt.

550 V. 21.9.1998, BGBl. I S. 2955; s. hierzu: *Vetter,* NVwZ 1999, 622 ff.; *Otto,* DVP 1999, 150.

können.[551] Hierzu gehören insbesondere die im Anhang 1 Nr. 1 der BioAbfVO genannten Abfälle. Keine Bioabfälle sind danach Bodenmaterial ohne wesentliche Anteile an Bioabfällen sowie Pflanzenreste, die auf forst- oder landwirtschaftlich genutzten Flächen anfallen und auf diesen Flächen verbleiben. § 3 Abs. 7 ReFE KrWG formuliert dagegen eine eigene Definition, welche offenbar Elemente aus der Definition der BioAbfVO und der AbfRRL kombiniert.

Hinsichtlich der Bioabfälle gibt es verschiedene Möglichkeiten der Verwertung.[552] Zunächst kommt eine thermo-chemische Verwertung (z. B. Vergasung, Verkohlung) in Betracht, bei der feste Bioenergieträger in erster Linie unter dem Einfluss von Wärme in feste, flüssige und/oder gasförmige Sekundärenergieträger transformiert werden.[553] Daneben gibt es auch die Möglichkeit der stofflichen Verwertung der Biomasse[554] unter Sauerstoffzufuhr, also aerob, als nährstoffreicher Kompost oder Asche.[555] Die biochemische Umwandlung von Bioabfällen ohne Sauerstoffzufuhr, also anaerob, hat letztendlich den Vorteil der Bereitstellung von klimafreundlichem Biogas als regenerativen Energieträger.[556]

Der vorgelegte RefE KrWG sieht in § 11 unter bestimmten Voraussetzungen eine getrennte Sammlung von überlassungspflichtigen Bioabfällen vor. Daneben hat die EU-Kommission Ende 2008 ein Grünbuch »über die Bewirtschaftung von Bioabfall in der EU« herausgegeben, in welchem es diese näher bewertet.[557] Dieses Grünbuch basiert auf Art. 22 S. 2, 3

551 Das *BMU* definiert Bioabfälle kurz als »über die Biotonne erfasste Küchenabfälle bei anteiliger Miterfassung von Gartenabfällen«, s. Ökologisch sinnvolle Verwertung von Bioabfällen, S. 47, unter http://www.bmu.de/abfallwirtschaft/downloads/doc/45309.php, zuletzt abgerufen am 21.12.2010.

552 Zur Verwertung getrennt gesammelter organischer Abfallstoffe s. *Wallmann/Fritz/Fricke,* MA 2009, 250 (254); zu den Verwertungsmöglichkeiten biogener Reststoffe aus der Lebensmittelindustrie vgl. *Mahro,* MA 2010, 56 ff.

553 S. *Kaltschmitt,* in: Kaltschmitt/Hartmann/Hofbauer, Energie aus Biomasse, S. 5 f.; s. zur energetischen Verwendung von Biomasse: *Ludwig,* NuR 2009, 831 ff.

554 Unter dem Begriff »Biomasse« werden sämtliche Stoffe organischer Herkunft (d. h. aus kohlenstoffhaltiger Materie) verstanden, s. *Kaltschmitt,* in: Kaltschmitt/Hartmann/Hofbauer, Energie aus Biomasse, S. 2.

555 »Die stoffliche Verwertung von Bioabfall als Kompost und die energetische Verwertung des dadurch substituierten Strohs führt gegenüber der direkten energetischen Verwertung von Bioabfall zu einer höheren Energieeffizienz«, vgl. hierzu: *Fricke/Bahr/Bidlingmaier/Turk,* MA 2010, 63 (65).

556 S. hierzu: der gemeinderat 2009, 54.

557 *KOM* (2008) v. 3.12.2008, 811, http://eur-lex.europa.eu/LexUriServ/LexUriServ.do?uri=COM:2008:0811:FIN:DE:PDF, zuletzt abgerufen am 21.12.2010.

AbfRRL. Ziel des Grünbuchs ist es u. a., ein europaweites Sammlungs- und Entsorgungsnetz auf freiwilliger oder verpflichtender Basis für grünen Abfall zu schaffen. Hinsichtlich der Sammlung spricht sich die Kommission dafür aus, möglichst flächendeckend und mittels der Verwendung spezieller Sammelgefäße den Bioabfall zu sammeln. Auch einige Mitgliedstaaten, u. a. auch Deutschland, treten für eine verstärkte Sammlung von Bioabfall ein und fordern die EU auf, eine Bioabfall-Richtlinie zu erarbeiten.[558] Eine solche wäre ins deutsche Recht umsetzen und hätte somit wiederum Einfluss auf die Vorgaben für die Sammlung und Entsorgung von Bioabfällen. Sobald dieser Markt auch für private Anbieter lukrativ erscheint, ist auch hier mit einem erhöhten Wettbewerb zwischen den privaten Sammlern und den öffentlich-rechtlichen Entsorgungsträgern zu rechnen.

Fraglich ist, ob bei gewerblichen Sammlungen von Bioabfall spezialgesetzliche Vorschriften zu beachten sind und ob § 13 Abs. 3 S. 1 Nr. 3 KrW-/AbfG überhaupt auf gewerbliche Bioabfallsammlungen Anwendung findet. Die Sammlung von Bioabfällen aus privaten Haushaltungen tangiert nämlich eine Schnittstelle von Abfallrecht einerseits und dem Recht der Beseitigung tierischer Nebenprodukte andererseits. Für Küchen- und Speiseabfälle, die tierische Nebenprodukte enthalten, gelten besondere Regelungen. Auf Seiten des europäischen Tierkörperbeseitigungsrechts ist hierbei die »Verordnung (EG) Nr. 1069/2009 des Europäischen Parlaments und des Rates vom 21.10.2009 mit Hygienevorschriften für nicht für den menschlichen Verzehr bestimmte tierische Nebenprodukte und zur Aufhebung der Verordnung (EG) Nr. 1774/2002«[559] (EG-TierNebVO) zu beachten.[560] Das deutsche

---

558 S. *BMU,* Pressemitteilung Nr. 177/09 v. 9.6.2009, http://www.bmu.de/pressemitteilungen/pm/44275.php, zuletzt abgerufen am 21.12.2010.

559 ABl. EG, L 273 v. 10.10.2002, S. 1 ff.; s. hierzu: *Heinze,* MA 2003, 586 ff.

560 ABl. EU, L 300 v. 14.11.2009, S. 1 ff. Tierische Nebenprodukte und Tierkörper sind unter bestimmten Voraussetzungen zur Vermeidung von Doppelregelungen vom Anwendungsbereich der neuen AbfRRL 2008/98/EG ausgenommen, vgl. *Kropp,* NuR 2009, 841 ff. Dies gilt aber nur dann, wenn diese Abfälle den besonderen gemeinschaftsrechtlichen Vorschriften des Hygienerechts unterfallen. Art. 2 Abs. 2 lit. b AbfRRL sieht eine Rückausnahme für tierische Nebenprodukte vor, die zur Verbrennung, Lagerung auf einer Deponie oder Verwendung in einer Biogas- oder Kompostierungsanlage bestimmt sind. Allein für tierische Nebenprodukte, die also nicht mit diesen Verfahren als Abfall beseitigt bzw. für die Biogas- oder Kompostherstellung verwendet werden, sind die abfallrechtlichen Vorschriften ausgeschlossen. Für Tierkörper, die anders als durch Schlachtung zu Tode gekommen sind, enthält Art. 2 Abs. 2 lit. c AbfRRL einen speziellen Ausnahmetatbestand. Ist hingegen die Verwendung in einer Biogasanlage oder zur Kompostierung – also in einem speziellen abfallwirtschaftlichen Verfahren – vorgesehen, fällt das Material ebenfalls aufgrund der Rückausnahme in Art. 2 Abs. 2 lit. b AbfRRL unter das

Tierkörperbeseitigungsrecht wurde entsprechend durch das Tierische Nebenprodukte-Beseitigungsgesetz (TierNebG[561]) sowie die Tierische Nebenprodukte-Beseitigungsverordnung (TierNebVO[562]) angepasst. Nach § 2 Abs. 2 Nr. 1 lit. a KrW-/AbfG gelten die Vorschriften des KrW-/AbfG nicht für die nach der EG-TierNebVO »in der jeweils geltenden Fassung, nach den zu ihrer Durchführung ergangenen Rechtsakte der Europäischen Gemeinschaft, nach dem Tierische Nebenprodukte-Beseitigungsgesetz oder nach den aufgrund dieses Gesetzes erlassenen Rechtsverordnungen [etwa die TierNebVO] abzuholenden, zu sammelnden, zu befördernden, zu lagerenden, zu behandelnden, zu verarbeitenden, zu verwendenden, zu beseitigenden oder in den Verkehr zu bringenden tierischen Nebenprodukte«.[563] Zu den tierischen Nebenprodukten zählen laut Legaldefinition ganze Tierkörper, Tierkörperteile (z. B. Knochen, rohes Fleisch) oder Erzeugnisse tierischen Ursprungs (z. B. Eier, Milch, zubereitetes Fleisch), die nicht für den menschlichen Verzehr bestimmt sind (Art. 3 Nr. 1 EG-TierNebVO (ex-Art. 2 Abs. 1 lit. a VO (EG) Nr. 1774/2002)). Das neue Grundkonzept der EG-TierNebVO besteht in der Unterteilung von tierischen Nebenprodukten in drei Risiko-Kategorien. Material der Kategorie 3, d. h. Material mit dem geringsten seuchenhygienischen Risiko, umfasst Nebenprodukte von gesunden Tieren, u. a. auch Küchen- und Speiseabfälle, die nicht aus dem grenzüberschreitenden Verkehr stammen (Art. 10 lit. p EG-TierNebVO (ex-Art. 6 Abs. 1 lit. l VO (EG) Nr. 1774/2002)). Anhang I der VO (EG) Nr. 1774/2002 enthielt ergänzend besondere Begriffsbestimmungen und definierte als »Küchen- und Speiseabfälle« alle aus Restaurants, Catering-Einrichtungen und Küchen, einschließlich Groß- und Haushaltsküchen, stammenden Speisereste einschließlich gebrauchtes Speiseöl (Nr. 15). Die neue EG-TierNebVO enthält keine entsprechende Begriffsbestimmung. § 2 Abs. 1 Nr. 3 TierNebVO verweist aber bei der Definition von Küchen- und

---

Abfallregime. Art. 2 Abs. 2 AbfRRL lautet: »Folgendes ist aus dem Anwendungsbereich dieser Richtlinie ausgeschlossen, soweit es bereits von anderen gemeinschaftlichen Rechtsvorschriften abgedeckt ist: […] b) tierische Nebenprodukte einschließlich verarbeitete Erzeugnisse, die unter die Verordnung (EG) Nr. 1774/ 2002 fallen, mit Ausnahme derjenigen, die zur Verbrennung, Lagerung auf einer Deponie oder Verwendung in einer Biogas- oder Kompostierungsanlage bestimmt sind; c) Körper von Tieren, die nicht durch Schlachtung zu Tode gekommen sind, einschließlich Tieren, die zur Tilgung von Tierseuchen getötet wurden und im Einklang mit der Verordnung (EG) Nr. 1774/2002 beseitigt werden.«

561 V. 25.1.2004, BGBl. I S. 82.

562 V. 27.7.2006, BGBl. I S. 1735; s. hierzu: *Wernsmann,* AUR 2006, 384 ff.

563 Vgl. hierzu auch: *Fluck/Strack,* NuR 2004, 503 (510).

Speiseabfällen der Kategorie 3 auf Art. 6 Abs. 1 lit. l VO (EG) Nr. 1774/2002. Gem. Art. 54 Abs. 2 EG-TierNebVO gelten Verweise auf die VO (EG) 1774/2002 als Verweise auf die Ablöse-VO und sind nach Maßgabe der Entsprechungstabelle im Anhang zu lesen. Hiernach entspricht Art. 6 Abs. 1 der Alt-VO Art. 10 der Neu-VO. Danach sind Küchen- und Speiseabfälle andere als die in Art. 8 lit. f EG-TierNebVO genannten Küchenabfälle von international eingesetzten Verkehrsmitteln. Die Neu-VO enthält somit nur noch eine Negativabgrenzung an Stelle einer konkreten Definition. Warum der VO-Geber diesen Schritt gegangen ist, ist nicht ersichtlich. Entscheidend ist, dass auch die Küchen- und Speiseabfälle der bisherigen Begriffsbestimmung unter die neue VO fallen. Nach § 3 Abs. 1 S. 1 TierNebVO sind für Küchen- und Speiseabfälle der Hygienekategorie 3, die in privaten Haushaltungen anfallen und die in einer Biogas- oder Kompostierungsanlage behandelt werden, die Vorschriften über die Überlassung an den öffentlich-rechtlichen Entsorgungsträger i. S. d. § 13 Abs. 1 und § 15 Abs. 1 KrW-/AbfG sowie die BioAbfVO entsprechend anzuwenden. Hiermit wird die Überlassungspflicht für die tierischen Küchen- und Speiseabfälle aus privaten Haushaltungen, die über die Biotonne mit anschließender Kompostierung oder Vergärung entsorgt werden, für anwendbar erklärt. Dieser Vorschrift bedurfte es zum einen, da wegen der Regelung des § 2 Abs. 2 Nr. 1 lit. a KrW-/AbfG tierische Nebenprodukte dem Geltungsbereich des KrW-/AbfG nicht unterfallen. Zum anderen unterliegen tierische Nebenprodukte der Kategorie 3 nach dem TierNebG nicht der kommunalen Überlassungspflicht, sondern sind laut Gesetzgeber »frei verkehrsfähig« (vgl. § 3 Abs. 1 TierNebG).[564]

Fraglich ist, ob sich der Verweis in § 3 Abs. 1 S. 1 TierNebVO auf die Vorschriften der §§ 13 Abs. 1, 15 Abs. 1 KrW-/AbfG auch auf die Ausnahmevorschrift für die gewerblichen Sammlungen nach § 13 Abs. 3 S. 1 Nr. 3 KrW-/AbfG erstreckt.[565] Gegen die Einbeziehung der Ausnahmevorschrift des § 13 Abs. 3 S. 1 Nr. 3 KrW-/AbfG und für eine uneingeschränkte Überlassungspflicht sprechen zunächst der Sinn und Zweck des deutschen sowie des europäischen Tierkörperbeseitigungsrechts. Es dient vorrangig dem Schutz der Hygiene sowie der Verhütung der Verbreitung von Seuchen, da von Tierkadavern und Schlachtabfällen eine Gefährdung der Gesundheit von Menschen und Tieren sowie der Umwelt ausgehen kann.

564 Vgl. BR-Drs. 554/03, S. 19; s. hierzu: *Meyer,* AbfallR 2004, 127 (130 f.).

565 S. *Thärichen,* MA 2009, 591, der die Frage aufwirft, ob es sich bei § 3 Abs. 1 S. 1 TierNebVO um eine Rechtsgrund- oder Rechtsfolgenverweisung handelt.

Folglich muss eine geordnete, regelmäßige Sammlung von Küchen- und Speiseabfällen, die nicht den Schwankungen der Rohstoffmarktpreise unterliegt, sichergestellt sein. Dies vermögen spezielle nach § 26 TierNebVO zertifizierte und zugelassene Betriebe, wie die Refood GmbH, sowie öffentlich-rechtliche Entsorgungsträger besser sicherzustellen.[566]

Zudem verweist § 3 Abs. 1 S. 1 TierNebVO nur auf § 13 Abs. 1 KrW-/AbfG und nicht auf die Absätze 2 und 3 der Vorschrift. Auch dies spricht gegen die Zulässigkeit gewerblicher Sammlungen von Küchen- und Speiseabfällen.

Historisch betrachtet wird mit der Regelung des § 3 Abs. 1 S. 1 TierNebVO (nur) die Vorschrift des KrW-/AbfG »hinsichtlich der Überlassungspflicht und der schadlosen und ordnungsgemäßen Entsorgung […] für anwendbar erklärt«.[567] Die Verordnungsbegründung spricht in diesem Zusammenhang keine Ausnahmeregelungen von der Überlassungspflicht an.

Eine gewerbliche Bioabfallsammlung, die auch die Sammlung der hier betreffenden tierischen Nebenprodukte mit einbezieht, fällt somit von vornherein nicht unter den Anwendungsbereich des § 13 Abs. 3 S. 1 Nr. 3 KrW-/AbfG.[568] Enthält der Bioabfall nur pflanzliche Bestandteile ist weder die EG-TierNebVO noch die TierNebVO anwendbar. Es gelten allein das KrW-/AbfG und die BioAbfVO.[569] Gewerbliche Sammlungen sind dann zulässig.

B. Zulässigkeit der gewerblichen Sammlung von Elektronikschrott

Aufgrund einer weltweiten Verknappung an vielen industriell genutzten Metallen wächst das Interesse an einer Rückgewinnung von wertvollen Bauteilen, Materialien und Stoffen aus Elektronikschrott.[570] Hierunter

---

566 Vgl. http://www.refood.de/, zuletzt abgerufen am 21.12.2010.

567 Vgl. BR-Drs. 365/06, S. 39.

568 So auch wohl *Weißenborn,* AbfallR 2003, 74 (78); anders das *BMU,* welches sich im Rahmen einer Publikation pauschal dahin gehend äußert, dass Küchen- und Speiseabfälle »nicht den öffentlich-rechtlichen Entsorgungsträgern überlassen werden müssen«, Ökologisch sinnvolle Verwertung von Bioabfällen, S. 11, http://www.bmu.de/abfallwirtschaft/downloads/doc/45309.php, zuletzt abgerufen am 21.12.2010.

569 Vgl. *Wernsmann,* AUR 2006, 384 (386).

570 S. zu den Potenzialen zur Steigerung der Wertschöpfung aus Elektroaltgeräten: *Krämer/Walter/Flamme,* MA 2009, 623 ff. »*Schrott*« ist eine Sammelbezeichnung für Metallabfälle aller Art, die bei der Metallverarbeitung anfallen oder als Altmate-

versteht man Elektro- und Elektronikgeräte[571] oder deren Bauteile, die nicht mehr verwendet werden, da sie entweder ihre vorgesehene Aufgabe nicht mehr erfüllen oder durch bessere Geräte ersetzt wurden. Elektro- und Elektronikaltgeräte[572] umfassen ein schwer kalkulierbares Gemisch von Wert- und Schadstoffen: Es besteht zum einen aus wertvollen Metallen, wie z. B. Kupfer, Silber, Platin und Indium, sowie Kunstofffraktionen, die als sekundäre Rohstoffe aus den gebrauchten Geräten separiert und so dem Rohstoffmarkt wieder zugeführt werden können.[573] Besonders in Geräten der IT- und Telekommunikationselektronik stecken viele Edelmetalle. Sie finden sich vor allem in den Platinen[574].

Zum anderen bestehen die Elektro- und Elektronikaltgeräte aus besonders schadstoffhaltigen Bauteilen.

Fraglich ist, inwiefern gewerbliche Sammlungen von Elektronikschrott, also Sammlungen außerhalb des Pflichtenkreises von Kommunen, Herstellern oder Vertreibern, zulässig sind. Die Sammlung von Elektroaltgeräten ist gem. § 2 Abs. 3 S. 1 ElektroG[575] i. V. m. § 13 Abs. 3 S. 1 Nr. 3, S. 2

rial aus dem Konsum zurückfließen. Sie können typischerweise im Einzelfall nach einer Vorbehandlung – wie etwa Sortieren, Trennen, Schneiden – unmittelbar einer Metallverarbeitung zugeführt werden. Vgl. zum Rechtsbegriff »Schrott«: http://www.interseroh-news.de/artikel.php?sid=852743b761db43dc8b66934d33c99ef6&aid=148, zuletzt abgerufen am 21.12.2010.

571 Vgl. § 3 Abs. 1 ElektroG: »Elektro- und Elektronikgeräte sind Geräte, die zu ihrem ordnungsgemäßen Betrieb elektrische Ströme oder elektromagnetische Felder benötigen sowie Geräte zur Erzeugung, Übertragung und Messung solcher Ströme und Felder, die für den Betrieb mit Wechselspannung von höchstens 1000 Volt oder Gleichspannung von höchstens 1500 Volt ausgelegt sind.«

572 Vgl. § 3 Abs. 3 KrW-/AbfG: »Altgeräte im Sinne dieses Gesetzes sind Elektro- und Elektronikgeräte, die Abfall i. S. d. § 3 Abs. 1 Satz 1 KrW-/AbfG sind, einschließlich aller Bauteile, Unterbaugruppen und Verbrauchsmaterialien, die zum Zeitpunkt des Eintritts der Abfalleigenschaft Teil des Altgerätes sind.« S. zur schwierigen Abgrenzung von Altgeräten und Gebrauchtgeräten: *Prelle,* AbfallR 2010, 13 (15 ff.).

573 *Friege,* in: Krautscheid, Daseinsvorsorge im Spannungsfeld von europäischem Wettbewerb und Gemeinwohl, S. 209.

574 Eine *»Platine«,* auch Leiterplatte genannt, ist das am häufigsten eingesetzte Verbindungselement für elektronische Bauteile. Nahezu jedes elektronische Gerät enthält eine oder mehrere Platinen. Sie ist durch elektrisch leitende, festhaftende Verbindungen in oder auf einem Isolierstoff gekennzeichnet und dient zusätzlich als Bauteileträger. Edelmetalle, wie Gold oder Silber, werden notwendig, wenn hohe Rechenleistungen in elektronischen Geräten benötigt werden.

575 Gesetz über das Inverkehrbringen, die Rücknahme und die umweltverträgliche Entsorgung von Elektro- und Elektronikgeräten (Elektro- und Elektronikgerätegesetz – ElektroG) v. 16.3.2005, BGBl. I S. 762.

KrW-/AbfG überwiegend unzulässig, da die meisten Abfälle aus elektrischen und elektronischen Geräten als gefährlicher Abfall eingestuft werden (s. die Anlage zum AVVO, Abfallschlüssel 16 02 ff., 20 01 21, 20 01 23, 20 01 35).[576] Sie können erhebliche Mengen an Schadstoffen, wie etwa die Schwermetalle Quecksilber, Blei und Cadmium, aber auch Flammschutzmittel und Fluorchlorkohlenwasserstoffe (FCKW), enthalten.[577]

Es stellt sich somit insbesondere die Frage, welche gesetzlichen Besonderheiten darüber hinaus bei gewerblichen Sammlungen von nicht gefährlichem Elektroschrott (Abfallschlüssel 16 02 14, 20 01 36) zu beachten sind.

Für die Zulässigkeit gewerblicher Elektroaltgerätesammlungen könnte sprechen, dass nach § 2 Abs. 3 S. 1 ElektroG das KrW-/AbfG Anwendung findet, soweit das ElektroG keine abweichenden Vorschriften enthält. Soweit danach über diese Norm § 13 KrW-/AbfG Anwendung findet, müsste dies auch die Ausnahmeregelung des § 13 Abs. 3 S. 1 Nr. 3 KrW-/AbfG mit umfassen.[578]

§ 13 Abs. 3 S. 3 KrW-/AbfG ordnet an, dass Sonderregelungen der Überlassungspflicht durch Rechtsverordnungen nach den §§ 7 und 24 KrW-/AbfG unberührt bleiben. Das bedeutet, dass sich in diesen Fällen die Überlassungspflicht nach diesen speziellen Bestimmungen und nicht nach § 13 Abs. 1 KrW-/AbfG richtet und deshalb auch die Ausnahmen des § 13 Abs. 3 KrW-/AbfG nicht greifen.[579] Fraglich ist, ob hier die Sonderregelung in § 9 Abs. 1 ElektroG einschlägig ist und somit nicht wegen etwaiger Sammlungen i. S. d. § 13 Abs. 3 KrW-/AbfG entfallen kann.[580] Zunächst ist fraglich, ob es sich bei der Regelung des § 9 Abs. 1 ElektroG um eine Überlassungspflicht handelt. Nach dieser Vorschrift haben die Besitzer von Altgeräten diese einer vom unsortierten Siedlungsabfall getrennten Erfassung zuzuführen. Diese Formulierung ist nicht eine bloße andere Formulie-

---

576 So auch *Konzak,* Gutachterliche Stellungnahme ElektroG und Entsorgungswirtschaft, n. v., S. 74; dagegen: *Thärichen,* in: Prelle/Thärichen/Versteyl, ElektroG, § 9 Rn. 51, der eine analoge Anwendung von § 13 Abs. 3 S. 3 KrW-/AbfG in Erwägung zieht.

577 Vgl. *Krämer/Walter/Flamme,* MA 2009, 623.

578 So *Konzak,* Gutachterliche Stellungnahme ElektroG und Entsorgungswirtschaft, n. v., S. 74.

579 *Fluck/Giesberts,* in: Fluck, KrW-/Abf- und BodenschutzR, § 13 KrW-/AbfG Rn. 170.

580 So etwa *Vogl,* Die Kreislaufwirtschaft bei Elektro- und Elektronikgeräten, S. 56.

rung der in § 13 Abs. 1 KrW-/AbfG verankerten Überlassungspflicht.[581] Denn nach dem ElektroG besteht eine solche allgemeine, uneingeschränkte Überlassungspflicht gegenüber dem öffentlich-rechtlichen Entsorgungsträger gerade nicht.[582] Der Besitzer hat nach § 9 Abs. 7 und 8 ElektroG die Möglichkeit, die Geräte auch dem Vertreiber oder Hersteller zurückzugeben, wenn diese eine solche anbieten. Zudem bezieht sich die Rückausnahme in § 13 Abs. 3 S. 3 KrW-/AbfG nur auf Sonderregelungen der Überlassungspflicht in Rechtsverordnungen. Auf sonstige gesetzliche Regelungen bezieht sie sich nicht. Eine Ausweitung der Rückausnahme in § 13 Abs. 3 S. 3 KrW-/AbfG auf die gesetzliche Regelung in § 9 Abs. 1 ElektroG würde eine Einschränkung zulasten der gewerblichen Sammler darstellen. Des Weiteren entsprechen die Absätze 2 und 3 des § 13 KrW-/AbfG laut Gesetzesbegründung dem Grundsatz, Überlassungspflichten nur auf den erforderlichen Bereich der notwendigen Daseinsvorsorge zu beschränken.[583] Auch dieser restriktiven Auslegungsvorgabe würde eine Ausweitung des § 13 Abs. 3 S. 3 KrW-/AbfG auf sonstige gesetzliche Regelungen widersprechen.

Nach § 9 Abs. 3 S. 8 ElektroG bleiben die Überlassungspflichten privater Haushaltungen nach § 13 Abs. 1 S. 1 KrW-/AbfG und die Entsorgungspflichten der öffentlich-rechtlichen Entsorgungsträger für Abfälle aus privaten Haushaltungen nach § 15 Abs. 1 bis 3 KrW-/AbfG von den Sätzen 6 (Ablehnung verunreinigter Geräte) und 7 (Abstimmung von Großanlieferungen) unberührt. Diese Regelung soll laut Gesetzentwurf klarstellen, dass für private Haushaltungen das Prinzip der Daseinsvorsorge nach dem KrW-/AbfG unangetastet bleiben soll.[584] Der Verweis auf die Überlassungspflicht nach § 13 Abs. 1 S. 1 KrW-/AbfG und nicht auf die Ausnahmevorschrift des § 13 Abs. 3 S. 1 Nr. 3 KrW-/AbfG spricht gegen die Zulässigkeit gewerblicher Sammlungen von Elektroschrott.

Das ElektroG geht zudem von einer abschließenden Aufgabenteilung zwischen Herstellern, Vertreibern und öffentlich-rechtlichen Entsorgungsträgern aus.[585] Die Hersteller[586] sollen durch die Rücknahme und die umweltge-

---

581 So etwa *Schmalz/Bullinger,* in: Bullinger/Fehling, ElektroG, § 9 Rn. 7.

582 So etwa *Schmalz/Bullinger,* in: Bullinger/Fehling, ElektroG, § 9 Rn. 7; *Schmalz,* in: Bullinger/Lückefett, Das neue ElektroG, Kap. C. Rn. 120.

583 BT-Drs. 12/7284, S. 17.

584 BT-Drs. 15/3930, S. 26; s. *Giesberts,* in: Giesberts/Hilf, ElektroG, § 9 Rn. 73.

585 Diese Aufgabenteilung wird allgemein als »geteilte Produktverantwortung« bezeichnet, s. hierzu: *Tobias/Lückefett,* ZUR 2005, 231 f.; *Schoppen,* AbfallR 2009, 106.

rechte Entsorgung ihrer Produkte in die Pflicht genommen werden, § 9 Abs. 8 ElektroG. Daneben eröffnet § 9 Abs. 7 ElektroG den Vertreibern[587] von Elektro- und Elektronikgeräten ebenfalls die Möglichkeit, Altgeräte freiwillig zurückzunehmen. Für die Sammlung der Elektroaltgeräte bleiben daneben weiterhin die Gemeinden, Städte und Landkreise verantwortlich. Die Rückgabeoptionen über den Hersteller und Vertreiber stellen die einzigen Ausnahmen bzw. Alternativen zu dem Rücknahmesystem des öffentlich-rechtlichen Entsorgungsträgers dar.[588] Eine ausdrückliche Aufgabenwahrnehmung durch gewerbliche Sammler sieht das ElektroG hingegen nicht vor. Diese »geteilte Produktverantwortung« zwischen Herstellern, Vertreibern und öffentlich-rechtlichen Entsorgungsträgern spricht ebenfalls für eine ausschließliche Zuständigkeit und Verantwortung der gesetzlich Genannten.[589]

Damit die Entsorgungskosten der Hersteller, Vertreiber und öffentlich-rechtlichen Entsorgungsträger nicht zu sehr in die Höhe schnellen, sind diese auf eine gute Mischung von schwer zu entsorgenden und besonders wertstoffhaltigen Altgeräten angewiesen. Ein einseitiges Rosinenpicken der lukrativen Elektroschrottbestandteile seitens der gewerblichen Sammler würde diesen Ausgleich gefährden.[590]

Zudem sieht das ElektroG lediglich eine Teilprivatisierung der Entsorgung vor. Private Entsorgungsbetriebe spielen im Rahmen des ElektroG nahezu keine unmittelbare Rolle, d. h. es bestehen bis auf die Zertifizierungspflicht der Anlagenbetreiber für die Erstbehandlung gem. § 11 Abs. 3 ElektroG keine unmittelbaren Verpflichtungen der Entsorger aus dem ElektroG.[591] Private Unternehmen werden nur, aber immerhin, als vertragliche Erfüllungsgehilfen i. S. v. § 20 ElektroG i. V. m. § 16 Abs. 1 S. 2 und 3 KrW-/AbfG eingesetzt.[592] Dies betrifft insbesondere die Bereiche der Rücknahme, Behandlung, Verwertung und Beseitigung von Altgeräten,[593] gilt aber auch für den Bereich der Sammlung von Altgeräten aus privaten Haushal-

586 Vgl. die Legaldefinition in § 3 Abs. 11 ElektroG.
587 Vgl. die Legaldefinition in § 3 Abs. 12 ElektroG.
588 *Schmalz/Bullinger,* in: Bullinger/Fehling, ElektroG, § 9 Rn. 7.
589 So auch *Thärichen,* in: Prelle/Thärichen/Versteyl, ElektroG, § 9 Rn. 54; dagegen: *Hurst,* DVBl. 2006, 283 (291).
590 So *Fehling,* NuR 2010, 323 (326).
591 *Karenfort,* in: Bullinger/Lückefett, Das neue ElektroG, Kap. C. Rn. 158.
592 *Karenfort,* in: Bullinger/Lückefett, Das neue ElektroG, Kap. C. Rn. 158, 165.
593 *Karenfort,* in: Bullinger/Lückefett, Das neue ElektroG, Kap. C. Rn. 158.

tungen.[594] Für eine gewerbliche Sammlung i. S. d. § 13 Abs. 3 S. 1 Nr. 3 KrW-/AbfG auf Initiative des privaten Entsorgungsunternehmens ist daneben kein Raum.

Fraglich ist, ob die Rückausnahme in § 13 Abs. 3 S. 1 Nr. 1 HS 2 KrW-/AbfG i. V. m. § 24 Abs. 2 Nr. 4 KrW-/AbfG als weiteres Argument gegen die Zulässigkeit gewerblicher Sammlungen von Elektroschrott angeführt werden kann.[595] Die für Abfälle nach § 13 Abs. 1 KrW-/AbfG grundsätzlich bestehende Überlassungspflicht gegenüber den öffentlich-rechtlichen Entsorgungsträgern erstreckt sich nach § 13 Abs. 3 S. 1 Nr. 1 KrW-/AbfG nicht auf Abfälle, die einer Rücknahme- oder Rückgabepflicht aufgrund einer Rechtsverordnung nach § 24 KrW-/AbfG unterliegen, soweit nicht die öffentlich-rechtlichen Entsorgungsträger aufgrund einer Bestimmung nach § 24 Abs. 2 Nr. 4 KrW-/AbfG an der Rücknahme mitwirken.[596] § 9 Abs. 3 ElektroG (Verpflichtung zur Einrichtung von Sammelstellen) könnte eine solche Mitwirkungsbestimmung darstellen.[597] Das ElektroG stellt jedoch keine Rechtsverordnung dar, die auf der Grundlage des § 24 KrW-/AbfG erlassen worden ist.[598]

Nach § 9 Abs. 9 ElektroG ist die Sammlung und Rücknahme von Altgeräten durch öffentlich-rechtliche Entsorgungsträger, Vertreiber und Hersteller so durchzuführen, dass eine spätere Wiederverwendung, Demontage und Verwertung, insbesondere stoffliche Verwertung, nicht behindert werden. Die Nichterwähnung gewerblicher Sammler in diesem Zusammenhang spricht ebenfalls gegen die Zulässigkeit von gewerblichen Sammlungen.[599]

---

594 *Bullinger,* in: Bullinger/Lückefett, Das neue ElektroG, Kap. B. Rn. 13.

595 So *Thärichen,* in: Prelle/Thärichen/Versteyl, ElektroG, § 9 Rn. 53; vgl. *ders.,* MA 2009, 591 f.

596 Vgl. *Beckmann,* in: Landmann/Rohmer, Umweltrecht, Bd. III, § 24 KrW-/AbfG Rn. 2.

597 So *Thärichen,* in: Prelle/Thärichen/Versteyl, ElektroG, § 9 Rn. 53.

598 BT-Drs. 15/3930, S. 1; so auch *Hurst,* DVBl. 2006, 283 (291); a. A.: *Vogl,* Die Kreislaufwirtschaft bei Elektro- und Elektronikgeräten, S. 55, der ohne Begr. ausführt, dass im Bereich der Elektro(nik)geräte für das ElektroG Entsprechendes gelte.

599 Vgl. *Bund/Länder-Arbeitsgemeinschaft Abfall (LAGA)*-Mitteilung 31 »Anforderungen zur Entsorgung von Elektro- und Elektronik-Altgeräten – Altgeräte-Merkblatt«, S. 16, s. unter http://www.laga-online.de/servlet/is/23874/M31_2030092009_ 2.pdf?command=downloadContent&filename=M31_2030092009_2.pdf, zuletzt abgerufen am 21.12.2010, sowie hierzu den RdErl. d. *MUNLV* (jetzt *MKULNV*), MBl. NRW. 2010, S. 203. Die LAGA ist ein Arbeitsgremium der Umweltministerkonferenz. Ihr gehören die Abteilungsleiter/innen der obersten Abfallwirtschaftsbehörden der Länder und des BMU an. Nach der LAGA-Mitteilung 31 sind »Anlieferungen/

Zudem hat »der Umgang mit Altgeräten im Rahmen der Erfassung [...] so zu erfolgen, dass eine Gefährdung der Beschäftigten und der Schutzgüter Wasser, Boden und Luft ausgeschlossen ist. An die Erfassung von Leuchtstoffröhren, Bildschirmgeräten inklusive Flachbildschirmen sowie von Kühlgeräten werden erhöhte Anforderungen gestellt.«[600]

Im Ergebnis sprechen damit die besseren Gründe gegen die Zulässigkeit gewerblicher Elektroschrottsammlungen. Nur so kann eine Aushöhlung der Herstellerverantwortung vermieden werden.[601] Da die Rückgabeoptionen Kommune, Vertreiber und Hersteller nach Sinn und Zweck des ElektroG ein abschließendes System bilden, kommt eine darüber hinausgehende Inanspruchnahme von gewerblichen Sammlungen gem. § 13 Abs. 3 S. 1 Nr. 3 KrW-/AbfG über § 2 Abs. 3 S. 1 ElektroG nicht in Betracht.

C. Zulässigkeit der gewerblichen Sammlung von Altholz

Ein großes Potenzial bietet auch Altholz, welches sowohl stofflich als auch zur Erzeugung von Energie aus Biomasse genutzt werden kann.[602] Fraglich ist, ob für gewerbliche Sammlungen von Altholz spezielle Regelungen zu berücksichtigen sind. Die am 1.2.2003 in Kraft getretene Altholzverordnung (AltholzVO)[603] regelt die Konkretisierung der Anforderungen an die Verwertung und Beseitigung von Altholz sowie die Vereinheitlichung der

Sammlungen von Altgeräten aus privaten Haushalten direkt bei/von Betrieben der Entsorgungswirtschaft, die nicht im Auftrag des öffentlich-rechtlichen Entsorgungsträgers, Handels/Herstellers erfolgen, sowie sog. gewerbliche Sammlungen im Sinne von § 13 Abs. 3 KrW-/AbfG« nicht zulässig. Mitteilungen der LAGA können rechtlich lediglich als Empfehlungen und Einschätzungen eines sachkundigen Gremiums Geltung beanspruchen, vgl. *BVerwG,* Urt. v. 14.4.2005 – 7 C 26/03 –, in: DVBl. 2005, 923 (926). »Eine weitergehende rechtliche Bindungswirkung kommt diesen Mitteilungen nicht zu. Erst wenn die sich aus den Mitteilungen der LAGA ergebenden Anforderungen über entsprechende Erlasse durch den Bund oder die Länder umgesetzt werden, können diese Bindungswirkung für die Behörde oder das Gericht entfalten.«, s. *Konzak,* Gutachterliche Stellungnahme ElektroG und Entsorgungswirtschaft, n. v., S. 61.

600 *LAGA,* »Altgeräte-Merkblatt«, S. 16

601 So auch *Thärichen,* in: Prelle/Thärichen/Versteyl, ElektroG, § 9 Rn. 54.

602 S. zum Biomassepotenzial von Holz: *Kreienmeier,* StuG 2009, 483 ff.; *Thrän,* in: Kaltschmitt/Hartmann/Hofbauer, Energie aus Biomasse, S. 147 f. Dennoch wurde Altholz anders als andere Wertstoffe im RefE KrWG nicht in die Gruppe der verpflichtend getrennt zu haltenden Stoffe aufgenommen, vgl. § 14 Abs. 1 RefE KrWG.

603 V. 15.8.2002, BGBl. I S. 3302.

Rechtslage in der BRD.[604] Hiernach wird Altholz legal definiert als Industrieholz[605] und Gebrauchtholz[606], soweit es sich um Abfall i. S. d. § 3 Abs. 1 KrW-/AbfG handelt (§ 2 Nr. 1 AltholzVO). Zum persönlichen Anwendungsbereich der AltholzVO zählen Altholzerzeuger und -besitzer, Betreiber von Altholzverwertungs- oder -beseitigungsanlagen und öffentlich-rechtliche sowie private Entsorgungsträger, soweit ihnen Pflichten zur Altholzverwertung oder -beseitigung übertragen worden sind (vgl. § 1 Abs. 2 AltholzVO).[607] Die Verordnung gilt somit auch für Dritte, denen nach §§ 16 Abs. 2, 17 Abs. 3, 18 Abs. 2 KrW-/AbfG Pflichten zur Verwertung oder Beseitigung von Altholz übertragen worden sind. Das KrW-/AbfG unterscheidet zwischen Dritten, die aus eigener Initiative tätig werden (vgl. § 13 Abs. 3 S. 1 Nr. 3 KrW-/AbfG), und solchen, die im Auftrag der Entsorgungsverantwortlichen tätig werden (§§ 16 ff. KrW-/AbfG). Die ausdrückliche Aufzählung der Verordnungsadressaten in § 1 Abs. 2 AltholzVO beinhaltet jedoch keinen Verweis auf gewerbliche Sammler i. S. d. § 13 Abs. 3 S. 1 Nr. 3 KrW-/AbfG. Fraglich ist, wie dies zu werten ist. Ein Verbot gewerblicher Sammlungen von Altholz hätte bei entsprechendem gesetzgeberischen Willen Ausdruck im Gesetz finden müssen, da es sich hierbei u. a. um einen Eingriff in die Berufsausübungsfreiheit der Sammler gem. Art. 12 Abs. 1 GG handelt. Darüber hinaus stellt Altholz grundsätzlich keinen Wertstoff dar, der nur unter der Aufsicht des öffentlich-rechtlichen Entsorgungsträgers ordnungsgemäß und schadlos gesammelt und entsorgt werden könnte. Gefährliche Abfälle, wie z. B. mit schadstoffhaltigem Holzschutzmittel behandelte Hölzer (Abfallschlüssel 03 02 01-03 02 05, 03 01 04), sind von vornherein vom Anwendungsbereich der gewerblichen Sammlung ausgenommen (§ 13 Abs. 3 S. 2 KrW-/AbfG). Des Weiteren ist zu berücksichtigen, dass das KrW-/AbfG, und somit auch die Regelung des § 13 Abs. 3 S. 1 Nr. 3 KrW-/AbfG, für alle Arten von Abfällen, einschließlich Altholz, gilt, die in privaten Haushaltungen, öffentlichen Einrichtungen, Industrie und Gewerbe oder bei Dienstleistungen anfallen.[608]

---

604 Vgl. *Oexle,* AbfallR 2003, 10.

605 Vgl. § 2 Nr. 2 AltholzVO: »Industrieholz« sind die in Betrieben der Holzbe- oder -verarbeitung anfallenden Holzreste einschließlich der in Betrieben der Holzwerkstoffindustrie anfallenden Holzwerkstoffreste sowie anfallende Verbundstoffe mit überwiegendem Holzanteil (mehr als 50 Masseprozent).

606 Vgl. § 2 Nr. 3 AltholzVO: »Gebrauchtholz« sind gebrauchte Erzeugnisse aus Massivholz, Holzwerkstoffen oder Verbundstoffen mit einem überwiegenden Holzanteil (mehr als 50 Masseprozent).

607 S. *Knopp/Heinze,* UPR 2003, 126 f.

608 Vgl. die Begr. zur AltholzVO, BT-Drs. 14/9506, S. 18.

Die AltholzVO stellt eine Konkretisierung dieser gesetzlichen Vorgaben für den Rohstoff Altholz dar. § 13 Abs. 3 S. 1 Nr. 3 KrW-/AbfG findet somit auch auf Altholz Anwendung. Ausgenommen sind lediglich gefährliche Altholzabfälle. Gewerbliche Sammlungen von ungefährlichem Altholz sind folglich grundsätzlich zulässig, dürften in der Praxis aber eher eine untergeordnete Rolle spielen, da die meisten alten Holzmöbel, der wohl häufigste Anwendungfall von Altholz in privaten Haushaltungen, mit schadstoffhaltigen Holzschutzmitteln belastet sein dürften.

D. Zulässigkeit gewerblicher Altglassammlungen

Altglas stellt den wichtigsten Bestandteil neuer Glasverpackungen dar. Es ist beliebig oft recycelbar.[609] Zudem sieht § 14 Abs. 1 RefE KrWG vor, dass Glasabfälle spätestens ab dem 1. Januar 2015 zum Zweck des ordnungsgemäßen, schadlosen und hochwertigen Recyclings getrennt zu sammeln sind, soweit dies technisch möglich und wirtschaftlich zumutbar ist. Des Weiteren sieht § 14 Abs. 2 RefE KrWG ab dem 1. Januar 2020 eine Quote von 65 Gewichtsprozent für die Vorbereitung zur Wiederverwendung und das Recycling von Siedlungsabfällen vor, welche über die gem. Art. 11 Abs. 2 lit. a AbfRRL vorgegebenen 50 Prozent hinausgeht. Dies macht den Sekundärrohstoff für Sammlungen (zunehmend) interessanter, da zum einen eine hohe Abnahmebereitschaft seitens der verarbeitenden Industrie und zum anderen eine hohe Wertstoffreinheit des durch den Bürger zur Verfügung gestellten Altglases als gewährleistet erscheint.

Fraglich ist, ob bei gewerblichen Altglassammlungen gesetzliche Besonderheiten zu beachten sind. Insbesondere einer gewerblichen Altglassammlung i. S. d. § 13 Abs. 3 S. 1 Nr. 3 KrW-/AbfG könnte die in § 6 VerpackVO geregelte Pflicht zur Gewährleistung der flächendeckenden Rücknahme von Verkaufsverpackungen[610], die beim privaten Endverbraucher anfallen, als öffentliches Interesse entgegenstehen, da hier der Anteil an

609 S. http://www.gruener-punkt.de/corporate/verbraucher/fragen-und-antworten/wertstoff kreislauf-glas.html, zuletzt abgerufen am 21.12.2010.

610 Vgl. § 3 Abs. 1 Nr. 2 VerpackVO: »Verkaufsverpackungen« sind Verpackungen, die als eine Verkaufseinheit angeboten werden und beim Endverbraucher anfallen. Verkaufsverpackungen im Sinne der Verordnung sind auch Verpackungen des Handels, der Gastronomie und anderer Dienstleister, die die Übergabe von Waren an den Endverbraucher ermöglichen oder unterstützen (Serviceverpackungen) sowie Einweggeschirr.

Verpackungen einen besonders hohen Anteil ausmacht.[611] Zum 1. Januar 2009 ist die 5. Novelle der VerpackVO[612] in Kraft getreten. Hiernach haben sich die Hersteller und Vertreiber, die mit Ware befüllte Verkaufsverpackungen, die typischerweise beim privaten Endverbraucher anfallen, erstmals in den Verkehr bringen, zur flächendeckenden Rücknahme dieser Verpackungen an einem oder mehreren Systemen nach Abs. 3 zu beteiligen (§ 6 Abs. 1 S. 1 VerpackVO). Die Sammelstruktur soll flächendeckend sein, da auch der private Endverbraucher in den weniger attraktiven, ländlichen Gebieten haushaltsnah erreicht werden soll.[613] Ein solches System hat im Einzugsgebiet des verpflichteten Vertreibers unentgeltlich die regelmäßige Abholung gebrauchter, restentleerter Verkaufsverpackungen beim privaten Endverbraucher oder in dessen Nähe in ausreichender Weise zu gewährleisten und die in Anhang I der VerpackVO genannten Anforderungen zu erfüllen (§ 6 Abs. 3 S. 1 VerpackVO). Nur Systembetreiber i. S. v. § 6 Abs. 3 S. 2 VerpackVO sind berechtigt, sich an dem Sammelverfahren für Verkaufsverpackungen zu beteiligen. § 6 VerpackVO überlässt es rechtlich zwar weitgehend der Wirtschaft, wie sie die vorgegebenen Ziele umsetzt, und verpflichtet insbesondere nicht unmittelbar zur Einrichtung eines bestimmten Systems. Es besteht aber faktisch ein mittelbarer Zwang zur Errichtung eines dualen Systems[614]. Die in der VerpackVO geregelten individuellen Rücknahme- und Verwertungspflichten der Hersteller und Vertreiber von Verpackungen können nämlich kaum selbstständig in ökonomischer Weise erfüllt werden. Die Einzelhändler wären hiernach etwa gezwungen, selbst für jede Verpackung der von ihnen vertriebenen Waren eine stoffliche Verwertungsmöglichkeit zur Verfügung zu stellen. Dies erscheint schon im Hinblick auf die bestehende Vielfalt von Verpackungen

---

611 *BVerwG,* Urt. v. 16.3.2006 – 7 C 9/05 –, in: DVBl. 2006, 776; *OVG Hmb.,* Beschl. v. 8.7.2008 – 1 Bs 91/08 –, in: ZUR 2008, 425 (427 f.).

612 Fünfte Änderungsverordnung der Verpackungsverordnung v. 2.4.2008, BGBl. I S. 531; s. hierzu: *Kaiser/Stern,* ZUR 2008, 358 ff.; *Hendler/Belz,* GewArch 2009, 5 ff.

613 Vgl. *Fischer/Arndt,* VerpackVO, § 6 Rn. 87.

614 Das duale System funktioniert auf der Basis einer »Lizenzvergabe«. Die neun in Deutschland zugelassenen Systembetreiber sind für die Organisation, Finanzierung und Abwicklung einer haushaltsnahen Erfassung und Verwertung von Verpackungen verantwortlich, vgl. hierzu die Angaben des Bundesverbandes Dualer Systeme Deutschland e. V.: http://www.bdsd.info/das-portal/zahlen-a-fakten.html, zuletzt abgerufen am 21.12.2010. Die Beteiligung am Rücknahmesystem ist zivilrechtlicher Natur, *Roder,* VerpackVO, § 6 Rn. 10. Auch die Systembeteiligten sind überwiegend private Unternehmen, *Flanderka,* in: Flanderka/Stroetmann, VerpackVO, Einf. Rn. 26.

unmöglich. Demgegenüber entfällt die individuelle Rücknahmepflicht der Hersteller und Vertreiber, soweit sie sich an einem System i. S. d. § 6 Abs. 3 VerpackVO beteiligen, das flächendeckend die regelmäßige Abholung gebrauchter Verkaufsverpackungen erfüllt.

Die Beteiligung Privater am dualen System und damit die private Interessenwahrnehmung bilden nicht zwangsläufig einen Konflikt bzw. Gegensatz zur Verfolgung öffentlicher Interessen.[615] Beide Belange können vielmehr auch zusammenfallen. Es entspricht dem öffentlichen Interesse, ein Verwertungssystem aufzubauen, innerhalb dessen eine Entlastung der Kommunen durch sukzessiv steigende Verwertungsquoten herbeigeführt werden kann.[616] Der Verordnungsgeber hat mit Verabschiedung der VerpackVO zu erkennen gegeben, dass er bei der Entsorgung von Verpackungen auf ein Rücknahmesystem der Hersteller und Vertreiber zurückgreifen und die Verantwortung insgesamt auf die Privatwirtschaft verlagern will. Trotz der zivilrechtlichen Gestaltung des dualen Systems verfolgt die Gewährleistung einer flächendeckenden Struktur i. S. d. § 6 VerpackVO somit abfallrechtliche und damit öffentliche-rechtliche Ziele.[617] Die Erhaltung dieses Sammelsystems liegt folglich im öffentlichen Interesse.

Im Gegensatz zum Altpapier, bei welchem der Anteil an Druckerzeugnissen den wesentlichen Umfang ausmacht, dürfte im Bereich des Altglases der geschätzte Anteil der Verkaufsverpackungen fast 100 % ausmachen, wobei hiervon mindestens 90 % auf dem dualen System unterliegende Verkaufsverpackungen entfallen.[618] Andere Glasabfälle, wie etwa Fensterscheiben, Trinkbehälter u. Ä., machen nur einen geringen Anteil der anfallenden Menge aus. Bei Zulassung einer gewerblichen Altglassammlung würde – wie bereits oben ausgeführt – zum einen die gesetzliche Ordnung der Rücknahmepflichten von Verkaufsverpackungen unterlaufen werden. Zum anderen wäre eine dauerhafte funktionserhaltende Auslastung des dualen Sammelsystems für Altglasverkaufsverpackungen nicht gewährleistet.[619] Denn eine gewerbliche Sammlung würde zwangsläufig dazu führen, dass damit

---

615 Vgl. zur Vereinbarung von öffentlichen und privaten Interessen: *Klowait,* Die Beteiligung Privater an der Abfallentsorgung, S. 25 f.; *Viotto,* Das öffentliche Interesse, S. 25.

616 *Klowait,* Die Beteiligung Privater an der Abfallentsorgung, S. 170.

617 Ebenso *Flanderka,* BB 1996, 654; s. auch *Leisner,* »Privatisierung« des Öffentlichen Rechts, S. 110, wonach private Interessen zu öffentlichen Interessen werden können.

618 Vgl. hierzu: *VG Oldenburg,* Urt. v. 11.9.2008 – 5 A 2224/07 –, in: juris, Rn. 25.

619 So *VG Oldenburg,* Urt. v. 11.9.2008 – 5 A 2224/07 –, in: juris, Rn. 23; vgl. die Ausführungen unter Dritter Teil, § 5, A., IV., 3.

auch die lizensierten, dem dualen System unterliegenden Verkaufsverpackungen aus Glas, die bei den privaten Endverbrauchern anfallen, zum überwiegenden Teil miterfasst würden. Es kann von den Abfallverursachern schwer erwartet werden, bei der Sammlung von Altglas zwischen solchen Abfällen zu differenzieren, die nach dem Regelungsgefüge des § 6 VerpackVO der Rücknahme und Verwertungspflicht der Erzeuger unterliegen, und solchen Abfällen, die hierunter nicht fallen.[620] Dies gilt umso mehr, als den privaten Abfallerzeuger und -besitzer im Gegensatz zur Rücknahmepflicht des Systembetreibers keine Rückgabepflicht, sondern vielmehr ein Wahlrecht trifft, ob er gebrauchte Verkaufsverpackungen dem öffentlich-rechtlichen Entsorgungsträger oder den Systembetreibern überlässt.[621] Mit »Fehleinwürfen«, d. h. mit dem Einwurf lizensierter Verkaufsverpackungen in die Sammelbehälter der Nicht-Systembetreiber, wäre somit im Falle einer gewerblichen Altglassammlung automatisch zu rechnen. Zudem würde die Sammlung eines nicht unerheblichen Teils der Verkaufsverpackungen durch Nicht-Systembetreiber die Erfüllung der Anforderungen an die Verwertung von Verkaufsverpackungen, die beim privaten Endverbraucher anfallen, gem. Nr. 1 des Anhangs I zu § 6 VerpackVO gefährden. Ohne einen Nachweis in überprüfbarer Form der erfassten Mengen (für Glas 75 % gem. Nr. 1 Abs. 2 des Anh. I zu § 6 VerpackVO) besteht die Gefahr, dass die abfallwirtschaftlichen Ziele von § 1 VerpackVO (Vermeidung und Verwertung von Verpackungsabfällen) nicht erreicht werden können.[622] Hierbei ist jedoch auf die tatsächlich erfasste Menge und die Einzelfallumstände abzustellen. Gewerbliche Sammlungen von Altglasverkaufsverpackungen sind somit grundsätzlich unzulässig. Sie sind nur ausnahmsweise zulässig, wenn das Erreichen der Verwertungsquote offensichtlich nicht gefährdet ist. Die Sammlung anderer Altglasfraktionen, also Nichtverpackungen, ist daneben aufgrund der oben aufgeführten schwierigen Unterscheidungsmerkmale gegenüber den Verkaufsverpackungen praktisch nicht umsetzbar und somit ebenfalls unzulässig.

---

620 *OVG Hmb.*, Beschl. v. 8.7.2008 – 1 Bs 91/08 –, in: ZUR 2008, 425 (427); *VG Oldenburg*, Urt. v. 11.9.2008 – 5 A 2224/07 –, in: juris, Rn. 25.

621 *BVerwG*, Urt. v. 13.12.2007 – 7 C 42/07 –, in: DVBl. 2008, 317 f.; *Scheier*, BB 1993, Beilage zu Nr. 9, 23 ff.

622 S. zum Argument der Verwertungsquote die Ausführungen unter Dritter Teil, § 5, IV., 3.

§ 9 Handlungsoptionen der Kommunen und Kreise

Als Folge des verstärkten Auftretens von gewerblichen Sammlungen werden vielfältige Reaktions- und Handlungsmöglichkeiten der Kommunen und Kreise diskutiert. Diese ergeben sich aus der Summe der Handlungsalternativen, die den Akteuren in den gegebenen Situationen zur Verfügung stehen.[623] Sie lassen sich allerdings kaum abschließend bestimmen, da die Auflistung aller denkbaren Alternativen, gewerblichen Sammlungen zu begegnen, von verschiedenen normativen und politisch-faktischen Faktoren abhängt.[624] An dieser Stelle erfolgt daher eine Übersicht der vorrangig diskutierten Handlungsoptionen, die gleichzeitig die Vielfältigkeit der rechtsgebiets- und fachübergreifenden Ansätze veranschaulicht. Welche Option(en) konkret in Betracht kommt bzw. kommen, muss jeder öffentlich-rechtliche Entsorgungsträger und jedes kommunale Unternehmen für sich selbst im Einzelfall prüfen.

A. Information der Bürger

Zur Realisierung abfallwirtschaftlicher Zielsetzungen ist eine offensive Öffentlichkeitsarbeit mittels Flugblättern, Zeitungsanzeigen, Pressegesprächen, Servicehotlines, Homepage usw. für Bürger und Betriebe ein unverzichtbares Mittel geworden.[625] Die Aktivitäten sollen sich an die Abfallverursacher richten, deren Einstellung, Mitwirkungsbereitschaft und Verhaltensweisen über den Erfolg oder Misserfolg von abfallwirtschaftlichen Konzepten mitbestimmen.[626] Die Bereitstellung von Informationen, Beratung und Bildung soll einen Lernprozess beim Einzelnen in Gang setzen, damit dieser die Folgen seines eigenen Handelns erkennen und sich ökonomisch

---

623 *Haaß,* Handlungsspielräume gemeindlicher Umweltpolitik am Beispiel des Abfallrechts, S. 19.

624 S. *Haaß,* Handlungsspielräume gemeindlicher Umweltpolitik am Beispiel des Abfallrechts, S. 19 ff.

625 S. zur Öffentlichkeitsarbeit: *Thomas/Pott,* Organisation der Abfallentsorgung, S. 47; *Lausch,* in: Lausch/Strehz, Information und Kommunikation in der Abfallwirtschaft, S. 11 ff., der Informationssysteme als »Vehikel zur Problemlösung« beschreibt; *Spannagel,* KommJur 2008, 301 (303); s. auch den Erfahrungsbericht des *Landkreises Leer,* NLT 2008, 160 ff.

626 *Thomas/Pott,* Organisation der Abfallentsorgung, S. 47; s. zu den umfangreichen Möglichkeiten der Öffentlichkeitsarbeit den Erfahrungsbericht des *Landkreises Leer,* NLT 2008, 160 ff.

und ökologisch danach richten kann.[627] Allerdings eignen sich einige Themen nur begrenzt – wenn überhaupt – für eine massenmediale Unterstützung. Viele Regelungsvorhaben aus dem Bereich der Abfallwirtschaft sind juristisch und technisch so komplex, dass Prozesse jahrelang weitgehend abseits öffentlicher Aufmerksamkeit ablaufen und sie erst in der Schlussphase des Gesetzgebungsverfahrens mediale Aufmerksamkeit erfahren.[628]

Oft sind den Bürgern die Zusammenhänge gar nicht bewusst, insbesondere wer genau hinter der jeweiligen Abfallsammlung steht. Beispielsweise können sie zunehmend gar nicht unterscheiden, ob es sich um eine Sammlung des karitativen bzw. öffentlich-rechtlichen Trägers oder um eine gewerbliche Sammlung handelt.[629] In einigen Fällen wird sogar bewusst der Anschein erweckt, es handle sich um eine übliche karitative und nicht um eine gewerbliche Sammlung.[630] Der Bürger kann diese Überschneidungen in der Regel nur schwer auseinanderhalten.[631] Auch ist ihm oft nicht bekannt, dass unterschiedliche Entsorgungsunternehmen auch eine unterschiedliche Qualität der Entsorgung anbieten.[632]

Hinsichtlich der Abwehr von unerwünschten gewerblichen Sammlungen müssen die Bürger mit Hilfe der Lokalpresse oder mit Informationsschreiben über die Kostenzusammenhänge bei der Abfallgebühr aufgeklärt

---

627 *Thomas/Pott,* Organisation der Abfallentsorgung, S. 47. Häufig ist dem Abfallverursacher beispielsweise gar nicht bewusst, dass der von ihm gelieferte Abfall einen Wert hat, hierzu: *Theißen,* AbfallR 2009, 306 f.

628 *Speth,* APuZ 19/2010, 9 (13), der als Beispiel die Chemikalien-VO REACH aufführt. Daneben kann auch das Großvorhaben UGB genannt werden, welches erst in der Endphase des Scheiterns 2008 größere Aufmerksamkeit seitens der Presse erhielt.

629 So z. B. in einem *Grevener* Fall in dem Kleider- und Schuhspenden gesammelt wurden, s. http://www.westfaelischenachrichten.de/lokales/kreis_steinfurt/greven/1093786_Wohltaetig_oder_kommerziell.html, zuletzt abgerufen am 21.12.2010.

630 S. hierzu einen Artikel im Paderborner Wochenspiegel zu Altkleidern und Schuhen in öffentlichen Containern, http://www.wochenspiegel-paderborn.de/Altkleider-und-Schuhe-in-oeffentliche-Container-75139.html, zuletzt abgerufen am 21.12.2010.

631 Ein gewerbliches Unternehmen hatte beispielsweise ab Sommer 2008 im Augsburger Raum privaten Haushalten mit der »Fairen Tonne« eine haushaltsnahe Altpapiersammlung angeboten. Die Firma wollte mit diesem Papierentsorgungssystem nach eigenen Angaben die Konkurrenz zwischen »Blauer Tonne« und Vereinssammlungen beenden, indem karitative und gemeinnützige Organisationen direkt an den Erlösen der »Fairen Tonne« beteiligt werden sollten, vgl. EUWID Recycling und Entsorgung, 16/2009, 9.

632 Bestimmte Sammelgegenstände können unsachgemäß behandelt werden, so dass in der Folge die Umwelt geschädigt wird. Dies ist z. B. bei Altkühlgeräten der Fall. Deren umweltgerechte FCKW-Entsorgung zum Klimaschutz ist durch die Entsorgungsschiene der Stadt bzw. Gemeinde unter hohem Kostenaufwand vorbereitet.

werden.[633] Dem Abfallverursacher muss vor Augen geführt werden, dass er es selbst beeinflussen kann, durch entsprechendes Verhalten seine Abfallgebühr gemeinsam mit der Stadt bzw. Gemeinde stabil zu halten.[634] Bürger, die das Angebot eines gewerblichen Sammlers nutzen, bringen den öffentlich-rechtlichen Entsorgungsträger oder das von diesem beauftragte Entsorgungsunternehmen um die Verwertungserlöse für das gewerblich gesammelte Altpapier. Die im Abfallgebührenhaushalt entstehenden Einnahmeverluste müssen durch die Erhöhung der allgemeinen Abfallgebühren kompensiert werden.[635]

Mehrere Gerichte weisen ohne nähere Begründung darauf hin, dass der öffentlich-rechtliche Entsorgungsträger im Interesse der Gebührenschuldner nicht nur berechtigt, sondern sogar verpflichtet ist, diese darauf hinzuweisen[636], dass sie zu Gebührenmehrbelastungen selbst beitragen, wenn sie Papierabfälle Privaten überlassen.[637] Hierbei müssen jedoch die wettbe-

---

633 Beispielsweise der *Zweckverband Abfallwirtschaft Hildesheim (ZAH)* weist Interessenten in einer Infobroschüre darauf hin, dass die »Blaue Tonne« durch die Erlöse, die der *ZAH* mit dem Altpapier erzielt, auch dazu beiträgt, die Abfallgebühren stabil zu halten, s. http://www.zah-hildesheim.de/leistung/altpapiertonne.php, zuletzt abgerufen am 21.12.2010. Die *Stadt Dresden* wies im Zusammenhang mit der Aufstellung von »Blauen Tonnen« durch verschiedene Firmen in ihrem Stadtgebiet zunächst mit einer Presseerklärung darauf hin, dass deren Aufstellung nicht im Auftrag der Stadt, sondern als gewerbliche Sammlung der einzelnen Unternehmen erfolge, s. http://www.dresden.de/de/02/035/01/2008/04/pm_094.php, zuletzt abgerufen am 21.12.2010. Ferner machte sie deutlich, dass die Erlöse der Stadt aus der Altpapiervermarktung dazu beitrügen, die Abfallgebühren für die Bürger stabil zu halten. Mit einer weiteren Pressemitteilung wies die Stadt darauf hin, dass derjenige, der die »Blauen Tonnen« nutzen wolle, beachten müsse, dass deren Aufstellung auf öffentlichen Straßen, Wegen und Plätzen in Dresden unzulässig sei, s. http://www.dresden.de/de/02/035/01/2008/11/pm_026.php?lastpage=zur%20Ergebnisliste, zuletzt abgerufen am 21.12.2010; hierzu: *Mohn/Fuchs*, StuG 2009, 202. Sollten die »Blauen Tonnen« nicht auf einem Privatgrundstück abgestellt werden können, berechtige dieser Umstand nicht dazu, öffentlichen Straßenraum zu benutzen.

634 S. hierzu auch die Empfehlung in: Mitt. StGB NRW 2008, 487.

635 Zu den Kostenzusammenhängen s. *Bleicher,* DLT, Altpapierentsorgung: Chancen & Risiken der Liberalisierung, S. 2, http://www.bde-berlin.org/?p=245, zuletzt abgerufen am 21.12.2010.

636 Ein »Hinweis« bezieht sich auf die rechtlichen und tatsächlichen Konsequenzen, die mit einem tatsächlichen Verhalten verbunden sind. Der »Hinweis« erfolgt aus der Initiative der Behörde, setzt also keine Anfrage durch den betroffenen Bürger voraus. S. zur Terminologie: *Bausback,* BayVBl. 2003, 707 (708).

637 *OVG SH,* Urt. v. 22.4.2008 – 4 LB 7/06 –, in: KommJur 2008, 297 (300); *VG Gelsenkirchen,* Beschl. v. 1.12.2008 – 14 L 856/08 –, in: Mitt. StGB NRW 2009, 289, juris, Rn. 125; zu den Grenzen zulässiger Information des Verbrauchers s. u. unter Dritter Teil, § 9, E. sowie *LG Saarbrücken,* Urt. v. 9.6.2008 – 7 O 195/08 –,

werbsrechtlichen Grenzen beachtet werden.[638] Eine solche Informationspflicht könnte sich aus der Unterrichtungspflicht i. V. m. dem allgemeinen Haushaltsgrundsatz der wirtschaftlichen und sparsamen Haushaltsführung gem. § 23 Abs. 1 S. 1 GO NRW i. V. m. § 75 Abs. 1 S. 2 GO NRW ergeben. Die Grundsätze der Sparsamkeit und Wirtschaftlichkeit umfassen die gesamte Haushaltswirtschaft und betreffen jede einzelne Maßnahme der Kommune,[639] also auch Aufgaben aus dem Bereich der kommunalen Abfallwirtschaft. Die Gemeinde ist hiernach verpflichtet die Gebührenbelastungen gering zu halten. Dies kann sie im Falle des Wegbrechens der Erlöse aus der Altpapierverwertung infolge der Aktivitäten gewerblicher Sammler nur erreichen, indem sie die Bürger dazu bewegt, sich für den öffentlich-rechtlichen Entsorgungsträger zu entscheiden. Gem. § 23 Abs. 1 S. 1 GO NRW unterrichtet der Rat die Einwohner über die allgemein bedeutsamen Angelegenheiten der Gemeinde.[640] Die Erfüllung der Unterrichtungsverpflichtung kann nicht auf andere Gemeindeorgane übertragen werden, soweit die Unterrichtung als Bestandteil der Sachaufgabe anzusehen ist, über die der Rat ohnehin nach § 41 Abs. 1 GO NRW zu entscheiden hat (hier die Erhebung der Abfallgebühren als Festsetzung der öffentlichen Abgaben, § 41 Abs. 1 S. 2 lit. i GO NRW).[641] Inhaltlich erstreckt sich die Unterrichtung auf die Grundlagen, Ziele, Zwecke und Auswirkungen von allgemein bedeutsamen Angelegenheiten der Gemeinde. Die kommunale Abfallwirtschaft stellt eine solche, die allgemeine Daseinsvorsorge betreffende Angelegenheit dar. Zu den Grundlagen zählen auch die wirtschaftlichen und finanziellen Aspekte, die im Zusammenhang mit dem Vorhaben von Bedeutung sind.[642] Hierzu gehört demnach auch die Kalkulation der Abfallgebühren. Das Kommunalabgaben- und Abfallgebührenrecht ist insgesamt ein Bereich, der für den Laien schwer verständlich ist. Auch die Schutzbedürftigkeit der Bürger gebietet die Information über die Kostenzu-

---

in: AbfallR 2008, 206 (LS); *OLG Saarbrücken,* Urt. v. 17.9.2008 – 1 U 342/08-104 –, in: MA 2008, 642, welche einen Hinweis zumindest als »sachlich gerechtfertigt« erachten; *Spannagel,* StuG 2008, 321 f.

638 S. u. unter Dritter Teil, § 9, E.

639 *Knirsch,* in: Rehn/Cronauge u. a., GO NRW, Bd. II, § 75 Erl. III.; *Klieve,* in: Held/Becker u. a., GO NRW, Bd. I, § 75 Erl. 1.5.

640 S. allgemein zur Vorgängernorm: *Erlenkämper,* Der Städtetag 1979, 673 ff.

641 Vgl. *Becker/Winkel,* in: Held/Becker u. a., GO NRW, Bd. I, § 23 Erl. 2.

642 Vgl. *v. Lennep,* in: Rehn/Cronauge u. a., GO NRW, Bd. I, § 23 Erl. II. 5.; *VG Gera,* Beschl. v. 30.7.1997 – 5 E 1010/97 –, in: juris, Rn. 21, 23.

sammenhänge, damit sie nicht von unerwarteten Gebührenerhöhungen getroffen werden und ihre Interessen sachgerecht wahrnehmen können.[643]

Fraglich ist, ob die Interessen der gewerblichen Sammler durch entsprechende Hinweise tangiert werden und die Gemeinde deshalb eine besondere Neutralitätspflicht trifft.[644] Die Behörde ist verpflichtet, die öffentlichen Interessen gegenüber den widerstreitenden, abwägungserheblichen Belangen des privaten Sammlers zu gewichten. Überwiegen die öffentlichen Interessen, so kann die »institutionelle Befangenheit« der Kommune kompensiert werden.[645] Als Formen der Unterrichtung kommen Hinweise in der örtlichen Presse, Flugblattaktionen, schriftliche Unterrichtungen aller Haushalte u. Ä. in Betracht.[646]

B. Straßenrechtliche Optionen

Einen Ausweg aus dem in der Öffentlichkeit als »Kampf um das Altpapier« bezeichneten Streit, der dazu führte, dass vor Grundstücken in gewinnträchtigen Gegenden zu Werbezwecken ungefragt »Blaue Tonnen« aufgestellt wurden, suchen einige Kommunen, indem sie über §§ 4 Abs. 5, 5 Abs. 3 S. 2 KrW-/AbfG auf der Grundlage des Straßen- und Wegerechts argumentieren und Untersagungsanordnungen gem. § 22 StrWG NRW verfügen.[647] Dies können sie nur, wenn Anknüpfungspunkt nicht ein abfallspezifischer Zustand ist.[648]

I. Sondernutzung

Hier stellt sich neben der oben dargestellten Frage der abfallrechtlichen Zulässigkeit der Sammlung und Verwertung von Abfällen aus privaten Haushaltungen auch die Frage, ob das Aufstellen bzw. Stehenlassen der Abfallbehälter auf dem öffentlichen Straßengrund eine Sondernutzungs-

643 Vgl. *Bausback,* BayVBl. 2003, 705 (710 f.).

644 S. hierzu: *Bausback,* BayVBl. 2003, 705 (709).

645 S. zu den »Befangenheitsschranken« behördlicher Hinweispflicht: *Jäde,* BayVBl. 1988, 264 (276).

646 S. *v. Lennep,* in: Rehn/Cronauge u. a., GO NRW, Bd. I, § 23 Erl. III. 2.

647 So *Gaßner,* in: Haase, Abfall als Stoff und Energieressource, S. 181 (187). Vgl. etwa *VG Aachen,* Beschl. v. 20.6.2008, – 6 L 252/08 –, in: NVwZ-RR 2008, 771 ff.; *VG Düsseldorf,* Beschl. v. 3.7.2008, – 16 L 1099/08 –, in: juris; *OVG NRW,* Beschl. v. 14.7.2008, – 11 B 1033/08 –, in: juris, Rn. 3; *VG Dresden,* Urt. v. 9.4.2009 – 3 K 1901/08 –, in: juris; s. hierzu: *Wenzel,* ZUR 2008, 411 f.

648 *Stuchlik,* GewArch 2004, 143 (147).

erlaubnis erfordert. Maßgeblich für diese nach dem jeweiligen Landesrecht zu beantwortende Frage ist dabei zunächst, ob das ungefragte Aufstellen bzw. Stehenlassen eine straßenrechtliche Benutzung jenseits des erlaubnisfreien Anliegergebrauchs darstellt.

Gemeingebrauch liegt nur dann vor, wenn die Straße im Rahmen der Widmung und der Verkehrsvorschriften zum Verkehr benutzt wird (vgl. § 14 Abs. 1 S. 1 StrWG NRW). Der Begriff der öffentlichen Straßen umfasst neben der Fahrbahn u. a. auch Rad- und Gehwege sowie Parkflächen (§ 2 Abs. 2 Nr. 1 lit. b StrWG NRW). Über den schlichten Gemeingebrauch hinaus dürfen Eigentümer und Besitzer von Grundstücken, die an einer öffentlichen Straße gelegen sind, innerhalb der geschlossenen Ortsanlage die an die Grundstücke angrenzenden Straßenteile über den Gemeingebrauch nur benutzen, soweit diese Benutzung zur Nutzung des Grundstücks erforderlich ist, den Gemeingebrauch nicht dauernd ausschließt oder erheblich beeinträchtigt oder in den Straßenkörper eingreift (§ 14 a Abs. 1 StrWG NRW). Anlieger nutzen die Straßen etwa als Zugang oder Zufahrt zu ihren Grundstücken bzw. zu einem kurzfristigen Zwischenlagern von Baustoffen oder Einkäufen.[649] Dagegen liegt nach allgemeiner Auffassung immer dann eine Sondernutzung gem. § 18 Abs. 1 S. 1 StrWG NRW vor, wenn eine Straße nicht vorwiegend zum Verkehr, sondern zu anderen – insbesondere gewerblichen – Zwecken benutzt wird.[650] Das gilt auch dann, wenn die Beanspruchung des Straßenraums zur gewerblichen Betätigung möglicherweise nur wenig Raum und nur eine kurze Zeit in Anspruch nimmt.[651]

So wird etwa das Aufstellen von privaten Wertstoffcontainern von einigen als straßenrechtliche Sondernutzung beurteilt.[652] Die Nutzung der Behälter sei mit Handlungen verbunden, die, wie das Einwerfen von Altpapier, nicht

---

649 *VG Dresden,* Urt. v. 9.4.2009 – 3 K 1901/08 –, in: juris, Rn. 21; Mitt. StGB NRW 2009, 288; vgl. *Sauthoff,* Öffentliche Straßen, Rn. 338.

650 *OVG NRW,* Beschl. v. 21.10.1996 – 23 B 2966/95 –, in: juris, Rn. 14; *VG Dresden,* Urt. v. 9.4.2009 – 3 K 1901/08 –, in: juris, Rn. 33; Mitt. StGB NRW 2009, 288.

651 Vgl. *OVG NRW,* Beschl. v. 21.10.1996 – 23 B 2966/95 –, in: juris, Rn. 16; so auch *VG Dresden,* Urt. v. 9.4.2009 – 3 K 1901/08 –, in: juris, Rn. 33; Mitt. StGB NRW 2009, 288; *Hengst/Majcherek,* StrWG NRW, § 18 Erl. 9.18.

652 *VG Aachen,* Beschl. v. 20.6.2008, – 6 L 252/08 –, in: NVwZ-RR 2008, 771 ff.; *VG Braunschweig,* Urt. v. 10.2.2009 – 6 A 240/07 –, in: NdsVBl. 2009, 176 ff.; *VG Dresden,* Urt. v. 9.4.2009 – 3 K 1901/08 –, in: juris, Rn. 32, 34, Mitt. StGB NRW 2009, 288; *VG Gießen,* Urt. v. 2.11.2009 – 10 K 1099/09.GI –, in: GewArch 2010, 88 (LS), LKRZ 2010, 34 f.; *VG Berlin,* Urt. v. 11.5.2010 – 1 K 618/09 –, in: AbfallR 2010, 257 (LS), juris, Rn. 23; *Stuchlik,* GewArch 2004, 143 (148, 150); *Meyer/Konrad,* BayVBl. 2009, 73 (76 f.); *Naumann,* BayVBl. 2010, 102.

dem Verkehr dienten.[653] Trotz des öffentlich-rechtlichen Bezugs, den diese Vorgänge im Hinblick auf das abfallrechtliche Ziel der Verwertung von Abfällen (§ 4 Abs. 1 Nr. 2 KrW-/AbfG) besitzen, verfolge der Sammler damit jedenfalls auch eigene wirtschaftliche Interessen.[654] Darüber hinaus werde dem Gemeingebrauch mit jedem im öffentlichen Straßenraum abgestellten Behälter eine erhebliche Fläche faktisch entzogen.[655]

Andere hingegen ordnen das Aufstellen von gewerblichen Abfallbehältern auf dem Gehweg vor dem Grundstück zum Zwecke des Einsammelns der Abfälle als bloßen Anliegergebrauch ein.[656] Es handle sich um eine nur vorübergehende, kurzzeitige Inanspruchnahme der öffentlichen Straße, die sich von dem Bereitstellen kommunaler Abfallbehälter auf den Gehweg zwecks der Entleerung nicht unterscheide.[657] Eine Auslegung des Gemeingebrauchs im Lichte des Art. 12 GG erfordere, dass das Aufstellen von Wertstoffbehältern im öffentlichen Straßenbereich nicht als Sondernutzung eingeordnet werde.[658]

Im Ergebnis muss über die grundsätzliche Bejahung der Sondernutzung hinaus differenziert werden zwischen solchen Behältern, die vom Bürger bestellt sind und solchen, die eigenmächtig vom Sammler aufgestellt werden.[659] Im letzteren Fall liegt eine unerlaubte Sondernutzung vor, die nach § 22 StrWG NRW untersagt werden kann bzw. es kann die Aufforderung

---

653 Das Problem drohender Verschmutzung kann einen bei der Ermessensentscheidung zu berücksichtigenden Gesichtspunkt darstellen. Nach allgemeinen Erfahrungen kommt es an Wertstoffcontainern durch abgelagerten Abfall, wie z. B. Kartons, Pappen und Tüten, immer wieder zu Verschmutzungen des Straßenraums. Vielfach werden zu entsorgende Wertstoffe auch einfach neben die Container gestellt, wenn die Behälter voll sind. Das Ziel, derartige Verschmutzungen des Straßenraums zu vermeiden, ist nach Ansicht des *VG Braunschweig,* Urt. v. 10.2.2009 – 6 A 240/07 –, in: NdsVBl. 2009, 176, ein unmittelbar auf den Straßengrund bezogenes Entscheidungskriterium, mit dem die zuständige Behörde die Ablehnung einer Sondernutzungserlaubnis begründen darf.

654 So *OVG Bremen,* Beschl. v. 14.3.1996 – 1 B 102/96 –, in NVwZ-RR 1997, 385 f.; *VG Braunschweig,* Urt. v. 10.2.2009 – 6 A 240/07 –, in: NdsVBl. 2009, 176.

655 So *VG Braunschweig,* Urt. v. 10.2.2009 – 6 A 240/07 –, in: NdsVBl. 2009, 176.

656 So *VG Gelsenkirchen,* Beschl. v. 1.12.2008 – 14 L 856/08 –, in: Mitt. StGB NRW 2009, 289, juris, Rn. 152, welches sich zu der Frage der Sondernutzung in einem obiter dictum äußerte; so auch wohl *Ax/Schmidt,* DVBl. 2008, 1295 (1300 f.).

657 So *VG Gelsenkirchen,* Beschl. v. 1.12.2008 – 14 L 856/08 –, in: Mitt. StGB NRW 2009, 289, juris, Rn. 152.

658 *Ax/Schmidt,* DVBl. 2008, 1295 (1301).

659 *OVG NRW,* Beschl. v. 14.7.2008 – 11 B 1033/08 –, in: juris, Rn. 3; *VG Braunschweig,* Urt. v. 10.2.2009 – 6 A 240/07 –, in: NdsVBl. 2009, 176; *Hengst/Majcherek,* StrWG NRW, § 18 Erl. 9.18.

zur Entfernung aus dem öffentlichen Verkehrsraum ergehen. Es stellt einen Unterschied dar, ob ein Anlieger einen Abfallbehälter an die Straße stellt und so seine Verkehrsanbindung nutzt, um seinen Überlassungspflichten nachzukommen, oder ob ein Außenstehender auf eigene Initiative diesen öffentlichen Bereich der Straße zu gewerblichen Zwecken in Anspruch nimmt.[660] Der Anliegergebrauch stellt eine eng auszulegende Ausnahme vom Grundsatz des Gemeingebrauchs dar, der nicht hinsichtlich seines persönlichen Anwendungsbereichs auf Nichtanlieger ausgedehnt werden darf.

II. Sondernutzungsgebühr

Als nachrangige Handlungsoption kann die Erhebung einer Sondernutzungsgebühr i. S. d. § 19 a StrWG NRW bzw. die Änderung der Sondernutzungsgebührensatzung erwogen werden.[661] Eine Sondernutzungsgebühr ist die Gegenleistung dafür, dass die Benutzung einer öffentlichen Straße über den Gemeingebrauch hinaus erlaubt ist und damit gleichzeitig eine Beeinträchtigung der gemeingebräuchlichen Nutzungsmöglichkeiten in Kauf genommen wird.[662] Es könnte satzungsrechtlich klargestellt werden, dass nur noch die Bereitstellung von Abfallgefäßen der öffentlichen Abfallentsorgungseinrichtung der Stadt gebührenfreier Anliegergebrauch ist. Gleichzeitig könnte für die Bereitstellung von gewerblichen Altpapiertonnen durch die Sammler selbst eine Sondernutzungsgebühr erhoben werden.[663] Gebührenschuldner wären dann die privaten Sammler. Angesichts eines immanenten Prozessrisikos – eine Mindermeinung in der Rechtsprechung ordnet das Aufstellen von gewerblichen Gefäßen als schlichten Anliegergebrauch gem. § 14 a Abs. 1 StrWG NRW ein[664] – reicht hier auch gegebenenfalls bereits die Ankündigung der Prüfung einer solchen Gebühr in der lokalen Presse aus, um die Bürger für eine Inanspruchnahme der kommunalen Sammlung zu gewinnen. Die Erhebung von Sondernutzungsgebühren steht im Ermessen der zuständigen Behörde. Nach § 19 a Abs. 1 S. 1 StrWG NRW können für Sondernutzungen Gebühren erhoben werden. Hierbei ist zu berücksichtigen,

---

660 *Sauthoff,* Öffentliche Straßen, Rn. 351; vgl. *BayVGH,* Urt. v. 8.4.1992 – 4 B 88.933 –, in: NVwZ 1993, 392 f.

661 So auch *Hutsch,* NJ 2009, 314 (320); *Naumann,* BayVBl. 2010, 102 (104).

662 *Sauthoff,* Öffentliche Straßen, Rn. 406.

663 So auch *Hutsch,* NJ 2009, 314 (320).

664 So in einem obiter dictum das *VG Gelsenkirchen,* Beschl. v. 1.12.2008 – 14 L 856/08 –, in: Mitt. StGB NRW 2009, 289, juris, Rn. 152.

dass die Sondernutzungsgebühr einen sachlichen Bezug zum Umfang der Einschränkung des Gemeingebrauchs benötigt.[665] Sofern ein Gebührentatbestand festgelegt wird, der nur vordergründig der Festlegung von Sondernutzungsgebühren dient, und dessen eigentliches Ziel vielmehr die Bekämpfung gewerblicher Sammlungen durch die Hintertür des Straßen- und Wegerechts ist, würde dies eine missbräuchliche Abgabenerhebung darstellen.[666] Ein solches Vorgehen würde den Charakter einer Gebühr zweckentfremden. Eine Sondernutzungsgebühr, die nur als Gegenleistung für die tatsächliche Inanspruchnahme des öffentlichen Straßenraums erhoben wird, ist hingegen grundsätzlich zulässig. Sie wäre im Übrigen auch mit Art. 12 Abs. 1 GG zu vereinbaren, da mit der Inanspruchnahme des öffentlichen Straßenraums ein geldwerter Vorteil für die gewerblichen Privataufsteller einhergeht, der bei der Gebührenbemessung gem. § 19 a Abs. 2 S. 3 StrWG NRW berücksichtigt werden kann.[667]

III. Exkurs: Vorgehen gegen »wilde Müllablagerungen«

Das Straßen- und Wegegesetz NRW i. V. m. dem Landesabfallgesetz NRW bietet daneben aber auch Möglichkeiten, gegen »wilde Müllablagerungen« im Umfeld der Abfallcontainer vorzugehen. Unter »wildem Müll« versteht man Abfälle, die auf einem privaten oder öffentlichen Grundstück oder in der freien Landschaft von unbekannten Dritten gegen den Willen eines vorhandenen Grundstücksberechtigten widerrechtlich fortgeworfen und hinterlassen worden sind.[668] Abfälle, die auf Straßen, Wegen und Plätzen und ihren Nebenanlagen verbotswidrig abgelagert werden, sind grundsätzlich vom Grundstückseigentümer – bei öffentlichen Straßen also vom Träger der Straßenbaulast – einzusammeln und zu entsorgen, wenn Maßnahmen gegen den Verursacher nicht hinreichend Erfolg versprechend erscheinen und man die umstrittene Frage, ob der Grundstückseigentümer bei frei zugänglichen Flächen Besitz über den Abfall ausübt, bejaht.[669] In Nordrhein-Westfalen hat der Gesetzgeber die Problematik fortgeworfener und

665 Vgl. *Hengst/Majcherek,* StrWG NRW, § 18 Erl. 9.20.

666 So auch *Ax/Schmidt,* DVBl. 2008, 1295 (1301); *Klages,* Vermeidungs- und Verwertungsgebote als Prinzipien des Abfallrechts, S. 63 f.

667 So auch *Meyer/Konrad,* BayVBl. 2009, 73 (76 f.).

668 S. zu dieser Begriffsdefinition: *Grundmann,* »Wilder Müll« im Spannungsfeld des allgemeinen und besonderen Ordnungsrechts«, S. 1.

669 *Sauthoff,* Öffentliche Straßen, Rn. 1220; vgl. auch §§ 5 Abs. 2 S. 1, 11 Abs. 1 KrW-/AbfG.

verbotswidrig abgelagerter Abfälle ausdrücklich geregelt.[670] Hierbei ist zwischen Straßenabfällen außerhalb und innerhalb im Zusammenhang bebauter Ortsteile zu differenzieren:

Gem. § 5 Abs. 9 LAbfG NRW sind der Landesbetrieb Straßenbau für die Bundesfern- und Landesstraßen, die Kreise und kreisfreien Städte für die Kreisstraßen und die Gemeinden für die Gemeindestraßen zur Entsorgung von Abfällen verpflichtet, die im Bereich von Straßen außerhalb im Zusammenhang bebauter Ortsteile anfallen. Die Regelung zielt darauf ab, den für die Straßenunterhaltung zuständigen Behörden auch die Entsorgung von Abfällen, die dort abgelagert werden, zu übertragen.[671] Die dort genannten Stellen sind nicht nur für das Einsammeln und Befördern i. S. d. § 5 Abs. 6 S. 1 LAbfG NRW, sondern für den ganzen Vorgang der Entsorgung zuständig.[672] Träger der Straßenbaulast sind die Gemeinden für die Gemeindestraßen gem. § 47 Abs. 1 StrWG NRW, das Land für die Landesstraßen und die Kreise und kreisfreien Städte für die Kreisstraßen gem. § 43 Abs. 1 S. 1 Nr. 1 und 2 StrWG NRW. Auch der Bund ist Träger der Straßenbaulast für die Bundesfernstraßen, § 5 Abs. 1 S. 1 FStrG. Faktisch nehmen jedoch die Länder diese im Rahmen der Auftragsverwaltung wahr, § 20 Abs. 1 FStrG. Diese üben die unmittelbare, tatsächliche Sachherrschaft aus, da sie nach außen in eigener Verantwortung tätig werden und die sachlichen und personellen Mittel stellen.[673] Sie besitzen die notwendige Sachnähe zu den Straßenabfällen. Die Anpassung hinsichtlich der Entsorgungszuständigkeit des Landesbetriebs Straßenbau für Bundesstraßen war ferner notwendig, da Landesrecht den Kreis der Entsorgungspflichtigen nicht eigenmächtig auf den Bund erweitern darf. Der Kreis der öffentlich-rechtlichen Entsorgungsträger beschränkt sich auf die »nach Landesrecht zur Entsorgung verpflichteten juristischen Personen«, § 13 Abs. 1 S. 1 KrW-/AbfG. Insbesondere

---

670 In anderen Bundesländern ohne entsprechende Regelung der Entsorgung des »wilden Mülls« kann bei Nichtvorliegen eines überlassungspflichtigen Besitzers eine Einsammlungspflicht der öffentlich-rechtlichen Entsorgungsträger aus §§ 4 Abs. 5, 10 Abs. 2 S. 1, 15 Abs. 1 S. 1 KrW-/AbfG abgeleitet werden, *BVerwG,* Urt. v. 27.8.2009 – 7 CN 2/08 –, in: NVwZ 2010, 121 f.; s. zu anderen landesrechtlichen Sonderregelungen die Übersicht bei *Grundmann,* »Wilder Müll« im Spannungsfeld des allgemeinen und besonderen Ordnungsrechts, S. 101 ff.; entgegen der Ansicht *Schinks* kann die Regelung im LAbfG NRW keinen Ausnahmecharakter haben, sondern muss den vorgegebenen bundesrechtlichen Rahmen beachten, *Schink,* in: Schink/Queitsch/Scholz, LAbfG NRW, § 5 Rn. 80.

671 *Schink,* in: Schink/Queitsch/Scholz, LAbfG NRW, § 5 Rn. 94.

672 *Schink,* in: Schink/Queitsch/Scholz, LAbfG NRW, § 5 Rn. 94.

673 *Grundmann,* »Wilder Müll« im Spannungsfeld des allgemeinen und besonderen Ordnungsrechts, S. 250.

wird die landesgesetzliche, den allgemeinen Grundsätzen des Polizei- und Ordnungsrechts folgende Zustandshaftung des Sacheigentümers durch das KrW-/AbfG verdrängt.[674] Es muss sich ferner um Abfälle handeln, die im baulichen Außenbereich angefallen sind und die im Bereich von Straßen dauerhaft abgelagert wurden.[675] Voraussetzung ist, dass ein enger räumlicher und sachlicher Zusammenhang zwischen der Benutzung der Straße und dem Anfall der Abfälle gegeben ist.[676] Das ist der Fall, wenn Abfälle auf Parkplätzen, Straßenbegleitgrün oder in bzw. an Auffahrten oder Abfahrten, Autobahnkreuzen u. a. abgelagert werden.[677] Die Regelung will also den nicht gewidmeten Straßenbereich miterfassen, für den es ansonsten keine rechtliche Befugnis gäbe.[678] Im gewidmeten Straßenbereich ist der Träger der Straßenbaulast ohnehin schon als Abfallbesitzer gem. § 3 Abs. 6 KrW-/AbfG entsorgungspflichtig bzw. überlassungspflichtig, §§ 5 Abs. 2 S. 1, 11 Abs. 1, 13 Abs. 1 KrW-/AbfG. Die zuständige Behörde hat nach pflichtgemäßem Ermessen selbst das taugliche Mittel zur Beseitigung der Verschmutzung zu wählen, wobei aber der Verhältnismäßigkeitsgrundsatz zu beachten ist.[679] Die anfallenden Kosten hat der Verunreiniger zu erstatten.[680] § 17 Abs. 2 StrWG NRW regelt einen ausdrücklichen Erstattungsanspruch zu § 5 Abs. 9 LAbfG NRW. Hiernach kann der Träger der Straßenbaulast Abfall, der im Bereich von Straßen außerhalb im Zusammenhang bebauter Ortsteile fortgeworfen oder verbotswidrig gelagert wird, auf Kosten des Verursachers entsorgen. Diese Regelung ist insoweit notwendig, da es § 9 Abs. 2 S. 2, 3. Spiegelstrich LAbfG NRW zwar ermöglicht, in die Gebührenbedarfsberechnung die Kosten für das Einsammeln, Befördern und die Endbeseitigung verbotswidriger Abfallablagerungen auf den der Allgemeinheit zugänglichen Grundstücken einzurechnen. Der Landesbetrieb Straßenbau zumindest wird aber hiervon nicht erfasst, da er keine Abfallgebühren erhebt.[681]

Abfälle ohne überlassungspflichtigen Besitzer, die auf Straßen, Wegen und Plätzen und ihren Nebenanlagen in geschlossener Ortslage verbotswidrig abgelagert werden, hat die entsorgungspflichtige Körperschaft selbst – also

674 LT-Drs. 12/3143, S. 66.
675 *Schink,* in: Schink/Queitsch/Scholz, LAbfG NRW, § 5 Rn. 95.
676 *Schink,* in: Schink/Queitsch/Scholz, LAbfG NRW, § 5 Rn. 95.
677 *Schink,* in: Schink/Queitsch/Scholz, LAbfG NRW, § 5 Rn. 95.
678 Vgl. *Hengst/Majcherek,* StrWG NRW, § 17 Erl. 3.0.2.
679 *Scheidler,* DVP 2009, 278 f.
680 *Scheidler,* DVP 2009, 278 f.
681 *Schink,* in: Schink/Queitsch/Scholz, LAbfG NRW, § 5 Rn. 96.

die kreisangehörigen Gemeinden gem. § 5 Abs. 6 S. 1 LAbfG NRW bzw. die Kreise und kreisfreien Städte gem. § 5 Abs. 1 LAbfG NRW – auf dem jeweiligen Grundstück einzusammeln.[682] Die Entsorgungspflicht der öffentlich-rechtlichen Entsorgungsträger umfasst nämlich auch das Einsammeln der im Gemeindegebiet fortgeworfenen und verbotswidrig abgelagerten Abfälle einschließlich der Auto-, Motorrad- und anderer Zweiradwracks von den der Allgemeinheit zugänglichen Grundstücken, wenn Maßnahmen gegen den Verursacher nicht möglich oder nicht vertretbar sind und kein anderer verpflichtet ist, § 5 Abs. 6 S. 2 LAbfG NRW. Der Allgemeinheit zugänglich sind insbesondere solche Grundstücke, deren Betreten jedermann ungehindert möglich ist und bei denen der Grundstückseigentümer oder der Nutzungsberechtigte kraft besonderer gesetzlicher Vorschriften das Betreten des Grundstücks zu dulden hat, § 5 Abs. 6 S. 3 LAbfG NRW. Dies trifft auch hinsichtlich der Gemeingebrauchsflächen auf öffentliche Straßen zu.[683]

Die landesrechtlichen Sonderregelungen zum »wilden Müll« sind auch mit dem KrW-/AbfG vereinbar. Sie sind jedoch bei bestehendem Abfallbesitz außer Betracht zu lassen.[684] Aufgrund der im KrW-/AbfG enthaltenen detaillierten Pflichten der Abfallbesitzer und -erzeuger und deren Zusammenwirken mit den öffentlich-rechtlichen Entsorgungsträgern ist anzunehmen, dass dann, wenn Abfallbesitzer oder bekannte Abfallerzeuger vorhanden sind, das KrW-/AbfG die Entsorgung insoweit abschließend regelt und für landesrechtliche Änderungen der Entsorgungszuständigkeit insoweit kein Raum bleibt.[685]

Fraglich ist, inwiefern der private oder öffentliche Eigentümer einer frei zugänglichen Fläche ein Mindestmaß an tatsächlicher Sachherrschaft über die darauf befindlichen Gegenstände ausübt und demzufolge den Abfall einzusammeln und zu entsorgen hat.

---

682 *BVerwG,* Urt. v. 8.5.2005 – 7 C 15/02 –, in: NVwZ 2003, 1252; *BVerwG,* Urt. v. 27.8.2009 – 7 CN 2/08 –, in: NVwZ 2010, 121 f., zu Abfällen, die nach Durchführung der Sperrmüllabfuhr am Rande bzw. auf der Straße verbotswidrig abgelagert zurückbleiben; *Hengst/Majcherek,* StrWG NRW, § 17 Erl. 6.3; *Sauthoff,* Öffentliche Straßen, Rn. 1220.

683 *Sauthoff,* Öffentliche Straßen, Rn. 1220; *Grundmann,* »Wilder Müll« im Spannungsfeld des allgemeinen und besonderen Ordnungsrechts«, S. 270.

684 Der Gesetzesentwurf spricht entsprechend von einer »Anpassung an das KrW-/AbfG«, LT-Drs. 12/3143, S. 66.

685 *Grundmann,* »Wilder Müll« im Spannungsfeld des allgemeinen und besonderen Ordnungsrechts«, S. 121, 243 f.; LT-Drs. 12/3143, S. 66.

Nach einer Auffassung kann bei frei zugänglichen Flächen nicht von einem Mindestmaß an Sachherrschaft i. S. d. Besitzbegriffs ausgegangen werden. Ein Grundstückseigentümer (oder -besitzer) habe keinen Abfallbesitz inne, wenn die Abfälle auf einem Grundstück lagern, dass der Allgemeinheit frei zugänglich ist.[686] Als Abfallbesitzer müsse er aber ein Mindestmaß an tatsächlicher Herrschaftsgewalt ausüben, die es ihm erlaube, andere sowohl rechtlich als auch tatsächlich von der Einwirkung auf die Sache ausschließen zu können.[687] Im Falle frei zugänglicher Flächen vermittle das Eigentum oder der Besitz an dem Grundstück keinen Herrschaftsbereich, der zugleich auch die tatsächliche Gewalt über die darauf befindlichen Gegenstände begründe.[688] Die Besitzbeziehung zum Abfall sei in diesem Fall zu locker, als dass es gerechtfertigt wäre, den Eigentümer als Zustandsstörer für die Entsorgung des Abfalls heranzuziehen.[689] Eine Konkurrenzsituation der landesrechtlichen Sonderregelungen zum »wilden Müll« kann daher nach dieser Auffassung nicht entstehen.[690]

Andere plädieren für eine rechtseinheitliche Auslegung des Besitzbegriffs. Eine Unterscheidung in einen zivilrechtlichen und einen abfallrechtlichen Besitzbegriff verstoße gegen die Einheit der Rechtsordnung.[691] Ein Besitzbegründungswille liege bereits vor, wenn eine Sache in einen bestimmten Machtbereich gelange, an dem ein allgemeiner Besitzwille bestehe.[692] Bei der Frage, ob die tatsächliche Gewalt über einen Gegenstand bestehe, sei auf die Verkehrsanschauung abzustellen.[693] Bei Stadtgrundstücken, deren räumliche Abgrenzung für jedermann erkennbar sei, werde man danach einen solchen generellen Besitzwillen annehmen müssen.[694] Bei frei zugänglichen Flächen im Außenbereich, die schon rein äußerlich nicht als

686 *Sauthoff,* Öffentliche Straßen, Rn. 1220.

687 *Hengst/Majcherek,* StrWG NRW, § 17 Erl. 3.1.2; *Grundmann,* »Wilder Müll« im Spannungsfeld des allgemeinen und besonderen Ordnungsrechts, S. 248 f.

688 *Sauthoff,* Öffentliche Straßen, Rn. 1220.

689 *Schink,* in: Schink/Queitsch/Scholz, LAbfG NRW, § 5 Rn. 80; vgl. LT-Drs. 12/3143, S. 66.

690 So *Grundmann,* »Wilder Müll« im Spannungsfeld des allgemeinen und besonderen Ordnungsrechts, S. 260.

691 *Müggenborg,* NVwZ 1998, 1121 (1125).

692 *Müggenborg,* NVwZ 1998, 1121 (1125 f.).

693 *Müggenborg,* NVwZ 1998, 1121 (1125 f.).

694 *Müggenborg,* NVwZ 1998, 1121 (1126).

abgegrenzte Grundstücke zu erkennen seien und zu denen jedermann Zutritt habe, sei ein solcher Besitzwille dagegen nicht anzunehmen.[695]

Nach einer anderen, vorzugswürdigen Ansicht ist jedoch bei der Frage des Abfallbesitzes zwischen Trägern öffentlicher Verwaltung und Privateigentümern zu differenzieren. Auf der einen Seite ist eine Einschränkung des Abfallbesitzbegriffs für Privateigentümer von frei zugänglichen Flächen vorzunehmen, wonach diese nicht Besitzer des dort abgelagerten »wilden Mülls« werden, da sie andernfalls unter Verstoß gegen die Opfergrenze der Eigentumsgarantie gem. Art. 14 Abs. 2 GG doppelt belastet würden, einmal durch die ihnen auferlegte Öffnung ihrer Grundstücke für die Allgemeinheit und zusätzlich durch die Zuordnung der abfallrechtlichen Verantwortlichkeit für die Folgen dieses allgemeinen Betretungsrechts.[696] Diese Wertung kann jedoch auf der anderen Seite nicht auf die Träger öffentlicher Verwaltung und damit auch nicht auf die Träger der Straßenbaulast als Eigentümer von Straßen und Gehwegen übertragen werden.[697] Diese widmen durch eigene Entscheidung oder kraft gesetzlicher Verpflichtung ein in ihrem Verwaltungsvermögen stehendes Grundstück dem Gemeingebrauch oder eröffnen allgemeine Betretungsrechte.[698] Zudem ist zu berücksichtigen, dass die Träger öffentlicher Verwaltung nicht den grundrechtlichen Schutz wie Private genießen.[699] Im Fall von »wilden Müllablagerungen« auf öffentlichen Straßen hat somit der Träger der Straßenbaulast als grundsätzlicher Abfallbesitzer den Abfall zu entsorgen bzw. an den öffentlich-rechtlichen Entsorgungsträger zu überlassen.

Neben den aufgezeigten Konstellationen besteht auch prinzipiell die Möglichkeit, gegen den Verursacher »wilder Müllablagerungen« vorzugehen. Dies aber nur, wenn sich der Verantwortliche anhand von Anhaltspunkten, wie Adressaufschriften auf Papier oder Paketen, ermitteln lässt. Da es aber im Übrigen schwierig, ja meist sogar unmöglich ist, den Verursacher der konkreten Verschmutzung ausfindig zu machen, bleiben die die Ersatzvor-

695 *VG Koblenz,* Urt. v. 24.3.2009 – 7 K 1189/08 –, in: NVwZ-RR 2009, 634 f.; *Müggenborg,* NVwZ 1998, 1121 (1126).

696 *BVerwG,* Urt. v. 27.8.2009 – 7 CN 2/08 –, in: NVwZ 2010, 121 f.

697 *BVerwG,* Beschl. v. 21.12.1998 – 7 B 211/98 –, in: NVwZ 1999, 421; *BVerwG,* Urt. v. 27.8.2009 – 7 CN 2/08 –, in: NVwZ 2010, 121 f.

698 *BVerwG,* Urt. v. 27.8.2009 – 7 CN 2/08 –, in: NVwZ 2010, 121 f.

699 Zur BVerwG-Rspr. s. *Iwers,* LKV 2010, 81.

nahme tätigenden Träger der öffentlichen Hand – letztlich also die Allgemeinheit – in der Regel auf ihren Kosten sitzen.[700]

C. Untersagungsverfügung gegen die Errichtung eines gewerblichen Sammelsystems für Altpapier

Eine Möglichkeit zum Tätigwerden im abfallrechtlichen Bereich bietet die allgemeine Ermächtigungsnorm des § 21 KrW-/AbfG.[701] Sie ist gegenüber sonstigen Generalklauseln des allgemeinen und besonderen Ordnungsrechts spezieller, wenn es um abfallspezifische Zustände geht.[702] Sie greift dann ein, wenn keine abfallrechtlichen Sonderregelungen vorhanden sind.[703] Nach ihrem Regelungsinhalt kann die zuständige Abfallwirtschaftsbehörde im Einzelfall die erforderlichen Anordnungen zur Durchführung des KrW-/AbfG – und damit zur Durchsetzung der in § 13 Abs. 1 S. 1 KrW-/AbfG geregelten bundesrechtlichen Überlassungspflicht für Abfälle aus privaten Haushaltungen – und der aufgrund des KrW-/AbfG erlassenen Rechtsverordnungen treffen. Zuständige Behörde für den Erlass einer Ordnungsverfügung gem. § 21 KrW-/AbfG ist in Nordrhein-Westfalen gem. §§ 34 Abs. 1, 38 LAbfG NRW i. V. m. § 1 Abs. 2 S. 1 Nr. 3, Anhang II der 30.1. ZustVU NRW[704] die untere Umweltschutzbehörde und somit die Kreise und kreisfreien Städte.[705] Öffentlich-rechtliche Entsorgungsträger i. S. d. § 13 Abs. 1 S. 1 KrW-/AbfG sind in Nordrhein-Westfalen grundsätzlich ebenfalls die Kreise und kreisfreien Städte. Dies ergibt sich aus § 5 Abs. 1

700 *Scheidler,* DVP 2009, 278 (282).

701 *Beckmann/Kersting,* in: Landmann/Rohmer, Umweltrecht, Bd. III, § 21 KrW-/AbfG Rn. 4.

702 *Beckmann/Kersting,* in: Landmann/Rohmer, Umweltrecht, Bd. III, § 21 KrW-/AbfG Rn. 6.

703 S. zu den sicherheitsrechtlichen Aufsichts- und Kontrollbefugnissen der zuständigen Behörde: *Meins,* BayVBl. 1997, 100 (105). Zu den spezielleren Ermächtigungsgrundlagen für ein aufsichtsbehördliches Einschreiten im KrW-/AbfG zählen z. B. §§ 32 Abs. 4 S. 2 KrW-/AbfG (Nachträgliche Auflagen), § 35 KrW-/AbfG (Bestehende Abfallbeseitigungsanlagen), § 36 KrW-/AbfG (Stilllegung von Deponien), § 40 Abs. 2 und 3 KrW-/AbfG (Auskunfts-, Betreuungs- und Prüfungsbefugnisse), §§ 42, 45 KrW-/AbfG (Fakultatives Nachweisverfahren), § 50 Abs. 1 S. 3 KrW-/AbfG (Nachträgliche Auflagen), vgl. *Beckmann/Kersting,* in: Landmann/Rohmer, Umweltrecht, Bd. III, § 21 Rn. 7.

704 V. 11.12.2007, GV. NRW. S. 662; ber. 2008 S. 155, in Kraft getreten am 1.1.2008; geändert durch VO vom 9.6.2009, GV. NRW. S. 337, in Kraft getreten am 1.7.2009.

705 *VG Münster,* Beschl. v. 28.3.2008 – 7 L 163/08 –, in: AbfallR 2008, 147 (LS), juris, Rn. 3.

LAbfG NRW. Nach § 5 Abs. 6 S. 1 LAbfG NRW sind in NRW aber auch kreisangehörige Städte und Gemeinden öffentlich-rechtliche Entsorgungsträger. Aus der abfallrechtlichen Verpflichtung als öffentlich-rechtlicher Entsorgungsträger i. S. d. § 15 KrW-/AbfG kann eine Gemeinde jedoch außerhalb ihrer Verantwortlichkeit keine ordnungsrechtliche Zuständigkeit im Hinblick auf gewerbliche Abfallsammlungen und evtl. Verstöße gegen die abfallrechtliche Überlassungspflicht ableiten.[706] Hinsichtlich der sonstigen formellen Voraussetzungen müssen insbesondere das Anhörungsgebot des § 28 VwVfG NRW sowie die Einhaltung der Formvorschriften (§§ 37 Abs. 2, 39 VwVfG NRW) beachtet werden.

Hinsichtlich des Inhalts der Ordnungsverfügung sind verschiedene Untersagungsgesichtspunkte möglich. Einzelanordnungen nach § 21 KrW-/AbfG sind sowohl zur Durchführung der abfallrechtlichen Vorgaben des KrW-/AbfG als auch der aufgrund des KrW-/AbfG erlassenen Rechtsverordnungen zulässig. Somit kann die zuständige Behörde auch die Erfüllung der gesetzlichen Überlassungspflicht aus § 13 Abs. 1 KrW-/AbfG sicherstellen. In diesem Zusammenhang kann eine private Wertstoffsammlung zum einen untersagt werden, weil bereits keine gewerbliche Sammlung i. S. d. § 13 Abs. 3 S. 1 Nr. 3 KrW-/AbfG vorliegt. Zum anderen kommt eine Untersagung aufgrund des Vorliegens überwiegender öffentlicher Interessen in Betracht. Aufgrund der engen Auslegung des Begriffs der gewerblichen Sammlung durch das BVerwG, die dauerhafte, vertragliche Strukturen ausschließt,[707] ist jedoch davon auszugehen, dass in den meisten Praxisfällen bereits die Voraussetzungen einer gewerblichen Sammlung nicht vorliegen dürften und sich folglich die Abwägung der sich gegenüberstehenden Interessen erübrigt. Ein fehlender Nachweis i. S. v. § 13 Abs. 3 S. 1 Nr. 3 KrW-/AbfG kommt hingegen mangels Verhältnismäßigkeit nicht als Untersagungsgesichtspunkt in Betracht.[708]

Eine Inanspruchnahme der Abfallverursacher erfolgt als unmittelbare Störer, da diese letzte Besitzer der überlassungspflichtigen Abfälle sind, so dass sie im Sinne einer effektiven Gefahrenabwehr direkt in Anspruch genommen werden können. Daneben kann auch der private Sammelunternehmer Adressat einer Untersagungsverfügung sein, da er durch das Werben um Überlassung der Abfälle an ihn die Abfallverursacher zumindest – als Zweckver-

---

706 Hierzu: *VG Münster,* Beschl. v. 28.3.2008 – 7 L 163/08 –, in: AbfallR 2008, 147 (LS), juris, Rn. 4.

707 *BVerwG,* Urt. v. 18.6.2009 – 7 C 16/08 –, in: DVBl. 2009, 1242 (1244).

708 *VGH BW,* Beschl. v. 11.2.2008 – 10 S 2422/07 –, in: NVwZ 2008, 919 f.

anlasser – zur Missachtung der Überlassungspflicht an den öffentlich-rechtlichen Entsorgungsträger anregt.[709] Bei der Rechtsfigur des Zweckveranlassers wird demjenigen ein Verhalten zugerechnet, der objektiv gefahrerhöhende Risiken schafft, so dass es nicht völlig atypisch und unvorhersehbar ist, dass es bei Hinzutreten weiterer Ursachen zu einer Gefahr für das geschützte Rechtsgut kommt.[710] Das Verteilen der »Blauen Tonnen« ist mittelbar dafür verantwortlich, dass die Abfallverursacher auf das Angebot der gewerblichen Sammler und damit im Umkehrschluss nicht auf das Angebot des öffentlich-rechtlichen Entsorgungsträgers zurückgreifen. Hiermit intendiert das private Unternehmen sogar einen Abzug vom öffentlich-rechtlichen Entsorgungsträger und legt somit eine Gefahr für den Bestand und die Funktionsfähigkeit der kommunalen Abfallentsorgung an. Diese Erweiterung der unmittelbaren Verursachung als Anknüpfungspunkt für die Störerverantwortlichkeit durch einen Rückgriff auf die dogmatische Figur des Zweckveranlassers darf jedoch nach der Theorie der rechtswidrigen Verursachung die Vorgaben der sonstigen Rechts- und Verfassungsordnung nicht außer Acht lassen.[711] Die Einheit der Rechtsordnung gebietet es grundsätzlich, eine grundrechtlich geschützte Position – wie hier das gem. Art. 12 Abs. 1 GG geschützte Aufstellen der Tonnen durch die privaten Entsorgungsunternehmen – nicht gleichzeitig als ordnungsrechtswidriges Verhalten einzustufen. Dieser Problempunkt wird von der Rechtsprechung, die in dem hier in Rede stehenden Zusammenhang die Figur des Zweckver-

---

709 Vgl. *OVG Hmb.*, Beschl. v. 8.7.2008 – 1 Bs 91/08 –, in: NVwZ 2008, 1133 f.; *OVG Bln-Bbg*, Beschl. v. 21.12.2009 – 11 S 50.08 –, in: AbfallR 2010, 45 (LS), juris, Rn. 27; *VG Oldenburg*, Beschl. v. 9.2.2010 – 5 B 3188/09 –, in: NdsVBl. 2010, 187 (190); *VG Hannover*, Beschl. v. 17.2.2010 – 12 B 5464/09 –, n. v.; *VG München*, Beschl. v. 22.2.2010 – M 17 S 10.141 –, in: AbfallR 2010, 154 (LS), juris, Rn. 52; *VG Dresden*, Beschl. v. 16. 12.2010 – 3 L 461/10 –, n. v.

710 S. zur Figur des Zweckveranlassers allgemein: *Schmelz*, BayVBl. 2001, 550 (551 f.); s. zur sog. objektiven Theorie: *Nds.OVG*, Urt. v. 24.9.1987 – 12 A 269/86 –, in: NVwZ 1988, 638 f., unter Aufgabe seiner bisherigen Rspr.; *Schoch*, in: Schmidt-Aßmann/Schoch, BesVerwR, 2. Kap., Rn. 141; *Schmelz*, BayVBl. 2001, 550 f. Demgegenüber stellen Vertreter der subjektiven Theorie auf die Intention des Hintermanns ab, vgl. *OVG NRW*, Beschl. v. 11.4.2007 – 7 A 678/07 –, in: NVwZ-RR 2007, 12. Eine dritte Auffassung verknüpft subjektive und objektive Zurechnungskriterien, so wohl *Dietlein*, in: Dietlein/Burgi/Hellermann, Öffentliches Recht in NRW, § 3 Rn. 80.

711 S. hierzu: *Schmelz*, BayVBl. 2001, 550 (552); *HessVGH*, Beschl. v. 24.2.1993 – 6 TG 414/93 –, in: NJW 1993, 2331 f.

anlassers heranzieht, nicht thematisiert.[712] Hierbei ist zu unterstreichen, dass die Inanspruchnahme der privaten Tonnen durch die Abfallverursacher nicht nur eine typische Folge des vorangegangenen Verteilens ist, sondern der gewerbliche Sammler gerade auf diese Reaktion der Überlassungspflichtigen abzielt. Das Überlassen des Abfalls und der dadurch zu erzielende Erlös ist Sinn und Zweck seines Tätigwerdens. Somit erscheint es in dieser konkreten Fallkonstellation gerechtfertigt, auf den Veranlasser des Geschehens zurückzugreifen.

Das Einschreiten der zuständigen Behörde steht in ihrem Ermessen, § 40 VwVfG NRW (»kann«). Das Ermessen erstreckt sich neben der Entscheidung, ob überhaupt eine Verfügung erlassen werden soll, auch auf die Art und Weise des Einschreitens, wozu auch die Störerauswahl zählt. Ein behördliches Vorgehen gegen den gewerblichen Sammler erscheint in diesem Rahmen aus Effektivitätsgründen geboten, da im Falle einer Verfügung gegenüber den Abfallverursachern die Zahl der betroffenen Adressaten unüberschaubar wäre.

Bei der Untersagung gewerblicher Sammlungen sind insbesondere der Bestimmtheitsgrundsatz (§ 37 Abs. 1 VwVfG NRW) sowie der Verhältnismäßigkeitsgrundsatz (Art. 20 Abs. 3 GG) zu beachten. Der Verfügungsadressat muss erkennen können, welches Verhalten ihm konkret bezogen auf welche Abfallfraktion sowie auf welchen räumlichen Geltungsbereich untersagt wird.[713] Hinsichtlich des Verhältnismäßigkeitsgrundsatzes ist zu berücksichtigen, inwiefern mildere Maßnahmen zur Verfügung stehen, die gleich geeignet erscheinen. Als weniger einschneidende Maßnahme kommt beispielsweise die Beschränkung der Sammlung auf eine bestimmte Abfallmenge in Betracht. Allein das Fehlen eines Nachweises der ordnungsgemäßen Entsorgung (formelle Illegalität) rechtfertigt hingegen – wie bereits angesprochen – keine Untersagungsverfügung, da dieser nachgeholt werden kann.[714]

---

712 Vgl. *OVG Hmb.*, Beschl. v. 8.7.2008 – 1 Bs 91/08 –, in: NVwZ 2008, 1133 f.; *OVG Bln-Bbg*, Beschl. v. 21.12.2009 – 11 S 50.08 –, in: AbfallR 2010, 45 (LS), juris, Rn. 27; *VG Oldenburg*, Beschl. v. 9.2.2010 – 5 B 3188/09 –, in: NdsVBl. 2010, 187 (190); *VG Hannover*, Beschl. v. 17.2.2010 – 12 B 5464/09 –, n. v.; *VG München*, Beschl. v. 22.2.2010 – M 17 S 10.141 –, in: juris, Rn. 52.

713 *U. Stelkens*, in: Stelkens/Bonk/Sachs, VwVfG, § 37 Rn. 32; *VGH BW*, Beschl. v. 5.10.1999 – 10 S 1059/99 –, in: NVwZ 2000, 91.

714 S. hierzu: *VGH BW*, Beschl. v. 11.2.2008 – 10 S 2422/07 –, in: NVwZ 2008, 919 f.

Unter bestimmten Voraussetzungen kann die sofortige Vollziehung nach § 80 Abs. 2 S. 1 Nr. 4 VwGO angeordnet werden. Daneben ist es möglich, die Verfügung an eine bestimmte Frist zu knüpfen. Auch können die privaten Unternehmen unter Androhung (§ 63 VwVG NRW) eines Zwangsgelds oder einer Ersatzvornahme zur Entfernung bzw. Unterlassung des Aufstellens der eigenen »Blauen Tonnen« verpflichtet werden.

D. Verkehrsrechtliche Optionen

Eine Anordnung nach § 21 KrW-/AbfG kommt bei chaotischen, straßenrechtlich relevanten und straßenverkehrsgefährdenden Verhältnissen, wie bereits angesprochen, nicht in Betracht. § 10 Abs. 4 S. 1 Nr. 6 KrW-/AbfG, der die Gefährdung oder Störung der öffentlichen Sicherheit und Ordnung als Beeinträchtigung der gemeinwohlverträglichen Abfallbeseitigung nennt, kann nicht als Rechtsgrundlage bei Abfällen zur Verwertung herangezogen werden.[715] Falls es durch gewerbliche Altpapiersammlungen zu chaotischen, straßenverkehrsgefährdenden Verhältnissen kommt, ist es Sache der Straßenverkehrsbehörden, hier einzugreifen und entsprechende Verfügungen zu erlassen (§ 32 StVO).[716] Straßenverkehrsbehörden sind gem. § 44 Abs. 1 S. 1 StVO i. V. m. § 1 StVO-ZustVO NRW die Kreisordnungsbehörden. Deren Aufgaben nehmen die Kreise und kreisfreien Städte als Pflichtaufgaben zur Erfüllung nach Weisung wahr, § 3 Abs. 1 OBG NRW. Gem. § 32 Abs. 1 S. 1 StVO ist es verboten, die Straße zu beschmutzen oder zu benetzen oder Gegenstände auf Straßen zu bringen oder dort liegen zu lassen, wenn dadurch der Verkehr gefährdet oder erschwert werden kann. Gem. § 32 Abs. 1 S. 2 StVO hat der für solche verkehrswidrigen Zustände Verantwortliche sie unverzüglich zu beseitigen und sie bis dahin ausreichend kenntlich zu machen. Straße i. S. d. Vorschrift sind alle öffentlichen Wege, also auch Gehwege.[717] Gegenstände i. S. d. Vorschrift, die im Interesse der Verkehrssicherheit weit auszulegen ist, sind nur verkehrsfremde Sachen,[718] so dass auch Müllablagerungen und -behälter von der Regelung erfasst sind. Nach der Verwaltungsvorschrift zu § 32 StVO (III. S. 1) bedarf

---

715 *BayVGH,* Urt. v. 14.11.2008 – 20 BV 08.1624, – 20 BV 08.1739 –, in: juris, Rn. 33.

716 *BayVGH,* Urt. v. 14.11.2008 – 20 BV 08.1624, – 20 BV 08.1739 –, in: juris, Rn. 33, hierzu: Mitt. StGB NRW 2009, 281.

717 *König,* in: Hentschel/König/Dauer, StVR, § 32 StVO Rn. 6/7; *Janker,* in: Burmann/Heß/Jahnke/Janker, StVR, § 32 StVO Rn. 1.

718 *Janker,* in: Burmann/Heß/Jahnke/Janker, StVR, § 32 StVO Rn. 4.

die Aufstellung von Containern im öffentlichen Verkehrsraum einer Ausnahmegenehmigung durch die zuständige Straßenverkehrsbehörde. Als »Mindestvoraussetzung« für eine Genehmigung ist die sachgerechte Kennzeichnung von Containern erforderlich (III. S. 2). Liegt eine solche Ausnahmegenehmigung nicht vor, hat der Verantwortliche die Behälter entsprechend den Anforderungen des § 32 Abs. 1 S. 2 StVO unverzüglich zu entfernen.

Auf dem Bürgersteig stehende, mobile Mülltonnen zählen an Abfuhrtagen hingegen zum Straßenbild und sind damit ortsüblich.[719] Da vielfach nicht exakt einzuschätzen ist, wann die Müllabfuhr erfolgt, kann von dem verkehrssicherungspflichtigen Inhaber nicht verlangt werden, dass er auf die Müllabfuhr wartet.[720] Im Fall der vom Abfallverursacher bestellten Tonnen ist in der Regel davon auszugehen, dass das Müllgefäß nicht über die übliche Dauer (höchstens 24 Stunden), also nur vorübergehend, auf der Straße stehen bleibt. Anders zu bewerten ist die Situation jedoch bei von gewerblichen Sammlern eigenmächtig aufgestellten Tonnen. Diese überschreiten bei Nichtinanspruchnahme und somit Verbleib im öffentlichen Verkehrsraum die ortsübliche Dauer der Aufstellung und sind, da sie so ein Verkehrshindernis darstellen, vom Verantwortlichen gem. § 32 Abs. 1 S. 2 StVO zu entfernen.

§ 32 StVO will den sicheren Verkehrsablauf gewährleisten.[721] Der Verkehr muss durch das Hindernis möglicherweise gefährdet oder zumindest erschwert werden können, das bedeutet, dass nicht jede geringfügige Beeinträchtigung der Leichtigkeit des Verkehrs genügt.[722] Die bloße Gefahr, ein Gegenstand könne auf die Straße geraten, wie z. B. umherwehendes Papier, genügt nicht.[723] Entscheidend ist neben dem Umfang der Verschmutzung auch die Art der Straße und des Verkehrs, der normalerweise auf ihr stattfindet.[724] Kleine Abfallablagerungen auf der Straße können nicht als Verkehrshindernis i. S. d. § 32 Abs. 1 StVO eingeordnet werden. Zu bejahen sind die Voraussetzungen aber bei Sperrmüll oder Glasscherben auf der Fahrbahn, die vom Ausmaß der Ablagerungen und von der Beschaffenheit der Sache her verkehrsgefährdend sind.

---

719 *OLG Hamm,* Urt. v. 27.8.1990 – 6 U 54/90 –, in: NZV 1991, 152 f.
720 *OLG Hamm,* Urt. v. 27.8.1990 – 6 U 54/90 –, in: NZV 1991, 152 f.
721 *Scheidler,* DVP 2009, 278 f.
722 *Janker,* in: Burmann/Heß/Jahnke/Janker, StVR, § 32 StVO Rn. 3.
723 *König,* in: Hentschel/König/Dauer, StVR, § 32 StVO Rn. 8.
724 *Janker,* in: Burmann/Heß/Jahnke/Janker, StVR, § 32 StVO Rn. 3.

Verantwortlich ist zunächst derjenige, der die Gefahrenquelle geschaffen hat.[725] Daneben dürfen die zuständigen Stellen nach Maßgabe der hierfür erlassenen Vorschriften die verkehrswidrigen Zustände auf Kosten des Verantwortlichen beseitigen (VwV zu § 32 StVO, II.). Bei den von gewerblichen Sammlern eigenmächtig aufgestellten Tonnen wird in der Regel eine Information für die Abfallverursacher auf die Herkunft der Behälter hinweisen. Ansonsten wird eine Zuordnung des Behälters zum jeweiligen Grundstück bzw. Haus eine Heranziehung des Störers ermöglichen. Der Verursacher »wilder Müllablagerungen« wird sich dagegen – wie bereits angesprochen – in der Regel schwer ermitteln lassen, so dass die Kreise und kreisfreien Städte – und damit letztlich die Allgemeinheit – auf den Kosten sitzenbleiben.[726]

E. Werbung für kommunale Wertstofftonnen

Eine weitere Handlungsoption im »Kampf ums Altpapier« bietet die Werbung für die Dienstleistungen des öffentlich-rechtlichen Entsorgungsträgers. Fraglich ist, wann eine Werbemaßnahme für kommunale Papiertonnen – und damit zwangsläufig indirekt gegen private Tonnen – die Schwelle zum unlauteren Wettbewerb überschreitet.

Dies setzt zunächst voraus, dass das Wettbewerbsrecht überhaupt anwendbar ist, wenn und soweit ein öffentlich-rechtlicher Entsorgungsträger handelt.[727] Dessen Anwendbarkeit setzt zwingend das Vorliegen einer »Wettbewerbshandlung« i. S. d. § 2 Abs. 1 Nr. 1 UWG voraus. »Wettbewerbshandlung« i. d. S. ist jedes Verhalten einer Person zugunsten des eigenen oder eines fremden Unternehmens vor, bei oder nach einem Geschäftsabschluss, das mit der Förderung des Absatzes oder des Bezugs von Waren oder Dienstleistungen oder mit dem Abschluss oder der Durchführung eines Vertrags über Waren oder Dienstleistungen objektiv zusammenhängt. Auch das Handeln der öffentlichen Hand muss also, sofern das Wettbewerbsrecht einschlägig sein soll, dieses Ziel verfolgen. Im Falle der Abfallsammlung nehmen die öffentlich-rechtlichen Entsorgungsträger zwar eine Aufgabe wahr, die ihnen durch das KrW-/AbfG zugewiesen ist. Gleichzeitig handeln sie aber auch in der Absicht, die eigene Wettbewerbsfähig-

725 *König,* in: Hentschel/König/Dauer, StVR, § 32 StVO Rn. 10.

726 *Scheidler,* DVP 2009, 278 f.

727 S. zur Anwendbarkeit des Wettbewerbsrechts auf öffentlich-rechtliche Entsorgungsträger: *Hagmann,* AbfallR 2008, 293 f.

keit gegenüber den privaten Anbietern zu fördern. Die öffentlich-rechtliche Ausgestaltung des Rechtsverhältnisses zwischen ihnen und den überlassungspflichtigen Abfallverursachern schließt nach der Rechtsprechung des BGH dabei nicht aus, dass die erbrachte Entsorgungsdienstleistung der Erfassung und Entsorgung von PPK-Abfällen in einem Wettbewerb zu privaten Anbietern erfolgt.[728] Damit kommt im Verhältnis zwischen dem öffentlich-rechtlichen Entsorgungsträger und dem privaten Mitbewerber das Wettbewerbsrecht zur Anwendung.

Die Grenze für eine offensive Informationspolitik ist grundsätzlich das Verbot des unlauteren Wettbewerbs.[729] Nach § 3 Abs. 1 UWG sind unlautere Wettbewerbshandlungen solche geschäftliche Handlungen, die geeignet sind, die Interessen von Mitbewerbern, Verbrauchern oder sonstigen Marktteilnehmern spürbar zu beeinträchtigen. In den (Regel-)Beispieltatbeständen der §§ 4 bis 7 UWG werden typische Erscheinungsformen unlauteren Wettbewerbs beschrieben. Unlauter i. S. d. UWG handelt beispielsweise, wer Wettbewerbshandlungen vornimmt, die geeignet sind, die Entscheidungsfreiheit der Verbraucher oder sonstiger Marktteilnehmer durch Ausübung von Druck, in menschenverachtender Weise oder durch unangemessenen unsachlichen Einfluss zu beeinträchtigen, § 4 Nr. 1 UWG. Unlauterer Wettbewerb liegt hiernach vor, wenn die Öffentlichkeitsarbeit den Bereich der sachlichen Information verlässt.[730] Eine ausführliche Aufklärungspflicht seitens des am Markt agierenden Unternehmens besteht jedoch nicht. Unlauter nach den §§ 4 Nr. 10, 5 UWG ist es zudem, fremde Kunden durch irreführende Angaben über den Mitbewerber oder dessen Angebot abzuwerben. Unlauter nach § 4 Nr. 7, 10 UWG ist es des Weiteren, den Mitbewerber oder seine Produkte gegenüber dem Kunden herabzusetzen oder zu verunglimpfen, um ihn zum Wechsel zu veranlassen. Die Herabsetzung besteht in der sachlich nicht gerechtfertigten Verringerung der Wertschätzung des Mitbewerbers, seines Unternehmens und/oder seiner Leistungen in den Augen der angesprochenen oder von der Mitteilung erreichten Verkehrskreise, soweit diese als Kunden des betroffenen Mitbewerbers in Betracht kommen.[731] Sie kann sowohl durch wahre oder unwahre Tatsa-

728 S. zur Anwendbarkeit des Wettbewerbsrechts auf juristische Personen des öffentlichen Rechts: *BGH,* Urt. v. 22.7.1999 – KZR 13/97 –, in: NJW 2000, 866 (868).

729 S. hierzu: *Braun,* SächsVBl. 2009, 201 (204), der Werbung durch Hoheitsträger für kommunale Unternehmen für bedenklich hält.

730 *Wirtz,* in: Götting/Nordemann, UWG, § 4 Nr. 10 Rn. 10.40.

731 *Köhler,* in: Hefermehl/Köhler/Bornkamm, UWG, § 4 Rn. 7.12.

chenbehauptungen als auch durch Werturteile erfolgen.[732] Die Verunglimpfung ist eine gesteigerte Form der Herabsetzung und besteht in der Verächtlichmachung in Gestalt eines abträglichen Werturteils ohne sachliche Grundlage.[733] Im Hinblick auf die Gleichstellung von Herabsetzung und Verunglimpfung ist eine genaue Unterscheidung der Begriffe entbehrlich.[734] Das Abwerben von Kunden ist vor diesem Hintergrund grundsätzlich zulässig. Nur wenn besondere Umstände – wie unlautere Mittel oder Methoden – hinzutreten, kann dieses den Tatbestand des unlauteren Wettbewerbs erfüllen.[735] Wird die unlautere Wettbewerbshandlung über die vergleichende Werbung des Mitbewerbers transportiert, so unterfällt diese der Spezialregelung des § 6 (Abs. 2 Nr. 5) UWG, in dem Werbemaßnahmen abschließend geregelt sind. Gem. § 8 Abs. 1 UWG kann demjenigen, der gegen das Verbot des unlauteren Wettbewerbs verstößt, die Handlung untersagt werden. Dabei ist zu beachten, dass bereits eine wettbewerbswidrige Aussage in einem Informationsschreiben dazu führen kann, dass das gesamte – ansonsten rechtmäßige – Schreiben unzulässig ist.[736]

Das Problem im Wettbewerbsrecht besteht darin, die exakte Grenze zu ermitteln, jenseits derer eine Einflussnahme nach Form oder Inhalt derart massiv ist, dass sie nicht mehr rechtmäßig ist.[737] Ob das Verhalten des öffentlich-rechtlichen Entsorgungsträgers unter Berücksichtigung der Grundsätze des Leistungswettbewerbs als wirtschaftlich sachgerecht angesehen werden kann, ist insbesondere danach zu beurteilen, inwieweit sich das Werbeverhalten zum Nachteil der Mitbewerber wettbewerbshindernd auswirkt, ob hinter der Werbemaßnahme auch die Wahrung von Allgemeininteressen, wie beispielsweise die Verhinderung einer Gebührenerhöhung oder Umweltschutzmaßnahmen, steht und ob diese Werbung erfahrungsgemäß zudem geeignet ist, der Verwirklichung dieser Belange zu dienen.[738] Hier ist auf die Umstände des Einzelfalls abzustellen.

Da eine abschließende Auflistung aller denkbaren Sachverhaltsvarianten des Wettbewerbs, die bei der Auseinandersetzung über die Verteilung der

732 *Köhler,* in: Hefermehl/Köhler/Bornkamm, UWG, § 4 Rn. 7.12.

733 *Köhler,* in: Hefermehl/Köhler/Bornkamm, UWG, § 4 Rn. 7.12.

734 *Köhler,* in: Hefermehl/Köhler/Bornkamm, UWG, § 4 Rn. 7.12.

735 S. zu den Grenzen des lauteren Wettbewerbs: *Hagmann,* AbfallR 2008, 293 (295).

736 Vgl. *OLG Saarbrücken,* Urt. v. 17.9.2008 – 1 U 342/08-104 –, in: MA 2008, 642; so auch *Spannagel,* StuG 2008, 321 f.

737 So *Köhler,* in: Hefermehl/Köhler/Bornkamm, UWG, § 4 Rn. 1.7.

738 *BGH,* Urt. v. 26.3.1998 – I ZR 222/95 –, in: NJW-RR 1998, 1497 (1499).

Marktanteile der Entsorgung von PPK-Abfällen entstehen können, aufgrund der Vielfältigkeit der Fallkonstellationen faktisch nicht möglich ist, können die nachfolgenden Ausführungen ihr Augenmerk nur auf einige ausgesuchte, in der Praxis aufgetretene Probleme werfen.[739] Die Verunglimpfung sowie die Beleidigung von gewerblichen Sammlern beispielsweise als »Altpapier-Piraten«[740] im Rahmen einer Presseerklärung ist nicht zulässig. Bei Piraten handelt es sich um gewalttätige, skrupellose Seeräuber, die sich über Recht und Gesetz hinwegsetzen und sich nehmen, was sie wollen. Ein Vergleich zwischen gewerblichen Sammlern und diesen Kriminellen lässt jegliche sachliche Auseinandersetzung mit der Konkurrenz vermissen. Die Diffamierung steht hier im Vordergrund. Unabhängig von der Frage, ob es sich hierbei um sog. Schmähkritik handelt, kann der öffentlich-rechtliche Entsorgungsträger sich hierbei als juristische Person des öffentlichen Rechts auch nicht auf die Meinungsfreiheit gem. Art. 5 GG berufen.[741] Der Ausdruck des »Rosinenpickens« stellt demgegenüber wohl eher einen Grenzfall dar.[742]

Ferner stellt der Aufruf zum Boykott[743] des privaten Mitkonkurrenten eine unlautere Handlung i. S. d. § 4 Nr. 10 UWG dar, da hierdurch der Mitbewerber gezielt behindert wird.[744] Unter einem Boykottaufruf ist jeder Versuch zu verstehen, die freie Willensentscheidung des Adressaten dahin gehend zu beeinflussen, dass er bestimmte Geschäftsbeziehungen mit Dritten nicht eingeht oder nicht aufrechterhält.[745] Eine solche Äußerung zur Förderung eigener Wettbewerbsinteressen verlässt die Ebene der sachlichen Information.[746]

Die systematische Aufforderung, die Beziehung zum Mitbewerber zu beenden, z. B. mit Hilfe eines Flugblatts mit der abtrennbaren Aufschrift »Wird nicht benötigt!« und »Bitte wieder mitnehmen!« (gemeint ist die Tonne des

---

739 Ähnlich selektiv vorgehend auch *Hagmann,* AbfallR 2008, 293 f.

740 S. dazu http://www.awb.rheinhunsrueck.de/rhe/aktuelles/pressemitteilungen/RHE_gestaerkt_-_Kampf_uns_Altpapier-20-8-09.pdf; http://www.awb.rheinhunsrueck.de/rhe/aktuelles/pressemitteilungen/Kreis_fuerchtet_Papier-Piraten-14-2-08.pdf, zuletzt abgerufen am 21.12.2010; vgl. hierzu: *Cosson,* AbfallR 2008, 83 (85).

741 Vgl. etwa *LG Saarbrücken,* Urt. v. 09.06.2008 – 7 O 195/08 –, in: AbfallR 2008, 206 (LS), juris, Rn. 32.

742 *OLG München,* Urt. v. 12.10.1995 – 29 U 2056/95 –, in: NJW-RR 1996, 1323 ff.; hierzu: *Köhler,* in: Hefermehl/Köhler/Bornkamm, UWG, § 4 Rn. 7.26.

743 Hierzu: *Köhler,* in: Hefermehl/Köhler/Bornkamm, UWG, § 4 Rn. 7.21.

744 *Wirtz,* in: Götting/Nordemann, UWG, § 4 Nr. 10 Rn. 10.33 ff.

745 *Wirtz,* in: Götting/Nordemann, UWG, § 4 Nr. 10 Rn. 10.38.

746 *Wirtz,* in: Götting/Nordemann, UWG, § 4 Nr. 10 Rn. 10.40.

gewerblichen Sammlers) oder mit Hilfe einer Downloadmöglichkeit des Textes »Hier keine Blaue Tonne aufstellen!«[747], stellt hingegen keine unlautere Handlung dar.[748] Grundsätzlich hat niemand Anspruch auf Erhaltung seines Kundenstamms.[749] Das Wettbewerbsrecht ist nicht auf die Bewahrung festgelegter Strukturen angelegt, sondern es ist gerade Sinn der Wettbewerbsrechtsordnung, dem freien Spiel der Kräfte des Marktes im Rahmen der Rechtsordnung Raum zu gewähren, was auch bedeutet, dass neue Wettbewerbskonzepte auch Einfluss auf den Kundenstamm der Mitbewerber haben können.[750] Deshalb ist es auch nicht unlauter, einen Kunden dazu zu bestimmen und ihn dabei zu unterstützen, die Beziehung zum Mitbewerber zu beenden und in Beziehung zum Werbenden zu treten.[751] Ein durchschnittlich informierter und verständiger Verbraucher wird allein durch eine solche Anregung bzw. durch eine solche angebotene Hilfestellung nicht unsachlich zum Abschluss eines Vertrags mit einem Mitbewerber veranlasst.[752] Nur durch das Hinzutreten besonderer Umstände – wie den Einsatz unlauterer Mittel oder Methoden – wird das Abwerben von Kunden unlauter.[753]

Des Weiteren wird durch den Verweis darauf, dass private Anbieter nur dort Altpapiertonnen aufstellen, wo es für sie lukrativ ist, kein unsachlicher und unangemessener Einfluss auf die Verbraucher ausgeübt.[754] Auf diese Weise wird lediglich der Unterschied zwischen dem öffentlich-rechtlichen Entsorgungsträger und dem gewerblichen Sammler herausgestellt. Insoweit ist darauf hinzuweisen, dass die Kommunen und Kreise zur Gewährleistung der flächendeckenden Entsorgung verpflichtet sind, während die Tätigkeit des Privaten als Gewerbetreibender naturgemäß davon abhängt, dass er mit der Abfallentsorgung Gewinn erzielen kann, dass diese also für ihn lukrativ ist.

---

747 S. zu den umfangreichen Möglichkeiten der Öffentlichkeitsarbeit den Erfahrungsbericht des *Kreises Leer,* NLT 2008, 160 (162).

748 So *OLG Saarbrücken,* Urt. v. 17.9.2008 – 1 U 342/08-104 –, in: MA 2008, 642.

749 *BGH,* Urt. v. 7.4.2005 – I ZR 140/01 –, in: NJW 2005, 2012 f.

750 *BGH,* Urt. v. 26.3.1998 – I ZR 222/95 –, in: NJW-RR 1998, 1497 (1499).

751 *LG Saarbrücken,* Urt. v. 9.6.2008 – 7 O 195/08 –, in: juris, Rn. 29; *Omsels,* in: Harte/Henning, UWG, § 4 Nr. 10 Rn. 99.

752 Zur Zulässigkeit einer Kündigungshilfe vgl. *BGH,* Urt. v. 7.4.2005 – I ZR 140/02 –, in: NJW 2005, 2012 f.; *Fischer,* WRP 2005, 1230 (1232).

753 S. hierzu: *Hagmann,* AbfallR 2008, 293 (295).

754 So *LG Saarbrücken,* Urt. v. 9.6.2008 – 7 O 195/08 –, in: AbfallR 2008, 206 (LS), juris, Rn. 28.

Auch die Aussage, dass die privaten Unternehmer über das Aufstellen der »Blauen Tonnen« den öffentlich-rechtlichen Entsorgungsträgern Einnahmen wegnehmen und die erzielten Erlöse für sich behalten, stellt eine zutreffende Information dar, die nicht als unlautere Wettbewerbshandlung i. S. d. § 4 Nr. 1, 7 UWG gewertet werden kann.[755] Einige Gerichte sind sogar der Auffassung, dass der öffentlich-rechtliche Entsorgungsträger nicht nur berechtigt, sondern sogar verpflichtet sei, die Bürger darauf hinzuweisen, dass sie zur Gebührenmehrbelastung selbst beitrügen, wenn sie Papierabfälle Privaten überließen.[756]

Zudem kann unter bestimmten Umständen auch der Missbrauch einer marktbeherrschenden Stellung gem. § 19 Abs. 4 Nr. 1 GWB vorliegen. Daran fehlt es, wenn ein sachlicher Grund vorliegt. Ein solcher Grund kann beispielsweise darin zu sehen sein, dass ein Unternehmen darauf hinweist, dass es durch ein bestimmtes Marktverhalten der Kunden – z. B. das Bestellen von gewerblichen »Blauen Tonnen« – Verluste erleidet, wohingegen dem Kunden hierdurch keine direkten Vorteile zufließen, sondern er vielmehr zu Gebührensteigerungen beiträgt.[757]

Als Fazit ist festzuhalten, dass eine pauschale Festlegung, inwieweit Wettbewerbshandlungen im Bereich der Entsorgung von PPK-Abfällen zulässig oder unzulässig sind, nicht möglich ist.[758] Es handelt sich um Einzelfallentscheidungen, die auf der Grundlage der konkreten Sachverhaltsumstände getroffen werden müssen.

F. Differenzierte Abfallgebühr

Eine weitere Handlungsoption im »Kampf« gegen gewerbliche Sammlung könnte eine differenzierte Abfallgebühr bieten. Abfallgebühren sind eine Schnittstelle zwischen den Zielen des Abfallrechts als Fachrecht und den Grenzen des Gebührenrechts als Querschnittsmaterie.[759] Es stellt sich die Frage, ob sich im Rahmen der Kalkulation der Gebührenhöhe ein Anreiz

755 Vgl. *VG Hannover,* Beschl. v. 20.5.2008 – 4 B 2279/08 –, in: juris, Rn. 31; *OLG Saarbrücken,* Urt. v. 17.9.2008 – 1 U 342/08-104 –, in: MA 2008, 642; *Späth,* in: Götting/Nordemann, UWG, § 4 Nr. 7 Rn. 7.30.

756 *OVG SH,* Urt. v. 22.4.2008 – 4 LB 7/06 –, in: NVwZ 2008, 922 (924); vgl. hierzu die Ausführungen oben unter Dritter Teil, § 9, A.

757 So *OLG Saarbrücken,* Urt. v. 17.9.2008 – 1 U 342/08-104 –, in: MA 2008, 642.

758 So auch *Hagmann,* AbfallR 2008, 293 (296).

759 *Reimer,* Die Ökologisierung des Abfallgebührenrechts, S. 1 f.

dafür schaffen lässt, sich der kommunalen Altpapierentsorgung anzuschließen. Diese Überlegung liegt schon deshalb nahe, weil § 9 Abs. 2 S. 3 LAbfG NRW als Soll-Vorschrift für den Regelfall vorsieht, dass die Kommunen bei der Gebührenbemessung Anreize u. a. zur Verwertung von Abfällen schaffen. Die Abfallgebühr könnte, bezogen auf das Restmüllgefäß, aufgespalten werden. Es könnten zwei differenzierende Gebührenkalkulationen vorgenommen werden:[760] Zum einen ist die Erhebung einer Abfallgebühr mit kommunaler Papiertonne möglich, in deren Kalkulation die Erlöse aus der kommunalen Altpapiersammlung einbezogen werden, zum anderen könnte die Erhebung einer Abfallgebühr ohne kommunale Papiertonne vorgesehen werden.[761] Konsequenz wäre, dass diejenigen Bürger, die die lukrativen Wertstoffe nicht mehr der Stadt überlassen, auch nicht an den Erlösen beteiligt werden und somit faktisch eine höhere Abfallgebühr zahlen müssten.[762] Die Abfallgebühr ist als Benutzungsgebühr, d. h. als Geldleistung, die als Gegenleistung für die Inanspruchnahme der öffentlichen Einrichtung Abfallentsorgung erhoben wird (vgl. § 4 Abs. 2, 2. Fall KAG NRW), das Mittel der öffentlich-rechtlichen Entsorgungsträger zur Finanzierung aller ihrer Entsorgungsleistungen.[763]

Bei der Gebührenkalkulation ist die Einhaltung bestimmter Prinzipien handlungsleitend. Dies gilt sowohl hinsichtlich der geplanten Gesamteinnahmen des Leistungsgebers pro Periode (Gebührenbedarfsdeckung) als auch für die Verteilung auf den einzelnen Leistungsempfänger (Gebührensatz).[764] Die einzuhaltenden Prinzipien sind das Kostendeckungsprinzip und das Äquivalenzprinzip, auf die im Folgenden noch näher einzugehen sein wird. Rahmenvorgaben für die Kalkulation von Entsorgungsgebühren setzen die Abfallgesetze der Länder in Verbindung mit den entsprechenden Kommunalabgabengesetzen.[765] Die Rechtsentwicklung in den einzelnen Bundesländern ist keinesfalls einheitlich. Allen landesgesetzlichen Regelun-

760 S. zum Grundsatz der differenzierenden Gebührenkalkulation: *Quaas,* VBlBW 2000, 89 (96).

761 S. zu dieser Handlungsoption: Mitt. StGB NRW 2008, 488. Eine ähnliche Gebührengestaltung schlägt auch das *BMU* in Bezug auf die Biotonne vor, wobei es auch auf das Risiko hinweist, dass es bei hoher finanzieller Begünstigung einer bestimmten Tonne auch zu gehäuften Fehlwürfen in selbige kommen kann, s. Ökologisch sinnvolle Verwertung von Bioabfällen, S. 13, http://www.bmu.de/abfallwirtschaft/downloads/doc/45309.php, zuletzt abgerufen am 21.12.2010.

762 Mitt. StGB NRW 2008, 488.

763 So *Thärichen/Prelle,* AbfallR 2005, 108 (114).

764 *Baum,* AbfallR 2010, 87 (91).

765 Vgl. hierzu: *Baum,* AbfallR 2010, 87 (91).

gen gemeinsam ist aber der Verzicht auf eine konkrete Handlungsanweisung, welche Sachverhalte (Kostenarten) zu welchen Beträgen (Kostenhöhe) unter dem Kostenbegriff zu subsumieren sind und damit Eingang in die Gebührenkalkulation finden.[766] Insofern bestehen für die entsorgungspflichtigen Gebietskörperschaften erhebliche Gestaltungsspielräume für die Berechnung.[767]

Fraglich ist, ob und inwieweit im Rahmen der Abfallgebühr ein anderer Zweck als der der finanziellen Gegenleistung verfolgt werden darf, etwa der einer Verhaltenssteuerung in bestimmten Entsorgungsbereichen.[768] Eine gebührenrechtliche Differenzierung zwischen Gebührenpflichtigen, die eine kommunale Papiertonne beanspruchen und solchen, die eine gewerbliche »Blaue Tonne« bevorzugen, kann scheinbar mittels zweier Varianten umgesetzt werden: Die erste Variante besteht darin, denjenigen, die die kommunale Papierentsorgung beanspruchen, einen Bonus bzw. einen Gebührenabschlag zu gewähren. Die zweite Variante besteht darin, eine Abgabe von denjenigen zu erheben, die die gewerbliche statt der kommunalen Papierentsorgung in Anspruch nehmen. Letztere dürfte im Rahmen der Gebührenkalkulation von vornherein nicht zulässig sein, da hier das Kostendeckungsprinzip missachtet wird.[769] Denn es kann keine Gebühr für etwas erhoben werden, dem keine Gegenleistung gegenübersteht (Grundsatz der Leistungsproportionalität gem. § 4 Abs. 2 KAG NRW).[770] Es dürfen ausschließlich tatsächlich angefallene Kosten in die Kalkulation des zu erhebenden Gebührensatzes eingestellt werden. Auch die Erhebung eines »Malus« als Sonderabgabe ist nicht zulässig:[771] Nach § 1 Abs. 1 S. 1 KAG NRW sind die

766 Vgl. *Wittmann,* Rückstandsmanagement, S. 126; *Cantner,* Die Kostenrechnung als Instrument der staatlichen Preisregulierung, S. 103, deren Werke jeweils eine Synopse der landesgesetzlichen Regelungen zum Kostenansatz und zur Kostenbewertung enthalten.

767 *Baum/Cantner,* ZfbF 1999, 80 (84 ff.); *Baum,* AbfallR 2010, 87 (91).

768 S. hierzu: *Klages,* Vermeidungs- und Verwertungsgebote als Prinzipien des Abfallrechts, S. 93; *Brüning/Schulte/Wiesemann,* in: Driehaus, Kommunalabgabenrecht, § 6 Rn. 297.

769 Vgl. *Ramsauer,* in: Koch, Umweltrecht, § 3 Rn. 99.

770 So auch *OVG NRW,* Urt. v. 17.3.1998 – 9 A 1430/96 –, in: NWVBl. 1998, 361 f.

771 Es handelt sich dabei um eine sog. »Sonderabgabe mit Lenkungsfunktion«, die den Bürger durch finanzielle Belastung zu einem bestimmten Verhalten, nämlich hier der Inanspruchnahme der kommunalen Altpapierentsorgung, bewegen soll; vgl. zur Typisierung von Sonderabgaben: *Germelmann,* GewArch 2009, 476 f.; *Ramsauer,* in: Koch, Umweltrecht, § 3 Rn. 100 f. Die Zulässigkeit von Sonderabgaben ist eines der umstrittensten Probleme des Staatsrechts, s. *Germelmann,* GewArch 2009, 476. Die Erörterung der einzelnen Zulässigkeitskriterien (Homogenität, Sachnähe, Zieler-

Gemeinden und Gemeindeverbände (lediglich) berechtigt, Abgaben (Steuern, Gebühren und Beiträge) nach Maßgabe dieses Gesetzes zu erheben. Sonderabgaben sind von diesem Abgabenerfindungsrecht bzw. dieser Ermächtigungsgrundlage nicht umfasst. Die Erhebung von kommunalen Lenkungssteuern ist dagegen grundsätzlich zulässig, soweit nicht Bundes- oder Landesgesetze etwas anderes bestimmen (vgl. § 1 Abs. 1 S. 1 HS 2 KAG NRW).[772] Hier liegt jedoch eine Sperre durch das bundesrechtliche KrW-/AbfG vor. Das KrW-/AbfG sieht ein paralleles Nebeneinander von kommunaler und privater Abfallwirtschaft vor, §§ 5 Abs. 2, 11 Abs. 1, 13 Abs. 1, 15 Abs. 1 S. 1 KrW-/AbfG. Zudem sind gewerbliche Sammlungen von Abfällen, die einer ordnungsgemäßen und schadlosen Verwertung zugeführt werden, nach § 13 Abs. 3 S. 1 Nr. 3 KrW-/AbfG zulässig, soweit dies dem öffentlich-rechtlichen Entsorgungsträger nachgewiesen wird und nicht überwiegende Interessen entgegenstehen. Eine kommunale Abgabe zulasten von Bürgern, die die private Papiertonne in Anspruch nehmen, würde diesen strukturellen und systematischen Grundsätzen des KrW-/AbfG widersprechen, da sie die kommunale Abfallwirtschaft indirekt fördern würde. Des Weiteren läge ein verfassungsrechtlicher Formenmissbrauch vor, da mit der Abgabe für die Inanspruchnahme privater Papiertonnen gerade keine Einnahmen erzielt werden sollen, sondern die Abgabenschuldner dahin gelenkt werden sollen, den abgabenrechtlichen Tatbestand gerade nicht zu verwirklichen.[773] Das abgabenrechtliche Handlungsinstrumentarium würde hier nur herangezogen, um die fehlende abfallrechtliche Kompetenz für ein unmittelbar sachregelndes Handlungsgebot (etwa »Benutzung der kommunalen Papiertonne«) bzw. -verbot (etwa »Keine Bestellung von privaten Papiertonnen«) zu umgehen. Dies stellt eine sachfremde Erwägung dar.

Anders sieht es mit der finanziellen Bonusanrechnung aus: Fraglich ist, ob eine solche mit dem Grundsatz der Gebührengleichheit sowie dem kommunalabgabenrechtlichen Äquivalenzprinzip in § 6 Abs. 3 S. 2 KAG NRW

reichungsverantwortung, Dokumentations- und Überprüfungspflicht) würde den Rahmen dieser Arbeit sprengen und soll an dieser Stelle daher nicht unnötig vertieft werden. Vgl. generell zu umweltbezogenen Sonderabgaben: *Köck,* Sonderabgabe als Instrument des Umweltschutzes.

772 Vgl. hierzu: *BVerwG,* Beschl. v. 19.8.1994 – 8 N 1/93 –, in: NVwZ 1995, 59 ff.; *Konrad,* BB 1995, 1109 (1116); s. zu Kompetenzausübungsschranken aus der vertikalen Kompetenzordnung: *Kube,* in: Henneke/Pünder/Waldhoff, § 21 Rn. 16 ff.

773 Vgl. zu den Verfassungsfragen kommunaler Abgaben: *Konrad,* BB 1995, 1109 (1116).

vereinbar ist. Der Gleichbehandlungsgrundsatz fordert, dass wesentlich Gleiches nicht willkürlich ungleich und wesentlich Ungleiches nicht willkürlich gleich behandelt wird.[774] Bei einer gebührenrechtlichen Ungleichbehandlung ist daher zu fragen, ob hierfür ein sachlicher Grund vorliegt.[775] Nach dem Äquivalenzprinzip muss zwischen Leistung und Gegenleistung eine adäquate Relation i. S. d. verfassungsrechtlich verankerten Verhältnismäßigkeitsgrundsatzes bestehen.[776] Ferner folgt aus diesem allgemeinen Gebührengrundsatz, dass die Bemessungsmaßstäbe der Gebühren möglichst exakt dem Umfang der jeweiligen Inanspruchnahme gegenüberstehen müssen. Das Äquivalenzprinzip gebietet, dass Erlöse in die Gebührenkalkulation miteinbezogen werden.[777] Eine Erlösauskehr gebietet das Äquivalenzprinzip nicht, jedoch steht es einer solchen auch nicht entgegen. Die Rechtsprechung hat Voraussetzungen formuliert, in denen einzelnen Gebührenpflichtigen eine Reduzierung des allgemeinen Gebührensatzes in engen Grenzen zugesprochen werden darf. Hiernach wird vorausgesetzt, dass erstens die Leistung der Gemeinde nicht unangemessen gegenüber der Gegenleistung des Gebührenpflichtigen ist, dass zweitens der Abschlag auf die Abfallgebührenerhebung in einem sachlichen Zusammenhang zur Gegenleistung des Gebührenpflichtigen steht und dass drittens die Höhe der Abfallgebühr nicht völlig ungewiss bleibt.[778] Die Fälle, in denen diese Rechtsprechung entwickelt wurde, betrafen zwar durchweg Sachlagen, in denen auf eine Gebührenerhebung in voller Höhe verzichtet wurde, ohne dass ein zum Erlass veranlassender Billigkeitstatbestand[779] vorlag. Eine dem Gebührenverzicht vergleichbare Sachlage ist aber auch bei der freiwilligen Gewährung eines finanziellen Bonusses als Verhaltensanreiz gegeben, so dass dessen Rechtmäßigkeit an den entsprechend anzuwendenden Anforderungen des Gebührenverzichts zu messen ist.

---

774 S. zum Gebot der Gleichbehandlung: *Jarass,* in: Jarass/Pieroth, GG, Art. 3 Rn. 7; *Aengenvoort,* NWVBl. 1997, 409 f.

775 Vgl. *Hamacher/Stein,* in: Hamacher/Lenz u. a., KAG NRW, § 4 Rn. 26.

776 S. *Hamacher/Stein,* in: Hamacher/Lenz u. a., KAG NRW, § 4 Rn. 24.

777 Vgl. *Kaufmann,* in: Henneke/Pünder/Waldhoff, Recht der Kommunalfinanzen, § 15 Rn. 59; *VGH BW,* Urt. v. 31.5.2010 – 2 S 2423/08 –, in: NVwZ 2010, 1252 (LS), juris, Rn. 87.

778 *OVG NRW,* Urt. v. 19.3.2002 – 15 A 4043/00 –, in: NWVBl. 2003, 60.

779 Verzicht und Erlass aus Billigkeitsgründen sind zu unterscheiden. In letzterem Fall erfolgt ein Absehen von der Gebührenerhebung aufgrund sachlicher oder persönlicher Unbilligkeit, vgl. *OVG SA,* Urt. v. 18.6.2009 – 4 L 36/07 –, in: NVwZ-RR 2009, 857 f.

Eine differenzierte Gebührengestaltung ist somit nur gerechtfertigt, wenn zunächst ein sachlich einleuchtender Grund für die unterschiedliche Gebührenerhebung vorliegt.[780] Die Sammlung von Altpapier hat für den öffentlich-rechtlichen Entsorgungsträger in Zeiten hoher Altpapierpreise den Vorteil, dass diese Erlöse zur Finanzierung und Stabilisierung des Entsorgungssystems und somit zugleich zur Entlastung des Gebührenhaushalts beitragen können.[781] Des Weiteren wird hierdurch der Auslastungsgrad der Abfallentsorgungsanlage erhöht, so dass insgesamt das Kostenniveau und damit das Gebührenniveau zum Vorteil der Gesamtheit der Gebührenpflichtigen gelenkt werden kann. Ein Gebührenabschlag steht somit in einem sachlichen Zusammenhang zur angemessenen Gegenleistung des Gebührenpflichtigen, nämlich den Erlösen aus der kommunalen Altpapiersammlung.[782] Der Grundsatz der Abgabengerechtigkeit (Art. 3 Abs. 1 GG), das kommunalabgabenrechtliche Äquivalenzprinzip (§ 6 Abs. 3 S. 2 KAG NRW) und § 9 Abs. 2 S. 3 LAbfG NRW (Schaffung von Gebührenanreizen) rechtfertigen unter dem Gesichtspunkt des Verursacherprinzips die verursachungsgerechte »Belohnung« der gebührenpflichtigen Benutzer, die im öffentlich-rechtlichen Benutzungsverhältnis der kommunalen Abfallentsorgungseinrichtung zur Kosten- und Gebührenstabilität durch die Altpapierüberlassung an die Gemeinde aktiv beitragen.

Eine differenzierende kalkulatorische Gutschrift ist auch nicht deshalb unzulässig, weil die Höhe der Altpapiererlöse noch unklar und damit die Höhe des Abschlags noch nicht feststellbar ist.[783] Zum einen haben viele Abfallwirtschaftsbetriebe stabile Erlöspreise über einen längeren Zeitraum vertraglich abgesichert.[784] Zum anderen könnte man auch die Erlöse eines abgeschlossenen Jahres gem. § 6 Abs. 2 S. 2 KAG NRW bei der Gebühren-

780 S. hierzu: *Queitsch,* KStZ 1999, 21 (24); *BVerwG,* Beschl. v. 19.12.2007 – 7 BN 6/07 –, in: juris, Rn. 8.

781 Vgl. *Queitsch,* in: Hamacher/Lenz u. a., KAG NRW, § 6 A. Rn. 39; *OVG NRW,* Urt. v. 22.11.1971 – II A 38/70 –, in: OVGE, 147 (151); *BVerwG,* Urt. v. 18.4.1975 – VII C 15/73 –, in: KStZ 1975, 211; *OVG NRW,* Urt. v. 19.3.2002 – 15 A 4043/00 –, in: NWVBl. 2003, 60 (62); *Kaufmann,* in: Henneke/Pünder/Waldhoff, Recht der Kommunalfinanzen, § 15 Rn. 70.

782 S. zur Anrechnung von Zuschüssen im Rahmen der Privatisierung zugunsten von Gebührenpflichtigen, die einen Beitrag zur Finanzierung der öffentlichen Anlage geleistet haben, *Wiesemann,* NWVBl. 1998, 257 (261).

783 Vgl. *OVG NRW,* Urt. v. 19. 3.2002 – 15 A 4043/00 –, in: NWVBl. 2003, 60 (62).

784 So z. B. *AWM,* Geschäftsbericht 2008, S. 11, unter http://www.muenster.de/stadt/awm/geschaeftsberichte.html, zuletzt abgerufen am 21.12.2010; s. zu langfristig stabilen Abfallgebührenmodellen: *Lauruschkus/Lutterbach/Temme,* MA 2009, 507 ff.

kalkulation der nächsten drei Folgejahre anrechnen.[785] Eine Schätzung anhand von darüber hinausgehenden, statistischen Durchschnittswerten kommt dagegen nicht Betracht, da der Markt für Rohstoffe zu sehr extremen Schwankungen ausgesetzt ist.[786]

Bei der Ermittlung, welchen Entsorgungspflichtigen ein solcher Bonus zu gewähren ist, kann entsprechend dem Grundsatz der abgabenrechtlichen Typisierung darauf abgestellt werden, ob eine kommunale Altpapiertonne bestellt wurde oder nicht.[787] Eine Differenzierung hinsichtlich der jeweils entsorgten Papiermenge ist folglich nicht erforderlich, so dass es keiner Kontrolle der einzelnen Sammlung bedarf.

Somit ist es im Grundsatz Sache der Kommune, durch Gebührenregelungen ein Verhalten der Abfallverursacher zu fördern, welches im Interesse der Funktionsfähigkeit der kommunalen Abfallwirtschaft liegt. Insoweit steht es im Ermessen des Satzungsgebers, Anreize zu schaffen.[788] Dies kann auch

---

785 Hiernach kann der Gebührenberechnung ein Kalkulationszeitraum von höchstens drei Jahren zugrunde gelegt werden. Vgl. zu diesem Modell: *Queitsch,* in: Hamacher/Lenz u. a., KAG NRW, § 6 B. Rn. 64. S. allgemein zum zeitlichen Rahmen der Gebührenkalkulation: *Kaufmann,* in: Henneke/Pünder/Waldhoff, Recht der Kommunalfinanzen, § 15 Rn. 61 ff.

786 Anders die Ermittlung des Rohstoffwertes bei der Umsatzsteuer, s. hierzu: *Theißen,* AbfallR 2009, 306 (309 f.). S. zur grundsätzlichen Möglichkeit der Schätzung im Rahmen der Gebührenkalkulation: *BVerwG,* Beschl. v. 19.12.2007 – 7 BN 6/07 –, in: juris, Rn. 11; *EuGH,* Urt. v. 16.7.2009 – Rs. C-254/08 (»Futura Immobiliare«) –, in: Slg. 2009, I-00130 (Rn. 42), ZUR 2009, 608 f. S. zu den weiterhin zu erwartenden Schwankungen der Altpapiererlöse: *Calik,* Entsorga 2009, 20 ff.; *Bürgerschaft Hmb.,* Drs. 19/4207, S. 5.

787 Vgl. zur Möglichkeit der Typisierung im Abgabenrecht: *Jarass,* in: Jarass/Pieroth, GG, Art. 3 Rn. 30 f., 53; *BVerwG,* Beschl. v. 28.8.2008 – 9 B 40/08 –, in: KommJur 2010, 26 f.; *EuGH,* Urt. v. 16.7.2009 – Rs. C-254/08 (»Futura Immobiliare«) –, in: Slg. 2009, I-00130 (Rn. 42), ZUR 2009, 608 f.; *Siegel,* JuS 2008, 1071 f.

788 Vgl. *BVerwG,* Urt. v. 20.12.2000 – 11 C 7/00 –, in: NVwZ 2002, 199 (200, 202). Fraglich ist, inwiefern dies auch für Kommunen in defizitärer Haushaltslage gilt. Deren Entscheidungsspielraum unterliegt insbesondere im Hinblick auf den Grundsatz der Sparsamkeit der Haushaltsführung deutlichen Einschränkungen, vgl. *OVG NRW,* Beschl. v. 17.12.2008 – 15 B 1755/08 –, in: NWVBl. 2010, 30 (32), DVBl. 2009, 1396 (LS). Hieraus ergibt sich insbesondere die Pflicht, von abgabenmindernden Maßnahmen grundsätzlich abzusehen, *OVG NRW,* Beschl. v. 22.7.2009 – 15 A 2324/07 –, in: DVBl. 2009, 1181 f. Ausnahmsweise kann eine Senkung von Gebührensätzen jedoch zulässig sein, wenn konkrete Anhaltspunkte – nicht bloße vage Vermutungen – dafür vorliegen, dass in Folge eines (teilweisen) Gebührenverzichts mit einer zunehmenden Inanspruchnahme der Einrichtung und somit letztendlich auch mit erhöhten Einnahmen zu rechnen ist. Eine gebührenrechtliche Bonusregelung, die letztendlich die Förderung der Funktionsfähigkeit und die Auslastung der kommunalen Abfallwirtschaft bezweckt, erfüllt angesichts der vehementen Konkurrenz gewerblicher Sammler diese Voraussetzungen.

einen teilweisen Gebührenverzicht umfassen.[789] Der Überprüfung unterliegt hierbei im Hinblick auf die zu erwartenden Erlöse auch, ob die bei der Gebührenkalkulation angestellten Wertungen und Prognosen auf begründeten Annahmen beruhen und der Satzungsgeber den ihm zustehenden Einschätzungsspielraum gewahrt hat.[790]

Ein Gebührenabschlag stellt somit eine Handlungsoption der Kommune im »Kampf ums Altpapier« dar. Ein Anspruch seitens der Bürger, die sich an der kommunalen Altpapierentsorgung beteiligen, dass ihnen ein spezieller Abschlag gewährt wird, besteht jedoch nicht, da es im Ermessen des Satzungsgebers liegt, ob er die Erlöse aus dem Altpapierverkauf einheitlich oder differenziert in die Gebührenkalkulation einstellt.

Diese »Abwehrstrategie« der differenzierten abgabenrechtlichen Betrachtungsweise gilt jedoch in NRW nicht für Biomüll. Der Landesgesetzgeber hat in § 9 Abs. 2 S. 7 LAbfG NRW ausdrücklich geregelt, dass Eigenkompostierern ein angemessener Gebührenabschlag zu gewähren ist. Dieser gesetzlich vorgesehene Gebührenabschlag für Eigenkompostierer erlaubt keine weitergehende Differenzierung unter dem Gesichtspunkt, ob sich die jeweiligen Entsorgungspflichtigen der kommunalen oder der gewerblichen Entsorgung bedienen. Der Sinn und Zweck der finanziellen Förderung der Eigenverwertung würde unterlaufen, wenn man den Nichtbenutzern des Bioabfallgefäßes auf der einen Seite einen Abschlag gewähren und ihnen auf der anderen Seite über die allgemeine Gebührenkalkulation den Bonus derjenigen auflasten würde, die die kommunale Bioabfalltonne beanspruchen.

G. Streichung der Abfallgebühren für die kommunale »Blaue Tonne«

Einige Kommunen reagieren auch auf die private Konkurrenz, indem sie eine kostenlose »Blaue Tonne« anbieten und deren Kosten auf die Restmüllgebühr umschichten.[791] Hierdurch kann neben der Handlungsoption einer

789 Vgl. *Queitsch,* in: Schink/Queitsch/Scholz, LAbfG NRW, § 9 Rn. 219.

790 *VG Gelsenkirchen,* Urt. v. 20.3.2008 – 13 K 2057/05 –, in: juris, Rn. 45; *Nds.OVG,* Urt. v. 22.6.2009 – 9 LC 409/06 –, in: NdsVBl. 2009, 310 f.

791 So z. B. die *AWM,* die die Papiertonne kostenlos anbietet und die Papiersammlung komplett über die Restmüllgebühr finanziert, s. unter http://www.muenster.de/stadt/awm/privppk.html und http://www.muenster.de/stadt/awm/gebuehren_kalkulation.html, zuletzt abgerufen am 21.12.2010.

differenzierten Abfallgebühr für die Bürger ein weiterer, attraktiver, abgabenrechtlicher Anreiz zur Überlassung des Altpapiers an den öffentlich-rechtlichen Entsorgungsträger geboten werden. Fraglich ist, ob bei der Bildung von Teilleistungsbereichen in der Abfallentsorgung mit getrennten Gebührensätzen und -maßstäben die jeweils in einem Bereich anfallenden Ausgaben nur diesem Komplex zugeordnet werden dürfen[792] oder – konkreter formuliert – ob und inwieweit insbesondere Kosten, die bei der Altpapierentsorgung anfallen, bei der Kalkulation der Restmüllgebühr angesetzt werden dürfen.

Bei der Gebührenbemessung können gem. § 9 Abs. 2 S. 5 LAbfG NRW öffentliche Belange im Interesse einer geordneten Abfallentsorgung berücksichtigt werden. Insbesondere ist es zulässig, verschiedene Abfallentsorgungsteilleistungen über die Erhebung einer einheitlichen Abfallgebühr bezogen auf das Restmüllgefäß (1. Fall) sowie einzelne mit einer Sondergebühr belegte Abfallentsorgungsteilleistungen anteilig über eine einheitliche Abfallgebühr abzurechnen (2. Fall). Diese Vorschrift stellt eine vorrangige Spezialregelung gegenüber dem KAG NRW und seinen Grundsätzen dar.[793] Hiernach ist es möglich, unabhängig von einer tatsächlichen Inanspruchnahme und der abgabenrechtlichen Charakteristik des Gebührentatbestands, beispielsweise für die Papiertonne, überhaupt keine Gebühr zu erheben und sämtliche Kosten der Altpapiertonne über die Einheitsgebühr bezogen auf das Restmüllgefäß zu finanzieren (vgl. § 9 Abs. 2 S. 5, 1. Fall LAbfG NRW).[794] Zur Aufrechterhaltung der Funktionsfähigkeit der kommunalen Altpapiererfassung und -verwertung können damit auch diejenigen mit den Kosten der Altpapiertonne belastet werden, die diese nicht in Anspruch nehmen, weil sie beispielsweise auf das Angebot eines gewerblichen Sammlers zurückgreifen.[795]

Gem. § 9 Abs. 2 S. 3 LAbfG NRW sollen bei der Gebührenbemessung wirksame Anreize zur Vermeidung, Getrennthaltung und Verwertung geschaffen werden. Hieraus rechtfertigt es sich auch, keine Gebühr für die kommunale Altpapiertonne zu erheben, um durch diese gebührenrechtliche

792 Hierzu: *BVerwG,* Urt. v. 20.12.2000 – 11 C 7/00 –, in: DVBl. 2001, 488 f.; *Birk/Kretz,* VBlBW 1999, 7 (12).

793 Anders: *Brand/Mohl,* NWVBl. 1998, 468 (471).

794 *Queitsch,* in: Schink/Queitsch/Scholz, LAbfG NRW, § 9 Rn. 214.

795 Vgl. LT-Drs. 12/3143, S. 70 f.; hierzu: *OVG NRW,* Beschl. v. 5.12.2003 – 9 A 1768/02 –, in: NVwZ-RR 2004, 250; *Reimer,* Die Ökologisierung des Abfallgebührenrechts, S. 147.

Regelung einen wirksamen Anreiz (»Werbegeschenk Altpapiertonne«) zur Nutzung der kommunalen Altpapiererfassung zu setzen.[796] Dem Satzungsgeber steht bei der Bemessung von Abfallgebühren ein weiter Gestaltungsspielraum zu, innerhalb dessen er ein bestimmtes Verhalten der Abfallverursacher, welches im Interesse der Funktionsfähigkeit der kommunalen Altpapierentsorgung notwendig erscheint, fördern und den Umfang der »Querfinanzierung« festlegen kann.[797] Auch das Äquivalenzprinzip und der Grundsatz der Leistungsproportionalität verlangen nicht, dass Benutzungsgebühren strikt nach dem Maß der durch die jeweilige Benutzung verursachten Kosten erhoben werden müssen.[798] Als sachliche Rechtfertigung dafür, dass an einer einheitlichen Abfallgebühr festgehalten wird, reicht es aus, dass die Kosten für die Entsorgung von Restabfall und sonstigen Abfallfraktionen sich nur teilweise voneinander abgrenzen lassen.[799] So fallen z. B. die Grundausgaben für die Sach- und Personalmittel in allen Teilleistungsbereichen der kommunalen Abfallwirtschaft an und lassen sich allenfalls fiktiv der einen oder anderen Sparte zuordnen.[800] Auch Gründe der Praktikabilität, der Zumutbarkeit sowie der Wunsch, illegale Abfallentsorgungspraktiken zu vermeiden, sprechen gegen gebührenrechtliche Sonderregelungen für alle wesentlichen Teilleistungen der Abfallentsorgungseinrichtung.[801] Eine komplette Streichung der Abfallgebühren für die kommunale »Blaue Tonne« durch eine Kostenverlagerung ist somit möglich.

H. Interkommunale Entsorgungskooperation

Die kommunale Zusammenarbeit bietet über den Bereich der Abfallwirtschaft hinaus eine Möglichkeit, um auf private Konkurrenz zu reagieren.[802]

---

796 *Queitsch,* in: Schink/Queitsch/Scholz, LAbfG NRW, § 9 Rn. 216.

797 *BVerwG,* Urt. v. 20.12.2000 – 11 C 7/00 –, in: DVBl. 2001, 488 (491); s. hierzu: *Queitsch,* in: Schink/Queitsch/Scholz, LAbfG NRW, § 9 Rn. 219; *BVerwG,* Beschl. v. 12.10.2008 – 9 BN 4/08 –, in: juris, Rn. 6 f.

798 *BVerwG,* Urt. v. 20.12.2000 – 11 C 7/00 –, in: DVBl. 2001, 488 (490); hierzu: *Queitsch,* in: Schink/Queitsch/Scholz, LAbfG NRW, § 9 Rn. 219.

799 So *BVerwG,* Urt. v. 20.12.2000 – 11 C 7/00 –, in: DVBl. 2001, 488 (490).

800 Vgl. *BVerwG,* Urt. v. 20.12.2000 – 11 C 7/00 –, in: DVBl. 2001, 488 (490).

801 So *v. Bechtolsheim,* in: Lübbe-Wolff/Wegener, Umweltschutz durch kommunales Satzungsrecht, Rn. 610.

802 S. hierzu: *Schmidt,* Kommunale Kooperation, S. 18 ff.

I. Formen der interkommunalen Entsorgungskooperation

Grundsätzlich ist jede kommunale Körperschaft berechtigt und verpflichtet, ihre Aufgaben selbstständig zu erfüllen. Daneben gewährleistet die von der Selbstverwaltungsgarantie gem. Art. 28 Abs. 1 GG und Art. 78 LVerf NRW mit umfasste Kooperationshoheit den Kommunen das Recht, im Falle der Erledigung von Selbstverwaltungsangelegenheiten eine Zusammenarbeit mit anderen Gebietskörperschaften zu vereinbaren.[803] Auf einer Vielzahl von Gebieten kann es zweckmäßig sein, kommunale Aufgaben gemeinsam mit anderen Gemeinden zu erfüllen. Auch in der kommunalen Abfallwirtschaft macht es Sinn, größere Strukturen zu bilden. Rechtlicher Ausgangspunkt interkommunaler Entsorgungszusammenarbeit ist in Nordrhein-Westfalen § 5 LAbfG NRW.[804] Gem. § 5 Abs. 7 LAbfG NRW können sich Kreise, kreisfreie Städte und kreisangehörige Gemeinden zur Erfüllung ihrer Aufgaben der Formen interkommunaler Kooperation nach dem Gesetz über kommunale Gemeinschaftsarbeit (GkG NRW) bedienen sowie geeignete Dritte damit beauftragen. Notwendig war diese Regelung, da nach § 1 Abs. 1 S. 1 GkG NRW der Abschluss und die Bildung von kommunalen Gemeinschaftsformen nur zwischen solchen Aufgabenträgern möglich ist, die für die Aufgabe bereits zuständig sind (»Aufgaben, zu deren Erfüllung sie berechtigt oder verpflichtet sind«). Eine interkommunale Kooperation von Kreisen und kreisangehörigen Städten und Gemeinden mit je unterschiedlichen Aufgaben ist deshalb allein auf der Grundlage des GkG NRW nicht möglich. Zur gemeinsamen Wahrnehmung von Aufgaben nach dem GkG NRW können Arbeitsgemeinschaften begründet, Zweckverbände und gemeinsame Kommunalunternehmen gebildet sowie öffentlich-rechtliche Vereinbarungen geschlossen werden, § 1 Abs. 2 GkG NRW.

Als Rechtsformen der interkommunalen Zusammenarbeit kommen im Bereich der Abfallentsorgung insbesondere der Zweckverband (§§ 4 ff. GkG NRW) sowie die öffentlich-rechtliche Vereinbarung (§§ 23 ff. GkG NRW) in Betracht.[805] Auf die kommunale Arbeitsgemeinschaft, welche in der

803 *BVerfG,* Beschl. v. 27.11.1986 – 2 BvR 1241/82 –, in: NVwZ 1987, 123 f.; *Teuber,* KommJur 2008, 444; *Kraft-Zörcher/Neubauer,* LKV 2010, 193 ff.; s. zum Begriff kommunaler Kooperation: *Schmidt,* Kommunale Kooperation, S. 2 ff.

804 So *Beckmann/Gesterkamp,* AbfallR 2003, 227 f.

805 Die Zahl der nordrhein-westfälischen Zweckverbände im Bereich der Abfallbeseitigung beträgt nach Auskunft des Landesbetriebs Information und Technik Nordrhein-Westfalen (IT.NRW) neun, Stand: 17.6.2010. S. zur Bedeutung der Zweckverbände im Bereich der Abfallentsorgung: *Queitsch,* KStZ 2009, 21 (23).

Praxis nahezu bedeutungslos ist,[806] und das gemeinsame Kommunalunternehmen bzw. die interkommunale Anstalt des öffentlichen Rechts (§ 114 a GO NRW, §§ 27 ff. GkG NRW), welche(s) durch die GO-Reform 2007 neu eingeführt wurde und von den Gemeinden und Kreisen bisher eher mit Zurückhaltung angenommen wurde,[807] soll an dieser Stelle nicht näher eingegangen werden.

Der Zweckverband eignet sich vor allem für die gemeinsame Wahrnehmung umfangreicherer, komplexerer Aufgabenfelder durch eine gemeinsame juristische Person des öffentlichen Rechts.[808] Die übertragenen Aufgaben müssen dabei präzise bestimmt werden und klar von anderen Zuständigkeiten abgrenzbar sein.[809] Gemeinden und Gemeindeverbände können sich gem. § 4 Abs. 1 HS 1 GkG NRW mittels eines öffentlich-rechtlichen Vertrags (§ 54 S. 1 VwVfG NRW) zu diesem Institut der kommunalen Gemeinschafsarbeit zusammenschließen, um Aufgaben, zu deren Wahrnehmung sie berechtigt sind, gemeinsam zu erfüllen. Für Pflichtaufgaben kann die Aufsichtsbehörde auch die Bildung eines Zweckverbandes als Pflichtverband verfügen, vgl. §§ 4 Abs. 1 HS 2, 13 GkG NRW. Ebenso können neben den zwingenden, kommunalen Mitgliedern natürliche und juristische Personen des Privatrechts Mitglieder einer solchen Kooperationsform sein, wenn die Erfüllung der Verbandsaufgaben dadurch gefördert wird und Gründe des öffentlichen Wohls nicht entgegenstehen, § 4 Abs. 2 S. 2 GkG NRW. Der Zweckverband ist eine Körperschaft des öffentlichen Rechts mit eigenen Organen, vgl. §§ 5 Abs. 1 S. 1, 14 GkG NRW. Er verwaltet seine Angelegenheiten unter eigener Verantwortung, § 5 Abs. 1 S. 2 GkG NRW. Das Recht und die Pflicht der an einem solchen Verband Beteiligten zur Erfüllung der Aufgaben, die dem Zweckverband gestellt sind, gehen auf diesen über, § 6 Abs. 1 GkG NRW. Die Rechtsverhältnisse des Zusammenschlusses werden gem. § 7 GkG NRW im Rahmen dieses Gesetzes durch eine Verbandssatzung geregelt.

Die Gründe für eine solche Kooperation sind ebenso vielfältig wie die Formen der Zusammenarbeit. In Zeiten knapper Kassen will man durch die

806 *Beckmann/Gesterkamp,* AbfallR 2003, 227 f.; *Köhler/Held u. a.,* in: Held/Becker u. a., GkG NRW, Bd. II, §§ 2, 3 Erl. 5.

807 Laut Auskunft des Landesbetriebs Information und Technik (IT.NRW) gibt es keine interkommunalen Anstalten des öffentlichen Rechts im Abfallentsorgungsbereich in NRW, Stand: 18.6.2010; s. auch *Queitsch,* KStZ 2009, 21 (28), zur bisherigen Praxisrelevanz in NRW.

808 *Schink,* in: Henneke, Optimale Aufgabenerfüllung im Kreisgebiet?, S. 61 (75).

809 Zum Aufgabenbegriff des Zweckverbands s. *Oebbecke,* NVwZ 2010, 665 f.

gemeinsame Aufgabenerfüllung Kosten sparen. Dies soll teils durch Ausnutzung von Synergieeffekten, teils aber auch durch Vermeidung aufwändiger Verfahren geschehen.[810] Die Zusammenarbeit kann beispielsweise erfolgen, um gemeinsam ein kommunales Holsystem für »Blaue Tonnen« anzubieten, wenn dieses sich für das eigene begrenzte Gebiet aus ökonomischer Sicht nicht lohnen würde. Durch die Erweiterung des räumlichen Betätigungsfeldes kann so das eigene Angebot optimiert werden. Allerdings sind mit der Bildung solcher Verbände auch Nachteile verbunden, wie beispielsweise der Verlust an kommunalpolitischen Gestaltungsmöglichkeiten, die Auf- bzw. Abgabe der Satzungshoheit sowie des Einflusses auf die Gestaltung der Abfallentsorgung einschließlich der Abfallgebühren, die Haftungsgemeinschaft durch Verbandsumlage und die erschwerte Möglichkeit des Austritts aus dem Verband.[811]

Als Beispiele für einen Entsorgungszweckverband können hier unter anderem die nordrhein-westfälischen Zweckverbände »RegioEntsorgung«, »Abfall-Sammel- und Transportverband Oberberg« (ASTO) sowie der Zweckverband für die Kreise Aachen, Düren und die Stadt Aachen (Zweckverband Entsorgungsregion West (ZEW)) genannt werden.[812] Daneben besteht seit 2002 der regionale Zweckverband Eko-City, an welchem die Städte Herne, Bochum, Wuppertal und Remscheid, die Landkreise Ennepe-Ruhr, Recklinghausen und Mettmann sowie der Regionalverband Ruhr beteiligt sind. Die Kooperation von acht (Gebiets-)Körperschaften dient der Sicherung der Entsorgung von Siedlungs- und Gewerbeabfällen.[813] Der Verband soll eine langfristige Entsorgungssicherheit, eine dauerhafte Auslastung vorhandener kommunaler Anlagen, die Gewährleistung »sozialverträglicher« Gebühren, die Sicherung ökologischer Standards sowie die Minimierung von Investitionsrisiken gewährleisten.[814] Die Gründung von Zweckverbänden kann somit dabei helfen, die Wettbewerbsfähigkeit kommunaler Unternehmen gegenüber der privaten Abfallwirtschaft zu sichern bzw. zu verbessern.

---

810 So *Theisen,* in: Hofmann/Theisen/Bätge, Kommunalrecht in NRW, S. 575.

811 *Beckmann/Gesterkamp,* AbfallR 2003, 227 (230).

812 S. hierzu: *Queitsch,* KStZ 2009, 21 (23); weitere Informationen sind unter den jeweiligen Internetadresssen der Zweckverbände zu finden: www.regioentsorgung.de; www.asto.de; www.ekocity.de; www.zew-entsorgung.de, zuletzt abgerufen am 21.12.2010.

813 *Serwe,* Der Landkreis 2007, 522 (524); *Bauer,* MA 2009, 288 f.

814 S. hierzu: *Serwe,* EILDIENST LKT NRW 2007, 371 f.; *Kusenbach,* Kommunale Abfallorganisation im Wandel, S. 74 ff.

Daneben gibt es auch die Möglichkeit, einfachere Organisationsvarianten der Zusammenarbeit ohne die Gründung eines eigenen Rechtssubjekts zu wählen, wenn nur eine partielle Kooperation gewünscht ist. Für die Kommunen besteht beispielsweise auch die Option, einen Teilbereich der Entsorgung, wie etwa die Altpapierentsorgung, auf den mitunter leistungsstärkeren, aber an sich gesetzlich nicht zuständigen Kreis zu übertragen. Gem. § 5 Abs. 6 S. 4 LAbfG NRW können Kreise Entsorgungsaufgaben auf die kreisangehörigen Gemeinden und umgekehrt, kreisangehörige Gemeinden auf die Kreise, einvernehmlich schriftlich übertragen. Eine solche Aufgabenabgabe stellt inhaltlich in der Regel eine delegierende öffentlich-rechtliche Vereinbarung i. S. d. § 5 Abs. 7 LAbfG NRW i. V. m. § 23 Abs. 1, 1. Fall, Abs. 2 S. 1 GkG NRW dar, denn durch die Vereinbarung soll die Zuständigkeit der kommunalen Gebietskörperschaft, der Entsorgungsaufgaben übertragen werden, erst begründet werden.[815] Gem. § 23 Abs. 1 GkG NRW können Gemeinden und Gemeindeverbände vereinbaren, dass einer der Beteiligten einzelne Aufgaben der übrigen Beteiligten in seine Zuständigkeit übernimmt (delegierende Vereinbarung) oder sich verpflichtet, solche Aufgaben für die übrigen Beteiligten durchzuführen (mandatierende Vereinbarung). Die Vereinbarung, welche als öffentlich-rechtlicher Vertrag i. S. v. § 54 S. 1 VwVfG NRW einzuordnen ist, ist schriftlich abzuschließen, § 24 Abs. 1 S. 1 GkG NRW. Nach § 25 Abs. 1 GkG NRW kann die abgebende Körperschaft ihre Satzungsbefugnis auf die übernehmende Körperschaft übertragen. Letztere kann daher eine Gebührenerhebung oder die Einführung des Anschluss- und Benutzungszwangs durch Satzung regeln, die dann in allen Gebieten der Beteiligten wirkt.[816] Eine solche Delegation von Zuständigkeiten ist jedoch nur dann zulässig, wenn sie im Hinblick auf die Kooperationsvorteile geeignet, erforderlich und verhältnismäßig i. e. S. ist.[817] Vor diesem Hintergrund wird zu prüfen sein, ob das mit der Aufgabendelegation verfolgte Ziel nicht auch durch weniger oder gar nicht in die gesetzliche Aufgabenverteilung eingreifende Instrumente erreicht werden kann.[818] Gegenüber der Gründung eines Zweckverbands bietet die öffentlich-rechtliche Vereinbarung den Vorteil, dass kein neuer Aufgabenträger geschaffen werden muss, der zusätzliche Kosten verursacht. Nach § 5

815 S. zur öffentlich-rechtlichen Vereinbarung: *Köhler/Held,* in: Held/Becker u. a., GkG NRW, Bd. II, § 23 Erl. 6.1; *Oebbecke,* Gemeindeverbandsrecht NRW, Rn. 398 ff.

816 *Köhler/Held u. a.,* in: Held/Becker u. a., GkG NRW, Bd. II, § 25 Erl.

817 *Oebbecke,* Gemeindeverbandsrecht NRW, Rn. 375; *Beckmann/Gesterkamp,* AbfallR 2003, 227 (229).

818 *Beckmann/Gesterkamp,* AbfallR 2003, 227 (229).

Abs. 1 LAbfG NRW sind die Kreise und kreisfreien Städte öffentlich-rechtliche Entsorgungsträger i. S. d. §§ 15 Abs. 1 S. 1, 13 Abs. 1 S. 1 KrW-/AbfG, soweit in den nachfolgenden Absätzen nichts anderes bestimmt ist. Nach § 5 Abs. 6 S. 1 LAbfG NRW haben die kreisangehörigen Gemeinden als öffentlich-rechtliche Entsorgungsträger die in ihrem Gebiet anfallenden und ihnen zu überlassenden Abfälle einzusammeln und zu befördern. Unter die von den Städten und Gemeinden einzusammelnden und zu befördernden Abfälle fällt ebenfalls die Abfallfraktion PPK aus privaten Haushaltungen. Die Kreise als Gemeindeverbände i. S. d. § 23 Abs. 1 GkG NRW i. V. m. § 1 Abs. 2 KrO NRW besitzen in diesem Bereich nach § 5 Abs. 1, Abs. 6 S. 1 LAbfG NRW grundsätzlich keine Zuständigkeiten. Mit Hilfe der Regelung in § 5 Abs. 6 S. 4 LAbfG NRW können Kommunen, die die ihnen gem. § 5 Abs. 6 S. 1 LAbfG NRW zugewiesenen Entsorgungsaufgaben – wie beispielsweise die Altpapierentsorgung – nicht wahrnehmen können oder wollen, weil ihnen hierfür die finanziellen, verwaltungsmäßigen oder technischen Möglichkeiten fehlen, die Sammlung und Beförderung an den Kreis übertragen.[819]

Die kommunalrechtliche Rechtsprechung erachtet es auch aus kommunalabgabenrechtlicher Sicht als zulässig, dass Gemeinden keinen eigenen Fuhrpark, kein Entsorgungspersonal, keine eigenen Abfallgefäße usw. im Rahmen ihrer öffentlichen Abfallentsorgungseinrichtung vorhalten, sondern diese Leistungen sämtlich bei Dritten vertraglich nachfragen und durch diese erbringen lassen.[820] Kommunalabgabenrechtlich werden solche Leistungen als sog. Fremdleistungen i. S. d. § 6 Abs. 2 S. 4 KAG NRW in die Kalkulation der Abfallgebühren eingestellt. Zu diesen Fremdleistungen gehört auch die Leistung einer anderen juristischen Person des öffentlichen

---

819 S. als Beispiel die Vorlage für die Sitzung des Umweltausschusses des Kreises Borken am 8.6.2010 »Altpapierentsorgung für die Stadt Stadtlohn und die Gemeinde Legden«, Nr. 0126/2010 – »Öffentlich-rechtliche Vereinbarung über das Einsammeln, Befördern und Entsorgen der Abfallfraktion Papier, Pappe und Kartonagen« zwischen der Stadt Stadtlohn, der Gemeinde Legden und dem Kreis Borken unter http://www.kreis-borken.de/sessionnet/vo0050.php?__kvonr=3160&voselect=2093, zuletzt abgerufen am 21.12.2010; s. auch die »Öffentlich-rechtliche Vereinbarung vom 8.6.2009 gem. § 23 Abs. 1 GkG NRW i. V. m. § 5 Abs. 6 S. 4 LAbfG NRW zwischen den Städten und Gemeinden Ascheberg, Billerbeck, Coesfeld, Dülmen, Havixbeck, Nordkirchen, Nottuln, Olfen, Rosendahl und Senden sowie dem Kreis Coesfeld über die Delegation von Aufgaben im Bereich der Sammlung und des Transportes von Sonderabfällen, die im Rahmen des kommunalen Anschluss- und Benutzungszwanges anfallen«, ABl. Bez.Reg. Mstr. 2009, S. 374 ff.

820 *OVG NRW,* Urt. v. 15.12.1994 – 9 A 2251/93 –, in: NWVBl. 1995, 173 ff.; Urt. v. 24.6.2008 – 9 A 373/06 –, in: NWVBl. 2008, 394 ff.

Rechts (hier des Kreises), die ihre Leistungen (hier Altpapierentsorgung) zur Verfügung stellt, die der Träger der gebührenfinanzierten Einrichtung (hier der Gemeinde) benötigt, um selbst die gebührenpflichtigen Leistungen erbringen zu können.[821] Diese Fremdleistungen können von der Gemeinde in vollem Umfang in die Benutzungsgebühr für die kommunale Entsorgungseinrichtung eingestellt werden, soweit die durch die Fremdleistung entstehenden Kosten betriebsnotwendige Kosten darstellen, d. h. zur Leistungserbringung erforderlich sind.[822] Demgegenüber kann die kommunale Gebietskörperschaft, der die Verwertung und Beseitigung übertragen wurde, in die Abfallgebührenkalkulation nur denjenigen Kostenanteil einstellen, der sich auf die Entsorgung des im eigenen Gebiet anfallenden Abfalls bezieht.[823]

Bei der Rechtsformenwahl einer interkommunalen Kooperation spielen verschiedene Kriterien eine Rolle. Als einzelne Aspekte lassen sich insbesondere die Flexibilität bei Gründung und Handeln, die den Kommunen verbleibenden Einwirkungsmöglichkeiten, die demokratische Legitimation der Aufgabenwahrnehmung,[824] die Haftungsrisiken, die Finanzierungsmöglichkeiten sowie die haushalts- und personalwirtschaftlichen Ziele schlagwortartig aufführen.[825] Sowohl die Kooperationsform des Zweckverbandes als auch die weniger einschneidende Maßnahme der öffentlich-rechtlichen Vereinbarung bieten Handlungsoptionen, um sich im »Kampf ums Altpapier« zusammenzuschließen und somit letztendlich konkurrenzfähiger gegenüber den Privaten zu sein.

II. Nichtanwendbarkeit des Vergaberechts auf interkommunale Zusammenarbeit

Ein besonderes Problem interkommunaler Zusammenarbeit bildet die Frage, ab wann die Vereinbarung der gemeinsamen Aufgabenerfüllung dem An-

821 *Queitsch,* KStZ 2009, 21 (25).

822 Vgl. *Brüning/Schulte/Wiesemann,* in: Driehaus, Kommunalabgabenrecht, § 6 Rn. 190 ff.; *Queitsch,* in: Hamacher/Lenz u. a., KAG NRW, § 6 Rn. B. 81 ff. (83); *VGH BW,* Urt. v. 31.5.2010 – 2 S 2423/08 –, in: NVwZ 2010, 1252 (LS), juris, Rn. 27.

823 *VG Osnabrück,* Urt. v. 10.8.2010 – 1 A 146/09 –, in: AbfallR 2010, 259 (LS), juris, Rn. 32.

824 S. *Oebbecke,* NVwZ 2010, 665, wonach die demokratische Legitimation der Aufgabenwahrnehmung im Rahmen von öffentlich-rechtlichen Vereinbarungen mangels besonderer Vorkehrungen nicht unproblematisch ist.

825 Vgl. *Teuber,* KommJur 2008, 444 (447).

wendungsbereich des Vergaberechts unterliegt. Insbesondere aktuelle Entwicklungen in der EuGH-Rechtsprechung sprechen dafür, interkommunale Kooperationen von der grundsätzlichen Anwendbarkeit des Vergaberechts auszunehmen.[826] Mit Urteil v. 9.6.2009 hat sich der EuGH grundlegend zur Vergaberechtsrelevanz kommunaler Zusammenarbeit geäußert.[827] In der zu entscheidenden Rechtssache ging es um die Entsorgungskooperation von vier niedersächsischen Landkreisen mit der Stadtreinigung Hamburg. Die Beteiligten hatten ohne vorherige Durchführung eines Ausschreibungsverfahrens einen Vertrag abgeschlossen. Die Entscheidung wird u. a. als »Paradigmenwechsel«[828], »Wendepunkt«[829], »Meilenstein«[830], »Durchbruch«[831] und »tiefschürfender Kriterienwandel«[832] der Rechtsprechung des Gerichtshofs bezeichnet.[833] Nach den bisherigen vergaberechtlichen Grundsätzen war eine Ausschreibung zwingend, wenn eine Vereinbarung zwischen einem öffentlichen Auftraggeber und einem von diesem abgrenzbaren Dienstleistungserbringer abgeschlossen werden sollte.[834] Nur das Vorliegen der Voraussetzungen für ein intrakommunales, vertikales In-house-Geschäft (Beauftragung von Tochterunternehmen innerhalb der öffentlichen Hand, ohne Durchführung eines Vergabeverfahrens) konnte es ermöglichen, von einer öffentlichen Ausschreibung ausnahmsweise abzusehen.[835] Nunmehr sind jedenfalls auch interkommunale, horizontale Kooperationen bei Vorliegen bestimmter Voraussetzungen dem Anwendungs-

826 Im Rahmen der Vergaberechtsreform 2008 konnte hingegen keine Mehrheit im Bundestag für eine ausdrückliche Freistellung der interkommunalen Zusammenarbeit vom Vergaberecht gefunden werden, vgl. BT-Drs. 16/11428, S. 9; Mitt. StGB NRW 2009, 212. Der Bundesrat hat diesbezüglich eine Entschließung verfasst, die die Bundesregierung auffordert, bei der nächsten Novellierung des Gesetzes eine entsprechende Regelung aufzunehmen, BR-Drs. 35/09 (Beschl.), S. 2. Es bleibt abzuwarten, wie der deutsche Gesetzgeber auf die neuesten Entwicklungen reagieren wird.

827 *EuGH,* Urt. v. 9.6.2009 – Rs. C-480/06 (»Stadtreinigung Hamburg«) –, in: Slg. 2009, I-04747 (Rn. 37) = KommJur 2009, 392 ff.

828 So *v. Donat/Lipinsky,* KommJur 2009, 361 (365).

829 *Gesterkamp,* AbfallR 2009, 229, (232).

830 So *Struve,* EuZW 2009, 805.

831 *Struve,* EuZW 2009, 805; *dies.,* Der Landkreis 2009, 487 (489); *Frenz,* NVwZ 2010, 609 f.

832 Vgl. *Brüning,* DVBl. 2009, 1539 (1544).

833 So *Gesterkamp,* AbfallR 2009, 229 (232); zu den bisherigen vergaberechtlichen Anforderungen an eine kommunale Gemeinschaftsarbeit in der Abfallwirtschaft vgl. *Beckmann/Gesterkamp,* AbfallR 2003, 279 ff.; *Queitsch,* KStZ 2009, 21 (28 f.).

834 *Gesterkamp,* AbfallR 2009, 229 (232).

835 Vgl. *Gesterkamp,* AbfallR 2009, 229 (232).

bereich des Vergaberechts entzogen.[836] Der im EuGH-Urteil »Stadtreinigung Hamburg« unangetastete bzw. nicht einschlägige Ausnahmetatbestand der In-house-Vergabe setzt voraus, dass erstens der Auftraggeber über den Auftragnehmer eine Kontrolle wie über eigene Dienststellen ausübt (Kontrollkriterium) und zweitens die beauftragte Körperschaft im Wesentlichen für die Gebietskörperschaft(en) tätig ist, die ihre Anteile innehat bzw. innehaben (Wesentlichkeitskriterium).[837]

Nach der nunmehr neuen Ausnahme vom Anwendungsbereich des Vergaberechts, der interkommunalen Kooperation bei gemeinsamen öffentlichen Aufgaben, ist eine förmliche europaweite Ausschreibung nicht erforderlich, wenn öffentliche Stellen eine gemeinschaftliche Aufgabenerledigung vertraglich vereinbaren, bei der alle Partner Beiträge zur Erfüllung einer ihnen allen obliegenden öffentlichen Aufgabe übernehmen.[838] Die zentrale Eingangsfrage wird dabei sein, ob es sich bei der jeweiligen Tätigkeit im Rahmen einer interkommunalen Kooperation um die Erfüllung einer »öffentlichen bzw. im allgemeinen Interesse liegenden Aufgabe« handelt.[839] Bei der zwischen den Gebietskörperschaften geregelten Abfallentsorgung handelt es sich um eine derartige Aufgabe i. S. d. Gemeinschaftsrechts, die der Umsetzung der Richtlinien 75/442/EWG »zur Förderung der Rationalisierung des Einsammelns, Sortierens und der Behandlung von Abfällen«[840] und 91/156/EWG mit dem Ziel der ortsnahen Abfallverwertung[841] dient.[842] Formal unterliegt die Zusammenarbeit einer Rechtsformfreiheit, Private dürfen jedoch nicht beteiligt sein. Eine Aufgabenübertragung ist nicht erforderlich. Inhaltlich ist erforderlich, dass vereinbarte Entgelte sich in der reinen Erstattung von Kosten erschöpfen und durch die Zusammenarbeit die Vergabe von Aufträgen an Dritte nicht präjudiziert

---

836 *Gesterkamp,* AbfallR 2009, 229 (232).

837 *EuGH,* Urt. v. 18.11.1999 – Rs. C-107/98 (»Teckal«) –, in: Slg. 1999, S. I-08121 (Rn. 50) = NZBau 2000, 90 f.

838 Vgl. *Allekotte/Schulte,* Gemhlt 2009, 276 (279).

839 S. *v. Donat/Lipinsky,* KommJur 2009, 361 (366).

840 Art. 6 RL 75/442/EWG, ABl., L 194 v. 25.7.1975, S. 39 (geändert durch RL 91/156/EWG, ABl., L 78 v. 26.3.1991, S. 32 ff.).

841 Art. 5 Abs. 2 RL 91/156/EWG, ABl., L 78 v. 26.3.1991, S. 32; so auch in § 5 Abs. 1 S. 2 AbfRRL 2006/12/EG, ABl. EU, L 114 v. 27.4.2006, S. 9 (11); zuletzt geändert durch Art. 16 AbfRRL 2008/98/EG, ABl. EU, L 312 v. 22.11.2008, S. 3 (14 f.).

842 *EuGH,* Urt. v. 9.6.2009 – Rs. C-480/06 (»Stadtreinigung Hamburg«) –, in: Slg. 2009, I-04747 (Rn. 37) = KommJur 2009, 392; hierzu: *Müller,* Gemhlt 2010, 111 f.; *Hausmann,* VR 2010, 191 f.

oder vereinbart wird.[843] Voraussetzung für die Vergaberechtsneutralität einer kommunalen Kooperation ist jedoch, dass alle an der gemeinsamen Aufgabenerledigung beteiligten Kommunen mit der Gemeinschaftsarbeit jeweils die Wahrnehmung von Aufgaben verfolgen, die ausschließlich von Überlegungen und Erfordernissen bestimmt werden, die mit der Verfolgung im öffentlichen Interesse liegender Ziele zusammenhängen.[844] Daran wird es regelmäßig dann fehlen, wenn die konkrete gemeindliche Zusammenarbeit letztlich eine klassische Beschaffungssituation widerspiegelt, eine Kommune bei einer anderen also Leistungen gegen Entgelt wie bei einem am Markt agierenden Unternehmen beschafft.[845] Solche, auf die Beschaffung von Leistungen ausgerichteten Verträge unterliegen auch weiterhin dem Anwendungsbereich des Vergaberechts.[846] Zusammenfassend ist eine interkommunale Kooperation somit vergaberechtsfrei, wenn

- ausschließlich öffentliche Stellen ohne Beteiligung Privater
- zur gemeinsamen Erfüllung einer ihnen allen jeweils obliegenden öffentlichen Aufgabe zusammenwirken,
- das vereinbarte Entgelt sich in einer reinen Kostenerstattung erschöpft
- und im Vertrag die Vergabe von Aufträgen an Dritte nicht vereinbart und nicht präjudiziert wird.

Nicht formale Kriterien, wie Aufgabenübertragung und Rechtsform, sondern die inhaltliche Ausgestaltung der kommunalen Gemeinschaftsarbeit ist somit zukünftig entscheidend für deren vergaberechtliche Beurteilung.[847] Durch die Grundsatzentscheidung in der Rechtssache »Hamburger Stadtreinigung« hat der EuGH den Spielraum deutscher Gebietskörperschaften, interkommunal zu kooperieren, erheblich erweitert. Jedoch beziehen sich die aufgestellten Voraussetzungen auf den dem Urteil zugrunde liegenden Sachverhalt. Es bleibt abzuwarten, wie die vom EuGH beschriebenen Grundkriterien im Einzelnen näher ausgestaltet werden.

843 S. zu den inhaltlichen Anforderungen an die Zusammenarbeit: *Allekotte/Schulte,* Gemhlt 2009, 276 f.

844 *Gesterkamp,* AbfallR 2009, 229 (234).

845 *Gesterkamp,* AbfallR 2009, 229 (234).

846 So *Gesterkamp,* AbfallR 2009, 229 (234).

847 So *Allekotte/Schulte,* Gemhlt 2009, 276.

I. Überörtliche kommunale Entsorgungsbetätigung

Fraglich ist, ob die überörtliche Betätigung eines kommunalen Entsorgungsunternehmens eine Lösung für das bestehende Spannungsverhältnis zwischen öffentlich-rechtlichen Entsorgungsträgern und der privaten Abfallwirtschaft bietet. Oder anders formuliert: Besteht die Möglichkeit, Gemeindeeinwohner, die als Kunden im Wettbewerb verloren gehen, durch neue Kunden außerhalb des eigenen Gebiets auszugleichen?[848] Das in Art. 28 Abs. 2 S. 1 GG verankerte Recht der kommunalen Selbstverwaltung enthält eine grundsätzliche Beschränkung auf »Angelegenheiten der örtlichen Gemeinschaft«. Letztere beinhalten eine regionale Begrenzung des territorialen Wirkungskreises der Kommune. Der Handlungsspielraum der Kommunen ist grundsätzlich auf das jeweilige Gemeindegebiet beschränkt (sog. kommunales Örtlichkeitsprinzip). Unter »Angelegenheiten der örtlichen Gemeinschaft« werden seit der sog. »Rastede-Entscheidung« des BVerfG diejenigen »Bedürfnisse und Interessen« verstanden, »die in der örtlichen Gemeinschaft wurzeln oder auf sie einen spezifischen Bezug haben, die also den Gemeindeeinwohnern gerade als solchen gemein sind, indem sie das Zusammenleben und -wohnen der Menschen in der (politischen) Gemeinde betreffen«.[849] Eine außergemeindliche Wirtschaftsbetätigung kann einem auf die Kommune bezogenen öffentlichen Zweck grundsätzlich nur schwerlich unmittelbar dienen.[850] Der Wettbewerb endet jedoch nicht an Gemeindegrenzen.[851] § 107 Abs. 4 GO NRW ermöglicht daher unter bestimmten Bedingungen die überörtliche Betätigung.

I. Differenzierte Betrachtung

Bei der Erweiterung des gemeindlichen Wirkungskreises ist jedoch zu differenzieren: Erfolgt die kommunale Aufgabenwahrnehmung im eigenen Gemeindegebiet, wird man den Schutz der Selbstverwaltungsgarantie gem. Art. 28 Abs. 2 S. 1 GG als gewahrt ansehen können, da die verfassungsrechtlich gewährleistete Dezentralität der kommunalen Selbstverwaltung

848 Vgl. *Guckelberger,* BayVBl. 2006, 293; *Leder,* DÖV 2008, 173 (179).

849 *BVerfG,* Beschl. v. 23.11.1988 – 2 BvR 1619, 1628/83 (»Rastede«) –, in: BVerfGE 79, 127 (151 f.) = DVBl. 1989, 300 (303) = NVwZ 1989, 347 (350).

850 *Langner,* Die örtliche Begrenzung kommunaler Wirtschaftstätigkeit und die Grundfreiheiten des EG-Vertrages, S. 38, 54; *Dünchheim/Schöne,* DVBl. 2009, 146 (154); *Michel,* Die Zulässigkeit überörtlicher kommunaler Wirtschaftstätigkeit im Bereich der Wasserversorgung, S. 119.

851 *Reck,* DVBl. 2009, 1546 (1551).

Wettbewerb bei der Aufgabenerfüllung nicht ausschließt.[852] Damit ist auch die Deponierung und Entsorgung von Abfällen anderer Kommunen durch expandierende Gemeinden gedeckt.[853] Die kommunale Erbringung von Leistungen an Gebietsfremde außerhalb des Gemeindegebiets ohne Zustimmung der betroffenen Kommune stellt hingegen keine »Angelegenheit der örtlichen Gemeinschaft« dar.[854] Sie wird durch die Selbstverwaltungsgarantie nicht gedeckt.[855] Es liegt ein rechtfertigungsbedürftiger Eingriff in den verfassungsrechtlich geschützten Gewährleistungsbereich der Kommune vor, der auch den Schutz vor Beeinträchtigungen durch einen gleichrangigen Verwaltungsträger (Grundsatz des gemeindefreundlichen Verhaltens bzw. der interkommunalen Rücksichtnahme) beinhaltet.[856] Aber auch ein überörtliches Tätigwerden im Einverständnis der Nachbargemeinde bedarf aufgrund der objektiven Rechtsinstitutsgarantie der kommunalen Selbstverwaltung, die die Gewährleistung eines bestimmten Aufgabenbereichs und die eigenverantwortliche Aufgabenerfüllung umfasst, einer gesetzlichen Grundlage.[857]

II. § 107 Abs. 4 S. 1 GO NRW

Art. 28 Abs. 2 S. 1 GG schließt es jedoch nicht aus, dass der Gesetzgeber »der kommunalwirtschaftlichen Betätigung einen Rahmen setzt«[858] und innerhalb dessen den wirtschaftlich agierenden Kommunen durch Gesetz über diesen verfassungsrechtlich gewährten Zuständigkeitskreis hinaus zusätzliche Handlungsmöglichkeiten eröffnet.[859] Die Vorschrift gewährleistet die kommunale Selbstverwaltung (nur) »im Rahmen der Gesetze«. Die im Zuge des Gesetzes zur Stärkung der kommunalen Selbstverwaltung 2007 novellierte Regelung des § 107 Abs. 4 S. 1 GO NRW lässt eine

---

852 *Oebbecke,* ZHR 164 (2000), 375 (387); *Rode,* Räumlicher Wirkungskreis kommunaler Unternehmen, S. 50, der eine Einschränkung dahin gehend vornimmt, dass Einrichtungen, die sich überwiegend an Ortsfremde richten, nicht als schwerpunktmäßig eigene Aufgabenerfüllung eingestuft werden können.

853 Vgl. *Oebbecke,* ZHR 164 (2000), 375 (387).

854 *Oebbecke,* ZHR 164 (2000), 375 (387).

855 *Oebbecke,* ZHR 164 (2000), 375 (387).

856 *Jarass,* DVBl. 2006, 1 (3); *Dünchheim/Schöne,* DVBl. 2009, 146 (153).

857 *Oebbecke,* ZHR 164 (2000), 375 (388); zur objektiven Rechtsinstitutsgarantie s. *Tepe,* Verfassungsrechtliche Vorgaben für Zuständigkeitsverlagerungen zwischen Gemeindeverbandsebenen, S. 53 f.

858 So *Ehlers,* Der Landkreis 2007, 456 (458).

859 *OVG NRW,* Beschl. v. 1.4.2008 – 15 B 122/08 –, in: NVwZ 2008, 1031 (1035); *Dünchheim/Schöne,* DVBl. 2009, 146 (153); *Burgi,* Kommunalrecht, § 17 Rn. 48.

nichtwirtschaftliche Betätigung außerhalb des Gemeindegebiets unter bestimmten, näher zu spezifizierenden Anforderungen ausdrücklich zu. In verfassungsrechtlicher Hinsicht ist damit das gem. Art. 28 Abs. 2 S. 1 GG garantierte kommunale Selbstverwaltungsrecht der betroffenen Gemeinde gegen etwaige Expansionen eines fremden Satzungsgebers dadurch ausreichend geschützt bzw. gerechtfertigt, dass § 107 Abs. 4 S. 1 GO NRW bestimmte, gemeinwohlorientierte Voraussetzungen als Zulässigkeitsschranke für eine gemeindeübergreifende, nichtwirtschaftliche Tätigkeit enthält.[860]

Die Vorschrift fordert bei nichtwirtschaftlicher Betätigung außerhalb des Gemeindegebiets, dass ein öffentlicher Zweck das Tätigwerden erfordert, diese nach Art und Umfang in einem angemessenen Verhältnis zu der Leistungsfähigkeit der Gemeinde steht und die Wahrung der berechtigten Interessen der betroffenen Zielgemeinde gewährleistet ist. Die Abfallentsorgung unterfällt zunächst gem. § 107 Abs. 2 S. 1 Nr. 4 GO NRW der nichtwirtschaftlichen Betätigung.[861]

1. Außerhalb des Gemeindegebiets

Eine nichtwirtschaftliche Betätigung »außerhalb des Gemeindegebiets« i. S. d. Expansionsklausel des § 107 Abs. 4 S. 1 GO NRW ist nur dann gegeben, wenn die Betätigung nicht im Gemeindegebiet erfolgt. Dies bedeutet, dass etwa die Entsorgung von Abfall in einer innerhalb des Gemeindegebiets gelegenen Entsorgungsanlage nicht den Betätigungsschranken des § 107 Abs. 4 S. 1 GO NRW unterliegt.[862] Dies gilt unabhängig davon, ob der Abfall außerhalb des Gemeindegebiets angefallen und gesammelt worden ist.[863] Denn nach § 107 Abs. 4 S. 1 GO NRW kommt es auf den Betätigungsort, hier der Entsorgung, an. Nicht maßgeblich ist dagegen, für welchen räumlichen Bereich die Tätigkeit Auswirkungen hat oder wo der Auftraggeber seinen Sitz hat.[864] Voneinander abtrennbare Tätigkeiten – wie die Entsorgung und Einsammlung – sind hierbei jeweils gesondert in

860 Kritisch hierzu: *Ehricke,* Die Vereinbarkeit des kommunalen Örtlichkeitsprinzips mit dem EG-Recht, S. 8, der die Auswirkungen der Beschränkungen des kommunalen Örtlichkeitsprinzips mit einem »Wettbewerb in Fesseln« bildlich umschreibt.

861 S. *Beckmann/David,* DVBl. 1998, 1041 ff., zur inzwischen überholten Frage, ob dieser Privilegierungstatbestand einengend ausgelegt werden muss.

862 *OVG NRW,* Beschl. v. 1.4.2008 – 15 B 122/08 –, in: NVwZ 2008, 1031 (1034).

863 *OVG NRW,* Beschl. v. 1.4.2008 – 15 B 122/08 –, in: NVwZ 2008, 1031 (1034).

864 *OVG NRW,* Beschl. v. 1.4.2008 – 15 B 122/08 –, in: NVwZ 2008, 1031 (1034).

den Blick zu nehmen und nicht nach etwaigen Schwerpunkten für sämtliche Tätigkeiten einheitlich zu bewerten.[865] Die angesprochene Einsammlung und das Überlassen der Abfälle außerhalb des Gemeindegebiets stellen ein von der Entsorgung zu unterscheidendes, eigenständiges Element der Kreislaufwirtschaft dar, vgl. § 4 Abs. 5 KrW-/AbfG. Sie fallen bei Erfolg der Sammlung in einem anderen Gebiet unter die Regelung des § 107 Abs. 4 S. 1 GO NRW. Ein Bezug zur kommunalen Aufgabenstellung reicht hingegen nicht aus, um den Tatbestand der grenzüberschreitenden Tätigkeit entfallen zu lassen.[866] Dieser dürfte nämlich in aller Regel vorliegen und somit kein Kriterium sein, das der Eingrenzung der grenzüberschreitenden Betätigung dient.

2. Wahrung der berechtigten Interessen der betroffenen kommunalen Gebietskörperschaften

Die überörtliche Betätigung setzt des Weiteren gem. § 107 Abs. 4 S. 1 GO NRW voraus, dass »die berechtigten Interessen der betroffenen kommunalen Gebietskörperschaften gewahrt sind«. Diese Voraussetzung ist grundsätzlich gegeben, wenn die Zustimmung der von der Expansion betroffenen Kommune vorliegt.[867] Darüber hinaus hat die Verweigerung der Zustimmung nur Bedeutung, wenn sie durch »berechtigte Interessen« fundiert ist.[868] Die Geltendmachung entgegenstehender Interessen bedarf einer nachvollziehbaren, legitimen Grundlage. Berechtigte Interessen liegen beispielsweise vor, wenn sich die Kommune selbst in zulässiger Weise wirtschaftlich betätigt oder nachweisbar betätigen will, mit der kommunalen Konkurrenz nicht einverstanden ist und zudem durch die Konkurrenz nicht unerheblich beeinträchtigt ist.[869] Liegen berechtigte Interessen vor, so ist eine überörtliche Betätigung nur zulässig, wenn selbige »gewahrt sind«. Damit wird das

865 *OVG NRW,* Beschl. v. 1.4.2008 – 15 B 122/08 –, in: NVwZ 2008, 1031 (1034); hierzu: *Klages,* AbfallR 2008, 139 (141); *Dünchheim/Schöne,* DVBl. 2009, 146 (152); a. A.: *OVG RhPf,* Urt. v. 21.3.2006 – 2 A 11124/05 –, in: ZUR 2006, 320 f., das eine »Insgesamt«-Betrachtung der kommunalwirtschaftlichen Betätigung nach dem Schwerpunkt der Wertschöpfung vornimmt; *Michel,* Die Zulässigkeit überörtlicher kommunaler Wirtschaftstätigkeit im Bereich der Wasserversorgung, S. 98.

866 So aber *Ehlers,* Der Landkreis 2007, 456 (460).

867 *Jarass,* DVBl. 2006, 1 (8).

868 *Jarass,* DVBl. 2006, 1 (8).

869 S. zur Geltung und Reichweite des Örtlichkeitsprinzips: *Ehlers,* Der Landkreis 2007, 456 (461); *Langner,* Die örtliche Begrenzung kommunaler Wirtschaftstätigkeit und die Grundfreiheiten des EG-Vertrages, S. 83 ff.

Erfordernis einer Abwägung zwischen den konkreten Interessen der expandierenden Gemeinde an einer wirtschaftlichen Betätigung und den Belangen der in ihrem Selbstverwaltungsrecht betroffenen Zielgemeinde im Rahmen der interkommunalen Rücksichtnahme unterstrichen.[870] § 107 Abs. 4 S. 1 GO NRW setzt somit nicht zwingend die Zustimmung der benachbarten Gebietskörperschaft voraus.[871] Es können im Fall der verweigerten Zustimmung auch andere wichtige Gemeinwohlinteressen, wie beispielsweise, die ansonsten nicht vorhandene Gewährleistung einer flächendeckenden Abfallentsorgung, das Selbstverwaltungsrecht dieser Gemeinde überwiegen und somit eine grenzüberschreitende Betätigung rechtfertigen.[872] Erforderlich ist aber in jedem Fall die rechtzeitige Information und aktive Beteiligung der betroffenen Gemeinde. Um unnötige Verletzungen des Selbstverwaltungsrechts einer Kommune bis hin zur Schaffung vollendeter Tatsachen zu vermeiden, ist der von einer überörtlichen Wirtschaftsbetätigung betroffenen Gemeinde Gelegenheit zur substantiierten Stellungnahme zu geben, bevor ein anderes kommunales Unternehmen in ihrem Gebiet tätig wird.[873] Bislang sehen lediglich zwei Gemeindeordnungen vor, dass die Zielgemeinden so rechtzeitig vor der Aufnahme der wirtschaftlichen Tätigkeit in ihrem Gemeindegebiet zu informieren sind, dass sie ihre berechtigten Interessen geltend machen kann.[874]

Weiterhin ist gem. § 107 Abs. 4 S. 1 GO NRW i. V. m. § 107 Abs. 1 S. 1 Nr. 2 GO NRW die Grenze der gemeindlichen Leistungsfähigkeit zu beachten.

3. Erfordern eines öffentlichen Zwecks (§ 107 Abs. 4 S. 1 GO NRW i. V. m. § 107 Abs. 1 S. 1 Nr. 1 GO NRW)

Eine nichtwirtschaftliche Betätigung außerhalb des Gemeindegebiets setzt nach § 107 Abs. 4 S. 1 GO NRW i. V. m. § 107 Abs. 1 S. 1 Nr. 1 GO

870 *Langner,* Die örtliche Begrenzung kommunaler Wirtschaftstätigkeit und die Grundfreiheiten des EG-Vertrages, S. 87.

871 Vgl. *Jarass,* DVBl. 2006, 1 (8); anders: *Winnik,* Die abfallwirtschaftliche Betätigung der Gemeinden, S. 178 f.

872 Vgl. *Winnik,* Die abfallwirtschaftliche Betätigung der Gemeinden, S. 178; *Michel,* Die Zulässigkeit überörtlicher kommunaler Wirtschaftstätigkeit im Bereich der Wasserversorgung, S. 187.

873 S. zur verfahrensrechtlichen Position der betroffenen Gemeinde: *Guckelberger,* BayVBl. 2006, 293 (297).

874 § 116 Abs. 3 S. 3 GO LSA; § 101 Abs. 2 S. 3 GO SH; s. hierzu: *Guckelberger,* BayVBl. 2006, 293 (297).

NRW weiter voraus, dass ein öffentlicher Zweck die Betätigung erfordert. Hinsichtlich des Begriffs des Erforderns reicht es aus, dass die Betätigung für den öffentlichen Zweck objektiv erforderlich i. S. v. vernünftigerweise geboten ist.[875]

Der Begriff des öffentlichen Zwecks umfasst jede gemeinwohlorientierte, im öffentlichen Interesse der Einwohner liegende Zielsetzung und schließt lediglich die Gewinnerwirtschaftung als öffentlichen Zweck aus.[876] Letztere vermag auch keinen ausreichenden öffentlichen Zweck darzustellen, wenn die Einnahmen für ein unmittelbar dem Gemeinwohl dienendes Ziel eingesetzt werden.[877] Dieser Zweck vermag Gebietsüberschreitungen nicht zu rechtfertigen, zumal ansonsten das Örtlichkeitsprinzip jegliche Konturen verlieren und der Ausnahmefall zum Regelfall werden würde.[878] Mit dem durch die Gesetzesänderung 2007 eingefügten Erfordernis eines »dringenden öffentlichen Zwecks« sollten erhöhte Anforderungen an die Zulässigkeit einer Betätigung gestellt werden.[879] Nach der Begründung des Gesetz gewordenen Regierungsentwurfs sollte sich die Gemeinde verstärkt mit der Frage auseinandersetzen, ob der mit der wirtschaftlichen Betätigung verfolgte öffentliche Zweck tatsächlich so dringend ist, dass eine eigene, wirtschaftliche Betätigung erforderlich ist.[880] Durch die Herausnahme des Erfordernisses eines »dringenden« öffentlichen Zwecks hat der rot-grüne Gesetzgeber Ende 2010 diese liberale Verschärfung für die Kommunen wieder rückgängig gemacht und somit die Rahmenbedingungen im Gemeindewirtschaftsrecht wiederhergestellt, wie sie vor der Änderung im Jahre 2007 gegolten haben.[881] »Damit sollen die Rahmenbedingungen für die Zulässigkeit wirtschaftlicher Betätigung von Kommunen wieder deutlich verbessert werden. Aufsichtsrechtliche Beschränkungen, die sich durch den

875 *OVG NRW,* Beschl. v. 1.4.2008 – 15 B 122/08 –, in: NVwZ 2008, 1031 (1035).

876 *OVG NRW,* Beschl. v. 1.4.2008 – 15 B 122/08 –, in: NVwZ 2008, 1031 (1035); *Geerlings,* NWVBl. 2008, 90 f.

877 *Dünchheim/Schöne,* DVBl. 2009, 146 (154).

878 S. zu möglichen öffentlichen Zwecken und zur Gewinnerzielungsabsicht bei überörtlicher Betätigung: *Dünchheim/Schöne,* DVBl. 2009, 146 (155).

879 LT-Drs. 14/3979, S. 149.

880 LT-Drs. 14/3979, S. 149.

881 § 107 zuletzt geändert (neu gefasst) durch Artikel 1 des Gesetzes vom 21. Dezember 2010 (GV. NRW. S. 688), in Kraft getreten am 29. Dezember 2010. Der Entwurf des Gesetzes zur Revitalisierung des Gemeindewirtschaftsrechts – LT-Drs. 15/27 – wurde entsprechend der Beschlussempfehlung – LT-Drs. 15/867 – mit den Stimmen der Fraktionen von SPD, GRÜNE und DIE LINKE gegen die Stimmen der Fraktionen von CDU und FDP in 3. Lesung angenommen.

Nachweis eines »dringenden« öffentlichen Zwecks ergeben könnten, sollen so zum Vorteil der Kommunen gelockert werden. Der verfassungsrechtlichen Garantie auf kommunale Selbstverwaltung wird so wieder eine bessere Geltung verschafft.«[882]

a. Bezugsobjekt eines öffentlichen Zwecks

Die an das Vorliegen eines öffentlichen Zwecks zu stellenden Anforderungen sind an den unterschiedlichen Fallkonstellationen, die § 107 Abs. 4 S. 1 GO NRW unterfallen, und an der dortigen Verweisung auf § 107 Abs. 1 S. 1 Nr. 1 und Nr. 2 GO NRW zu messen. Differenzierende Anforderungen kommen zunächst hinsichtlich des Bezugsobjekts, für das die Tätigkeit einem öffentlichen Zweck dienen muss, in Betracht.[883] Insoweit sind zwei Fallkonstellationen zu unterscheiden: Zum einen kann die überörtliche Betätigung mit Zustimmung der betroffenen Gemeinde erfolgen. Zum anderen kann die expandierende Gemeinde die Betätigung ohne oder sogar gegen den Willen der anderen Kommune verfolgen. Bezugsobjekt kann im letzteren Fall nur die sich ausbreitende Gemeinde sein.[884] Im erstgenannten Fall könnte es durchaus ausreichen, wenn ein öffentlicher Zweck der Zielgemeinde erfüllt wird.[885] In der Folge sind an das Vorliegen eines weiteren öffentlichen Zwecks der expandierenden Gemeinde jedenfalls geringe Anforderungen zu stellen.[886]

Fraglich ist, ob den privilegierten Tätigkeiten i. S. d. § 107 Abs. 2 S. 1 GO NRW der öffentliche Zweck immanent ist[887] oder die Privilegierung lediglich eine Vermutung dafür begründet, dass diese Einrichtungen die Zulässigkeitsvoraussetzung für die wirtschaftliche Betätigung aus der Natur der Sache heraus erfüllen[888].[889] Entgegen einer Entscheidung des OVG

882 So der Gesetzesentwurf der Fraktion der SPD und der Fraktion BÜNDNIS 90/DIE GRÜNEN, LT-Drs. 15/27, S. 11.

883 *OVG NRW,* Beschl. v. 1.4.2008 – 15 B 122/08 –, in: NVwZ 2008, 1031 (1036).

884 So *OVG NRW,* Beschl. v. 1.4.2008 – 15 B 122/08 –, in: NVwZ 2008, 1031 (1036).

885 *OVG NRW,* Beschl. v. 1.4.2008 – 15 B 122/08 –, in: NVwZ 2008, 1031 (1036).

886 So *OVG NRW,* Beschl. v. 1.4.2008 – 15 B 122/08 –, in: NVwZ 2008, 1031 (1036); *OLG Düsseldorf,* Beschl. v. 13.8.2008 – VII-Verg 42/07 –, in: AbfallR 2008, 307 (LS), juris, Rn. 35.

887 So *Michel,* Die Zulässigkeit überörtlicher kommunaler Wirtschaftstätigkeit im Bereich der Wasserversorgung, S. 198.

888 *Uechtritz/Otting,* in: Hoppe/Uechtritz, Handbuch Kommunale Unternehmen, § 6 Rn. 123.

889 Hierzu: *Teufel/Kempkes,* KommJur 2007, 206 f.

NRW[890], die zu § 107 Abs. 1 S. 1 Nr. 1 GO NRW a. F. ergangen ist, kann zum Vorliegen eines nach der Rechtslage im Zeitpunkt des Beschlusses noch erforderlichen dringenden öffentlichen Zwecks aus dem Blickwinkel der betroffenen Gemeinde nicht auf § 107 Abs. 2 S. 1 Nr. 4 GO NRW zurückgegriffen werden, wonach der Betrieb von Einrichtungen der Abfallentsorgung nicht als wirtschaftliche Betätigung i. S. d. 11. Teils der GO NRW qualifiziert wird. Wäre einer nichtwirtschaftlichen Betätigung – wie die der Abfallentsorgung – der dringende öffentliche Zweck i. S. des alten Rechts automatisch immanent, so würde dies dazu führen, dass der Verweis auf § 107 Abs. 1 S. 1 Nr. 1 GO NRW a. F. (Erfordernis eines dringenden öffentlichen Zwecks) in § 107 Abs. 4 S. 1 GO NRW überflüssig gewesen wäre. Es ist aber davon auszugehen, dass der Gesetzgeber grundsätzlich nichts Überflüssiges regelt. Dieser fingiert für den Bereich der nichtwirtschaftlichen Betätigung einen lediglich einfachen und nicht dringenden öffentlichen Zweck.[891] Dies ergibt sich aus dem Wortlaut des § 107 Abs. 2 S. 2 GO NRW. Hiernach sind auch diese Einrichtungen (gemeint sind die in Abs. 2 S. 1 aufgelisteten) nach wirtschaftlichen Gesichtspunkten zu verwalten, soweit es mit ihrem öffentlichen Zweck vereinbar ist. Für die heutige Rechtslage ergibt sich aus dem Vorstehenden allerdings, dass der Verweis in § 107 Abs. 4 S. 1 GO NRW auf § 107 Abs. 1 S. 1 Nr. 1 GO NRW überflüssig geworden ist, da – wie ausgeführt – ein »einfacher« öffentlicher Zweck bereits durch § 107 Abs. 2 S. 2 GO NRW fingiert wird. Dies hat der Gesetzgeber offenbar im Rahmen der Novellierungen übersehen.

Entscheidend im Hinblick auf die Gemeinde, in deren Gebiet die Tätigkeit stattfindet, ist vielmehr, dass die Kreise und kreisfreien Städte nach § 5 Abs. 1 LAbfG NRW und die kreisangehörigen Gemeinden nach § 5 Abs. 6 S. 1 LAbfG NRW öffentlich-rechtliche Entsorgungsträger sind. Damit ist die betreffende Nachbargemeinde in ihrem Gebiet entsorgungspflichtig, §§ 13 Abs. 1 S. 1, 15 Abs. 1 S. 1 KrW-/AbfG. Sie ist von ihren Pflichten nur befreit, soweit Dritten – dazu gehört auch die mit Zustimmung der Zielgemeinde expandierende Gemeinde – Pflichten zur Entsorgung nach §§ 16 ff. KrW-/AbfG übertragen worden sind. Für die Nachbargemeinde ist

---

890 *OVG NRW,* Beschl. v. 1.4.2008 – 15 B 122/08 –, in: NVwZ 2008, 1031 (1036).

891 Die teilweise aufgeworfene Frage, ob durch den Katalog nichtwirtschaftlicher Betätigung ein Wertungswiderspruch zum System des KrW-/AbfG vorliegt, kann somit dahinstehen, da den privilegierten Tätigkeiten kein (dringender) öffentlicher Zweck immanent ist.

deshalb ein öffentlicher Zweck unabhängig davon gegeben, ob die Gemeinde der Aufgabe selbst oder durch Beauftragung einer anderen Gebietskörperschaft gem. § 16 Abs. 1 KrW-/AbfG nachkommt.[892]

Hinsichtlich des Vorliegens eines öffentlichen Zwecks auf Seiten der expandierenden Gemeinde ergeben sich folgende Überlegungen: Auch die Abfallentsorgung im Gebiet der ausgreifenden Gemeinde ist eine privilegierte nichtwirtschaftliche Betätigung gem. § 107 Abs. 2 S. 1 Nr. 4 GO NRW. Die dafür betriebenen Einrichtungen unterfallen ebenfalls der Privilegierung des gesetzlich fingierten öffentlichen Zwecks (vgl. § 107 Abs. 2 S. 2 GO NRW) der Abfallentsorgung. Gem. § 107 Abs. 2 S. 2 GO NRW sind auch diese Einrichtungen nach wirtschaftlichen Gesichtspunkten zu verwalten, soweit es mit ihrem öffentlichen Zweck vereinbar ist.

b. *Rentabilität*

Fraglich ist, ob die Erhaltung oder Steigerung der Rentabilität vorhandener kommunaler Anlagen durch bessere Auslastung einen öffentlichen Zweck darstellt, der eine Sammlung außerhalb des Gemeindegebiets zulässt.[893] Bezogen auf den »Kampf ums Altpapier« stellt sich die Frage, ob die ordnungsgemäße Erfüllung der kommunalen abfallwirtschaftlichen Aufgaben wegen der auf den Markt der Abfallwirtschaft drängenden privaten Unternehmen und den dadurch entstehenden Wettbewerb so sehr gefährdet erscheint, dass dies eine grenzüberschreitende Wirtschaftstätigkeit rechtfertigt.[894] Allein die Tatsache, dass sich die Kommunen in den lukrativen Sektoren nunmehr zunehmend privatwirtschaftlichem Wettbewerb ausgesetzt sehen, genügt nicht, um eine überörtliche Wirtschaftstätigkeit der kommunalen Unternehmen zu erlauben.[895] Die Gefährdung der Funktionsfähigkeit des öffentlich-rechtlichen Entsorgungssystems könnte aber eine überörtliche Betätigung rechtfertigen. Eine verfassungsrechtliche Rechtfertigung grenzüberschreitender kommunaler Wirtschaftstätigkeit ist möglich, wenn andernfalls die ordnungsgemäße und schadlose Erfüllung der betreffenden

892 *OVG NRW,* Beschl. v. 1.4.2008 – 15 B 122/08 –, in: NVwZ 2008, 1031 (1036).

893 Dagegen: *Klages,* AbfallR 2008, 139 (141); *Dünchheim/Schöne,* DVBl. 2009, 146 (154).

894 Generell verneinend: *Winnik,* Die abfallwirtschaftliche Betätigung der Gemeinden, S. 180.

895 Hierzu: *Ehricke,* Die Vereinbarkeit des kommunalen Örtlichkeitsprinzips mit dem EG-Recht, S. 8 f.; *Hellermann,* Örtliche Daseinsvorsorge und gemeindliche Selbstverwaltung, S. 212 f.

Aufgabe (vgl. §§ 5 Abs. 3, 10 Abs. 4 S. 1 KrW-/AbfG, § 5 Abs. 5 S. 1, 2 LAbfG NRW), etwa wegen Überschreitung der finanziellen Leistungskraft der expandierenden Gemeinde, nicht sicherzustellen wäre.[896] Eine ordnungsgemäße Wahrnehmung der Abfallentsorgung wird dadurch gefördert, dass vorhandene Kapazitäten möglichst ausgelastet sind, um die für die Abfallentsorgung erforderliche Einrichtung ihrem öffentlichen Zweck entsprechend auf dem jeweiligen Stand der Entsorgungstechnik dauerhaft und zugleich für die Abfallverursacher möglichst kostengünstig betreiben zu können.[897] Der Wettbewerb erfordert ergänzende Tätigkeiten, die einerseits dem gemeinderechtlichen Grundsatz der Wirtschaftlichkeit dienen, die aber andererseits als Mittel zur Auslastung von Kapazitäten und zur Steigerung von Effizienzen nur einen mittelbaren Bezug zum Gemeinwohl erfüllen, dabei aber die dauerhafte Durchführung des zwecklegitimierten Hauptbetätigungsfeldes gewährleisten.[898] Diese Randnutzungen dürfen jedoch nur untergeordneter Natur sein und können kein Grund dafür sein, das bestehende Fassungsvermögen der vorhandenen Anlagen zu erweitern.[899] Dieser wirtschaftliche Gesichtspunkt, nämlich die Auslastung der vorhandenen Kapazitäten, kann eine überörtliche Betätigung der Gemeinde erfordern.[900] Die Sicherstellung der Entsorgungssicherheit im Gemeindegebiet auf hohem Umweltschutzniveau und gleichzeitig zu sozialverträglichen Kosten stellt einen öffentlichen Zweck i. S. d. § 107 Abs. 4 S. 1 GO NRW i. V. m. § 107 Abs. 1 S. 1 Nr. 1 GO NRW dar.

Unproblematisch sind in diesem Zusammenhang auch alle herkömmlichen Erscheinungsformen interkommunaler Zusammenarbeit, wie sie z. B. im Gesetz über kommunale Gemeinschaftsarbeit (GkG NRW) ihre gesetzliche Ausgestaltung erfahren haben.

---

896 So *Winnik,* Die abfallwirtschaftliche Betätigung der Gemeinden, S. 180; *Brosius-Gersdorf,* AöR 130 (2005), 392 (439).

897 So auch *OVG RhPf,* Urt. v. 21.3.2006 – 2 A 11124/05 –, in: GewArch 2006, 288 f.; *OVG NRW,* Beschl. v. 1.4.2008 – 15 B 122/08 –, in: NVwZ 2008, 1031 (1036); *OLG Düsseldorf,* Beschl. v. 13.8.2008 – VII-Verg 42/07 –, in: AbfallR 2008, 307 (LS), juris, Rn. 37; *Jarass,* DVBl. 2006, 1 (7), der die gemeindeexterne Versorgung als untergeordnete Hilfstätigkeit als zulässig erachtet, dies aber noch unter Berücksichtigung der alten Gesetzeslage.

898 *Reck,* DVBl. 2009, 1546 (1550).

899 *Rode,* Räumlicher Wirkungskreis kommunaler Unternehmen, S. 51; *Guckelberger,* BayVBl. 2006, 293 f.

900 So *OVG NRW,* Beschl. v. 1.4.2008 – 15 B 122/08 –, in: NVwZ 2008, 1031 (1036); anders: *VK Thüringen,* Beschl. v. 7.5.2009 – 250-4003.20-2304/2009-007-SHK –, n. v.

J. Novellierung des KrW-/AbfG

Fraglich ist, inwiefern ein gesetzgeberischer Handlungsbedarf zur Novellierung des KrW-/AbfG, und hier insbesondere des § 13 Abs. 3 S. 1 Nr. 3 KrW-/AbfG, besteht. Feststeht, dass auch noch 15 Jahre nach Verabschiedung des KrW-/AbfG zentrale Auslegungsfragen des § 13 KrW-/AbfG ungeklärt sind und die Forderungen nach einer Gesetzesänderung sich mehren. Die Umsetzung der AbfRRL bietet hier die Gelegenheit, Änderungen des § 13 KrW-/AbfG vorzunehmen. Es stellt sich die Frage, wie man bestimmte Formulierungsdefizite des KrW-/AbfG durch Neufassung des Tatbestands vermeiden bzw. verbessern kann.[901] Vor dem Hintergrund der aktuellen Entwicklungen in der Rechtsprechung werden klarstellende[902] bzw. konkretisierende gesetzliche Regelungen diskutiert und eingefordert, die die jeweiligen Positionen der privaten sowie der öffentlich-rechtlichen Entsorgungswirtschaft stärken bzw. verdeutlichen sollen. Fraglich erscheint insbesondere, ob die engen, vom BVerwG im Altpapier-Urteil aufgezeigten Grenzen für gewerbliche Sammlungen in den offiziellen Novellierungsentwurf noch Einzug finden werden.[903] Der jetzt vorliegende RefE KrWG greift zwar einzelne Punkte der Entscheidung auf, scheint jedoch insgesamt eher eine Abkehr von der kommunenfreundlichen Auslegung des Gerichts vollzogen zu haben.

Kernstück der jetzigen Novelle ist das Gesetz zur Förderung der Kreislaufwirtschaft und Sicherung der umweltverträglichen Bewirtschaftung von Abfällen (Kreislaufwirtschaftsgesetz, KrWG).[904] Mit diesem sollen die AbfRRL 2008/98/EG ins deutsche Recht umgesetzt und zugleich auch die nationale Abfallwirtschaft weiterentwickelt werden. Die Umsetzungsfrist bis zum 12.12.2010 (vgl. Art. 40 Abs. 1 AbfRRL) konnte, wie sich schon früh abgezeichnet hat, nicht eingehalten werden. Der Gesetzesentwurf soll drei Monate nach seiner Verkündung in Kraft treten, vgl. Art. 6 RefE KrWG. Daneben werden notwendige Folgeänderungen, wie formale Anpassungen der Begrifflichkeiten, des BImSchG und verschiedener anderer Gesetze vorgeschlagen.

---

901 S. zur Tatbestandsbildung aus der Kritik geltender Normen: *Noll,* Gesetzgebungslehre, S. 291.

902 S. zum Aspekt der Gesetzesklarheit im Rahmen der Gesetzgebung: *v. Komorowski,* VBlBW 2009, 449 (451).

903 Vgl. *Klett,* AbfallR 2009, 279.

904 S. den RefE KrWG, veröffentlicht unter http://www.bmu.de/files/download/application/pdf/krwg_entwurf.pdf, zuletzt abgerufen am 21.12.2010.

Die nachfolgenden Ausführungen greifen nach einer kurzen Übersicht über die Ziele und Instrumente des Gesetzentwurfs die für eine gewerbliche Sammlung relevanten Vorschriften des RefE KrWG heraus. Angesichts der überaus kontrovers geführten Diskussion um die Novellierung des Abfallrechts ist derzeit nicht genau absehbar, wann und mit welchem exakten Inhalt das KrWG in Kraft treten wird.

I. Referentenentwurf Kreislaufwirtschaftsgesetz

1. Ziele und Instrumente der Gesetzesnovelle

Das BMU verfolgt mit seiner Novellierung das Ziel, die bindenden Bestimmungen der AbfRRL 2008/98/EG möglichst entsprechend umzusetzen, die Kreislaufwirtschaft stärker auf den Ressourcen-, Klima- und Umweltschutz auszurichten und durch eine Klarstellung und Präzisierung abfallrechtlicher Regelungen die Vollzugs- und Rechtssicherheit zu verbessern.[905] Künftig soll das Kreislaufwirtschafts- und Abfallgesetz unter dem Titel »Kreislaufwirtschaftsgesetz« fortgelten. Die neue Bezeichnung erleichtert zum einen die Zitierfähigkeit sowie den Sprachgebrauch des Gesetzes. Zum anderen unterstreicht es die Erweiterung der Zielsetzung des Regelungswerks. Zweck des Gesetzes ist es, die Kreislaufwirtschaft zur Schonung der natürlichen Ressourcen zu fördern und den Schutz von Mensch und Umwelt bei der Erzeugung und Bewirtschaftung[906] (bisher nur Beseitigung) von Abfällen sicherzustellen, § 1 RefE KrWG. Von einigen Seiten wird kritisiert, dass der Gesetzestitel somit den Aspekt einer umweltverträglichen Abfallentsorgung vernachlässigen würde. Fraglich ist aber, was Sinn und Zweck eines Gesetzestitels sein sollte. Der Anspruch, das »Gesamtpaket« der einzelnen Zielrichtungen des Regelungswerks in der Bezeichnung widerzuspiegeln, geht zwangsläufig nur zulasten einer praktikablen Handhabung. Der Alternativvorschlag, das Novellierungswerk schlicht »Abfallgesetz« zu nennen,[907] ist im Hinblick darauf, dass die Vorgängernormierung zum KrW-/AbfG bereits die Bezeichnung Abfall(beseitigungs)gesetz (AbfG) trug und dies somit zu Verwechslungsproblemen führen könnte, abzulehnen.

---

905 *BMU,* Begr. RefE KrWG, S. 114.

906 Zum Begriff »Abfallbewirtschaftung« vgl. die neue Legaldefinition in § 3 Abs. 14 RefE KrWG.

907 So *Garrelmann,* EILDIENST LKT NRW 2010, 326 f.

Die Eckpunkte des neuen KrWG sieht das für die Novellierung federführende BMU in folgenden Bereichen:[908]

a. Neue Begriffsbestimmungen

Die Begriffsbestimmungen des KrW-/AbfG werden mit dem europäischen Abfallrecht harmonisiert. Sie betreffen u. a. die an der Abfallbewirtschaftung beteiligten Akteure sowie die einzelnen, durch die neue fünfstufige Abfallhierarchie weiter aufgefächerten Bewirtschaftungshandlungen (§ 3 Abs. 19 bis 26 RefE KrWG).[909] So wird es erstmals EU-weit einheitliche Regelungen zum Ende der Abfalleigenschaft (§ 5 RefE KrWG), zur Abgrenzung von Abfall und Nebenprodukten (§ 4 RefE KrWG) sowie zur Unterscheidung zwischen Verwertung und Beseitigung (§ 3 Abs. 23, 26 RefE KrWG) geben. Das BMU hat hier die neuen EG-rechtlichen Vorgaben nahezu deckungsgleich integriert (vgl. Art. 3 Nr. 15 sowie 19, Art. 5, 6 AbfRRL). Der RefE KrWG enthält u. a. Legaldefinitionen zu den Begriffen der gemeinnützigen und der gewerblichen Sammlung (§ 3 Abs. 17, 18 RefE KrWG). Eine genauere Umschreibung der »privaten Haushaltungen«, wie von Teilen der Literatur gefordert,[910] enthält der Novellierungsentwurf nicht. Hier kann jedoch die Begriffsbestimmung in § 2 Nr. 2 GewAbfVO herangezogen werden. Der Verordnungsgeber ist zwar nicht berechtigt, den gesetzlichen Begriff der privaten Haushaltungen für den Bereich des KrW-/AbfG bzw. KrWG zu definieren. Es kann aber davon ausgegangen werden, dass diese Definition des Verordnungsgebers mit den Regelungen des Bundesgesetzes übereinstimmt, so dass eine ausdrückliche, eigene Definition im RefE KrWG als überflüssiger, bürokratischer Regelungsakt erscheinen würde. Bei den Begriffsbestimmungen ist jedoch insgesamt kritisch anzumerken, dass viele Definitionen Bestandteile des eigentlich zu umschreibenden Begriffs selbst beinhalten und somit der Gewinn einer solchen Regelung schwindet, vgl. § 3 Abs. 10, 11, 15, 16, 17, 18 RefE KrWG.

908 Die nachfolgenden Ausführungen zu den einzelnen Eckpunkten beruhen größtenteils auf: *BMU,* Eckpunkte des RefE, S. 1 ff., unter http://www.bmu.de/files/pdfs/allgemein/application/pdf/krwg_eckpunkte_bf.pdf, zuletzt abgerufen am 21.12.2010.

909 *Dieckmann,* AbfallR 2010, 64 ff., der in seinem Beitrag aber noch die Regelungen des AE KrWG zugrunde legt.

910 Statt aller: *Cosson,* AbfallR 2009, 154 (158).

b. Fünfstufige Abfallhierarchie

Im Unterschied zur bislang geltenden dreistufigen Abfallhierarchie (Vermeidung – Verwertung – Beseitigung) übernimmt der Entwurf in § 6 RefE KrWG die neue fünfstufige Hierarchie (Vermeidung – Vorbereitung zur Wiederverwendung – Recycling – sonstige, d. h. auch energetische Verwertung – Beseitigung) gem. Art. 4 AbfRRL.[911] Hierdurch werden die Vorbereitung zur Wiederverwendung und das Recycling deutlich gestärkt. Die vorgegebene Prioritätenfolge enthält hierbei lediglich ein Leitprinzip, so dass Ausnahmen von der Beachtung der Rangfolge zulässig sind.[912] Die Verwertungsverfahren sollen insbesondere durch eine flexible Optimierungsklausel auf die jeweils hochwertigste Verwertungsoption ausgerichtet werden, vgl. § 8 RefE KrWG. Dabei sind die Aspekte der technischen Möglichkeit, der wirtschaftlichen Zumutbarkeit und der sozialen Verträglichkeit besonders zu berücksichtigen, vgl. § 6 Abs. 2 S. 3 RefE KrWG.

c. Abfallvermeidungsprogramme

Nach Art. 29 Abs. 1 AbfRRL sind durch die Mitgliedstaaten bis Ende 2013 Abfallvermeidungsprogramme zu erstellen, in denen Abfallvermeidungsziele formuliert, bestehende Abfallvermeidungsmaßnahmen zusammengestellt und evaluiert sowie, darauf aufbauend, neue Schritte konzipiert werden.[913] Hierdurch soll die Abfallvermeidungspolitik gestärkt und gegenüber den Bürgern transparenter gemacht werden. Zur Umsetzung dieser Verpflichtung sieht § 33 Abs. 1 RefE KrWG ein Abfallvermeidungsprogramm des Bundes mit eigenverantwortlichen Beiträgen der Länder vor. Bei Nichtbeteiligung am Bundesprogramm müssen die Länder ein jeweils eigenes Programm aufstellen, § 33 Abs. 2 RefE KrWG. Die Länder können ihren Beitrag oder ihr eigenes Programm in den Abfallwirtschaftsplan integrieren, § 33 Abs. 4 S. 1 RefE KrWG.

d. Verbesserung der Ressourceneffizienz – Verstärkung des Recyclings

Über die Vorgaben der AbfRRL hinaus soll bis 2020 gem. § 14 Abs. 2 RefE KrWG für alle Siedlungsabfälle insgesamt eine Recyclingquote von 65 % (statt der in Art. 11 Abs. 2 lit. a AbfRRL geforderten 50 % zumindest

---

911 *BMU,* Eckpunkte des RefE, S. 1.
912 *Beckmann,* AbfallR 2010, 54 (56).
913 *BMU,* Eckpunkte des RefE, S. 1 f.

für die Stoffe Papier, Metall, Kunststoff und Glas) sowie gem. § 14 Abs. 3 S. 1 RefE KrWG für Bau- und Abbruchabfälle eine stoffliche Verwertungsquote von 80 % (statt der in Art. 11 Abs. 2 lit. b AbfRRL vorgesehenen 70 %) erreicht werden. Die Erhöhung der Quote rechtfertigt das federführende BMU unter Berücksichtigung des hoch entwickelten Standes der deutschen Entsorgungswirtschaft damit, dass bereits 2008 in Deutschland laut der Abfallbilanz des Statistischen Bundesamtes Quoten von 64 % bei den Siedlungsabfällen und von 89 % bei den Bau- und Abbruchabfällen größtenteils erreicht wurden.[914] Eine Übernahme der Vorgaben der AbfRRL wäre ein Rückschritt hinter den bereits erreichten Standard. Gleichwohl bieten die europäischen Getrennthaltungsgebote und Recycling-Vorgaben Gelegenheit, über eine Anpassung der eigenen Ziele nachzudenken.

Bis 2015 soll daneben flächendeckend die getrennte Sammlung von Bioabfällen eingeführt werden, vgl. § 11 Abs. 1 RefE KrWG. Die Vorschrift dient der Umsetzung von Art. 22 S. 1 lit. a AbfRRL, welcher die Mitgliedstaaten allgemein verpflichtet, geeignete Maßnahmen zur Förderung der getrennten Sammlung, Behandlung und Verwendung von Bioabfällen zu treffen.[915] Ziel ist es, das hohe Ressourcenpotenzial der bislang über den Hausmüll erfassten Bioabfälle effizienter zu erschließen.[916] Hierbei werden technische und wirtschaftliche Belange berücksichtigt. Der RefE KrWG beinhaltet keine Pflicht zur Einführung einer getrennten Bioabfallsammlung. Vielmehr wird dem öffentlich-rechtlichen Entsorgungsträger freigestellt, unter Berücksichtigung der Kriterien zur Erforderlichkeit, der technischen Möglichkeiten und wirtschaftlichen Zumutbarkeit (§ 11 Abs. 1 i. V. m. §§ 8 Abs. 1 S. 4, 7 Abs. 4 RefE KrWG) eine eigene Entscheidung zur Einführung einer Bioabfallsammlung zu treffen. Dabei können lokale Besonderheiten in die Abwägung mit eingestellt werden. Dies lässt fraglich erscheinen, ob das Ziel einer flächendeckend getrennten Sammlung von Bioabfällen mit der Regelung des § 11 Abs. 1 RefE KrWG erreicht werden kann. Vielmehr droht Deutschland in einen »Flickenteppich« unterschiedlicher Bioabfallentsorgungssysteme zu zerfallen.

Schließlich werden bereits jetzt die verordnungsrechtlichen Grundlagen für die Einführung der »Wertstofftonne« (gemeinsame Erfassung von Verpackungen und sog. stoffgleichen Nichtverpackungen, d. h. Kunststoffe

914 *BMU,* Begr. RefE KrWG, S. 175 f.
915 S. *BMU,* Begr. RefE KrWG, S. 169.
916 *BMU,* Eckpunkte des RefE, S. 1 f.

jedweder Art, Metalle, eventuell auch Holz, Textilien und elektronische Kleingeräte) in § 10 Abs. 1 Nr. 3 RefE KrWG gelegt. Neben der Verteilung der Entsorgungszuständigkeiten im Rahmen der Überlassungspflichten sind hier die größten Auseinandersetzungen zwischen kommunaler und privater Abfallwirtschaft zu beobachten.[917] Beide Kontrahenten beanspruchen das Sammlungs- und Verwertungsrecht der Wertstofftonne für sich. Erste kommunale Entsorger versuchen den Markt zu vereinnahmen und vollendete Tatsachen zu schaffen.

e. *Bürokratieabbau und effizientere Überwachung*

Anpassungen erfolgen auch im Bereich der Überwachung von Abfallerzeugern und -besitzern. Ziel der Neuerungen ist es, unnötige bürokratische Hindernisse abzuschaffen und gleichzeitig die behördliche Überwachung effizienter zu gestalten.[918] So wird anstelle des bisherigen Genehmigungsverfahrens eine Anzeigepflicht für Sammler (§ 18 RefE KrWG), Beförderer, Händler und Makler (§ 53 Abs. 1 S. 1 RefE KrWG) eingeführt. Lediglich bei gefährlichen Abfällen soll eine Pflicht bestehen, die Erlaubnis der zuständigen Behörde für die jeweilige Tätigkeit einzuholen, § 54 Abs. 1 S. 1 RefE KrWG.[919] Schließlich wird die gesetzliche Grundregelung über Entsorgungsfachbetriebe durch eine neue Verordnungsermächtigung in § 57 RefE KrWG ergänzt. Auf Grundlage der neuen Ermächtigung kann die Qualität der Betriebe gestärkt und das Gütezeichen »Entsorgungsfachbetrieb« besser vor unbefugter Benutzung abgesichert werden.

2. Überlassungspflichten nach dem RefE KrWG

Zu den umstrittensten Schlüsselstellen des bisherigen Abfallrechts und auch des aktuellen Gesetzgebungsverfahrens gehört die Verteilung der Zuständigkeiten zwischen den an der Entsorgung Beteiligten. Nachdem sich der »Kampf ums Altpapier« mit dem Grundsatzurteil des BVerwG vorübergehend beruhigt hatte, geht er nun mit der Neuregelung der Überlassungspflichten in eine nächste Runde. § 17 RefE KrWG enthält den bislang in § 13 KrW-/AbfG geregelten Schnittpunkt zwischen öffentlich-rechtlichen

917 S. zur Zulässigkeit der kommunalen Wertstofftonne nach dem Abfallrecht: *Pauly/Heidmann,* AbfallR 2010, 171.

918 *BMU,* Eckpunkte des RefE, S. 1 (3).

919 S. zu Anzeige- und Erlaubnispflichten: *Dieckmann,* AbfallR 2010, 64 (73).

Entsorgungsträgern und privater Abfallwirtschaft. Die Vorschrift zur gewerblichen Sammlung wurde in Begriffsbestimmungen (§ 3 Abs. 10, 15, 18 RefE KrWG), materielle (§ 17 RefE KrWG) und formelle (§ 18 RefE KrWG) Voraussetzungen aufgeteilt. Im Übrigen wird die Grundpflichtenkonzeption der Überlassungspflichten beibehalten. Der RefE KrWG folgt – wie das bisherige KrW-/AbfG – dem Verursacherprinzip. Die in § 17 geregelten Überlassungspflichten stellen sich daher als Ausnahme von diesem Grundkonzept dar.[920] Die Novelle verfolgt das Ziel, die kommunalen Überlassungspflichten für Haushaltsabfälle unter strikter Einhaltung des Unionsrechts und der Vorgaben des Koalitionsvertrags (»ohne Überlassungspflichten auszuweiten oder gewerbliche Sammlungen einzuschränken«) zu präzisieren.[921] Gem. § 17 Abs. 1 S. 1 RefE KrWG sind Abfälle aus privaten Haushaltungen weiterhin grundsätzlich den öffentlich-rechtlichen Entsorgungsträgern zu überlassen. Daneben werden die Grenzen der Eigenverwertung für private Haushalte klarer aufgezeigt. Die Verwertungsoption für gewerbliche Sammlungen von Abfällen bleibt weiterhin eröffnet, wird aber konkretisiert, um sowohl der Wirtschaft als auch den Kommunen Rechts- und Planungssicherheit zu verschaffen.[922]

a. *Eigenverwertung*

Die einschränkende Regelung gem. § 13 Abs. 1 S. 1 HS 2 KrW-/AbfG wurde in § 17 Abs. 1 S. 1 HS 2 RefE KrWG neu gefasst. Die räumliche Sphäre der Eigenverwertung wurde konkretisiert. Nach § 17 Abs. 1 S. 1 RefE KrWG sind Erzeuger oder Besitzer von Abfällen aus privaten Haushaltungen verpflichtet, diese Abfälle den öffentlich-rechtlichen Entsorgungsträgern zu überlassen, soweit sie zu einer Verwertung auf den von ihnen im Rahmen ihrer privaten Lebensführung genutzten Grundstücken nicht in der Lage sind oder diese nicht beabsichtigen. Nur unter diesen engen Voraussetzungen soll eine Eigenverwertung gem. § 17 Abs. 1 S. 1 HS 2 RefE KrWG zulässig sein. Es muss sich dabei laut Begründung um Grundstücke handeln, die von den privaten Haushaltungen ohnehin im Rahmen der privaten Lebensführung, d. h. zur Erholung oder gärtnerischen Betätigung,

---

920 So *BMU,* Begr. RefE KrWG, S. 178.

921 *BMU,* Eckpunkte des RefE, S. 1 (3); Koalitionsvertrag »Wachstum, Bildung, Zusammenhalt«, 24.10.2009, S. 24, unter http://www.cducsu.de/Titel__wachstum_bildung_zusammenhalt/TabID__6/SubTabID__9/InhaltTypID__3/InhaltID__14121/inhalte.aspx, zuletzt abgerufen am 21.12.2010.

922 *BMU,* Eckpunkte des RefE, S. 1 (3).

genutzt werden, wie z. B. eigene, gemietete bzw. gepachtete Gartengrundstücke.[923] Gezielten Umgehungen, indem Grundstücke nur zum Zwecke der Entsorgung von Abfällen angemietet bzw. erworben werden, soll somit »ein Riegel vorgeschoben werden«. Eine Beschränkung der Eigenverwertung auf die von den Erzeugern oder Besitzern von Abfällen im Rahmen ihrer privaten Lebensführung genutzten Grundstücke enthält das geltende Recht bisher nicht.

Die ausdrückliche Nennung der Drittbeauftragung, wie sie noch § 16 Abs. 1 S. 1 HS 2 AE KrWG vorsah, wurde hingegen ersatzlos gestrichen. Die Entwurfsbegründung enthält hierzu keine Ausführungen. Fraglich ist, wie diese Vorgehensweise zu deuten ist. Zum einen könnten die Entwurfsverfasser den Zusatz als überflüssig erachten, da § 22 RefE KrWG bereits eigenständig die Beauftragung Dritter regelt.[924] Hierfür spricht die Begründung zu § 22 RefE KrWG: Hiernach entsprechen »die Voraussetzungen und die Rechtsfolgen der Beauftragung Dritter durch die zur Verwertung und Beseitigung verpflichteten Abfallerzeuger und -besitzer [...] dem bisherigen Recht. [...] Die Verantwortlichkeit der Abfallerzeuger und -besitzer bleibt auch im Falle der Drittbeauftragung solange bestehen, bis die Entsorgung [...] endgültig und ordnungsgemäß abgeschlossen ist.«[925] Dies zeigt, dass das federführende Ministerium davon ausgeht, dass auch Abfallverursacher Dritte mit der Erfüllung ihrer Entsorgungspflichten beauftragen können. Zudem gilt die räumliche »Beschränkung der Verwertung auf die Grundstückssphäre [...] nicht für Abfälle, die durch die Tätigkeit gewerblicher Abfallerzeuger auf dem Grundstück anfallen, wie etwa Baum- oder Rasenschnitt gewerblicher Gartenbaubetriebe. Diese Abfälle sind in aller Regel den gewerblichen Abfallerzeugern zuzurechnen und dürfen daher nach wie vor auch außerhalb des Grundstücks verwertet werden.«[926] Der Ausdruck »wie etwa« verdeutlicht, dass hier die genannten Beispiele nicht abschließend sind. Fraglich ist, ob Abfälle, die beispielsweise bei Bauarbeiten auf dem Grundstück entstehen, auch hierunter fallen oder ob die aufgeführten Beispiele dafür sprechen, dass es sich nur um gleich gelagerte Bioabfälle handeln darf.

923 *BMU,* Begr. RefE KrWG, S. 180.

924 Ähnlich äußerte sich *Bleicher* auf dem Düsseldorfer Abfallrechtstag 2010, s. hierzu: *Klöck,* UPR 2010, 342 f., der den Einschub »unter Einschaltung Dritter« unter Hinweis auf die Tatsache, dass es fast immer zulässig sei, Dritte unterstützend einzuschalten, schlicht für überflüssig hält.

925 *BMU,* Begr. RefE KrWG, S. 186 f.

926 *BMU,* Begr. RefE KrWG, S. 180.

Es stellt sich zudem die Frage, ob zu den Abfällen, die durch die Tätigkeit gewerblicher Abfallerzeuger anfallen, auch gewerblich aus- bzw. nachsortierte Abfallfraktionen gehören.[927] Hier dürfte es jedoch bereits an der Voraussetzung des satzungsrechtlich näher eingrenzbaren Begriffs des »Anfallens« fehlen, da der Abfall in der Regel bereits mit dem Entledigungsakt des Besitzers bzw. Erzeugers angefallen ist. Auch das Auftreten von gewerblichen Abfallerzeugern in der räumlichen Sphäre des Grundstücksinhabers zeigt, dass die Einschaltung Dritter bei der Abfallverwertung nicht ausgeschlossen ist.

Zum anderen könnte sich das BMU aber auch gegen die Einschaltung Dritter bei privaten Haushaltungen entschieden haben. Die bewusste Herausnahme der Zuhilfenahme Außenstehender könnte so zu deuten sein, dass Erzeuger und Besitzer von Abfällen nicht befugt sein sollen, Dritte mit der Verwertung von Siedlungsabfällen zu beauftragen. Hierfür spricht auch das Grundsatzurteil des BVerwG, in dem ausdrücklich klargestellt wird, dass private Haushaltungen nicht befugt sind, für die Verwertung ihres Hausmülls Dritte zu beauftragen.[928] Man könnte der Auffassung sein, »was rechtlich durch die Rechtsprechung klar präzisiert worden ist, muss der Bundesgesetzgeber nicht mehr in überflüssiger Weise einer Regelung zuführen«.[929] Den oben angesprochenen Verweis auf die Abfallerzeuger und -besitzer in der Entwurfsbegründung zu § 22 RefE KrWG könnte man auch weniger bedeutungsvoll auslegen: Die Formulierung geht nicht über die im Gesetz(-Entwurf) bezeichneten »zur Verwertung und Beseitigung Verpflichteten« i. S. d. § 16 Abs. 1 S. 1 KrW-/AbfG bzw. § 22 S. 1 RefE KrWG hinaus. Die Erzeuger und Besitzer von Abfällen sind nämlich vorrangig zur Verwertung und Beseitigung verpflichtet, §§ 5 Abs. 2 S. 1, 11 Abs. 1 KrW-/AbfG. Auch unter Bezugnahme auf diesen Gesetzeswortlaut kam das BVerwG zum Ergebnis der Unzulässigkeit der Einschaltung Dritter im Rahmen der Eigenverwertung.[930]

Diese beiden Auslegungsmöglichkeiten zeigen, dass an dieser Stelle noch Begründungsbedarf besteht. Falls der Gesetzgeber sich gegen die Zuhilfe-

927 So die Befürchtungen der *Bundesvereinigung der kommunalen Spitzenverbände,* Stellungnahme zum RefE KrWG, S. 11, s. hierzu: *LKT NRW,* Rundschreiben-Nr. 0691/10, Anlage.

928 *BVerwG,* Urt. v. 18.6.2009 – 7 C 16/08 –, in: DVBl. 2009, 1242.

929 So *Queitsch,* AbfallR 2010, 188 (190).

930 *BVerwG,* Urt. v. 18.6.2009 – 7 C 16/08 –, in: DVBl. 2009, 1242 f.

nahme Außenstehender entscheidet, sollte er die Eigenverwertung ausdrücklich auf die Fälle ohne Zuhilfenahme Dritter beschränken.

b. Abfälle aus anderen Herkunftsbereichen

Die bisherige verschachtelte Regelung in § 13 Abs. 1 S. 2 KrW-/AbfG, wonach Abfälle zur Beseitigung aus anderen Herkunftsbereichen als privaten Haushaltungen ebenfalls überlassungspflichtig sind, wird im RefE KrWG beibehalten, vgl. § 17 Abs. 1 S. 2 RefE KrWG. § 13 Abs. 1 S. 1 HS 2 KrW-/AbfG hat lediglich durch § 17 Abs. 1 S. 3 RefE KrWG eine redaktionelle Klarstellung erfahren. Für Verwertungsabfälle aus anderen Herkunftsbereichen besteht nach wie vor keine Überlassungspflicht. Der RefE KrWG greift damit die von verschiedenen Seiten vertretenen Überlegungen, die Abgrenzung nach den Herkunftsbereichen der Abfälle[931] bzw. eine Unterscheidung zwischen sortenreinen und gemischten Abfallfraktionen[932] vorzunehmen, nicht auf. Der Abgrenzungsvorteil einer solchen Regelungskonzeption hat mit der deutlicheren Unterscheidung zwischen Verwertung und Beseitigung ohnehin an Relevanz verloren. Zudem dürfte der vollständige Ausschluss gewerblicher Sammlungen von der Erfassung von Haushaltsabfällen, insbesondere europarechtlich, nicht unproblematisch sein, worauf noch näher einzugehen sein wird.

c. Ausnahmen von der Überlassungspflicht

Der bisherige Ausnahmetatbestand des § 13 Abs. 2 KrW-/AbfG ist entfallen, da das neue KrWG eine befreiende Pflichtenübertragung nicht mehr vorsieht. Die bislang in § 16 Abs. 2 bis 4 sowie §§ 17, 18 KrW-/AbfG normierten Regelungen zur Aufgabenübertragung von öffentlich-rechtlichen

---

931 So *Gaßner,* AbfallR 2006, 13; *Gaßner/Thärichen,* MA 2009, 176 (179); ebenso *Seidel,* s. EUWID Recycling und Entsorgung, 27/2009, 28; *Hutsch,* NJ 2009, 314 (320). Die öffentlich-rechtlichen Entsorgungsträger wären nach diesem Ausgleichsmodell grundsätzlich für alle Abfälle aus privaten Haushaltungen entsorgungsverantwortlich. Abfälle aus sonstigen Herkunftsbereichen, wie insbesondere gewerbliche Abfälle, würden dagegen umfänglich der privaten Entsorgungszuständigkeit unterliegen. Diese fielen nur insoweit in den Bereich der kommunalen Entsorgungszuständigkeit, als diese gemeinsam mit Haushaltsabfällen erfasst werden. Diese Regelungskonzeption soll unabhängig davon gelten, ob es sich um Verwertungs- oder Beseitigungsabfälle handelt.

932 So *Kurth,* Vorstandspräsident des BDE, auf dem 11. Informationsseminar der Kanzlei GGSC am 4.6.2009, s. http://www.bde-berlin.org/?p=1302#more-1302, zuletzt abgerufen am 21.12.2010; *Beckmann/Wittmann,* AbfallR 2009, 235 (245).

Entsorgungsträgern, Verbänden und Selbstverwaltungskörperschaften der Wirtschaft auf Dritte sind im RefE KrWG aufgehoben worden. Auch dieser Regelungswegfall wird nicht näher begründet. Die Gründe für die komplette Streichung mögen u. a. darin liegen, dass im Novellierungsverfahren die Gefahr gesehen wurde, dass durch die zwischenzeitlich vorgeschlagene Gebührenerhebungsbefugnis Dritter in § 19 Abs. 3 S. 1 AE KrWG generell die Umsatzsteuerpflicht mit einer erheblichen Mehrbelastung der privaten Bürger ausgelöst wird, wenn die Aufgabenübertragung weiterhin gesetzlich geregelt ist.[933] Zudem besitzen die §§ 16 Abs. 2 bis 4 sowie §§ 17, 18 KrW-/AbfG seit dem Inkrafttreten des KrW-/AbfG nur wenig, wenn nicht gar überhaupt keine praktische Bedeutung.[934]

Die übrigen Ausnahmen von den Überlassungspflichten an den öffentlich-rechtlichen Entsorgungsträger sind in § 17 Abs. 2 RefE KrWG geregelt. § 17 Abs. 2 S. 1 Nr. 1, Nr. 2 und Nr. 3 RefE KrWG entsprechen den Ausnahmetatbeständen gem. § 13 Abs. 3 S. 1 Nr. 1, 1 lit. a und Nr. 2 KrW-/AbfG.

Mit § 17 Abs. 4 RefE KrWG soll die Ermächtigung für landesrechtliche Andienungs- und Überlassungspflichten für gefährliche Abfälle zur Beseitigung aufrechterhalten werden (bisher § 13 Abs. 4 KrW-/AbfG). Die Befugnis zum Neuerlass von Andienungspflichten für gefährliche Verwertungsabfälle wird gestrichen. Schon im bisherigen Recht hatte die Regelung keine Bedeutung, da von der Rechtsverordnungsermächtigung in § 13 Abs. 4 S. 3 KrW-/AbfG kein Gebrauch gemacht wurde. Wie bisher, sollen aber vor Inkrafttreten des KrW-/AbfG bestimmte Andienungspflichten für gefährliche Abfälle zur Verwertung unberührt bleiben.

d. Insbesondere: Gewerbliche Sammlung

Die gravierendste Änderung im Rahmen der Überlassungspflichten betrifft jedoch die gewerblichen Sammlungen:

933 Hierauf hinweisend: *Queitsch,* AbfallR 2010, 188 (192), der für seinen Vorschlag der Abschaffung der Aufgabenübertragung die Neuregelung des § 56 S. 3 WHG vergleichend heranzieht.

934 So *Queitsch,* AbfallR 2010, 188 (192).

aa. Legaldefinition

Der RefE KrWG enthält in § 3 Abs. 18 RefE KrWG, anders als noch der AE KrWG, eine Legaldefinition der gewerblichen Sammlung. Hiernach ist »eine gewerbliche Sammlung von Abfällen im Sinne dieses Gesetzes [...] eine Sammlung, die zum Zweck der Einnahmeerzielung erfolgt. Eine gewerbliche Sammlung ist auch dann anzunehmen, wenn sie auf der Grundlage vertraglicher Bindungen zwischen dem Sammler und dem privaten Haushalt in dauerhaften Strukturen abgewickelt wird.« Mit dieser Begriffsbestimmung entscheidet sich das federführende BMU ausdrücklich gegen die enge Auslegung des BVerwG, wonach der Begriff der gewerblichen Sammlung Tätigkeiten ausschließt, die nach Art eines Entsorgungsträgers auf der Grundlage vertraglicher Bindungen zwischen dem sammelnden Unternehmen und den privaten Haushaltungen in dauerhaften Strukturen abgewickelt werden.[935] Sie seien dagegen typischerweise ein allgemeines, auf freiwilliger Basis beruhendes Angebot der unentgeltlichen Überlassung verwertbarer Abfälle. Angesichts dieser Rechtsprechung sind die Ausführungen der Entwurfsverfasser zur Legaldefinition der gewerblichen Sammlung nicht nachvollziehbar. Die Regelung definiert hiernach »entsprechend der allgemeinen Auffassung im Abfallrecht die gewerbliche Sammlung von Abfällen als eine Sammlung, die zum Zweck der Einnahmeerzielung erfolgt«.[936] Das BMU rechtfertigt seine weite Klarstellung mit einer EU-rechtskonformen Auslegung unter Berücksichtigung der Grundfreiheiten der Warenverkehrs- und Wettbewerbsfreiheiten. Die Größe, der Organisationsgrad und die wirtschaftliche Leistungsfähigkeit der Sammlung sowie deren Intensität oder Marktverhalten gegenüber dem Bürger spielen für die Definition laut Begründung zu § 3 Abs. 18 RefE KrWG keine Rolle.[937] »Derartige Aspekte können allerdings im Zusammenhang mit der behördlichen Prüfung, ob einer gewerblichen Sammlung aufgrund ihrer Auswirkungen auf bestehende Entsorgungsstrukturen überwiegende öffentliche Interessen entgegenstehen, relevant sein (vgl. dazu § 17 Abs. 3 RefE KrWG).«[938]

935 *BVerwG,* Urt. v. 18.6.2009 – 7 C 16/08 –, in: DVBl. 2009, 1242 (1244).

936 Vgl. *BMU,* Begr. RefE KrWG, S. 152.

937 *BMU,* Begr. RefE KrWG, S. 152.

938 *BMU,* Begr. RefE KrWG, S. 152 f.

bb. Abgestufte Konkretisierung der öffentlichen Interessen

Die Regelung des § 13 Abs. 3 S. 1 Nr. 3 KrW-/AbfG wurde weitestgehend in § 17 Abs. 2 S. 1 Nr. 4 RefE KrWG übernommen. Die formelle Voraussetzung eines Nachweises wurde jedoch in eine eigene, nachfolgende Anzeigeverfahrensvorschrift ausgelagert und somit von den materiellen Voraussetzungen einer gewerblichen Sammlung getrennt. Die elementarste Neuerung beinhaltet aber § 17 Abs. 3 RefE KrWG, der das Merkmal »Entgegenstehen überwiegender öffentlicher Interessen« im Wege einer abgestuften Legaldefinition konkretisieren soll. Hier wurden die Ausführungen auch gegenüber dem AE KrWG erweitert. Nach § 17 Abs. 3 S. 1 RefE KrWG stehen überwiegende öffentliche Interessen nach § 17 Abs. 2 S. 1 Nr. 4 RefE KrWG »einer gewerblichen Sammlung insbesondere dann entgegen, wenn die Sammlung in ihrer konkreten Ausgestaltung die Funktionsfähigkeit des öffentlich-rechtlichen Entsorgungsträgers, des von diesem beauftragten Dritten oder des aufgrund einer Rechtsverordnung nach § 25 RefE KrWG eingerichteten Rücknahmesystems beeinträchtigt«. Es wird also ein Mehr als nur das bloße vom BVerwG geforderte »Geringfügigkeitskriterium« (»mehr als nur geringfügigen Auswirkungen«) vorausgesetzt. Neu ist auch, dass der Entwurf nicht nur auf die Situation der öffentlich-rechtlichen Entsorgungsträger, sondern kumulativ und explizit auch auf die Wirtschaftlichkeit der Leistungserbringung der Drittbeauftragten abstellt. Diese überfällige Wertung soll verhindern, dass sich die Aufgabenerfüllung durch Dritte im Vergabeverfahren als unkalkulierbar darstellt.[939] Mag man auch kritisieren, dass es sich angesichts der Verwendung des Begriffs »insbesondere« um keine abschließende Regelung handelt,[940] so ist doch fraglich, ob man die Umschreibung der »öffentlichen Interessen« überhaupt abschließend in wenigen Sätzen erfassen kann. Die Wahl des Wortes »insbesondere« zeigt, dass die hier aufgeführten Beispiele bloße Regelbeispiele darstellen sollen. Zur Konkretisierung unbestimmter Rechtsbegriffe sind Regelbeispiele eine regelungstechnische Möglichkeit.[941] Hierdurch wird eine allgemein gehaltene Bestimmung durch Beispiele erläutert. Diese

939 *Koch/Reese,* Hausmüllentsorgung als Aufgabe der Daseinsvorsorge, Gutachten, n. v., S. 66. Zu möglichen Alternativen und flexiblen Lösungen im Rahmen des Vergabeverfahren s. die Ausführungen zur Planungssicherheit unter Dritter Teil, § 5, A., IV., 8., c.

940 So *Beckmann,* AbfallR 2010, 54 (62).

941 S. zur gesetzestechnischen Möglichkeit und zugleich zu den Vor- und Nachteilen von Regelbeispielen als nicht abgeschlossene Fallgruppenbildung: *Middelschulte,* Unbestimmte Rechtsbegriffe und das Bestimmtheitsgebot, S. 176.

Normierungsvariante unterstreicht, dass die über den konkreten Wortlaut hinausgehenden öffentlichen Interessen zumindest mit den aufgeführten vergleichbar sein müssen, was den Schweregrad und ihre Auswirkungen auf das öffentlich-rechtliche Entsorgungssystem betrifft.

§ 17 Abs. 3 S. 2 RefE KrWG konkretisiert wiederum, wann das vorher verwendete Tatbestandsmerkmal einer Beeinträchtigung der Funktionsfähigkeit nach S. 1 vorliegt: »Eine Beeinträchtigung der Funktionsfähigkeit des öffentlich-rechtlichen Entsorgungsträgers oder des von diesem beauftragten Dritten ist anzunehmen, wenn die Erfüllung der nach § 20 bestehenden Entsorgungspflichten zu wirtschaftlich ausgewogenen Bedingungen verhindert wird; Auswirkungen der gewerblichen Sammlung auf die Planungssicherheit und die Organisation der öffentlich-rechtlichen Entsorgungsträger sind besonders zu berücksichtigen«. Die Funktionsfähigkeit erhält hierdurch unter Rückgriff auf ausdrücklich aufgeführte Beispiele des Grundsatzurteils des BVerwG eine nähere Bestimmung. Fraglich ist, was unter »wirtschaftlich ausgewogenen Bedingungen« zu verstehen ist. Auch die Begründung des Entwurfs enthält hierzu keine näheren Ausführungen. Das BMU verweist lediglich auf die ständige Rechtsprechung des EuGH. Dieser hat in der Rechtssache »TNT Traco« ausgeführt, dass Art. 106 Abs. 2 AEUV (Vertrag über die Arbeitsweise der Europäischen Union, hier Dienstleistungen von allgemeinem wirtschaftlichem Interesse) nicht erst verwirklicht ist und somit eine Ausnahme von den Vorschriften der Verträge, insbesondere den Wettbewerbsregeln, vorliegt, »wenn das finanzielle Gleichgewicht oder das wirtschaftliche Überleben des mit einer Dienstleistung von allgemeinem wirtschaftlichem Interesse betrauten Unternehmens bedroht ist. Vielmehr genügt es, dass ohne die streitigen Rechte die Erfüllung der dem Unternehmen übertragenen besonderen Aufgaben gefährdet wäre, wie sie sich aus den ihm obliegenden Verpflichtungen und Beschränkungen ergeben, oder dass die Beibehaltung dieser Rechte erforderlich ist, um ihrem Inhaber die Erfüllung seiner im allgemeinen wirtschaftlichen Interesse liegenden Aufgaben zu wirtschaftlich annehmbaren Bedingungen zu ermöglichen.«[942] »Nach dieser Rechtsprechung dürfen die Mitgliedstaaten einem Anbieter […] als einem mit Dienstleistungen von allgemeinem wirtschaftlichem Interesse betrauten Unternehmen ausschließliche Rechte verleihen, die den Wettbewerb in dem Maß beschränken oder sogar ausschließen, in dem dies erforderlich ist, um es ihm zu ermöglichen, seine

942 *EuGH,* Urt. v. 17.5.2001 – Rs. C-340/99 (»TNT Traco«) –, in: Slg. 2001, I-04109 (Rn. 54).

im allgemeinen Interesse liegende Aufgabe zu erfüllen, und zwar zu wirtschaftlich annehmbaren Bedingungen.«[943] Dieser Verweis zeigt zwar den Ursprung der Formulierung auf, erläutert aber den Begriff der »wirtschaftlich annehmbaren/ausgewogenen Bedingungen« seinerseits nicht näher. Die Konkretisierung überwiegender öffentlicher Interessen ersetzt damit unbestimmte Rechtsbegriffe durch neue konturlose Tatbestandsmerkmale.

cc. Subsidiaritätsregel in § 17 Abs. 3 S. 3 RefE KrWG

Dies gilt auch für die Subsidiaritätsregel in § 17 Abs. 3 S. 3 RefE KrWG. Hiernach gilt S. 2 »nicht, wenn der öffentlich-rechtliche Entsorgungsträger offensichtlich nicht in der Lage ist, die von der gewerblichen Sammlung angebotenen Sammel- und Verwertungsleistungen in gleicher Qualität, Effizienz und Dauer selbst oder unter Beauftragung Dritter zu erbringen.« Die praktische Handhabung der Vorschrift begegnet Schwierigkeiten. Sie erfordert laut Begründung eine prognostische Analyse auf Basis der Entsorgungsplanung und -möglichkeiten des öffentlich-rechtlichen Entsorgungsträgers.[944] Sie setzt einen Vergleich zwischen den Entsorgungsleistungen der kommunalen Abfallwirtschaft und denen des gewerblichen Sammlers voraus. Die Neuregelung trifft keine Aussagen darüber, wer die Darlegungs- und Beweislast hierfür trägt. Es droht deshalb eine ähnliche Diskussion, wie sie zu der Frage der Darlegungs- und Beweislast hinsichtlich der Voraussetzungen des § 13 Abs. 3 S. 1 Nr. 3 KrW-/AbfG geführt wird.[945] Die Novellierung regelt ferner nicht wie die vom Entwurf geforderte Beurteilung vorzunehmen ist und welches Votum verbindlich sein soll.[946] Maßgeblicher Bezugspunkt sollen nach dem Wortlaut »die [einzelnen] von der gewerblichen Sammlung angebotenen Sammel- und Verwertungsleistungen« und nicht das Gesamtunternehmen sein. Die zu beurteilenden Kriterien der Qualität, Effizienz und Dauer müssen hierbei nach dem Wortlaut kumulativ vorliegen. Es reicht also für die Einschlägigkeit der Subsidiaritätsregel nicht aus, wenn der öffentlich-rechtliche Entsorgungsträger lediglich hinsichtlich

943 *EuGH,* Urt. v. 15.11.2007 – Rs. C-162/06 (»International Mail Spain«) –, in: Slg. 2007, I-09911 (Rn. 34).

944 *BMU,* Begr. RefE KrWG, S. 183.

945 Vgl. dazu die Ausführungen unter Dritter Teil, § 5, B., III.

946 Vgl. *Held,* in: Held/Becker u. a., GO NRW, Bd. I, § 107 Erl. 3.1.4.1, dessen Kritik zur Subsidiaritätsklausel in § 107 Abs. 1 S. 1 Nr. 3 GO NRW sich hier übertragen lässt.

der Dauer der angebotenen Sammeltätigkeit hinter dem gewerblichen Sammler zurücksteht.

(1) Qualität

Als Qualitäts- und Effizienzkriterien führt die Begründung die Sortenreinheit und Servicefreundlichkeit der Erfassungssysteme (beispielsweise Bring- oder Holsysteme) sowie die Hochwertigkeit und Ressourceneffizienz der anschließenden Verwertung beispielhaft auf.[947] Gewerbliche Sammlungen wären danach unzulässig bzw. die Qualität des öffentlich-rechtlichen Entsorgungsträgers dürfte als ausreichend anzusehen sein, wenn für die betreffende Wertstofffraktion bereits ein kommunales Holsystem besteht bzw. eine hochwertige Verwertung bereits durch ein flächendeckendes Getrenntsammlungssystem des öffentlich-rechtlichen Entsorgungsträgers ermöglicht wird. Sie wären hingegen zulässig, wenn durch sie eine Weiterentwicklung von Entsorgungsstrukturen durch die zusätzliche Getrennterfassung oder nachträgliche, fortschrittliche Sortierung einer spezifischen Wertstofffraktion herbeigeführt würde, die lediglich zu der öffentlich-rechtlichen Restmüllerfassung in Konkurrenz träte. Durch eine solche Regelung würde ein Anreiz für die öffentlich-rechtlichen Entsorgungsträger geschaffen, die getrennte Erfassung der Wertstofffraktionen auszuweiten, wozu Art. 11 Abs. 1 S. 3 AbfRRL die Mitgliedstaaten bis zum Jahr 2015 verpflichtet.

Fraglich ist darüber hinaus, welcher Zeitpunkt für den Qualitätsvergleich ausschlaggebend ist bzw. wie Veränderungen und Umstellungen des Sammelsystems, sei es seitens des öffentlich-rechtlichen Entsorgungsträgers oder seitens des gewerblichen Sammlers, zu bewerten sind. Eine sich ständig aktualisierende Rangliste hätte den Nachteil, dass der gewerbliche Sammler keine Rechtssicherheit bzw. keinen Vertrauensschutz bezüglich seiner Zulässigkeit hätte.[948] Die Begründung zum RefE KrWG spricht hier von einer prognostischen Beurteilung bzw. einem prognostischen Vergleich zwischen den Entsorgungsleistungen des öffentlich-rechtlichen Entsorgungs-

---

947 *BMU,* Begr. RefE KrWG, S. 183. Laut Art. 1, 3. Spiegelstrich des Protokolls Nr. 26 über Dienste von allgemeinem Interesse, ABl., C 115 v. 9.5.2008, S. 308, sollen diese ebenfalls von möglichst hoher Qualität sein.

948 Vgl. *bvse,* Stellungnahme zum RefE KrWG, S. 18 f., unter http://www.bvse.de/57/4172/KrWG:%20Stellungnahme%20des%20bvse, zuletzt abgerufen am 21.12.2010, welcher eine gesetzliche Klarstellung dahin gehend fordert, »dass entsprechende Sammlungen nicht unter Berufung auf vermeintlich neuerdings bestehende überwiegende öffentliche Interessen untersagt werden können.«

trägers und denen der gewerblichen Sammlung auf Basis der Entsorgungsplanung und -möglichkeiten des öffentlich-rechtlichen Entsorgungsträgers.[949] Das Sammel- und Verwertungssystem muss »– über einen angemessenen Betriebszeitraum hinweg – auch in Zeiten schwankender Rohstoffpreise und Vermarktungserlöse aufrecht erhalten [werden] können«. Was ein angemessener Betriebszeitraum ist, bleibt unklar. Wann und worin ein Qualitätsvorteil in bestimmten Erfassungsmodalitäten liegt, wird regelmäßig von vielen konkreten Einzelfaktoren vor Ort geprägt sein und sich nicht abstrakt feststellen lassen.[950] Eine allgemeine Qualitätsrangliste ist schwer vorstellbar. Sie könnte, wenn überhaupt, nur mit Hilfe aller an der Sammlung und Verwertung beteiligter Interessenverbände erstellt werden. Die zugrunde zu legenden Kriterien werden von der zuständigen Behörde gem. § 18 Abs. 4 S. 2 i. V. m. § 17 Abs. 2 S. 1 Nr. 4, Abs. 3 RefE KrWG geprüft. Da es für eine solche Beurteilung bisher keine Maßstäbe und Grundlage gibt, dürfte eine solche, vor allem in der Anfangszeit nach Inkrafttreten des KrWG, in der es noch keine Richtsätze der Rechtsprechung gibt, stark subjektiv geprägt sein. Zudem wird hier eine Vergleichbarkeit vorausgesetzt, die in der Wirklichkeit fraglich erscheint. Die Kommunen tragen von Gesetzes wegen eine Gesamtverantwortung für die Entsorgung, wohingegen die private Abfallwirtschaft sich ihre Entsorgungsnische gezielt aussuchen kann. Dass hierbei der öffentlich-rechtliche Entsorgungsträger nicht flächendeckend die gleiche Qualität wie der privat Wirtschaftende in der jeweiligen Sparte vorweisen kann, dürfte auf der Hand liegen.

(2) Effizienz

Auch der schwer zu fassende, im Vordringen befindliche Begriff der Effizienz birgt mehr Problemfragen als Lösungsansätze. Unklar ist zunächst, was Effizienz bedeutet. In eine Kurzformel gefasst, ist eine Entscheidung effizient, wenn sie eine optimale Zweck-Mittel-Relation beinhaltet. Das Prinzip stellt auf das Verhältnis zwischen Mitteleinsatz und Leistung ab, d. h. auf den Bedarf von (zumeist finanziellen) Ressourcen zur Zielverwirklichung.[951] Entscheidend für die interdisziplinäre Effizienzregel sind

949 *BMU,* Begr. RefE KrWG, S. 183.

950 *VKS im VKU,* Stellungnahme zum RefE KrWG, n. v., S. 17.

951 *Gröpl,* VerwArch 93 (2002), 459 (463 f.); vgl. auch die Ausführungen unter Dritter Teil, § 5, A., IV., 8.

die Maßstäbe und Methoden der Bewertung des Ziels und der Mittel.[952] Hierbei kann man zwischen außerökonomischen (z. B. politischen oder kulturellen) und ökonomischen (etwa Investitionen, Synergieeffekten, Verbundvorteilen, Kosteneinsparungen) Zweckmäßigkeiten sowie zwischen qualitativen (z. B. technischen und technologischen Fortentwicklungen, Umweltschutz, Bürgerservice) und quantifizierenden (wie etwa dem Marktpreis) Strukturierungsleitlinien unterscheiden. Unklar ist, welche exakten Bewertungsmethoden bei der Regelung des § 17 Abs. 3 S. 3 RefE KrWG heranzuziehen sind. Das Grunddilemma besteht darin, dass Kosten und Nutzen eines Entsorgungssystems nur schwer zu quantifizieren sind und der Parameter für beide Seiten nicht immer derselbe (wie z. B. Geld) ist.[953] Über diese Schwierigkeit, zu umschreiben, was Effizienz bedeutet, hinaus, soll im Rahmen der neuen Subsidiaritätsregelung ein Vergleich vollzogen werden. Wie schon beim Qualitätskriterium aufgezeigt, besteht auch hinsichtlich der Effizienz ein weiteres Problem darin, dass die kommunale und die private Abfallwirtschaft teilweise unterschiedliche Präferenzen und Interessen haben dürften. Bei der Öffnung der Entsorgung gegenüber der privaten Abfallwirtschaft wird des Weiteren häufig erwartet, dass die stärkere Ausrichtung nicht-staatlicher Träger an ökonomischen Effizienzerwägungen automatisch zu Effizienzgewinnen führt. Hierbei wird aber übersehen, dass bei einer Aufgabenverlagerung auf Dritte regelmäßig ein staatlicher Aufsichtsbedarf entsteht, der Aufwand verursacht und deshalb in die Gesamtsaldierung der einzusetzenden Ressourcen mit einzubeziehen ist.[954] Insgesamt kann der Effizienzbegriff, zumindest in der Anfangszeit, in der er noch nicht näher richterrechtlich ausgefüllt ist, nur als bloßer Orientierungspunkt bei der Wahrnehmung des gesetzlich vorgegebenen Beurteilungsspielraums dienen. Der Subsidiaritätsklausel fehlt es insgesamt selbst an »Normierungseffizienz«[955], da die Vorschrift nicht so gestaltet ist, dass sie aus sich heraus verständlich ist und die Einschaltung der Gerichte überflüssig macht.

Rechtsfolge des § 17 Abs. 3 S. 3 RefE KrWG ist, dass § 17 Abs. 3 S. 2 RefE KrWG nicht gilt. Dies schließt jedoch nicht aus, dass andere Fall-

952 *Winter,* KJ 2001, 300 (302).

953 Vgl. *Winter,* KJ 2001, 300 (316 f.).

954 *Hoffmann-Riem,* in: Hoffmann-Riem/Schmidt-Aßmann, Effizienz als Herausforderung an das Verwaltungsrecht, S. 11 (54 f.).

955 S. zur »Normierungseffizienz« als einer Dimension der Effizienz: *Hoffmann-Riem,* in: Hoffmann-Riem/Schmidt-Aßmann, Effizienz als Herausforderung an das Verwaltungsrecht, S. 11 (30).

gruppen des öffentlichen Interesses i. S. d. § 17 Abs. 3 S. 1 RefE KrWG einschlägig sind. Konsequent wäre es gewesen, im Fall der Mehrleistung seitens des gewerblichen Sammlers hinsichtlich Qualität, Effizienz und Dauer jegliche Funktionsbeeinträchtigung auch i. S. d. § 17 Abs. 3 S. 1 RefE KrWG auszuschließen. »Im Grunde geht es [den Entwurfsverfassern] doch darum, dass entgegenstehende öffentliche Interessen in den Fällen – vereinfacht gesprochen – fachlich defizitärer Entsorgungsleistungen der [öffentlich-rechtlichen Entsorgungsträger] dem höherwertigen privaten Entsorgungsangebot nicht entgegenstehen sollen.«[956]

Nach dem Gesetzesentwurf ist die Auslegung des Begriffs der öffentlichen Interessen neu zu bestimmen, wobei sich einige Argumentationsfiguren der bisherigen Diskussion in dem jetzigen Wortlaut des RefE KrWG bzw. in der hierzu veröffentlichten Begründung wiederfinden. Es ist jedoch nicht zu erkennen, dass der neue Konkretisierungsversuch Auslegungsstreitigkeiten vermeidet bzw. überhaupt mindert.

dd. Formelle Voraussetzungen für Sammlungen

Mit § 18 RefE KrWG wird eine neue, eigenständige Regelung für das Anzeigeverfahren geschaffen. Den weitgehenden Forderungen nach einem Genehmigungsvorbehalt wurde damit nicht nachgekommen.[957] Vielmehr

---

956 So *Koch/Reese,* Hausmüllentsorgung als Aufgabe der Daseinsvorsorge, Gutachten, n. v., S. 67.

957 So *Friege,* in: Krautscheid, Daseinsvorsorge im Spannungsfeld von europäischem Wettbewerb und Gemeinwohl, S. 219; *Koch/Reese,* Hausmüllentsorgung zwischen kommunaler Trägerschaft und gewerblichen Sammelsystemen, Gutachten, n. v., S. 18, 21, die eine Genehmigung »im Benehmen mit dem öffentlich-rechtlichen Entsorgungsträger« vorschlagen. Das *UVM BW* deutet das Altpapier-Urt. des BVerwG anscheinend auch als Zustimmungsvorbehalt, s. EUWID Recycling und Entsorgung, 34/2009, 25. Kritisch zu den Forderungen nach einem Genehmigungsvorbehalt: *Buch,* AbfallR 2009, 74 (79 f.); so auch *Schink* auf dem Düsseldorfer Abfallrechtstag 2009, s. EUWID Recycling und Entsorgung, 24/2009, 23. Bereits 2000 beauftragte die UMK eine Länderarbeitsgruppe unter Federführung des Landes BW, Vorschläge für eine Gesetzesänderung zu erarbeiten. Die Vorschläge der Länderarbeitsgruppe sahen u. a. einen unbeschränkten Zustimmungsvorbehalt vor, s. hierzu: *Petersen,* in: Dolde, Umweltrecht im Wandel, S. 575 (587). Synonym werden auch die Bezeichnungen »Genehmigungsvorbehalt« sowie »Einvernehmenserfordernis« verwendet. Ein Genehmigungserfordernis für gewerbliche Sammlungen würde ein sog. präventives Verbot mit Erlaubnisvorbehalt darstellen, so *Karpenstein,* Haushaltsabfälle zwischen Privatisierung und Kommunalisierung, S. 88. Der gewerbliche Sammler müsste die Beweislast dafür tragen, dass die Voraussetzungen der Ausnahmevorschrift § 13 Abs. 3 S. 1 Nr. 3 KrW-/AbfG bzw. § 17 Abs. 2 S. 1 Nr. 4 RefE KrWG vorliegen. Zudem begegnet ein solcher Zustimmungsvorbehalt

hat sich das federführende BMU für das mildere Mittel einer Anzeigepflicht entschieden. Diese gilt entgegen der bisherigen Nachweispflicht in § 13 Abs. 3 S. 1 Nr. 3 KrW-/AbfG auch für gemeinnützige Sammlungen und klärt den bisherigen Meinungsstreit über den Zeitpunkt des Nachweises in dem Sinne, dass sie festlegt, dass die Anzeige »spätestens einen Monat vor ihrer [gemeint ist die Sammlung] beabsichtigten Aufnahme« anzuzeigen ist. § 18 Abs. 1 S. 2 RefE KrWG stellt die Neutralität der zuständigen Behörde sicher, indem die Regelung festlegt, dass diese »oder ihr Träger [nicht] mit den Aufgaben eines öffentlich-rechtlichen Entsorgungsträgers nach § 20 Abs. 1 […] betraut sein [darf]«. Grundsätzlich kann zwar von der Rechtmäßigkeit des Handelns der öffentlichen Verwaltung, die an Recht und Gesetz gebunden ist, ausgegangen werden (Grundsatz der Gesetzmäßigkeit der Verwaltung, Art. 20 Abs. 3 GG). Die neue Vorschrift vermeidet jedoch jeglichen bloßen Anschein eines Interessenkonflikts oder einer Verquickung öffentlicher und kommunalwirtschaftlicher Interessen, den die bisherige Regelung bzw. der Vorschlag eines Genehmigungsvorbehalts beinhaltete.[958] In § 18 Abs. 1 S. 2 RefE KrWG kommt der auch sonst in der Rechtsordnung vertretene allgemeine Rechtsgrundsatz zum Ausdruck, dass ein Amtswalter dann in einem Verfahren nicht tätig werden darf, wenn nicht gewährleistet ist, dass objektiv, neutral und fair entschieden wird.[959] Es darf zum Gegenstand seiner Tätigkeit keine persönliche oder sachliche Interessenkollision bestehen (Unbefangenheitsprinzip). Dieser Grundgedanke kann hier auf den öffentlich-rechtlichen Entsorgungsträger übertragen werden. Die Kommunen verfolgen aufgrund der Tätigkeit ihrer Abfallwirtschaftsbetriebe eigene wirtschaftliche Interessen. Zugleich haben sie, soweit sie Abfallwirtschaftsbehörde sind, die Möglichkeit, die Tätigkeit von gewerblichen Hausmüllsammlungen zu untersagen. Da die gewerblichen Sammlungen jedoch gerade in Konkurrenz zu dem öffentlich-rechtlichen

---

erheblichen europarechtlichen Bedenken, da eine solche Regelung den freien Wettbewerb in erheblichem Maße einschränken würde, s. hierzu ausführlich: *Buch,* AbfallR 2009, 74 (79 f.). Der *bvse* hingegen deutet die Ausgestaltung in seiner Stellungnahme zum RefE KrWG, S. 19 f., unter http://www.bvse.de/57/4172/KrWG:%20Stellungnahme%20des%20bvse, zuletzt abgerufen am 21.12.2010, als faktischen Genehmigungsvorbehalt.

958 Laut *Bundesvereinigung der kommunalen Spitzenverbände,* Stellungnahme zum RefE KrWG, S. 14, s. hierzu: *LKT NRW,* Rundschreiben-Nr. 0691/10, Anlage, zeugt die Neureglung »von einem abgrundtiefen Misstrauen der Entwurfsverfasser hinsichtlich der an Recht und Gesetz gebundenen Kommunalverwaltungen«.

959 Vgl. hierzu die Ausführungen zur Befangenheitsregelung des § 21 VwVfG: *Bonk/Schmitz,* in: Stelkens/Bonk/Sachs, VwVfG, § 21 Rn. 1.

Entsorgungsträger auftreten, sollte dieser nicht auch zugleich für das formelle Anzeigeverfahren zuständig sein. § 18 Abs. 2 RefE KrWG führt daneben die einzelnen, bei der Anzeige vorzulegenden Unterlagen zu Art und Umfang der Sammlung sowie den Modalitäten der Verwertung auf.

II. Konkrete Formulierungsvorschläge

Der aktuell diskutierte RefE KrWG zeigt, wie leicht es fällt, Kritik zu üben. Um an dieser Stelle die Kritik zu rechtfertigen und konstruktiv tätig zu werden, soll gleichzeitig aber auch die normierungstechnische Herausforderung eines eigenen Formulierungsvorschlags angenommen werden:

Das Kreislaufwirtschafts- und Abfallgesetz vom 27. September 1994 (BGBl. I S. 2705), zuletzt geändert durch Artikel 5 G zur Neufassung des Raumordnungsgesetzes und zur Änderung anderer Vorschriften vom 22.12.2008 (BGBl. I S. 2986), wird wie folgt geändert:

1. § 13 Abs. 1 S. 1 HS 2 KrW-/AbfG wird wie folgt geändert:

(1) »…, soweit sie zu einer fachgerechten Kompostierung ohne die Einschaltung Dritter auf den von ihnen im Rahmen ihrer privaten Lebensführung genutzten Grundstücken nicht in der Lage sind oder diese nicht beabsichtigen.«

2. § 13 Abs. 3 S. 1 Nr. 3 KrW-/AbfG wird wie folgt gefasst:

»3. die durch gewerbliche Sammlung einer ordnungsgemäßen und schadlosen Verwertung zugeführt werden, soweit überwiegende Interessen dieser Sammlung nicht entgegenstehen.«

3. Hinsichtlich des Begriffs der gewerblichen Sammlungen sollte die vorgeschlagene Legaldefinition in § 3 Abs. 18 RefE KrWG übernommen werden.

Begründung:

zu 1.:

Die Beschränkung auf die Kompostierung folgt aus der Tatsache, dass sonstige etablierte und allgemein hinreichend unbedenkliche Möglichkeiten der »Eigenverwertung« nicht auftreten und auch nicht ernsthaft diskutiert werden. Der Wegfall des zwischenzeitlich im AE KrWG vorgesehenen Einschubs »auch unter Einschaltung Dritter« wird vom BMU in der Begründung zum RefE KrWG nicht näher begründet. Dies führt zu Irritationen.

Um eine Wiederbelebung des Streits über die Zulässigkeit der Zuhilfenahme Dritter im Rahmen der Eigenverwertung zu vermeiden, sollte der Gesetzgeber eine ausdrückliche Entscheidung für oder gegen die Einschaltung Außenstehender treffen.

zu 2.:

§ 13 Abs. 3 S. 1 Nr. 3 KrW-/AbfG wird hinsichtlich seiner materiellen Voraussetzungen beibehalten. Die formellen Voraussetzungen werden in eine eigene Vorschrift ausgesondert. Auch wenn der Tatbestand des § 13 Abs. 3 S. 1 Nr. 3 KrW-/AbfG in den Jahren seit seinem Inkrafttreten höchst umstritten war und immer noch ist, so hat er doch aufgrund zahlreicher Gerichtsurteile und -beschlüsse an Kontur gewonnen. Gerade bei dem unbestimmten Begriff der öffentlichen Interessen haben sich Fallgruppen entwickelt. Eine komplett neue, konturenschwache Regelung würde dazu führen, dass diese jahrelange Rechtsfortbildung verloren ginge. Der neue Tatbestand wird seinerseits voraussichtlich Jahre der Rechtsfestigung brauchen, Jahre, in denen weiterhin Rechtsunsicherheit besteht. Der Schritt, die materiellen Voraussetzungen von den formellen zu trennen, überzeugt hingegen, da er die Übersichtlichkeit der im Einzelnen zu prüfenden Tatbestandsmerkmale fördert.

zu 3.:

Der Begriff der gewerblichen Sammlung sollte hingegen vom Gesetzgeber, wie in § 3 Abs. 18 RefE KrWG vorgeschlagen, legal definiert werden. Das BVerwG hat hier mit seinem Grundsatzurteil eine neuartige, vorher in dieser Radikalität nie vertretene Begriffsbestimmung getroffen, die mit den Vorgaben der Wettbewerbs- und der Warenverkehrsfreiheit des AEUV schwer vereinbar sein dürfte. Zudem würde eine derartig enge Auslegung zu einem faktischen Ausschluss der gewerblichen Sammler vom Wettbewerb um den Entsorgungsmarkt führen, der in dieser drastischen Form vom Gesetzgeber nicht gewollt sein kann. Der öffentlich-rechtliche Entsorgungsträger ist aufgrund der privaten Konkurrenz vielmehr gezwungen, sein Angebot für den Bürger servicefreundlicher zu gestalten und Alternativen, wie die hier aufgeführten Handlungsoptionen, zu suchen.

III. Europarechtliche Zulässigkeit der Novellierungsvorschläge

Sowohl für die europarechtskonforme Auslegung des § 13 KrW-/AbfG de lege lata als auch für die Handlungsspielräume des Gesetzgebers de lege ferenda ist der vom Unionsrecht vorgegebene Rahmen von Relevanz.[960] Hier bedarf es in erster Linie einer Analyse, ob und inwieweit die AbfRRL und die Abfallverbringungsverordnung (AbfVerbrVO)[961] die Reformvorschläge der Überlassungspflichten rechtfertigen und daneben die allgemeinen Grundfreiheiten des AEUV, einschließlich der zu deren Beschränkbarkeit entwickelten Rechtfertigungsgründe, bei der Novellierung Berücksichtigung finden.

1. Vorgaben des Sekundärrechts

Ausgangspunkt der Betrachtung sind dabei die Vorschriften des sekundären Unionsrechts, also die auf der Grundlage des AEUV erlassenen Verordnungen und Richtlinien.

a. Abfallrahmenrichtlinie

Am 12.12.2008 ist die neue AbfRRL in Kraft getreten. Sie musste bis zum 12.12.2010 in deutsches Recht umgesetzt werden (Art. 40 AbfRRL).[962] In

---

960 So *Karpenstein,* Haushaltsabfälle zwischen Privatisierung und Kommunalisierung, S. 53.

961 Verordnung (EG) Nr. 1013/2006 *des Europäischen Parlaments und des Rates* v. 14.6.2006 über die Verbringung von Abfällen, ABl. EU, L 190 v. 12.7.2006, S. 1; ber. ABl. EU, L 299 v. 8.11.2008, S. 50 und ABl. EU, L 318 v. 28.11.2008, S. 15.

962 Im Vorfeld der Umsetzung der RL wurde die Frage diskutiert, inwieweit die AbfRRL nach ihrem Inkrafttreten bereits vor Ablauf der Umsetzungsfrist am 12.12.2010 Vorwirkung entfaltet, s. hierzu: *Frenz/Wimmers,* UPR 2009, 425 ff.; *Brandt,* AbfallR 2009, 167 ff. Eine neue RL ist vor Ablauf der Umsetzungsfrist nicht unmittelbar i. S. einer Vorwirkung anwendbar. Die Mitgliedstaaten dürfen jedoch keine Vorschriften erlassen, die den vorgeschriebenen Richtlinienzielen widersprechen (keine Vereitelung der Umsetzungspflicht nach Art. 288 Abs. 3 AEUV, Abwägungs- bzw. Berücksichtigungsgebot zur Wahrung einer widerspruchsfreien Rechtsordnung gem. Art. 23 Abs. 1 S. 2 GG i. V. m. Art. 20 Abs. 3 GG); vgl. *EuGH,* Urt. v. 22.11.2005 – Rs. C-144/04 (»Mangold«) –, in: Slg. 2005, I-09981 (Rn. 67 f.) = NJW 2005, 3695 (3698). Bei der Auslegung nationaler abfallrechtlicher Vorschriften, die der Umsetzung der alten RL dienen, kann vor Ablauf der Umsetzungsfrist daneben nur dann im Wege einer richtlinienkonformen Auslegung auf die neue RL Bezug genommen werden, wenn eine wörtliche Auslegung der nationalen Vorschrift zu keinem eindeutigen Ergebnis führt und Regelungsgegenstände betroffen sind, die von der alten RL bislang nicht erfasst werden; vgl. *Brandt,* AbfallR 2009, 167 (170, 173). Darüber hinaus kommt ein mittelbarer Rückgriff auf die neue RL in Betracht, soweit diese Begriffe der alten RL konkretisiert; s. *Brandt,* AbfallR 2009, 167 (171 ff.). In einzelnen Fällen kann es sogar zu einer durch die alte RL vermittelten direkten Anwendung kommen, wenn eine nationale Vorschrift aufgrund eines Widerspruchs mit der alten RL nicht mehr

Deutschland geschieht dies durch eine Novellierung des KrW-/AbfG sowie ergänzende Rechtsänderungen.

Eine Einbeziehung des Abfallrechts in ein umfassendes Umweltgesetzbuch ist auf lange Sicht gescheitert. Ein Abschlusserfolg war den intensiven Bemühungen um die Kodifikation des deutschen Umweltrechts leider nicht gegönnt. Mithin kann eine nationale Umsetzung der novellierten Abfallrahmenrichtline und ggf. eine strukturelle Grundsatzentscheidung des Gesetzgebers nicht durch Integration in das Umweltgesetzbuch, sondern nur durch Anpassung des KrW-/AbfG erfolgen.

Ziel ist es laut Stellungnahmen des BMU, die bewährten Regelungen möglichst weitgehend zu erhalten; allerdings sind die materiellen Neuregelungen des Unionsrechts sowie die neue Terminologie ins deutsche Recht zu überführen. Zudem sind Ausführungsregelungen für die novellierten Teile der AbfRRL zu treffen.

Die Vorgaben der AbfRRL sind für die Mitgliedstaaten im Hinblick auf das zu erreichende Ziel verbindlich, die Wahl der Form und der Mittel bei der Umsetzung der Vorgaben ist jedoch den innerstaatlichen Stellen überlassen (Art. 288 Abs. 3 AEUV). Gewisse Gestaltungsspielräume sind den Mitgliedstaaten dort eröffnet, wo die Richtlinie keine abschließenden Regelungen trifft, sondern lückenhaft und konkretisierungsbedürftig ist.[963] Ob und inwieweit sekundäre Rechtsakte der Europäischen Union Sperrwirkung gegenüber den Mitgliedstaaten entfalten, ist häufig nur mittels Auslegung zu beantworten. An dieser Stelle ist zu klären, welche Spielräume die AbfRRL dem nationalen Gesetzgeber bei der Ausgestaltung der Überlassungspflichten lässt.

Eine wichtige Regelung für die kommunale Abfallwirtschaft beinhaltet Art. 16 AbfRRL (Grundsätze der Entsorgungsautarkie und der Nähe). Art. 16 Abs. 1 S. 1 AbfRRL bestimmt, dass »die Mitgliedstaaten [der Europäischen Union ...] geeignete Maßnahmen [treffen müssen], um ein

---

anzuwenden ist und in Folge dessen eine Regelung der alten RL im Licht der neuen RL auszulegen ist. Nach der Umsetzung der AbfRRL sind die nationalen Vorschriften (unmittelbar) richtlinienkonform auszulegen. Im Fall der nicht frist- bzw. ordnungsgemäßen Umsetzung (so der Fall ab dem 12.12.2010) besitzt die AbfRRL unmittelbare Wirkung, wenn sie inhaltlich unbedingt sowie hinreichend bestimmt ist. S. generell zur Wirkung von Richtlinien der Union: *Herrmann/Michl*, JuS 2009, 1065 ff.

963 S. zur Richtlinie als Regelungsinstrument des sekundären Unionsrechts: *Herdegen*, Europarecht, § 9 Rn. 36 ff.

integriertes und angemessenes Netz von Abfallbeseitigungsanlagen und Anlagen zur Verwertung von **gemischten Siedlungsabfällen**, die von privaten Haushaltungen eingesammelt worden sind, zu errichten, auch wenn dabei Abfälle anderer Erzeuger eingesammelt werden«. Das Netz der Entsorgungsanlage ist dabei so auszurichten, dass jeder Mitgliedstaat der Europäischen Union selbst in der Lage ist, die Abfälle zu beseitigen oder zu verwerten (Grundsatz der Entsorgungsautarkie – Art. 16 Abs. 2 AbfRRL). Außerdem muss es das Netz von Entsorgungsanlagen »gestatten, dass die Abfälle in einer der am nächsten gelegenen geeigneten Anlagen beseitigt [oder …] verwertet werden, und zwar unter Einsatz von Verfahren und Technologien, die am besten geeignet sind, um ein hohes Niveau des Gesundheits- und Umweltschutzes zu gewährleisten« (Art. 16 Abs. 3 AbfRRL). »Die Grundsätze der Nähe und der Entsorgungsautarkie bedeuten nicht, dass jeder Mitgliedstaat über die gesamte Bandbreite von Anlagen […] verfügen muss« (Art. 16 Abs. 4 AbfRRL). Autarkie meint allgemein, dass Organisationseinheiten alles das, was sie ge- oder verbrauchen, aus eigenen Ressourcen herstellen.[964] Kommunale Hausmüllautarkie bedeutet in diesem Zusammenhang lediglich, dass die Kommunen bestimmte Abfallmengen fest einplanen können, über deren Entsorgung sie dann eigenverantwortlich entscheiden können. Dies schließt eine Beauftragung Dritter mit der Entsorgung keinesfalls aus.

Während mit der Novellierung der AbfRRL also klargestellt sein dürfte, dass für die gemischten Siedlungsabfälle aus privaten Haushaltungen ein öffentliches Entsorgungsmonopol auch sekundärrechtlich zulässig ist, bleibt die Frage, ob dies auch für die sortenrein erfassten Abfälle aus den privaten Haushaltungen gilt.[965] Diese Frage stellt sich gerade deswegen, weil sich gewerbliche Sammlungen regelmäßig nicht auf gemischte Siedlungsabfälle, sondern auf separierte Wertstofffraktionen beziehen.[966] Verschiedenartig zusammengesetzter Hausmüll ist ausschließlich Abfall, der der Abfallart 20 03 01 des Europäischen Abfallverzeichnisses bzw. in Deutschland der Anlage zur AVVO zuzuordnen ist. Ausweislich der Überschrift des Kapitels 20 des Verzeichnisses fallen darunter sowohl Haushaltsabfälle als auch haushaltsähnliche Abfälle aus Gewerbe, Industrie und anderen Einrichtungen. Mit der in Art. 16 Abs. 1 S. 1 AbfRRL verwendeten Formulierung »auch wenn dabei Abfälle anderer Erzeuger eingesammelt werden« sind

964 *Beckmann,* AbfallR 2006, 263 (271).
965 So *Buch,* AbfallR 2009, 74 (80).
966 So auch *Gaßner/Thärichen,* AbfallR 2009, 18 (25).

folglich haushaltsähnliche Abfälle anderer Erzeuger gemeint, die gemeinsam mit Haushaltsabfällen eingesammelt werden.

Nach einer Auffassung darf es sich bei den gemischten Siedlungsabfällen nicht um getrennt gesammelte Fraktionen der Gruppe 20 01, wie Papier und Pappe (Abfallschlüssel 20 01 01), Glas (Abfallschlüssel 20 01 02), biologisch abbaubare Küchen- und Kantinenabfälle (Abfallschlüssel 20 01 08), Kunststoffe (Abfallschlüssel 20 01 39) oder Metalle (Abfallschlüssel 20 01 40), aber auch nicht um Garten- und Parkabfälle der Gruppe 20 02 handeln.[967] Eine Erweiterung der Grundsätze der Autarkie und der Nähe auf andere zur Verwertung bestimmte Abfälle (z. B. auf sortenrein erfasste, verwertbare Siedlungsabfälle aus privaten Haushaltungen) wäre nach dieser Meinung eine Schutzverstärkung i. S. v. Art. 193 AEUV.[968] Soweit sie Beschränkungen der Warenverkehrsfreiheit bewirken würde, müssten diese durch zwingende Maßnahmen des Umweltschutzes oder eine der in Art. 36 AEUV vorgesehenen Ausnahmen gerechtfertigt sein. Im Regelfall könne dies nicht angenommen werden.

Nach anderer Ansicht ist der Begriff der gemischten Siedlungsabfälle in Art. 16 Abs. 1 AbfRRL als Oberbegriff zu verstehen, der auch getrennt erfasste Abfälle zur Verwertung aus privaten Haushaltungen umfasse.[969] Eine andere Auslegung widerspräche dem geforderten Ausbau der Getrennterfassung von Haushaltsabfällen nach Art. 11 Abs. 1 S. 2, 3, Abs. 2 lit. a und Art. 22 S. 1 lit. a AbfRRL.[970] Zudem sei es integraler Bestandteil des Nähe- und Autarkieprinzips, die »besten verfügbaren Techniken« einzusetzen, wozu eben gerade auch die Getrennterfassung von Siedlungsabfällen zur Verwertung gehöre.[971]

---

967 I. d. S.: *Hasemann-Trutzel/v. der Lühe,* Gutachten zum Entwurf des landesweiten Abfallwirtschaftsplans NRW, n. v., S. 16; *Karpenstein,* Haushaltsabfälle zwischen Privatisierung und Kommunalisierung, S. 59; *Dieckmann,* ZUR 2008, 505 (511); *ders.,* AbfallR 2009, 270 (273).

968 So *Hasemann-Trutzel/v. der Lühe,* Gutachten zum Entwurf des landesweiten Abfallwirtschaftsplans NRW, n. v., S. 50.

969 *Wendenburg,* AbfallR 2007, 150 (154); *Gaßner/Thärichen,* AbfallR 2009, 18 (26); *Buch,* AbfallR 2009, 74 (80); so auch wohl *Petersen,* NVwZ 2009, 1063 (1070), nach dessen Auffassung Art. 16 AbfRRL nicht abschließend ist; *Reese,* NVwZ 2009, 1073 (1079), der aufgrund einer primärrechtskonformen Auslegung zu diesem Ergebnis kommt.

970 So auch *Krämer,* AbfallR 2010, 40 (44).

971 *Gaßner/Thärichen,* AbfallR 2009, 18 (25 f.)

Der ersten Meinung ist darin beizupflichten, dass die Grenze jeder Auslegung die Wortlautgrenze ist, so dass sortenreine Abfälle grundsätzlich nicht in den ausdrücklich gewählten Begriff der gemischten Abfälle hineingelesen werden können. Hierfür spricht auch ein klarstellender Brief des zuständigen EU-Umweltkommissars *Dimas* an den Europaabgeordneten *Florenz,* der später an alle Umweltministerien der EU weitergeleitet wurde.[972] In diesem Schreiben macht *Dimas* deutlich, dass für die getrennt gesammelten Haushaltsabfälle die Verpflichtungen des Art. 16 Abs. 1 AbfRRL nicht gelten. Zudem lässt ein geplanter Ausbau der getrennten Sammlungen von Sekundärrohstoffen weder eine Präferenz zugunsten öffentlich-rechtlicher Sammlungen erkennen noch kann hieraus eine Überlassungspflicht zugunsten öffentlich-rechtlicher Entsorgungsträger abgeleitet werden.[973] Die entscheidende Frage ist vielmehr, ob Art. 16 AbfRRL Spielraum für weitergehende Beschränkungen in Form von mitgliedstaatlichen Überlassungspflichten für andere verwertbare Abfälle als gemischte Siedlungsabfälle lässt[974] bzw. – anders ausgedrückt – ob die Regelung abschließend ist.[975] Der Wortlaut der Regelung spricht zunächst in Anbetracht der ausschließlichen Einbeziehung gemischter Abfälle für den »Umkehrschluss«, dass autarkiebezogene Maßnahmen, wie z. B. Überlassungspflichten, für sortenreine Abfälle zur Verwertung nicht unter die Regelung fallen. Die AbfRRL verhält sich insoweit neutral.[976] Aber auch wenn getrennte Abfälle aus privaten Haushaltungen nicht dem sekundärrechtlichen Autarkieprinzip unterliegen, so gelten für sie jedoch weiterhin die Regeln des Binnenmarkts, insbesondere die Warenverkehrsfreiheit. Eine Beschränkung des freien Verkehrs mit sortenreinen Abfällen könnte insofern aufgrund der Ausnahmevorschrift des Art. 106 Abs. 2 AEUV gerechtfertigt sein.[977] Zum gleichen Schluss kommt auch das BMU in seinen Entwurfsbegründungen: Hiernach seien getrennt gesammelte Abfälle nicht in die spezielle Schutzregelung des Art. 16 Abs. 1 AbfRRL eingeschlossen. Die

972 S. hierzu: *Florenz,* REMONDIS aktuell 2/2008, s. unter http://www.remondis.de/aktuell/remondis-aktuell-archiv/remondis-aktuell-2_2008/aktuelles/eu-recht-gemeinschaftsbeschluss-der-eu-hat-vorrang/, zuletzt abgerufen am 21.12.2010; *Cosson,* AbfallR 2009, 154 f.

973 So auch *Karpenstein,* Haushaltsabfälle zwischen Privatisierung und Kommunalisierung, S. 59.

974 Bejahend: *BVerwG,* Urt. v. 18.6.2009 – 7 C 16/08 –, in: DVBl. 2009, 1242 (1245); *Petersen,* NVwZ 2009, 1063 (1070); *Hurst,* NuR 2010, 180 (182).

975 So *Dieckmann,* AbfallR 2009, 270 (274).

976 I. d. S. *Hurst,* NuR 2010, 180 (182).

977 *Dieckmann,* AbfallR 2009, 270; *Vetter,* VBlBW 2010, 93 (99).

Überlassungspflichten für diesen Bereich ließen sich aber nach Art. 106 Abs. 2 AEUV rechtfertigen.[978]

Im Hinblick auf die nationale Entsorgungsordnung, insbesondere die Verteilung der Entsorgungsverantwortung zwischen der öffentlichen Hand und Privaten, lässt die AbfRRL den Mitgliedstaaten danach einen Ausgestaltungsspielraum.[979] Die Richtlinie steht einer Überarbeitung bzw. Änderung der Überlassungspflichten nach § 13 KrW-/AbfG nicht entgegen. Im Gegenteil sind die Mitgliedstaaten gehalten, den recht unbestimmten Vorgaben der Richtlinie durch Konkretisierung im innerstaatlichen Bereich zur Wirksamkeit zu verhelfen. Mit den Vorgaben der AbfRRL ist eine Ausweitung der Überlassungspflichten für gemischte Abfälle aus privaten Haushaltungen im KrW-/AbfG vereinbar. Eine Ausweitung der Überlassungspflichten für sortenreine Abfälle unterliegt dagegen den Regelungen des Primärrechts.

b. *Abfallverbringungsverordnung*

Fraglich ist, ob einer Überarbeitung der Überlassungspflichten von Abfällen aus privaten Haushaltungen an den öffentlich-rechtlichen Entsorgungsträger die novellierte AbfVerbrVO entgegensteht. Verordnungen sind durch ihre allgemeine Geltung und Verbindlichkeit gekennzeichnet.[980] Sie gelten unmittelbar in allen Mitgliedstaaten. Die AbfVerbrVO normiert ein Notifizierungs- und Einwandssystem, d. h. ein Genehmigungserfordernis und -verfahren für den grenzüberschreitenden Transport von Abfällen.[981] Neben dem Verfahren zur Erteilung der Verbringungsgenehmigung ist auch im Einzelnen geregelt, welche Einwände die mitgliedstaatlichen Behörden gegen eine notifizierte Verbringung erheben dürfen, d. h. in welchen Fällen die Zustimmung versagt werden darf (vgl. Art. 11 AbfVerbrVO).[982]

Zunächst müsste der Anwendungsbereich der Verordnung eröffnet sein. Diese gilt für die Verbringung von Abfällen zwischen Mitgliedstaaten innerhalb der Gemeinschaft oder mit Durchfuhr durch Drittstaaten, aus

978 *BMU,* Begr. AE KrWG, S. 168; *BMU,* Begr. RefE KrWG, S. 179. S. hierzu die Ausführungen unter Dritter Teil, § 9, J., III., 3.

979 Zum gleichen Ergebnis kommen schon: *Gaßner/Willand/Pippke,* Vereinbarkeit einer Neuordnung der abfallrechtlichen Überlassungspflichten mit dem EG-Recht, Gutachten, n. v., S. 23, bei der Prüfung der Vorgängerrichtlinie.

980 S. zur Verordnung als Regelungstyp des sekundären Unionsrechts: *Herdegen,* Europarecht, § 8 Rn. 35.

981 *Dieckmann,* AbfallR 2009, 270 f.

982 Vgl. *Dieckmann,* AbfallR 2009, 270 f.

Drittstaaten in die Gemeinschaft, aus der Gemeinschaft in Drittstaaten, mit Durchfuhr durch die Gemeinschaft von und nach Drittstaaten (Art. 1 Abs. 2 AbfVerbrVO). Der Ausdruck »Verbringung« bezeichnet gem. Art. 2 Nr. 34 AbfVerbrVO den Transport von zur Verwertung oder Beseitigung bestimmten Abfällen, der erfolgt oder erfolgen soll (zwischen zwei Staaten oder zwischen einem Staat und überseeischen Ländern und Gebieten oder anderen Gebieten, die unter dem Schutz dieses Staates stehen, oder zwischen einem Staat und einem Landgebiet, das völkerrechtlich keinem Staat angehört, oder zwischen einem Staat und der Antarktis oder aus einem Staat durch eines der oben genannten Gebiete oder innerhalb eines Staates durch eines der oben genannten Gebiete und der in demselben Staat beginnt oder endet, oder aus einem geografischen Gebiet, das nicht der Gerichtsbarkeit eines Staates unterliegt, in einen Staat).

Eine Überlassungspflicht von Abfällen aus privaten Haushaltungen an den öffentlich-rechtlichen Entsorgungsträger beschränkt die freie Verbringung von Abfällen. Durch eine solche wird der Abfallverursacher als ursprünglicher Entsorgungspflichtiger daran gehindert, sich zur Verwertung seines Abfalls eines Dritten außerhalb des Mitgliedstaates zu bedienen.[983] Hierfür spricht auch die europäische Rechtsprechung: In der Rechtssache »DaimlerChrysler« hat der EuGH landesrechtliche Andienungspflichten an der AbfVerbrVO gemessen.[984] Europarechtlich ist zwischen Andienungs- und Überlassungspflichten in dem hier bewertungserheblichen Gesichtspunkt kein Unterschied erkennbar. Beide hindern den an sich entsorgungspflichtigen Abfallentsorger daran, seinen Abfall grenzüberschreitend zu entsorgen.[985] Der pauschale, eine ausführlichere Begründung entbehrende Ausschluss der Überlassungspflichten vom Anwendungsbereich der AbfVerbrVO seitens des BVerwG[986] überzeugt nicht. Das Gericht ist der Auffassung, die Überlassungspflicht für Abfälle aus privaten Haushaltungen, auch in Form von Reinfraktionen, stehe einer anschließenden Verbringung nicht entgegen, da die Überlassungspflicht nur das Stadium des Einsammelns erfasse. Es geht unzutreffend davon aus, dass der Begriff des Überlassens sich auf die Phase des (Ein-)Sammelns beschränke. Die beiden Entsorgungsschritte sind jedoch strikt voneinander abzugrenzen. § 10 Abs. 2

983 So *Dieckmann,* AbfallR 2009, 270 (272).

984 *EuGH,* Urt. v. 13.12.2001 – Rs. C-324/99 (»DaimlerChrysler AG/Baden-Württemberg«) –, in: Slg. 2001, I-09897 (Rn. 65).

985 So *Dieckmann,* AbfallR 2009, 270 (272).

986 S. *BVerwG,* Urt. v. 18.6.2009 – 7 C 16/08 –, in: DVBl. 2009, 1242 (1245).

S. 1 KrW-/AbfG, der den Ausdruck der Abfallbeseitigung umschreibt, sowie § 4 Abs. 5 KrW-/AbfG, der den Begriff der Kreislaufwirtschaft näher konkretisiert, verdeutlichen jedoch, dass der Gesetzgeber bei der Überlassungspflicht und dem Einsammeln von einer unterschiedlichen Bedeutung ausging. Die Bezeichnung »Überlassungspflicht« umschreibt das Gebot, den Abfall der öffentlichen Abfallentsorgung zu übergeben. Demgegenüber bezeichnet der Begriff des Sammelns das Zusammentragen von in der Regel gleichartigen, verwertbaren Abfällen, welches nicht durch/oder für Entsorgungsträger in Erfüllung ihrer Entsorgungspflicht erfolgt, sondern aufgrund eines Eigeninteresses des Handelnden für die Abfälle. Der Ausdruck der Überlassungspflicht ist dem Bereich der Grundsätze und Pflichten der Erzeuger und Besitzer von Abfällen zuzuordnen, wohingegen das (Ein-) Sammeln einen Verfahrensschritt der Entsorgung darstellt. Die infolge der Überlassung entstehende Entsorgungsverantwortung des öffentlich-rechtlichen Entsorgungsträgers gem. § 15 KrW-/AbfG beinhaltet auch die Entscheidung über die nachfolgenden Entsorgungsschritte einschließlich des Entsorgungsorts. Dies schließt ein eigenständiges Wahlrecht des ursprünglichen Abfallverursachers, welches sich mitunter auch auf eine Entsorgung in einem anderen Mitgliedstaat beziehen kann, aus. Der Anwendungsbereich der AbfVerbrVO ist somit entgegen der Ansicht des BVerwG eröffnet.

Fraglich ist, ob Art. 3 Abs. 5 AbfVerbrVO eine Verbringungsbeschränkung rechtfertigt. Hiernach unterliegt die Verbringung gemischter Siedlungsabfälle den gleichen Bestimmungen wie die Verbringung von zur Beseitigung bestimmten Abfällen. Über diese Gleichstellungsregelung wird Art. 11 AbfVerbrVO, der Einwandsgründe an sich nur für Abfälle zur Beseitigung regelt, für eine Anwendung auf gemischte Siedlungsabfälle aus privaten Haushaltungen eröffnet, auch wenn sie verwertet werden können und sollen.[987] Hierbei ist insbesondere Art. 11 Abs. 1 lit. i AbfVerbrVO aufzuführen, wonach ein Einwand allein damit begründet werden kann, dass es sich um gemischte Siedlungsabfälle aus privaten Haushaltungen handelt. Somit ist eine Beschränkung der grenzüberschreitenden Verbringung von Abfällen aus Gründen der Entsorgungsautarkie oder -nähe für Abfälle zur Beseitigung (Art. 11 Abs. 1 lit. a AbfVerbrVO) und (nunmehr) zusätzlich für verwertbare, gemischte Siedlungsabfälle möglich. Eine weitergehende Erstreckung insbesondere auf sortenreine Abfallfraktionen lässt der Wortlaut des Art. 3 Abs. 5 AbfVerbrVO nicht zu.[988] Diese sind nach wie vor

---

987 *Dieckmann,* Nationale Entsorgungsautarkie und Europarecht, S. 10.
988 So auch *Dieckmann,* AbfallR 2009, 270 (272).

verbringungsrechtlich wie Abfälle zur Verwertung aus anderen Herkunftsbereichen zu behandeln, so dass auf sie bezogene Verbringungsbeschränkungen aus Gründen der Entsorgungsautarkie und -nähe nicht zulässig sind.[989] Auch hier kommt das BMU in seinen Entwurfsbegründungen zum gleichen Ergebnis.[990]

Fraglich ist, ob sich Verbringungsbeschränkungen für andere verwertbare Abfälle als gemischte Siedlungsabfälle auf Art. 12 Abs. 1 lit. a AbfVerbrVO stützen lassen, wonach eine Einwandserhebung in Bezug auf zur Verwertung bestimmte Abfälle möglich ist, wenn die geplante Verbringung oder Verwertung nicht im Einklang mit bestimmten, namentlich genannten Artikeln der AbfRRL steht.[991] Dieser Einwandsgrund erlaubt Verbringungsbeschränkungen nur im Einzelfall. Eingriffe in den Transport von zur Verwertung oder Beseitigung bestimmten Abfällen, die durch Überlegungen der Entsorgungsnähe oder -autarkie motiviert sind, hierauf zu stützen, würde die Grundentscheidung des Verordnungsgebers missachten, wonach eben allein für Abfälle zur Beseitigung und für gemischte Siedlungsabfälle solche Verbringungsbeschränkungen zulässig sein sollen.[992] Insoweit sind die autarkiebezogenen Einwandsgründe, einschließlich des Art. 3 Abs. 5 AbfVerbrVO, lex specialis im Verhältnis zu dem allgemeinen, auf die Regelungen der AbfRRL verweisenden Einwandsgrunds des Art. 12 Abs. 1 lit. a AbfVerbrVO.[993]

Art. 106 Abs. 2 AEUV könnte einen Verstoß gegen die AbfVerbrVO rechtfertigen. Die Verordnung ist in dieser Hinsicht nicht abschließend. Sie lässt das Verhältnis von Abfallwarenverkehr und Daseinsvorsorge gänzlich ungeregelt und ist daher auch nicht geeignet, den für Dienstleistungen von allgemeinem wirtschaftlichem Interesse durch Art. 106 Abs. 2 AEUV eröffneten Ausnahmebereich einzuschränken.[994] Insbesondere kann dies nicht Gegenstand und Ziel der Nähe- und Autarkieprinzipien i. S. d. Art. 11 Abs. 1 lit. a AbfVerbrVO sein, da diese nicht mit dem Grundsatz der Daseinsvorsorge, dem die Überlassungspflichten letztendlich dienen, gleich-

989 *Dieckmann,* ZUR 2008, 505 (511).

990 *BMU,* Begr. AE KrWG, S. 168; *BMU,* Begr. RefE KrWG, S. 179.

991 Bejahend: *Koch/Reese,* Hausmüllentsorgung zwischen kommunaler Trägerschaft und gewerblichen Sammelsystemen, Gutachten, n. v., S. 43 f.

992 *Dieckmann,* Nationale Entsorgungsautarkie und Europarecht, S. 11.

993 So auch *Dieckmann,* AbfallR 2009, 270 (272).

994 *Koch/Reese,* Hausmüllentsorgung als Aufgabe der Daseinsvorsorge, Gutachten, n. v., S. 28 f.

zusetzen sind. Ein solcher Liberalisierungszweck ergibt sich auch nicht aus der von den Gegnern der Überlassungspflicht aufgeführten Rechtsprechung des EuGH, da diese zum Verhältnis der AbfVerbrVO zur staatlichen Gewährleistung einer abfallwirtschaftlichen Infrastruktur keine Aussagen trifft.[995] Die Grenzen der abfallwirtschaftlichen Daseinsvorsorge und ihrer öffentlichen Wahrnehmung werden vielmehr durch die Verordnung überhaupt nicht geregelt. Diese ist vielmehr auf die Sicherung des grenzüberschreitenden Handels mit Abfällen und Entsorgungsleistungen gerichtet. Die Belange der abfallwirtschaftlichen Daseinsvorsorge bleiben von der AbfVerbrVO unberührt und müssen gegenüber ihrer Anwendung nach zutreffender, insbesondere primärrechtskonformer Auslegung Vorrang behalten.

Die geplante Neuregelung der Überlassungspflichten im KrWG ist hinsichtlich gemischter Siedlungsabfälle mit den Vorgaben des Sekundärrechts vereinbar. In Bezug auf sortenreine Abfallfraktionen kommt es auf die primärrechtlichen Vorgaben an, auf welche im Folgenden näher einzugehen ist.

2. Primärrechtliche Bewertung der Überlassungspflichten für sortenreine Haushaltsabfälle

Neben der Frage nach der sekundärrechtlichen Zulässigkeit einer Novellierung der Abfallüberlassungspflichten stellt sich auch die Frage der Zulässigkeit aufgrund der primärrechtlichen Vorgaben des AEUV.[996] Bei der gesetzlichen Ausgestaltung von Entsorgungszuständigkeiten und Überlassungspflichten für Abfälle können sich Schranken insbesondere aus der in Art. 34 ff. AEUV normierten Warenverkehrsfreiheit, aber auch aus den Wettbewerbsvorschriften (Art. 101 ff. AEUV) ergeben. Die Frage, ob überhaupt auf das Primärrecht zurückgegriffen werden kann, wenn eine detaillierte Vorschrift im Sekundärrecht existiert, stellt sich zumindest nicht für die sortenreinen Haushaltsabfälle, da hierfür keine derartige Regelung existiert.

---

995 Dazu sowie zu den nachfolgenden Ausführungen in diesem Abschnitt: *Koch/Reese,* Hausmüllentsorgung als Aufgabe der Daseinsvorsorge, Gutachten, n. v., S. 37.

996 S. hierzu: *Gaßner/Thärichen,* MA 2009, 176 (182).

a. Warenverkehrsfreiheit (Art. 35 AEUV)

Fraglich ist, ob eine Überlassungspflicht für sortenreine Abfälle aus privaten Haushaltungen einen Verstoß gegen die Gewährleistung des freien Warenverkehrs gem. Art. 34 ff. AEUV darstellt.

Unter den Begriff der Ware fallen zunächst alle körperlichen Gegenstände, die einen Geldwert haben und daher Gegenstand von Handelsgeschäften sein können. Abfall ist seit dem insoweit grundlegenden Wallonien-Urteil des EuGH als Ware i. S. d. der Regelungen des AEUV anerkannt und der Handel mit ihm unterliegt grundsätzlich der Warenverkehrsfreiheit.[997] Insbesondere gilt für ihn das Verbot mengenmäßiger Ein- und Ausfuhrbeschränkungen nach Art. 34, 35 AEUV.

Fraglich ist, inwieweit eine Überlassungspflicht einen Eingriff in die Warenverkehrsfreiheit darstellt. Gem. Art. 35 AEUV sind mengenmäßige Ausfuhrbeschränkungen sowie alle Maßnahmen gleicher Wirkung zwischen den Mitgliedstaaten verboten. Nach der sog. Dassonville-Formel des EuGH umfasst der in Art. 35 AEUV verwendete Begriff der »Maßnahme gleicher Wirkung« »jede Handelsregelung der Mitgliedstaaten, die geeignet ist, den innergemeinschaftlichen Handel unmittelbar oder mittelbar, tatsächlich oder potentiell zu behindern«.[998] Anders als Art. 34 AEUV enthält Art. 35 AEUV kein allgemeines Beschränkungsverbot i. S. d. Dassonville-Formel.[999] Maßnahmen gleicher Wirkung i. S. v. Art. 35 AEUV sind vielmehr nur solche, die spezifische Beschränkungen der Ausfuhrströme bezwecken oder bewirken und unterschiedliche Bedingungen für den Binnenhandel innerhalb eines Mitgliedstaats und seinen Außenhandel schaffen, so dass die nationale Produktion oder der Binnenmarkt des betroffenen Staates einen besonderen Vorteil erlangt.[1000] Eine gesetzliche Überlassungspflicht nimmt gewerblichen Entsorgungsunternehmen die Möglichkeit, die Abfälle staatenübergreifend zu verwerten, so dass ein grenzüberschreitender Bezug vorliegt. Es handelt sich um eine Maßnahme gleicher Wirkung wie eine

---

997 *EuGH,* Urt. v. 9.7.1992 – Rs. C-2/90 (»Wallonien«) –, in: Slg. 1992, I-04431 (Rn. 23-28); vgl. *Koch/Reese,* AbfallR 2009, 58 (61).

998 *EuGH,* Urt. v. 11.7.1974 – Rs. C-8/74 (»Dassonville«) –, in: Slg. 1974, 00837 (Rn. 5).

999 So *Karpenstein,* Haushaltsabfälle zwischen Privatisierung und Kommunalisierung, S. 63.

1000 *EuGH,* Urt. v. 25.6.1998 – Rs. C-203/96 (»Dusseldorp«) –, in: Slg. 1998, I-04075 (Rn. 40); *EuGH,* Urt. v. 23.5.2000 – Rs. C-209/98 (»Kopenhagen«) –, in: Slg. 2000, I-03743 (Rn. 24).

Handelsbeschränkung, da eine Überlassungspflicht geeignet ist, spezifische Beschränkungen der Ausfuhrströme für Abfälle zu bewirken und dadurch unterschiedliche Bedingungen für den Binnen- und Außenhandel mit Haushaltsabfällen schafft.[1001] Sie hindert den Abfallverursacher daran, Angebote des Exports und einer Verwertung in einem anderen Mitgliedstaat wahrzunehmen.

Von den in Art. 36 AEUV genannten Aspekten kommt keiner als Rechtfertigungsgrund in Betracht. Fraglich ist, ob eine Überlassungspflicht für sortenreine Abfallfraktionen mit den Grundsätzen der Cassis-Formel gerechtfertigt werden kann. Die in der Cassis de Dijon-Entscheidung gefundene Einschränkung besagt, dass Handelshemmnisse, die sich aus unterschiedlichen Regelungen der Mitgliedstaaten ergeben, hingenommen werden müssen, soweit sie notwendig sind, um zwingenden Erfordernissen gerecht zu werden.[1002] Zu den vom EuGH bislang anerkannten zwingenden Erfordernissen gehört insbesondere der Umweltschutz.[1003] Fraglich ist, ob eine Überlassungspflicht insbesondere aus Gründen des Umweltschutzes mit dem Primärrecht vereinbar ist. Die Verbesserung des Recyclings kann insoweit nicht angeführt werden: Zwar hat der EuGH die Gewährleistung der Sortenreinheit von Haushaltsabfällen als besonderen Grund genannt, der Beschränkungen des freien Warenverkehrs rechtfertigen kann.[1004] Eine innerstaatliche Regelung, die zur Sortenreinheit der Abfälle und damit zur Verbesserung der Abfallverwertung beiträgt, kann hiernach grundsätzlich als zwingendes Erfordernis i. S. d. Cassis-Rechtsprechung angesehen werden. Kann allerdings, wie in Deutschland der Fall, die Sortenreinheit durch gewerbliche Sammlungen gleichwertig gewährleistet werden, können Überlassungspflichten für diese Abfälle nicht aus Umweltschutzgründen gerechtfertigt werden.[1005]

1001 Vgl. *Karpenstein,* Haushaltsabfälle zwischen Privatisierung und Kommunalisierung, S. 63 f.

1002 *EuGH,* Urt. v. 20.2.1979 – Rs. 120/78 (»Cassis de Dijon«) –, in: Slg. 1979, 00649 (Rn. 8).

1003 Zum Umweltschutz als zwingendes Erfordernis: *EuGH,* Urt. v. 9.7.1992 – Rs. C-2/90 (»Wallonien«) –, in: Slg. 1992, I-04431 (Rn. 29-32); s. hierzu: *Dörr,* DÖV 2003, 838 (842).

1004 *EuGH,* Urt. v. 14.12.2004 – Rs. C-463/01 (»Kommission/Deutschland«) –, in: Slg. 2004, I-11705 (Rn. 77); *EuGH,* Urt. v. 14.12.2004 – Rs. C-309/02 (»Radlberger«) –, in: Slg. 2004, I-11763 (Rn. 78); s. hierzu: *Karpenstein,* Haushaltsabfälle zwischen Privatisierung und Kommunalisierung, S. 65.

1005 S. *Karpenstein,* Haushaltsabfälle zwischen Privatisierung und Kommunalisierung, S. 65.

Unter Umweltgesichtspunkten können auch die teilweise aufgeführten Rentabilitätserwägungen, die dahin gehen, das Auslastungsinteresse der Verwertungs- oder Beseitigungsanlagen zu befriedigen, einen Eingriff in die Warenverkehrsfreiheit nicht stützen.[1006] Hierbei handelt es sich um rein wirtschaftliche Erwägungen, die eine Beschränkung der Grundfreiheiten nicht rechtfertigen können.[1007]

Im Übrigen geht es bei der Auslegung und Anwendung der »überwiegenden öffentlichen Interessen« i. S. v. § 13 Abs. 3 S. 1 Nr. 3 KrW-/AbfG – wenn überhaupt – nur mittelbar um Umweltschutz, da ohnehin nur solche Abfälle zur Verwertung in Rede stehen, die gem. § 13 Abs. 3 S. 2 KrW-/AbfG nicht gefährlich sind und deren ordnungsgemäße und schadlose Verwertung aufgrund der weiteren Tatbestandsanforderungen des § 13 Abs. 3 S. 1 Nr. 3 KrW-/AbfG gewährleistet ist.[1008] Für sortenreine und vollkommen ungefährliche Haushaltsabfälle können deshalb Beschränkungen der Grundfreiheiten nicht auf zwingende Erfordernisse des Umweltschutzes gestützt werden.[1009] Ein Eingriff in die Warenverkehrsfreiheit kann somit nicht mit den Grundsätzen der Cassis-Formel gerechtfertigt werden.

Es könnte jedoch eine Rechtfertigung des Eingriffs nach Art. 106 Abs. 2 AEUV möglich sein. Danach gelten die Vorschriften des Vertrags, insbesondere die Wettbewerbsregeln, für Unternehmen, die mit Dienstleistungen von allgemeinem wirtschaftlichen Interesse betraut sind, nur soweit hierdurch nicht die Erfüllung der ihnen übertragenen Aufgabe rechtlich oder tatsächlich verhindert wird (Art. 106 Abs. 2 S. 1 AEUV). Die vom AEUV respektierten Sonderaufgaben der öffentlichen Daseinsvorsorge erfordern auch Einschränkungen der Warenverkehrsfreiheit, die die speziellen Aus-

---

1006 *Dieckmann,* ZUR 2008, 505 (511); *Karpenstein,* Haushaltsabfälle zwischen Privatisierung und Kommunalisierung, S. 65.

1007 *EuGH,* Urt. v. 25.6.1998 – Rs. C-203/96 (»Dusseldorp«) –, in: Slg. 1998, I-04075 (Rn. 44 ff.); s. hierzu: *Dörr,* DÖV 2003, 838 (843); a. A.: *Gaßner/Thärichen,* AbfallR 2009, 18 (27); *Karpenstein,* Haushaltsabfälle zwischen Privatisierung und Kommunalisierung, S. 65.

1008 So *Dörr,* DÖV 2003, 838 (842); *Karpenstein,* Haushaltsabfälle zwischen Privatisierung und Kommunalisierung, S. 65 f.

1009 *EuGH,* Urt. v. 23.5.2000 – Rs. C-209/98 (»Kopenhagen«) –, in: Slg. 2000, I-03743 (Rn. 46); vgl. *Karpenstein,* Haushaltsabfälle zwischen Privatisierung und Kommunalisierung, S. 66; so auch *Dörr,* DÖV 2003, 838 (842); *Dieckmann,* AbfallR 2009, 270 (274); *Hurst,* AbfallR 2010, 180 (184).

nahmevorschriften hierzu nicht bieten.[1010] Auf diesen Rechtfertigungsgrund soll unter Dritter Teil, § 9, J., III., 3. ausführlich eingegangen werden.

b. Vereinbarkeit mit den Wettbewerbsregeln – Art. 106 AEUV i. V. m. Art. 101 ff. AEUV

Darüber hinaus ist auch fraglich, ob unbeschränkte Überlassungspflichten gegen die Wettbewerbsregeln aus Art. 106 Abs. 1 AEUV i. V. m. Art. 102 AEUV verstoßen. Gem. Art. 106 Abs. 1 AEUV dürfen die Mitgliedstaaten »in Bezug auf öffentliche Unternehmen und auf Unternehmen, denen sie besondere oder ausschließliche Rechte gewähren, keine diesem Vertrag [gemeint ist der AEUV] und insbesondere dessen Art. 18 und 101 bis 109 widersprechenden Maßnahmen treffen oder beibehalten«. Zu den so in Bezug genommenen Vorschriften gehört namentlich Art. 102 S. 1 AEUV, wonach »die missbräuchliche Ausnutzung einer beherrschenden Stellung auf dem [gemeinsamen] Markt oder auf einem wesentlichen Teil desselben durch ein oder mehrere Unternehmen [verboten ist], soweit sie dazu führen kann, den Handel zwischen Mitgliedstaaten zu beeinträchtigen«.

In Bezug auf die hier angesprochenen Überlassungspflichten ergibt sich daraus Folgendes: Bei den Überlassungspflichten des § 13 Abs. 1 KrW-/AbfG handelt es sich um eine mitgliedstaatliche Maßnahme i. S. v. Art. 106 Abs. 1 AEUV. Hierunter fallen insbesondere gesetzliche Regelungen. Art. 106 Abs. 1 AEUV setzt des Weiteren voraus, dass die Maßnahme in Bezug auf öffentliche Unternehmen bzw. auf Unternehmen, denen der Mitgliedstaat besondere oder ausschließliche Rechte gewährt, getroffen wird. Dabei ist der Begriff des öffentlichen Unternehmens i. S. v. Art. 106 Abs. 1 AEUV weit zu verstehen. Er erfasst wirtschaftlich handelnde Einheiten beliebiger Rechtsform, auf deren Tätigkeit öffentliche Hoheitsträger mittelbar oder unmittelbar beherrschenden Einfluss ausüben können.[1011] Die Überlassungspflicht begünstigt die öffentlich-rechtlichen Entsorgungsträger, d. h. die nach Landesrecht zur Entsorgung verpflichteten juristischen Personen (vgl. § 13 Abs. 1 S. 1 KrW-/AbfG). Hierbei handelt es sich um Gebietskörperschaften, die die abfallwirtschaftlichen Aufgaben selbst

1010 *Koch/Reese,* Hausmüllentsorgung als Aufgabe der Daseinsvorsorge, Gutachten, n. v., S. 44; *dies.,* DVBl. 2010, 1393 (1399 f.).

1011 Vgl. noch zur Vorgängerregelung des Art. 86 EGV, wobei sich an dem Regelungsinhalt, insbes. an der Bestimmung des öffentlichen Unternehmens, hierdurch nichts verändert hat: *Pernice/Wernicke,* in: Grabitz/Hilf, Das Recht der EU, Bd. II, Art. 86 EGV Rn. 21.

wahrnehmen oder andere Stellen mit der Durchführung betrauen. Es kann damit festgehalten werden, dass es sich bei den Überlassungspflichten um eine mitgliedstaatliche Maßnahme zugunsten öffentlicher Unternehmen bzw. Unternehmen, denen der Mitgliedstaat BRD besondere oder ausschließliche Rechte gewährt, handelt.

Ein Verstoß gegen Art. 102 AEUV durch mitgliedstaatliche Maßnahmen in Bezug auf öffentliche Unternehmen und auf Unternehmen, denen sie besondere oder ausschließliche Rechte gewähren, liegt nur dann vor, wenn hierdurch der gemeinsame Markt oder zumindest ein wesentlicher Teil desselben betroffen ist. Fraglich ist, ob ein Markt, der sich – wie in der Grundsatzentscheidung des BVerwG – lediglich auf das Gebiet einer Stadt oder eines Landkreises erstreckt, einen wesentlichen Teil des gemeinsamen Marktes i. S. d. europäischen Wettbewerbsregeln darstellen kann.[1012] Zwar hält der EuGH es für möglich, dass das Gebiet eines gesamten Mitgliedstaats oder auch nur ein Teil desselben einen wesentlichen Teil des Marktes darstellen kann,[1013] doch dürfte das Gebiet einer einzelnen Gemeinde bzw. eines einzelnen Kreises mit dem in Deutschland üblichen Zuschnitt insoweit grundsätzlich nicht ausreichen.[1014] Die Begründung einer beherrschenden Stellung auf einem gemeinsamen Markt kann jedoch darin gesehen werden, dass für die Entsorgung der der Überlassungspflicht unterfallenden Abfälle bundesweit öffentlich-rechtliche Entsorgungsträger zuständig sind.[1015]

Für einen Verstoß gegen Art. 102 AEUV reicht es allerdings nicht alleine aus, dass durch eine mitgliedstaatliche Maßnahme eine marktbeherrschende Stellung geschaffen wird, vielmehr bedarf es darüber hinaus einer missbräuchlichen Ausnutzung der marktbeherrschenden Stellung. Ein Marktmissbrauch liegt jedenfalls dann vor, wenn ein Monopol sich auf Tätigkeiten erstreckt, obwohl die öffentlich-rechtlichen Entsorger bzw. deren Drittbeauftragte offensichtlich nicht in der Lage sind, die Nachfrage auf dem Markt

---

1012 S. hierzu: *Gaßner/Willand/Pippke,* Vereinbarkeit einer Neuordnung der abfallrechtlichen Überlassungspflichten mit dem EG-Recht, Gutachten, n. v., S. 50.

1013 *EuGH,* Urt. v. 4.5.1988 – Rs. 30-87 (»Pompes funèbres«) –, in: Slg. 1988, 02479 (Rn. 26 ff.).

1014 So *BVerwG,* Urt. v. 18.6.2009 – 7 C 16/08 –, in: DVBl. 2009, 1242 (1245); *Gaßner/Willand/Pippke,* Vereinbarkeit einer Neuordnung der abfallrechtlichen Überlassungspflichten mit dem EG-Recht, Gutachten, n. v., S. 50.

1015 Anders: *Gaßner/Willand/Pippke,* Vereinbarkeit einer Neuordnung der abfallrechtlichen Überlassungspflichten mit dem EG-Recht, Gutachten, n. v., S. 50.

nach derartigen Leistungen zu befriedigen.[1016] Übertragen auf § 13 KrW-/AbfG ergibt sich hieraus Folgendes: Die konkrete Reichweite des aus § 13 Abs. 1 KrW-/AbfG folgenden Konkurrenzschutzes darf nicht weiter reichen als das tatsächliche Leistungsangebot der öffentlich-rechtlichen Entsorgungsträger oder der nach § 16 KrW-/AbfG Beauftragten. Versäumt es eine Kommune, nachfrageorientierte Systeme zur getrennten Sammlung und Verwertung von Abfällen einzurichten, obwohl hierfür ein Markt existiert, wäre es missbräuchlich, einem Dritten den Aufbau eines derartigen Angebots zu untersagen.[1017] So wäre es mit Art. 106 AEUV i. V. m. Art. 102 AEUV kaum zu vereinbaren, wenn ein öffentlich-rechtlicher Entsorgungsträger Konkurrenzschutz für ein vorhandenes Bringsystem beansprucht, obwohl es eine Nachfrage nach einem Holsystem gibt.[1018]

Fraglich ist, ob die Überlassungspflicht auf der Grundlage der Ausnahmevorschrift des Art. 106 Abs. 2 AEUV gerechtfertigt werden kann. Diese Ausnahme setzt voraus, dass die zu rechtfertigenden Maßnahmen sich auf Unternehmen beziehen, die mit Dienstleistungen von allgemeinem wirtschaftlichen Interesse betraut sind.[1019] Fraglich ist, ob diese Voraussetzung in Bezug auf die den öffentlich-rechtlichen Entsorgungsträgern mit der Überlassungspflicht des § 13 Abs. 1 KrW-/AbfG vorbehaltenen Aufgaben gegeben ist. Nach der Rechtsprechung des EuGH kann die Bewirtschaftung bestimmter Abfälle aus Gründen des Umweltschutzes Gegenstand einer Dienstleistung von allgemeinem wirtschaftlichen Interesse sein.[1020]

3. Rechtfertigung von Beschränkungen durch Art. 106 Abs. 2 AEUV

Es stellt sich die Frage, ob die festgestellten Verstöße gegen europarechtliche Vorschriften aufgrund Überlassungspflichten für andere verwertbare

1016 *EuGH,* Urt. v. 23.4.1991 – Rs. C-41/90 (»Höfner & Elser«) –, in: Slg. 1991, I-1979 (Rn. 34).

1017 Vgl. *Karpenstein,* Haushaltsabfälle zwischen Privatisierung und Kommunalsierung, S. 68.

1018 So auch *Karpenstein,* Haushaltsabfälle zwischen Privatisierung und Kommunalsierung, S. 68.

1019 S. zu den Diensten von allgemeinem wirtschaftlichen Interesse in der europäischen Wettbewerbsordnung: *v. Danwitz,* in: Krautscheid, Daseinsvorsorge im Spannungsfeld von europäischem Wettbewerb und Gemeinwohl, S. 103 ff.

1020 *EuGH,* Urt. v. 23.5.2000 – Rs. C-209/98 (»Kopenhagen«) –, in: Slg. 2000, I-03743 (Rn. 75); s. hierzu: *v. Danwitz,* in: Krautscheid, Daseinsvorsorge im Spannungsfeld von europäischem Wettbewerb und Gemeinwohl, S. 103 (120).

Abfälle als gemischte Siedlungsabfälle durch Art. 106 Abs. 2 AEUV gerechtfertigt werden können.

a. Anwendungsbereich der Ausnahme

Fraglich ist, ob Art. 106 Abs. 2 AEUV auch auf sekundäres Gemeinschaftsrecht anwendbar ist. Nach seinem ausdrücklichen Wortlaut handelt es sich bei Art. 106 Abs. 2 AEUV um eine Ausnahmebestimmung von »Vorschriften der Verträge«. Da Art. 106 Abs. 2 AEUV sogar Ausnahmen von den Vorschriften des AEUV und des EUV zulässt, sollte dies erst Recht für die sekundärrechtlichen Vorschriften gelten.[1021] Entscheidend ist aber zudem, dass das Sekundärrecht im Einwandsregime der AbfVerbrVO sowie in der AbfRRL keinen spezifischen Ausgleich zwischen den Belangen der abfallwirtschaftlichen Daseinsvorsorge und denen des Wettbewerbs bietet, wie ihn Art. 106 Abs. AEUV gewährleistet.[1022] Ein solcher Kompromiss beinhaltet eine flächendeckende, kontinuierliche Grundversorgung zu gleichen, erschwinglichen Preisen bei gleichzeitig eröffnetem Wettbewerb auf dem privaten Markt. Die mangelnde Berücksichtigung der Daseinsvorsorge im aufgeführten Sekundärrecht beruht auch nicht darauf, dass dieses an dieser Stelle eine Marktöffnung vorsieht. Vielmehr ist es nicht Regelungsgegenstand der AbfVerbrVO sowie der AbfRRL, die Grenzen der staatlichen Gewährleistung einer abfallwirtschaftlichen Infrastruktur zu konkretisieren und aufzuzeigen. Die Vorschrift des Art. 106 Abs. 2 S. 1 AEUV vermag sowohl eine Abweichung von sekundärem Unionsrecht als auch von sämtlichen Vorschriften des Primärrechts, einschließlich aller Grundfreiheiten, zu rechtfertigen.[1023] Sie stellt eine bedeutende Kompromisslösung zwischen Wettbewerb und Daseinsvorsorge dar. Der Rechtfertigungsgrund des Art. 106 Abs. 2 AEUV muss somit auch auf das Sekundärrecht anwendbar sein.

1021 So auch *Karpenstein,* Haushaltsabfälle zwischen Privatisierung und Kommunalisierung, S. 70.

1022 S. zum Verhältnis von Art. 106 Abs. 2 AEUV zum Sekundärrecht ausführlich: *Koch/Reese,* Hausmüllentsorgung als Aufgabe der Daseinsvorsorge, Gutachten, n. v., S. 29 f.; *dies.,* DVBl. 2010, 1393 (1400).

1023 I. d. S. *Petersen,* NVwZ 2009, 1063 (1070).

b. Dienstleistungen von allgemeinem wirtschaftlichen Interesse

Fraglich ist, wann eine Dienstleistung von allgemeinem (wirtschaftlichen) Interesse ist. Hierunter fallen zunächst wirtschaftliche Aktivitäten, die besonderen gemeinwohlorientierten Verpflichtungen unterworfen sind.[1024] Der dem Unionsrecht geläufige Begriff der »Dienstleistungen von allgemeinem wirtschaftlichen Interesse« wurde vom Vertrag von Lissabon hinsichtlich seiner Rahmenbedingungen an mehreren Ansatzpunkten verändert und findet sich (nun) in Art. 14 AEUV und Art. 106 Abs. 2 S. 1 AEUV wieder. Zudem wurde dem EUV und dem AEUV ein »Protokoll über Dienste von allgemeinem Interesse« beigefügt, das nach Art. 51 EUV Bestandteil der Verträge ist.[1025] Dieses Protokoll Nr. 26 enthält nach seinem Eingangssatz auslegende Bestimmungen zu den Verträgen. Art. 1 unterstreicht hierbei den weiten Ermessensspielraum der Behörden der Mitgliedstaaten »in der Frage, wie Dienste von allgemeinem wirtschaftlichen Interesse auf eine den Bedürfnissen der Nutzer so gut wie möglich entsprechende Weise zur Verfügung zu stellen, in Auftrag zu geben und zu organisieren sind«. Daneben erwähnt Art. 14 S. 2 AEUV die Zuständigkeit der Mitgliedstaaten, derartige Dienstleistungen zur Verfügung zu stellen. Zwar ist auch mit diesen Vorschriften nicht endgültig geklärt, wer bestimmt, ob eine bestimmte Dienstleistung von allgemeinem Interesse ist.[1026] Der den Mitgliedstaaten zugestandene weite Ermessensspielraum lässt sich aber kaum auf die Frage beschränken, »wie« ein bestimmter Dienst zu organisieren ist.[1027] Er schließt vielmehr regelmäßig das Ermessen ein, zu entscheiden, ob ein bestimmter Dienst der zuständigen Behörde so wichtig ist, dass er als Dienst im allgemeinen Interesse organisiert wird.[1028] Auch nach den gemeinschaftlichen Richtlinien und Verordnungen zur Abfallbewirtschaftung bleibt es jedem Mitgliedstaat überlassen, ob er die Abfallentsorgung privatrechtlich oder öffentlich-rechtlich organisieren will.[1029] Die Grenze der

---

1024 *Krajewski,* ZögU 33 (2010), 75 f.

1025 ABl., C 115 v. 9.5.2008, S. 308. In den Ausführungen wird – in Übereinstimmung mit der allgemeinen Praxis – der Begriff »Dienste« in Art. 14 AEUV sowie in dem Protokoll Nr. 26 mit »Dienstleistungen« in Art. 106 Abs. 2 AEUV gleichgesetzt.

1026 *Krämer,* AbfallR 2010, 40 f.

1027 *Krämer,* AbfallR 2010, 40 f.

1028 So etwa *Krämer,* AbfallR 2010, 40 f.

1029 *Krämer,* AbfallR 2010, 40 (43).

mitgliedstaatlichen Ermessensfreiheit findet sich in den Grundsätzen der Verhältnismäßigkeit und des Diskriminierungsverbots.[1030]

In diesem Zusammenhang ist auch Art. 4 Abs. 2 EUV zu erwähnen, mit dem erstmals die lokale Selbstverwaltung als anerkennungswürdiges und schützenswertes Gut innerhalb des Unionsrechts ausdrücklich genannt wird.[1031] Da die Erbringung und Strukturierung von Leistungen der Daseinsvorsorge in vielen Mitgliedstaaten eine kommunale Aufgabe ist, geht mit der Anerkennung der Grundsätze der lokalen bzw. kommunalen Selbstverwaltung auch eine Stärkung der Organisationshoheit bei der Ausgestaltung der Daseinsvorsorge einher.

Nach dem EuGH handelt es sich bei der Abholung und Behandlung von Haushaltsabfällen um eine Aufgabe der kommunalen Daseinsvorsorge, die im allgemeinen wirtschaftlichen Interesse liegt.[1032] Mit dieser Aufgabe hat der Gesetzgeber in § 15 KrW-/AbfG die öffentlich-rechtlichen Entsorgungsträger betraut.[1033] Die unbeschränkte Entfaltung des Wettbewerbs würde die Erfüllung der kommunalen Entsorgungsfunktion sowohl rechtlich als auch tatsächlich verhindern. Unter den Voraussetzungen des Art. 106 Abs. 2 AEUV kann deshalb der freie Wettbewerb eingeschränkt werden. Eine Existenzgefährdung der Kommunen ist hierfür nicht erforderlich. Nach der Rechtsprechung des EuGH genügt es, dass die Aufgabe andernfalls nicht zu wirtschaftlichen annehmbaren bzw. ausgewogenen Bedingungen erfüllt werden kann.[1034] Da sich die kommunale Entsorgungspflicht nach § 15 Abs. 1 KrW-/AbfG auf alle im Gebiet angefallenen und überlassenen

---

1030 *Krämer,* AbfallR 2010, 40 (45); vgl. auch *Krajewski,* ZögU 33 (2010), 75 (92), der das Protokoll auch als mögliche Grenze für weitere Liberalisierungsvorhaben einordnet.

1031 Dazu: *Krajewski,* ZögU 33 (2010), 75 (87).

1032 *EuGH,* Urt. v. 10.11.1998 – Rs. C-360/96 (»Gemeinde Arnheim/BFI Holding BV«) –, in: Slg. 1998, I-06821 (Rn. 52); s. dazu: *BVerwG,* Urt. v. 18.6.2009 – 7 C 16/08 –, in: DVBl. 2009, 1242 (1245); ebenso *Reese,* NVwZ 2009, 1073 (1079); *Gruneberg/Wenzel,* AbfallR 2010, 162 f. Auch das *BMU,* Begr. RefE KrWG, S. 179, nimmt nunmehr ausdrücklich eine Einordnung der öffentlich-rechtlichen Hausmüllentsorgung als Dienstleistung von allgemeinem wirtschaftlichen Interesse vor. A. A.: *Hurst,* AbfallR 2010, 180 (182), die getrennt gesammelte Abfallfraktionen pauschal unter Hinweis auf ihre generelle Ungefährlichkeit hiervon ausnimmt.

1033 Vgl. auch *BMU,* Begr. RefE KrWG, S. 179.

1034 *EuGH,* Urt. v. 10.2.2000 – verb. Rs. C-147/97, C-148/97 (»Deutsche Post«) –, in: Slg. 2000, I-00825 (Rn. 49 f.); *EuGH,* Urt. v. 17.5.2001 – Rs. C-340/99 (»TNT Traco«) –, in: Slg. 2001, I-04109 (Rn. 54); ebenso *BVerwG,* Urt. v. 18.6.2009 – 7 C 16/08 –, in: DVBl. 2009, 1242 (1245).

Haushaltsabfälle bezieht, kann ihre wirtschaftlich tragfähige Erfüllung nur durch eine deckungsgleiche Überlassungspflicht abgesichert werden.[1035] Eine Reduzierung auf Abfallgemische würde die Erfüllung der Entsorgungsaufgabe hierbei gefährden, da die zu entsorgenden Mengen und vorzuhaltenden Kapazitäten kaum zu kalkulieren wären. Zudem ist die Getrennthaltung der einzelnen Abfallfraktionen auch Bedingung dafür, dass die Kommunen diese hochwertig und umweltverträglich verwerten können. Die Bedeutung der kommunalen Träger ist im Übrigen aufgrund der neuen mitgliedstaatlichen Verwertungspflicht nach Art. 10 AbfRRL und der neuen Recyclingquoten für Papier, Metall, Kunststoffe und Glas nach Art. 11 AbfRRL gewachsen.[1036]

Die Risiken, insbesondere für die Umwelt, mögen zwar bei den verwertbaren Reinfraktionen auf den ersten Blick geringer ausfallen als bei der Sammlung und Entsorgung des gemischten Siedlungsabfalls. Gleichwohl kann auch von den sortenreinen Abfallsorten, beispielsweise Elektro- oder Metallschrott, ein nicht unerhebliches Gefährdungspotenzial vom Stoff selbst oder aufgrund seiner nicht ordnungsgemäßen und schadlosen Entsorgung ausgehen. Dies gilt nicht nur im Hinblick auf die Umwelt, sondern auch in Bezug auf die Gesundheit, Hygiene und weitere denkbare Faktoren. Auch die Entsorgung von sortenreinen Verwertungsabfällen aus privaten Haushaltungen stellt somit eine Dienstleistung von allgemeinem wirtschaftlichen Interesse dar.

c. *Verhältnismäßigkeit*

Die Ausnahme für Dienstleistungen im allgemeinen wirtschaftlichen Interesse muss daneben verhältnismäßig sein. Sie muss insbesondere erforderlich sein. Es darf kein milderes Mittel zur Absicherung der Funktionsfähigkeit der kommunalen Entsorgung vorliegen. Dadurch kommt den Ausnahmetatbeständen, namentlich der gewerblichen Sammlung in § 13 Abs. 3 S. 1 Nr. 3 KrW-/AbfG, eine besondere Bedeutung zu. Durch die gesetzliche Öffnung für gewerbliche Sammlungen wird den Grundfreiheiten, insbesondere der Warenverkehrsfreiheit, in angemessenem Maße Rechnung

1035 *Gruneberg/Wenzel,* AbfallR 2010, 162 (164).
1036 Zutr. *Petersen,* NVwZ 2009, 1063 (1070).

getragen.[1037] Verhältnismäßig i. e. S. ist eine Einschränkung dann nicht, wenn der Wettbewerber des Unternehmens mit besonderen Rechten eine im Vergleich zum öffentlich-rechtlichen Entsorgungsträger höherwertige Dienstleistung anbietet.[1038] Dies kann im Altpapierbereich etwa dann der Fall sein, wenn der öffentlich-rechtliche Entsorgungsträger nur ein Bringsystem über Depotcontainer oder Bündelsammlung eingerichtet hat, der private aber ein Holsystem mittels Tonnen errichtet bzw. eine fortschrittlichere und effizientere Nachsortierung anbietet. Es ist daher zulässig, die Überlassungspflicht auf den gesamten Haushaltsabfall zu erstrecken, d. h. auch auf die getrennt gehaltenen Fraktionen. Eine Überlassungspflicht für sortenreine Abfallfraktionen ist somit durch die primärrechtliche Ausnahmebestimmung des Art. 106 Abs. 2 AEUV gerechtfertigt.

K. Kooperation mit Privaten

Das Verhältnis von öffentlich-rechtlichen und privaten Entsorgungsträgern ist nicht nur durch die erwähnte Konkurrenzlage geprägt. Eine weitere wesentliche Handlungsoption stellt die Kooperation mit Privaten dar.[1039] Gerade in Situationen, in denen nicht alle Anlagen des öffentlich-rechtlichen Entsorgungsträgers ausgelastet sind oder die angebotene Entsorgungsstruktur Lücken aufweist, bietet eine Kooperationslösung mit privaten Dritten Vorteile, um eine möglichst optimale Entsorgungsinfrastruktur für die Bürger unter Nutzung der Anlagen Privater und unter Einbeziehung von Abfällen

---

1037 So die Einschätzung der Kommission im Rahmen eines Beschwerdeverfahrens gegen die BRD, welches deshalb letztendlich nicht weiter verfolgt wurde, s. das Auskunftsersuchen der *Komm.* v. 3.4.2003 an die BRD, 20/4769; zitiert nach: *Petersen,* NVwZ 2009, 1063 (1070), Fn. 91; *Kronawitter,* NVwZ 2010, 1054 f.

1038 Vgl. *Hurst,* NuR 2010, 180 (184).

1039 S. hierzu z. B.: *Pippke,* Öffentliche und private Abfallentsorgung, S. 278 ff.; *Hoppe,* in: Hoppe/Bauer/Faber/Schink, Auswirkungen des KrW-/AbfG auf die öffentlich-rechtlichen Entsorgungsträger, S. 79; *Schink,* ZG 11 (1996), 97 (116, 123 f.); *Klöck,* NuR 1999, 441 (443); *Cosson,* AbfallR 2009, 154 (156 ff.), der ein Konzessionsmodell vorschlägt. Auch die Stadt *Greven* im Münsterland setzt auf eine kooperative Zusammenarbeit zwischen den Gewerbetreibenden und der Kommune zugunsten einer Sicherung der flächendeckenden Altpapiersammlung, s. EUWID Recycling und Entsorgung, 20/2009, 7. Nach Ansicht der Stadtverwaltung sollte die kommunale Altpapierentsorgung nicht in Konkurrenz zu den gewerblichen Sammlern treten und einen Verdrängungswettbewerb zulasten der Gebührenzahler führen. Für die Stadt reduziere sich der über Gebühren zu deckende Aufwand für den Restmüll entsprechend, wenn die Altpapiersammlung aus der Gebührenkalkulation herausfalle.

aus anderen Herkunftsbereichen für die eigenen Anlagen zu schaffen.[1040] Umgekehrt sind mit der kooperativen Aufgabenwahrnehmung auch Risiken oder Nachteile verbunden, die zu steuern gerade Aufgabe einer normativen Strukturierung von Kooperationsbeziehungen sein kann.[1041] So führt die unterschiedliche Verteilung von Wissen, Interessen und Verhandlungsmacht bei den Kooperationspartnern zu Differenzen, die es auszugleichen gilt.

Eine Kooperation kann beispielsweise durch die Gründung von gemischtwirtschaftlichen Entsorgungsgesellschaften erfolgen.[1042] Die Gründung von Beteiligungsgesellschaften wird häufig angestrebt, um denjenigen privaten Dritten, mit dem man in der Vergangenheit gut zusammengearbeitet hat, als Partner zu behalten. Ziel ist es, andere Einblicke und einen stärkeren Einfluss auf denjenigen zu erhalten, der die Aufgabe der Abfallentsorgung praktisch durchführt. Dies scheint insbesondere durch eine mehrheitliche Beteiligung an dem beauftragten Dritten gegeben.

Aber auch eine umfangreiche Beauftragung privater Unternehmen im Rahmen der öffentlichen Entsorgungspflicht nach § 16 Abs. 1 KrW-/AbfG, z. B. mit dem Einsammeln und Transportieren von Abfällen, stellt ein Kooperations- bzw. Privatisierungsmodell dar. Daneben ist die Beteiligung an Verbänden nach § 17 KrW-/AbfG zu nennen, welche ihrerseits wiederum als Verwaltungshelfer vom öffentlich-rechtlichen Entsorgungsträger oder als Erfüllungsgehilfen von Abfallverursachern oder anderen Entsorgungsträgern beauftragt werden können.[1043] Zudem kann den Verbänden die Entsorgung von nicht aus privaten Haushaltungen stammenden Abfällen nach § 16 Abs. 2 KrW-/AbfG oder § 17 KrW-/AbfG übertragen werden. Diese Kooperations- bzw. Privatisierungsmodelle haben zum Ziel, über Drittbeauftragte Anlagen errichten oder Kapazitäten in Anlagen anderer Entsorgungsträger nutzen zu können.[1044] Bei der Drittbeauftragung wird die Aufgabe vom privaten Dritten erfüllt. Der öffentlich-rechtliche Entsorgungsträger bleibt jedoch gegenüber den Bürgern für die ordnungsgemäße Durchführung der Abfallentsorgung in vollem Umfang verantwortlich.

Daneben kommt auch eine Abstimmungserklärung als »ständiges Steuerungselement der Kooperation« zwischen den einzelnen Parteien in Betracht

1040 S. zur sog. Kooperationslösung: *Schink,* ZG 11 (1996), 97 (124).

1041 *Schulze-Fielitz,* in: Hoffmann-Riem/Schmidt-Aßmann/Voßkuhle, GVwR, Bd. I, § 12 Rn. 76.

1042 *Pippke,* Öffentliche und private Abfallentsorgung, S. 278.

1043 *Pippke,* Öffentliche und private Abfallentsorgung, S. 278.

1044 *Schink,* ZG 11 (1996), 97 (123).

(vgl. auch § 6 Abs. 4 VerpackVO).[1045] Das Kooperationsprinzip im Umweltrecht verpflichtet öffentlich-rechtliche Entsorgungsträger und gewerbliche Sammler aufgrund ihrer kumulativen Zuständigkeit für Verwertungsabfälle aus privaten Haushaltungen die Einzelheiten ihrer Sammel- und Verwertungssysteme miteinander zu koordinieren.[1046] Eine Abstimmungserklärung dürfte sich hierbei jedoch lediglich auf die Art und Weise der Sammlung von Sekundärrohstoffen, wie etwa die Straßennutzung, die Kennzeichnung der gewerblich aufgestellten Behältnisse oder die Abholungszeiten der sortierten Abfallfraktionen, beziehen.[1047] Dagegen dürfte eine Aufteilung des Entsorgungsgebiets kartellrechtlich unzulässig sein, da dies jeden Wettbewerb von vornherein ausschließen würde. Eine Abstimmungsvereinbarung kann rechtsverbindlich ausschließlich als öffentlich-rechtlicher Vertrag i. S. d. §§ 54 ff. VwVfG erfolgen, der gem. § 57 VwVfG der Schriftform bedarf.[1048] Wird die Erklärung nur mündlich abgegeben, ist sie als informelle Absprache rechtlich nicht verbindlich.[1049] Auf der Grundlage eines öffentlich-rechtlichen Vertrags kann auch eine kommunale Arbeitsgemeinschaft gegründet werden, in die auch natürliche und juristische Personen des Privatrechts aufgenommen werden können (§ 2 Abs. 1 S. 2 GkG NRW).[1050] Eine solche Kooperationsgemeinschaft berät Angelegenheiten, die ihre Mitglieder gemeinsam berühren; sie stimmt Planungen der einzelnen Mitglieder für diese Angelegenheiten und die Tätigkeit von Einrichtungen ihrer Mitglieder aufeinander ab; sie leitet Gemeinschaftslösungen ein, um eine möglichst wirtschaftliche und zweckmäßige Erfüllung der Aufgaben in einem größeren nachbarlichen Gebiet sicherzustellen (vgl. § 2 Abs. 2 GkG NRW). In allen Fällen muss die Absprache mit dem geltenden Recht in Einklang stehen (vgl. § 54 S. 1 VwVfG). Eine Abstimmungserklärung bietet so die Möglichkeit, ausgleichende Lösungen zu finden, die sowohl die Interessen der öffentlichen als auch der privaten Abfallwirtschaft berücksichtigen. Im Vergleich zu anderen

---

1045 *Roder,* VerpackVO, § 6 Rn. 57; *VG Gießen,* Urt. v. 31.1.2001 – 6 E 1972/97 –, in: NVwZ 2002, 238 (240).

1046 Vgl. *VG Gießen,* Urt. v. 31.1.2001 – 6 E 1972/97 –, in: NVwZ 2002, 238; vgl. allgemein zum Kooperationsprinzip: *Storm,* Umweltrecht, Rn. 30 f.

1047 *Karpenstein,* Haushaltsabfälle zwischen Privatisierung und Kommunalisierung, S. 101.

1048 Vgl. *Roder,* VerpackVO, § 6 Rn. 53.

1049 S. zur rechtlichen Wirkung von informellem Verwaltungshandeln: *Maurer,* Allgemeines Verwaltungsrecht, § 15 Rn. 20.

1050 *Köhler/Held u. a.,* in: Held/Becker u. a., GkG NRW, Bd. II, §§ 2, 3 Erl. 1; *Kraft-Zörcher/Neubauer,* LKV 2010, 193 (196).

Kooperationsvarianten bietet sie den Vorteil, dass nur ein geringer Aufwand besteht, die Zuständigkeit bei der Kommune verbleibt und Kosteneinsparungen durch Zusammenführung von Personal- und Sachmitteln erzielt werden können.[1051]

Der in jüngerer Zeit vielfach verwendete Modebegriff Public Private Partnership – oder Öffentlich Private Partnerschaften in der deutschen Übersetzung – stellt hingegen eine gesetzlich nicht näher geregelte, schwammige Sammelbezeichnung für Kooperationsformen zwischen privat-gewerblichen, nicht staatlichen und staatlichen bzw. kommunalen Akteuren dar, die verschiedene juristische Organisationsformen umfasst.[1052] Es werden solche Kooperationsvarianten erfasst, in denen Träger der öffentlichen Hand und Private in einer vertraglich geregelten Zusammenarbeit und gegenseitigen Abhängigkeit gemeinschaftlich strategische Ziele der Zusammenarbeit verfolgen sowie Risiko, Investitionen und Arbeit untereinander aufteilen.[1053] Es lassen sich zwei Grundtypen voneinander unterscheiden: Die institutionelle Öffentlich Private Partnerschaft einerseits bezeichnet eine auf Dauer angelegte Zusammenarbeit öffentlicher und privater Partner.[1054] Die projektbezogene Öffentlich Private Partnerschaft andererseits hat hingegen inhaltlich, finanziell und organisatorisch abgrenzbare Projekte zum Gegenstand, die keine Daueraufgaben darstellen.[1055]

Von öffentlich-privaten Kooperationsmodellen können beide Seiten profitieren:[1056] Kommunen erhalten z. B. Zugang zu neuen Technologien, Anlagen und spezifischer Sach- und Fachkunde des privaten Partners in den Bereichen Vertrieb, Marketing, Technik, Einkauf und IT. Dieser wiederum profitiert vom Zugang zu neuen Dienstleistungsbereichen, die nicht zu seinen üblichen Entsorgungsaktivitäten gehören.

Ein konsensorientierter Dialog zwischen kommunalen und privaten Entsorgern setzt aber auch voraus, dass diese sich wechselseitig als gleichberechtigte Partner anerkennen und einen respektvollen Umgang miteinander

---

1051 Vgl. *Kraft-Zörcher/Neubauer,* LKV 2010, 193 (200).

1052 *Schulze-Fielitz,* in: Hoffmann-Riem/Schmidt-Aßmann/Voßkuhle, GVwR, Bd. I, § 12 Rn. 114; *Burgi,* Kommunalrecht, § 17 Rn. 69; *Gerstlberger/Schneider,* Öffentlich Private Partnerschaften, S. 19; *Stober,* in: Wolff/Bachof/Stober, Verwaltungsrecht, Bd. 3, § 92 Rn. 33.

1053 *Gerstlberger/Schneider,* Öffentlich Private Partnerschaften, S. 19.

1054 *Gerstlberger/Schneider,* Öffentlich Private Partnerschaften, S. 20.

1055 *Gerstlberger/Schneider,* Öffentlich Private Partnerschaften, S. 21.

1056 S. z. B. die *Stadtreinigung Dresden*: *v. Schoenberg,* der gemeinderat 2010, 26.

pflegen.[1057] Die Verwendung martialischer, kriegerischer Vokabeln, wie die vom »Häuserkampf«, mögen zwar für den Streit um das Altpapier plakativ sein, hilfreich in der Sache sind sie aber nicht.[1058] Ziel sollte nicht die Verteidigung der eigenen Lobby um jeden Preis sein, um »ein möglichst großes Stück vom Kuchen« abzubekommen.[1059] Vielmehr sollte versucht werden, gemeinsam zur Lösung übergreifender Fragen beizutragen, um die dauerhafte Förderung und Optimierung der Sekundärrohstoffwirtschaft sicherzustellen.[1060] Vielfältige Formen der Kooperation zwischen öffentlich-rechtlichen Körperschaften und privaten Entsorgungsunternehmen bieten in der Praxis eine ernst zu nehmende Handlungsoption über den bestehenden Konkurrenzkampf hinaus. Die Kooperationsmodelle orientieren sich hierbei weniger an den im Gesetz bereitgestellten Instrumenten, sondern vielmehr an engen vertraglichen und gesellschaftsrechtlichen Verbindungen zwischen öffentlichen und privaten Trägern.

L. Rein private Entsorgung

Eine weitergehende Form des Zusammenwirkens zwischen öffentlichen Aufgabenträgern und natürlichen oder juristischen Personen des Zivilrechts stellt die Privatisierung dar, wobei die Übergänge von der bloßen Kooperation bis hin zur Privatisierung fließend sind. Unterschiedliche Privatisierungsvarianten decken und überschneiden sich mit den jeweiligen, teilweise bereits angesprochenen Kooperationsformen zwischen Staat und Privaten. Je intensiver hierbei die Beteiligung Privater ist, umso höher ist der Grad der Privatisierung zu verorten. Zur Vermeidung von Kostenrisiken, wie etwa dem Ausfall fest eingeplanter Sekundärrohstofferträge, die durch Abgabenerhebungen nicht abgedeckt bzw. aufgefangen werden können, sind die Kommunen zunehmend darum bemüht Aufgaben der Daseinsvorsorge durch private Einrichtungsträger erbringen zu lassen.[1061] Das Vereinheitlichungswort bzw. der Oberbegriff Privatisierung umschreibt dabei die Verlagerung

1057 Vgl. *Schulze-Fielitz,* in: Hoffmann-Riem/Schmidt-Aßmann/Voßkuhle, GVwR, Bd. I, § 12 Rn. 70.

1058 So BDE-Hauptgeschäftsführer *Raith,* s. EUWID Recycling und Entsorgung, 25/2009, 7.

1059 S. zum Bezugssystem Politik – Lobby – Öffentlichkeit: *Speth,* APuZ 19/2010, 9 (11).

1060 So auch der damalige Vorstandspräsident des BDE *Kurth* auf dem 11. Informationsseminar der Kanzlei GGSC am 4.6.2009, s. http://www.bde-berlin.org/?p=1302#more-1302, zuletzt abgerufen am 21.12.2010.

1061 Vgl. *Pielow/Finger,* Jura 2007, 189 (191).

von Angelegenheiten, die bisher von der öffentlichen Hand wahrgenommen wurden, in den privaten Bereich.[1062] Aufgaben der Daseinsvorsorge, wie die Abfallwirtschaft, müssen nicht zwingend unmittelbar vom Staat erledigt werden, nur weil sie von wesentlicher Bedeutung für das Allgemeinwohl sind.[1063] Der originäre Bereich der Daseinsvorsorge ist nicht per se privatisierungsfest.[1064] Den Staat trifft jedoch eine Gewährleistungsverantwortung.

I. Privatisierungsformen

In der Praxis gibt es zahlreiche Variationen und Überschneidungen der Privatisierungsformen. Es lassen sich jedoch einige anerkannte – wenn auch teilweise nicht einheitlich bezeichnete – Privatisierungstypen herauskristallisieren: Ein Anschluss- und Benutzungszwang zugunsten eines privaten Entsorgungsunternehmens kommt im Fall einer bloß »formellen Privatisierung«[1065] oder »Organisationsprivatisierung« in Betracht, wenn eine bislang öffentlich-rechtlich konzipierte Einrichtung in ein privatrechtliches Unternehmen umorganisiert wird. Es handelt sich also präzise formuliert um eine Privatisierung der Organisationsform.[1066] Dies folgt aus dem den Gemeinden grundsätzlich zustehenden Wahlrecht zwischen öffentlichen und privatrechtlichen Handlungs- und Organisationsformen.[1067] Eine kommunale Einrichtung verliert – mit anderen Worten – ihren öffentlichen Charakter nicht zwingend durch eine privatrechtliche Betriebs- bzw. Organisationsform. Voraussetzung ist allerdings, dass die Gemeinde zumindest mittelbar und mehrheitlich Trägerin der betreffenden privatrechtlichen Einrichtung bleibt. Ihr müssen weiterhin die maßgeblichen Einwirkungsmöglichkeiten auf die private Gesellschaft verbleiben, sei es über den Besitz sämtlicher Gesellschaftsanteile (Eigengesellschaft) oder aber die Anteilsmehrheit und

---

1062 S. zur Terminologie der Privatisierung: *Kämmerer,* Privatisierung, S. 8 ff.; *Bree,* Die Privatisierung der Abfallentsorgung nach dem KrW-/AbfG, S. 34 f.

1063 So *BVerfG,* Beschl. v. 5.12.2002 – 2 BvL 5/98 –, in: DVBl. 2003, 923 (926). Ein Privatisierungsverbot, wie es das *BVerwG* in seinem Urt. v. 27.5.2009 – 8 C 10/08 –, in: NVwZ 2009, 1305 (1306 f.) für den Bereich der freiwilligen Selbstverwaltungsaufgaben angenommen hat, existiert nicht. Dazu: *Schoch,* DVBl. 2009, 1533 (1537).

1064 *Mayen,* DÖV 2001, 110 (112); *Ringwald,* Daseinsvorsorge als Rechtsbegriff, S. 140 ff.

1065 S. zum Begriff der »formellen Privatisierung«: *Bree,* Die Privatisierung der Abfallentsorgung nach dem KrW-/AbfG, S. 36 f.

1066 S. *Kirchhof,* AöR 132 (2007), 215 (226).

1067 *Burgi,* Kommunalrecht, § 17 Rn. 73.

die entsprechende Gestaltung des Gesellschaftsvertrags im Fall eines gemischt-wirtschaftlichen Unternehmens.[1068] Die Gründung einer Eigengesellschaft stellt eine solche Organisationsprivatisierung dar, durch die nicht im eigentlichen Sinne private Dritte an der Aufgabe der Abfallentsorgung beteiligt werden.[1069] Ziel der Gründung von Eigengesellschaften ist es häufig, die Abfallwirtschaft aus der allgemeinen Verwaltung auszugliedern. Dieses Ziel kann bereits mit der Gründung eines Eigenbetriebs, der in der Regel als Sondervermögen geführt wird, erreicht werden.[1070] Beim gemischt-wirtschaftlichen Unternehmen hingegen gestalten sich die Verwirklichung der kommunalpolitischen öffentlichen Zwecke und die Steuerung des Unternehmens aufgrund der privaten Mitgesellschafter wesentlich schwieriger als bei der Eigengesellschaft.[1071]

Aussagen über die »Organisationsprivatisierung«, bei der sich ein Hoheitsträger zur Erfüllung öffentlicher Aufgaben privat-rechtlicher Organisationsformen bedient, enthält das KrW-/AbfG nicht.[1072] Jedoch sind in diesem Gesetz Formen der »echten« (§§ 5 Abs. 2, 11 Abs. 1 KrW-/AbfG) und »unechten« (§§ 16 Abs. 2, 17 Abs. 3, 18 Abs. 2, 28 Abs. 2 KrW-/AbfG) »Aufgabenprivatisierung« (»materiellen Privatisierung«)[1073], der »funktionalen Privatisierung« (»Erfüllungsprivatisierung«[1074] (vgl. § 16 Abs. 1 KrW-/AbfG, § 5 Abs. 7, 1. Fall LAbfG NRW)), die Beteiligungsformen der

1068 S. *Stein,* DVBl. 2010, 563 (571); s. zur Eigengesellschaft sowie zum gemischt-wirtschaftlichen Unternehmen als Formen der Organisationsprivatisierung: *Burgi,* Kommunalrecht, § 17 Rn. 79.

1069 S. zur Eigengesellschaft als Form der Organisationsprivatisierung: *Burgi,* Kommunalrecht, § 17 Rn. 79.

1070 S. zum Eigenbetrieb als eine der möglichen öffentlich-rechtlichen Organisationsformen: *Burgi,* Kommunalrecht, § 17 Rn. 76.

1071 S. zum gemischt-wirtschaftlichen Unternehmen als Form der Organisationsprivatisierung: *Burgi,* Kommunalrecht, § 17 Rn. 79.

1072 *Bree,* Die Privatisierung in der Abfallentsorgung nach dem KrW-/AbfG, S. 234; *Bell/Rehak,* LKV 2001, 185 (187).

1073 Hierbei zieht sich der Staat ganz zurück und überlässt die Erledigung bestimmter, von ihm bislang wahrgenommener Aufgaben dem privaten Bereich und damit dem dort herrschenden Wettbewerbsprinzip. Ggf. muss er regulierend eingreifen, wenn die erforderliche Versorgung der Bevölkerung nicht gewährleistet ist; s. *Maurer,* Allgemeines Verwaltungsrecht, § 23 Rn. 63.

1074 Hierbei wird der Private als Verwaltungshelfer mit dem Vollzug der Aufgabenerfüllung betraut, wobei die Aufgabe öffentlich-rechtlich bleibt und nur die Erledigung privatisiert wird; vgl. *Bree,* Die Privatisierung der Abfallentsorgung nach dem KrW-/AbfG, S. 38.

Beleihung[1075] (§§ 16 Abs. 2[1076], 17 Abs. 3, 18 Abs. 2 KrW-/AbfG) sowie der Verwaltungshilfe[1077] (§ 16 Abs. 1 KrW-/AbfG) geregelt.

Die wirtschaftlich-finanziellen Gründe für eine Privatisierung sind vielfältig und reichen neben den angesprochenen Haushaltsnöten vom Aufbrechen »verkrusteter« Organisationsstrukturen sowie dem Rückgriff auf externes Fachwissen über die Nutzung eines Wettbewerbs zur Gebührensenkung bis hin zur Verlagerung betrieblicher Risiken in den Privatsektor.[1078] Daneben werden als politische Gründe die Entlastung des Haushalts, keine Einengung durch das Kommunalverfassungsrecht, weniger Kontrolle durch die Öffentlichkeit, keine politischen Entscheidungsblockaden sowie die Schwäche der Politik, unangenehme, aber wirtschaftlich notwendige Entscheidungen zu treffen, angeführt.[1079]

Die Entscheidung darüber, in welcher Weise die Abfallentsorgung durch einen öffentlich-rechtlichen Entsorgungsträger in Zukunft durchgeführt werden soll, muss auf Grundlage zahlreicher Kriterien und der konkreten Umstände vor Ort ermittelt werden. Von Bedeutung ist hier insbesondere, welches Maß an organisatorischer Verselbstständigung, Steuerungsfähigkeit, wirtschaftlicher Form der Aufgabenerledigung, Mobilisierung von Fachwissen und Kapital erreicht werden soll.[1080] In steuerlicher Hinsicht sind die öffentlich-rechtlichen Entsorgungsträger gegenüber privaten Organisations-

1075 Bei der *»Beleihung«* nehmen natürliche oder juristische Personen des Privatrechts ihnen durch oder aufgrund eines Gesetzes übertragene hoheitliche Kompetenzen im eigenen Namen als öffentliche Stellen i. S. v. § 1 Abs. 4 VwVfG bzw. § 1 Abs. 2 VwVfG NRW selbstständig wahr; vgl. *Maurer,* Allgemeines Verwaltungsrecht, § 21 Rn. 11, § 23 Rn. 56 ff. Sie stellt zumeist eine Form der formellen Aufgabenprivatisierung dar.

1076 Ob es sich bei einer solchen Aufgabenübertragung um eine Beleihung handelt, ist umstritten, vgl. *Beckmann/Gesterkamp,* AbfallR 2003, 227 (231) m. w. N.

1077 Die *»Verwaltungshilfe«* ist dadurch gekennzeichnet, dass eine natürliche Person eine öffentlich-rechtliche Hilfstätigkeit im Namen einer Behörde wahrnimmt, d. h. sie ist weisungsabhängig. Bei der Einschaltung eines Verwaltungshelfers handelt es sich um eine funktionelle Privatisierung; s. *Bree,* Die Privatisierung der Abfallentsorgung nach dem KrW-/AbfG, S. 229 f.

1078 Vgl. zu den Motiven für eine Privatisierung: *Willand/v. Bechtolsheim/Jänicke,* ZUR 2000, 74 (81); *Engartner,* ZögU 32 (2009), 339 (352).

1079 *Trapp,* in: Kilian/Richter/Trapp, Ausgliederung und Privatisierung in Kommunen, S. 107.

1080 Vgl. *Willand/v. Bechtolsheim/Jänicke,* ZUR 2000, 74 (83).

formen bevorzugt.[1081] Diese haben zum Beispiel keine Körperschafts-, Gewerbe- und Umsatzsteuer zu zahlen.[1082] Diese aufgeführten Kriterien sind zu bewerten und gegeneinander abzuwägen.

1081 Es gibt jedoch aktuelle Diskussionen, diese steuerliche Bevorzugung der öffentlich-rechtlichen Unternehmen abzuschaffen, vgl. hierzu: *Baum,* AbfallR 2010, 87 (90 f.). Mit dem Koalitionsvertrag auf Bundesebene zwischen *CDU, CSU und FDP* für die 17. Legislaturperiode wird erneut ein Versuch unternommen, mit Blick auf die Abfallwirtschaft für eine »steuerliche Gleichstellung von öffentlichen und privaten Unternehmen« zu sorgen, s. den Koalitionsvertrag »Wachstum, Bildung, Zusammenhalt« v. 24.10.2009, Kap. I (Wohlstand für alle durch nachhaltiges Wirtschaften), Abschn. 4.2. (Klimaschutz, Energie und Umwelt), Unterabschn. »Kreislaufwirtschaft«, S. 29, unter http://www.cducsu.de/Titel__wachstum_bildung_zusammenhalt/TabID__6/SubTabID__9/InhaltTypID__3/InhaltID__14121/inhalte.aspx, zuletzt abgerufen am 21.12.2010. Im Unterabschn. »Umsatzsteuer« steht zu lesen, dass man »Wettbewerbsgleichheit kommunaler und privater Anbieter« anstrebt, s. Koalitionsvertrag, S. 6. Die *Bundestagsfraktion der FDP* verfolgt diese Absichten mit Nachdruck, wie anhand ihres Antrags »Steuerprivilegien öffentlich-rechtlicher Unternehmen abschaffen – Fairen Wettbewerb auch in der Abfallwirtschaft ermöglichen«, BT-Drs. 16/5728, deutlich wird. Des Weiteren wurde im Koalitionsvertrag auch festgehalten, dass man »die Aufgaben der Daseinsvorsorge […] nicht über die bestehenden Regelungen hinaus steuerlich belasten« will, Koalitionsvertrag, S. 7. Diese sich auf den ersten Blick widersprechenden Ausführungen im Koalitionsvertrag zum Stichwort »Umsatzsteuer« und zum Stichwort »Kreislaufwirtschaft« zielen laut *Bundesregierung* in einer Antwort auf die Anfrage des SPD-Abgeordneten Gerd Bollmann, BT-Drs. 17/382, S. 19, nicht auf eine Besteuerung der kommunalen Entsorgungstätigkeit ab. Vielmehr wird ausdrücklich darauf hingewiesen, dass Aufgaben der Daseinsvorsorge nicht über die bestehenden Regelungen hinaus steuerlich belastet werden sollen; hierunter falle auch die kommunale Hausmüllentsorgung, s. hierzu: *LKT NRW,* Rundschreiben Nr. 0299/10, S. 2. Zu früheren politischen Plänen und entsprechenden Koalitionsvereinbarungen, die öffentlich-rechtlichen Abfalleinrichtungen den privaten Gewerbebetreibenden gleichzustellen und den aktuellen Äußerungen ähnelnden Reaktionen hierauf s. *Landsberg,* in: Breuer, Staat, Selbstverwaltung und Private in der Wasser- und Entsorgungswirtschaft, S. 50 ff. Laut Koalitionsvertrag 2010 in NRW zwischen der *NRW SPD und Bündnis 90/Die Grünen NRW* für die 15. Legislaturperiode muss die Verantwortung für die Abfallentsorgung als Teil der Daseinsvorsorge bei den Kommunen bleiben, S. 37. Hierbei handelt es sich jedoch um eine Materie, die vorrangig der Bund regelt, da es sich bei der Abfallwirtschaft um einen Fall der konkurrierenden Gesetzgebung handelt, Art. 74 Abs. 1 Nr. 24, 1. Fall GG.

1082 Vgl. hierzu: *Wiesemann,* NWVBl. 1998, 257 (262). Die Privatisierung darf jedoch nicht allein aus steuerrechtlichen Gründen vorgenommen werden. Vielmehr muss sich die Umwandlung aus wirtschaftlicher Gesamtbetrachtung heraus als vernünftig darstellen. Ansonsten könnte ein Fall des Rechtsmissbrauchs i. S. d. § 42 AO vorliegen, s. hierzu: *Frenz,* DStZ 2000, 505 (511 f.).

II. Privatisierung der Verantwortung

Eine Privatisierung der Aufgabe darf aber auch nicht die Privatisierung der Verantwortung aus dem Blick verlieren (»neue Verantwortungsteilung«[1083]). Hierbei gilt es auch, den Grad der Garantenstellung im Blick zu behalten. Das KrW-/AbfG regelt den Grundsatz der Verursacherverantwortung, indem es die (auch privaten) Erzeuger oder Besitzer von Abfällen verpflichtet, diese zu verwerten (§ 5 Abs. 2 KrW-/AbfG) bzw. zu beseitigen (§ 11 Abs. 1 KrW-/AbfG). Zwar können die zur Verwertung und Beseitigung Verpflichteten außenstehende Dritte, also auch Private, mit der Erfüllung ihrer Pflichten beauftragen, § 16 Abs. 1 S. 1 KrW-/AbfG. Ihre Verantwortlichkeit für die Erfüllung der Pflichten bleibt hiervon jedoch unberührt, § 16 Abs. 1 S. 2 KrW-/AbfG.

Eine rein private Entsorgung für einen Teil- oder Gesamtbereich kommt darüber hinaus nur dann in Betracht, wenn die private Abfallwirtschaft eine umfassende Entsorgungsgarantie und (Erfüllungs-)Verantwortung mit allen damit verbundenen Konsequenzen, einschließlich der Gewährleistung der hierfür notwendigen Infrastruktur und den damit verbundenen finanziellen Belastungen, übernimmt.[1084] Die Kommunen können die Auslastungs- und Finanzierungsrisiken der Entsorgungsbranche nicht alleine tragen. Eine einseitige private Zuständigkeit für die lukrativen Entsorgungsbereiche kommt einer Subventionierung der privaten Abfallentsorgung durch den Gebührenzahler gleich.[1085] Notfalls muss den privaten Entsorgungsunternehmen ein Kontrahierungszwang auferlegt werden, damit sie auch in weniger attraktiven und rentablen Regionen die Abfallentsorgung sicherstellen.[1086] Der Zugang zu bestimmten Aufgabenbereichen darf nicht vom dazugehörigen (Erfüllungs-)Verantwortungsbereich abgeschnitten sein.

1083 Zu den gesellschaftspolitischen Motiven für eine Privatisierung s. *Stober,* in: Wolff/Bachof/Stober, Verwaltungsrecht, Bd. 3, Vor § 90 Rn. 27.

1084 *Schink,* in: Hendler u. a., Abfallentsorgung zwischen Wettbewerb und hoheitlicher Lenkung, S. 105 (135 f.); *Hurst,* Optionsspielräume Privater im KrW-/AbfR, S. 188.

1085 Ähnlich kritisch: *Schink,* in: Hendler u. a., Abfallentsorgung zwischen Wettbewerb und hoheitlicher Lenkung, S. 105 (136); anders: *BVerfG,* Beschl. v. 7.10.2003 – 1 BvR 1712/01 –, in: NVwZ 2004, 329 (331) für das Postwesen. Hiernach muss der Staat absichern, dass es nach der Privatisierung weiterhin zu einer ausreichenden Versorgung mit Dienstleistungen kommt, auch wenn der Wettbewerb (noch) nicht funktioniert oder sich auf lukrative Bereiche beschränkt.

1086 So drastisch: *Hurst,* Optionsspielräume Privater im KrW-/AbfR, S. 189.

Den Staat trifft unabhängig hiervon die in Art. 28 Abs. 2 S. 1 GG verfassungsrechtlich verankerte (Letzt- bzw. Gewährleistungs-)Verantwortung, hinreichende Rahmenvorgaben zu schaffen oder Regulierungsbehörden einzusetzen, die die Einhaltung der verfassungsrechtlichen und sonstigen gesetzlichen Vorgaben beachten und einen Mindeststandard in der Abfallentsorgung einschließlich stabiler Abfallgebühren gewährleisten.[1087] Ihn trifft eine Einstandspflicht, eine »flächendeckend angemessene und ausreichende« Entsorgung zu sichern.[1088] Diese besteht zum einen aufgrund der Schutzpflicht, die sich aus dem Grundrecht auf Leben und körperliche Unversehrtheit in Art. 2 Abs. 2 GG ergibt, da Abfälle gesundheitsschädliche oder giftige Stoffe enthalten können.[1089] Zum anderen ergibt sie sich aus dem Staatsziel Umweltschutz (Art. 20 a GG) sowie den europarechtlichen Vorgaben zum Schutze der Umwelt und der menschlichen Gesundheit (Art. 1, 13 AbfRRL). Daraus folgt allerdings nicht, dass die Abfallentsorgung vollständig als originäre, privatisierungsfeste Staatsaufgabe wahrgenommen werden müsste. Die verfassungsrechtlichen Schutzaufträge zielen auf das Ergebnis ab, ohne bestimmte Mittel und Wege der Aufgabenerfüllung zwingend vorzuschreiben. In Bezug auf den Umweltschutz lassen sich durch Verfahren und Organisation allenfalls abstrakte Mindestanforderungen, wie die allgemeine Prüfung von Umweltauswirkungen in Gesetzgebungs- und Verwaltungsverfahren, formulieren. Wenn der Staat nun Private zur Aufgabenerfüllung heranzieht, muss er gewährleisten, dass diese gemeinwohlverträglich handeln. Ihn trifft eine Gewährleistungsverantwortung.

Das KrW-/AbfG ist durch ein Neben- und Miteinander von privater und öffentlich-rechtlicher Abfallwirtschaft geprägt und somit auch (noch) Teil

1087 Vgl. hierzu die Ausführungen unter Dritter Teil, § 5, A., III., 3.; zur Art und Weise der Aufgabenerfüllung der Daseinsvorsorge s. *Ringwald,* Daseinsvorsorge als Rechtsbegriff, S. 141; vgl. zu der Vereinbarkeit von Privatisierungsregelungen im Abfallrecht mit höherrangigem Recht ausführlich: *Pippke,* Öffentliche und private Abfallentsorgung, S. 158 ff. Der Staat begibt sich hier auf eine »Gratwanderung«, auf welcher ihm keine »rechtsdogmatisch gesicherte Systematik«, sondern lediglich ein »unübersichtlicher Instrumentenkasten« Orientierung verspricht, so *Schulze-Fielitz,* in: Hoffmann-Riem/Schmidt-Aßmann/Voßkuhle, GVwR, Bd. I, § 12 Rn. 120; zum Regulierungsbedarf in der Abfallwirtschaft s. *Fischer,* Wirtschaftsdienst 2005, 551 ff.

1088 Vgl. den ausdrücklichen Infrastruktursicherungsauftrag in Art. 87 f Abs. 1 GG für den Bereich Post und Telekommunikation.

1089 Zu den Grenzen der Privatisierung, auch im Hinblick auf die nachfolgenden Ausführungen des Abschnitts: *Becht/Groß,* UPR 2010, 336 (341).

der staatlichen Daseinsvorsorge.[1090] Seine Verantwortung kann der Staat

1090 Die Abfallentsorgung entzieht sich einer eindeutigen, pauschalen Zuordnung entweder zum Bereich der staatlichen Aufgaben der Daseinsvorsorge oder aber zu dem privatwirtschaftlicher Betätigung. Ein KrW-/AbfG, das das Verursacherprinzip zu einem seiner Grundsätze deklariert (§§ 5 Abs. 2, 11 Abs. 1 KrW-/AbfG), scheint auf der einen Seite nicht in die tradierte Form der Daseinsvorsorge zu passen. Die Qualifizierung der Abfallentsorgung als privatwirtschaftliche Betätigung lässt auf der anderen Seite die Bedeutung der öffentlich-rechtlichen Entsorgungsträger und die klassische Zuordnung zum kommunalen Bereich außen vor. Es bedarf also einer differenzierten Sicht der Struktur des KrW-/AbfG. Dieses ist durch ein Nebeneinander von privater und öffentlich-rechtlicher Abfallwirtschaft gekennzeichnet, welches sogar als sein »Markenzeichen« gesehen wird, *Petersen/Rid,* NJW 1995, 7 (13). Die Abfallentsorgung ist einerseits eine staatliche Aufgabe der Daseinsvorsorge, die der Bürger zur Sicherung einer geordneten Existenz benötigt. Sie ist eine gemeindliche Pflichtaufgabe, die den Kommunen zugewiesen wurde, und über die diese nicht disponieren können. Die Erfüllung dieser Aufgabe obliegt aber anderseits auch den Privaten. Aus dem Begriff der Daseinsvorsorge lässt sich nicht ableiten, dass bestimmte Leistungen der Infrastruktur nur durch den Staat bzw. die Kommunen (in Monopolstellung) erbracht werden können, *Burgi,* Kommunalrecht, § 17 Rn. 11. So dürfen die Privaten Verwertungsabfälle aus anderen Herkunftsbereichen, Beseitigungsabfälle derselben Herkunft unter bestimmten Voraussetzungen und Verwertungsabfälle aus privaten Haushaltungen, soweit ihr Verursacher zu einer Verwertung in der Lage ist oder diese beabsichtigt, entsorgen. Insbesondere ist es möglich, abfallwirtschaftliche Aufgaben der Kommunen vollständig auf Dritte zu übertragen. Zulässig ist danach eine Pflichtenübertragung auf einen privaten Dritten oder ein gemischt-wirtschaftliches Unternehmen gem. § 16 Abs. 2 bis 4 KrW-/AbfG sowie auch eine Pflichtenübertragung auf Verbände, die aus Kreisen der Abfallverursacher gebildet worden sind, gem. § 17 Abs. 3 und 4 KrW-/AbfG, s. *Hellermann,* in: Hoppe/Uechtritz, Handbuch Kommunale Unternehmen, § 7 Rn. 183. Daneben gilt der angesprochene Grundsatz der Verursacherverantwortung, §§ 5 Abs. 2, 11 Abs. 1 KrW-/AbfG. Die Abfallentsorgung spielt sich somit im Grenzbereich zwischen staatlicher und privater Zuständigkeit ab, s. *Stober,* in: Wolff/Bachof/Stober, Verwaltungsrecht, Bd. 3, Vor § 90 Rn. 24; *Petersen,* in: Dolde, Umweltrecht im Wandel, S. 575; vgl. *Hellermann,* Örtliche Daseinsvorsorge und gemeindliche Selbstverwaltung, S. 269 ff., zur systematischen Einordnung der Energieversorgung, der in diesem Zusammenhang von einem »unauflöslichen Konflikt« spricht. Nur die gesetzlich zugewiesenen, gemeindlichen Pflichtaufgaben können nicht im Verhältnis von Kommunen und privaten Dritten disponiert werden, soweit dies nicht durch das KrW-/AbfG vorgesehen ist, s. *Hellermann,* in: Hoppe/Uechtritz, Handbuch Kommunale Unternehmen, § 7 Rn. 182. Der tradierte Begriff der Daseinsvorsorge verliert somit zunehmend an Konturen und wird von neuen Kooperations- und Privatisierungsformen abgelöst, s. *Stober,* in: Wolff/Bachof/Stober, Verwaltungsrecht, Bd. 3, Vor § 90 Rn. 2; *Tettinger,* in: Wendt u. a., FS für Friauf, S. 569 (582). Daneben kennzeichnet sich die Abfallentsorgung in praktischer und technischer Hinsicht durch ein Gemengegelage von örtlichen Angelegenheiten und Angelegenheiten, die nicht zuletzt aufgrund ihrer zunehmenden Komplexität ein überwiegend überörtliches Gepräge aufweisen, s. zur Untergliederung der örtlichen Aufgaben: *Burgi,* Kommunalrecht, § 6 Rn. 16. Das Aufgabenfeld der Abfallentsorgung ist somit in Teilaufgaben zu zerlegen. Das früher geltende AbfG hingegen sah nur eine Einbeziehung der Abfallentsorgung in den staatlichen oder komim Fall der Abfallentsorgung somit nicht abgeben und vollständig der Privatisierung »preisgeben«.[1091] Nur in sog. Randbereichen kann sich die öffentliche Hand neben der Aufgabenerledigung auch ihrer Reserveverantwortung entledigen, wenn Dienstleistungen oder Güter für den sozialen, zur Grundversorgung verpflichteten Staat verzichtbar sind.[1092] Die Verantwortung kann somit unter Berücksichtigung der Garantenstellung des Staates (nur) teilprivatisiert werden.[1093]

M. Konkretisierungsmöglichkeiten im Rahmen der kommunalen Satzungsbefugnis

Zu erörtern ist des Weiteren die Frage der Konkretisierungsspielräume des § 13 Abs. 3 S. 1 Nr. 3 KrW-/AbfG im Rahmen der kommunalen Satzungsbefugnis. In den kommunalen Abfallsatzungen regeln die Kommunen die Benutzung der öffentlichen Einrichtung »Abfallentsorgung« und die Dienstleistungen, die sie auf diesem Gebiet erbringen.[1094] Insbesondere kann gem. § 9 Abs. 1 LAbfG NRW in der Abfallsatzung bestimmt werden, in welcher Weise, an welchem Ort sowie zu welcher Zeit der entsorgungspflichtigen Körperschaft Abfälle zu überlassen sind. Ferner können die

munalen Aufgabenbereich vor. Gem. § 3 Abs. 1 AbfG hatte der Besitzer von Abfällen diese dem Entsorgungspflichtigen zu überlassen. Das Gesetz bestimmte dann die Entsorgungspflichtigen als die nach »Landesrecht zuständigen Körperschaften des öffentlichen Rechts«, § 3 Abs. 2 AbfG. Dies wurde als unzweifelhafte Verstaatlichung der Abfallbeseitigung gewertet, weil damit eine prinzipielle Entscheidung gegen die Entsorgungspflicht des Abfallbesitzers – wie sie jetzt in §§ 5 Abs. 2, 11 Abs. 1 KrW-/AbfG ausdrücklich vorgesehen ist – und für die Entsorgung als pflichtige (nach ergänzendem Landesrecht: kommunale (Selbstverwaltungs-)Aufgabe durch die öffentliche Hand (statt privater Entsorgungsunternehmen) getroffen worden sei, so *Tettinger,* in: Wendt u. a., FS für Friauf, S. 569 (575); *Löwer,* Energieversorgung zwischen Staat, Gemeinde und Wirtschaft, S. 192; *Hellermann,* Örtliche Daseinsvorsorge und gemeindliche Selbstverwaltung, S. 268, die das Regelungssystem des EnWG dem des AbfG und insbesondere der staatlichen Kompetenzbegründungsnorm des § 3 AbfG gegenüberstellen.

1091 Vgl. allgemein zur Privatisierung der Gewährleistungsverantwortung: *Kirchhof,* AöR 132 (2007), 215 f.

1092 S. *Kirchhof,* AöR 132 (2007), 215 (253).

1093 So *Kirchhof,* AöR 132 (2007), 215 (253).

1094 *Pippke/Gnittke,* in: Lübbe-Wolf/Wegener, Umweltschutz durch kommunales Satzungsrecht, Rn. 198.

kreisangehörigen Gemeinden die Modalitäten des Einsammelns und Beförderns durch Satzung regeln.[1095]

Fraglich ist, inwiefern die Kommune Regelungen im Hinblick auf die Durchführung gewerblicher Sammlungen treffen kann. Der Regelungsspielraum der satzungsgebenden Körperschaften wird maßgeblich durch die umfassende bundesrechtliche Vorschrift der Überlassungspflichten in § 13 KrW-/AbfG festgelegt. Die Regelung in der Abfallsatzung darf nicht über diese geregelte Grundpflicht hinausgehen.[1096] Satzungsregelungen zu gewerblichen Sammlungen sind aufgrund der bundesrechtlichen Regelung in § 13 KrW-/AbfG grundsätzlich unzulässig:[1097] Soweit es sich nicht um besonders überwachungsbedürftige Abfälle handelt, sind gem. § 13 Abs. 3 S. 1 Nr. 3 KrW-/AbfG solche Abfälle von der Überlassungspflicht und damit vom kommunalen Anschluss- und Benutzungszwang ausgenommen, die durch gewerbliche Sammlung einer ordnungsgemäßen Verwertung zugeführt werden. Allerdings gilt dies nur, soweit die ordnungsgemäße Verwertung den öffentlich-rechtlichen Entsorgungsträgern nachgewiesen wird und nicht überwiegende öffentliche Interessen entgegenstehen. In der kommunalen Abfallsatzung kann lediglich geregelt werden, wie der nach § 13 Abs. 3 S. 1 Nr. 3 KrW-/AbfG erforderliche Nachweis ordnungsgemäßer Verwaltung zu erbringen ist.[1098]

Eine nähere Bestimmung der öffentlichen Interessen mittels einer kommunalen Satzung kommt dagegen nicht in Betracht:[1099] Weder die allgemeine kommunale Satzungsbefugnis aus Art. 28 Abs. 2 GG noch eine evtl.

1095 *Pippke//Gnittke,* in: Lübbe-Wolf/Wegener, Umweltschutz durch kommunales Satzungsrecht, Rn. 298; *BVerwG,* Urt. v. 1.12.2005 – 10 C 4/04 –, in: NVwZ 2006, 589 (591). Eine satzungsrechtliche Untersagung des Verpressens von Abfall ist beispielsweise grundsätzlich rechtmäßig, da es der Vermeidung von Beschädigungen der Sammelbehälter, der Erhaltung der Schüttfähigkeit des Abfalls sowie der Gewährleistung des gebührenrechtlichen Gleichheitsgrundsatzes dient, vgl. *VGH BW,* Urt. v. 27.3.2007 – 10 S 1684/06 –, in: VBlBW 2008, 102 (105); *OVG NRW,* Urt. v. 11.9.2008 – 20 A 1661/06 –, in: AbfallR 2008, 305 (LS), juris, Rn. 23.

1096 *Pippke/Gnittke,* in: Lübbe-Wolf/Wegener, Umweltschutz durch kommunales Satzungsrecht, Rn. 331; *VGH BW,* Urt. v. 26.7.2001 – 2 S 3175/98 –, in: NVwZ 2002, 220 (221 f.).

1097 *Pippke/Gnittke,* in: Lübbe-Wolf/Wegener, Umweltschutz durch kommunales Satzungsrecht, Rn. 345.

1098 *Pippke/Gnittke,* in: Lübbe-Wolf/Wegener, Umweltschutz durch kommunales Satzungsrecht, Rn. 345; *Tomerius,* NuR 1999, 621 (627).

1099 *Wissing,* Überlassungspflichten begründende Gemeinwohlinteressen im System des KrW-/AbfG, S. 93 ff.

Satzungsermächtigung durch den Landesgesetzgeber rechtfertigen eine solche Normkonkretisierung.[1100] Die nähere Erläuterung und Erklärung bzw. das »zu Ende denken«[1101] des bewusst gewählten, unbestimmten Rechtsbegriffs[1102] der öffentlichen Interessen ist dem Bundesgesetzgeber vorbehalten[1103] bzw. muss im Rahmen der situations- und einzelfallbezogenen Rechtsanwendung und Norminterpretation erfolgen.[1104] Es gilt die Norminterpretation von der Normkonkretisierung abzugrenzen.[1105] Zur Norminterpretation bzw. -auslegung sind alle Rechtsanwender berufen. Eigenverantwortliche, »schöpferische« Normenkonkretisierung setzt dagegen eine ausdrückliche Ermächtigung des Normgebers zur näheren Eingrenzung der Regelungen voraus.[1106]

Die Konkretisierung bundesrechtlicher Normen durch Kommunen ist insgesamt restriktiv zu handhaben. Es bestünde ansonsten die Möglichkeit,

---

1100 *»Normkonkretisierung«* ist laut *Beckmann,* NuR 1999, 24, »Rechtsetzung unter Beachtung des die Regelungslücke lassenden Willens des Normgebers«; vgl. auch *Müller/Christensen,* Juristische Methodik, Bd. I, S. 275 ff., die diesen Begriff i. S. d. Normerzeugung verstehen; anders: *Seiler,* Auslegung als Normkonkretisierung, S. 38 f., der Norminterpretation und Normkonkretisierung gleichgesetzt.

1101 So *Ossenbühl,* DVBl. 1999, 1 (4).

1102 S. zur normativen Funktion von unbestimmten Rechtsbegriffen die Ausführungen unter Dritter Teil, § 5, A. sowie *Middelschulte,* Unbestimmte Rechtsbegriffe und das Bestimmtheitsgebot; s. zu den Gründen für eine »offene Gesetzgebung« *Ossenbühl,* DVBl. 1999, 1.

1103 Dieser sieht in § 17 Abs. 3 RefE KrWG zur Novellierung des KrW-/AbfG eine solche Konkretisierung vor.

1104 *Fluck/Giesberts,* in: Fluck, KrW-/Abf- und BodenschutzR, § 13 KrW-/AbfG Rn. 121 ff.; *Wissing,* Überlassungspflichten begründende Gemeinwohlinteressen im System des KrW-/AbfG, S. 92; *Thärichen,* Öffentliche Interessen im Abfallrecht, S. 320 f.; a. A.: *Schink,* in: Schink/Queitsch/Scholz, LAbfG NRW, § 5 Rn. 101, wonach der Landesgesetzgeber seine Gesetzgebungskompetenzen mit der Normkonkretisierung nicht überschreitet, da er sich hiermit auf der Basis der Vorgaben des Bundesrechts bewege. Er modifiziere diese nicht, sondern interpretiere sie lediglich. Mit einer Konkretisierung durch den Landesgesetzgeber würden die Regelungen des KrW-/AbfG praxistauglicher. So auch *Queitsch,* StuG 1997, 332 (335); *Tomerius,* NuR 1999, 621 (624, 627), wonach der verbleibende Regelungsspielraum der Länder umso größer sei, je unbestimmter und damit konkretisierungsbedürftiger eine Bestimmung des konkurrierenden Bundesrechts sei. Diese Auffassung führt die bewusste Entscheidung des Bundesgesetzgebers für einen unbestimmten Rechtsbegriff ad absurdum und entwertet diese. Der Rückgriff auf solche stellt keine »Flucht in unbestimmte Rechtsbegriffe« dar, sondern ist ein anerkanntes gesetzgeberisches Instrument, eine Vielzahl von möglichen, gesetzlich kaum in eine Form zu gießenden Fallgestaltungen generalklauselartig zu erfassen, vgl. *Wulfhorst,* NVwZ 1997, 975; *Tomerius,* NuR 1999, 621 (625).

1105 S. hierzu: *Beckmann,* NuR 1999, 24.

1106 Vgl. *Müller/Christensen,* Juristische Methodik, Bd. I, S. 282.

dass jede Gemeinde eine den eigenen Bedürfnissen angepasste nähere Bestimmung unbestimmter Rechtsbegriffe vornimmt. Ein Verstoß gegen das Gebot der Bundestreue bzw. gegen das Gebot der Widerspruchsfreiheit der Rechtsordnung wäre zu befürchten.[1107] Der Umfang von Überlassungspflichten nach § 13 Abs. 1 KrW-/AbfG wäre dann von den jeweiligen kommunalen Satzungen abhängig und in jeder Kommune verschieden. Aufgrund der Unschärfe und Mehrdeutigkeit des Begriffs der öffentlichen Interessen bestünde die Gefahr einer Zersplitterung der bundeseinheitlichen Rechtslage.[1108] Entscheidend ist also, wem die Kompetenz zugewiesen ist, eine bestimmte Sachlage letztverbindlich zu beurteilen, d. h. die Feststellung der einzig geltenden Entscheidung bzw. die unerlässliche Auswahl der verbindlichen Normkonkretisierung aus mehreren in Betracht kommenden Ergänzungsalternativen zu treffen.[1109] Im Fall der öffentlichen Interessen i. S. d. § 13 Abs. 3 S. 1 Nr. 3 KrW-/AbfG hat zweifelsfrei ausschließlich der Bundesgesetzgeber die Legitimation zur Letztentscheidung.

Zudem ist zu berücksichtigen, dass die öffentlichen Interessen mit den privaten Entsorgungsinteressen abgewogen werden und sich bei dieser Abwägung als überwiegend erweisen müssen. Eine solche vom Gesetzgeber verlangte einzelfallbezogene Abwägung würde durch vorgefasste Legaldefinitionen, Regelbeispiele oder sonstige Varianten der Normkonkretisierung unmöglich gemacht, wenn hierbei zum Schutz kommunaler Interessen bereits abstrakt-generell ein solches Überwiegen des öffentlichen Interesses a priori festgelegt würde.[1110] Den Gemeinden steht keine Nachbesserungskompetenz hinsichtlich gesetzgebungskompetenzmäßig getroffener Entscheidungen des Bundes zur Verwendung generalklauselartiger – wenn auch für die Rechtspraxis mitunter schwer handhabbarer oder sogar missglückter – Formulierungen zu. Der Bund hat im Hinblick auf den Begriff der öffentlichen Interessen abschließend von seiner konkurrierenden Gesetzgebungsbefugnis gem. Art. 74 Abs. 1 Nr. 24, 1. Fall GG Gebrauch gemacht.

In Anbetracht der Sperrwirkung des Art. 72 Abs. 1 GG fehlt auch die Gesetzgebungskompetenz der Landesgesetzgeber zum Erlass einer speziellen

1107 *Tomerius,* NuR 1999, 621 (623 f.).

1108 *Beckmann,* NuR 1999, 24 (28).

1109 S. zum Prinzip der einen »richtigen« Entscheidung: *Mühlenbruch,* Außenwirksame Normkonkretisierung durch »Technische Anleitungen«, S. 50 f.; *Seiler,* Auslegung als Normkonkretisierung, S. 41, 44.

1110 Vgl. *Beckmann,* NuR 1999, 24 (29).

Satzungsermächtigung für die Kommunen.[1111] Aus dem Vergleich mit § 13 Abs. 4 KrW-/AbfG ergibt sich zudem, dass ein ausdrücklicher Regelungsvorbehalt für die Länder nur dort geregelt ist.[1112] Die Länder können den Kommunen keine Befugnisse verleihen, die sie selbst nicht besitzen, so dass eine Präzisierung der öffentlichen Interessen auf der Grundlage einer speziellen Satzungsermächtigung im Landesrecht nicht möglich ist.[1113] Unabhängig von der Frage, ob eine originäre, von landesgesetzlichen Ermächtigungen unabhängige Regelungsbefugnis der Kommunen in Betracht kommt,[1114] scheidet eine Normkonkretisierung aufgrund der allgemeinen Satzungsautonomie aus Art. 28 Abs. 2 GG aus denselben, oben aufgeführten Gründen aus.

N. Aufbau eines eigenen Holsystems für bestimmte Verwertungsabfälle

Einige Kommunen reagieren auf die Markteintrittsversuche der gewerblichen Sammler mit dem Aufbau eines eigenen Holsystems für Altpapier mittels »Blauer Tonnen«, sofern ein solches noch nicht vorhanden ist.[1115] So haben die Marktentwicklungen der jüngsten Vergangenheit beispielsweise in Nordrhein-Westfalen bereits dazu geführt, dass diese Einsammelmethode dort nahezu flächendeckend eingeführt wurde.[1116] Es ist nämlich

1111 *Fluck/Giesberts,* in: Fluck, KrW-/Abf- und BodenschutzR, § 13 KrW-/AbfG Rn. 122.

1112 *Fluck/Giesberts,* in: Fluck, KrW-/Abf- und BodenschutzR, § 13 KrW-/AbfG Rn. 123; *Ossenbühl,* DVBl. 1996, 19.

1113 *Wissing,* Überlassungspflichten begründende Gemeinwohlinteressen im System des KrW-/AbfG, S. 96.

1114 Wohl bejahend: *Tomerius,* NuR 1999, 621 (626 f.).

1115 S. die Stellungnahme des *Hamburger Senats* zu dem Ersuchen der Bürgerschaft v. 23.4.2009 »Umweltbilanz durch die Einführung der Blauen Tonne in Hamburg«, Drs. 19/4207; vgl. http://nwzonline.de/index_regionalausgaben_stadt_delmenhorst_artikel.php?id=2150836, zuletzt abgerufen am 21.12.2010. Für die Sammlung von Elektro- und Elektronikaltgeräten ergibt sich diese Option ausdrücklich aus § 9 Abs. 3 S. 4 ElektroG.

1116 Studie des *MUNLV* (jetzt *MKULNV*) *NRW,* Ressourcen- und Klimaschutz in der Siedlungsabfallwirtschaft des Landes Nordrhein-Westfalen – Zukünftige Potenziale und Entwicklungen, S. 95, unter http://www.umwelt.nrw.de/umwelt/pdf/munlv_klimaschutz_endbericht.pdf, zuletzt abgerufen am 21.12.2010; s. auch das Ergebnis der Umfrage des *LKT NRW* zur Lage der Altpapiersammlung in den Kreisen NRWs »Altpapier und gewerbliche Sammlungen«, Rundschreiben-Nr.: 780/08. Hiernach sind auf dem Gebiet aller 25 antwortenden Kreise (von insgesamt 31) kommunale Altpapiertonnen im Einsatz (100 %). In zehn der antwortenden Kreise ist die »Blaue Tonne« kreisweit im Einsatz (40 %), ansonsten ist ihr Anteil

zu beobachten, dass die privaten Entsorgungsunternehmen insbesondere dort eine grundstücksbezogene Altpapiertonne zu installieren versuchen, wo es bisher lediglich eine Annahme der PPK-Fraktion über Depot-Container, Bündelsammlungen oder Bringsysteme zu Recycling-Höfen gibt.[1117] Die haushaltsnahe Altpapiertonne stellt sich demgegenüber als die benutzerfreundlichste und leistungsfähigste Methode der getrennten PPK-Erfassung dar.[1118] Es entfallen für den Bürger mitunter weite Wege, der Transport des Wertstoffs sowie das lästige Schnüren von Bündeln für die Straßensammlung. Sobald der öffentlich-rechtliche Entsorgungsträger auf ein eigenes Holsystem für Abfallbehälter umsteigt, besteht für den Abfallverursacher kein Anreiz mehr, auf das »Mehr« an Service durch den gewerblichen Sammler zurückzugreifen. Für die Kommunen rentiert sich die Einführung der »Blauen Tonne« zudem durch eine erhöhte Bereitschaft der Bevölkerung zur Getrenntsammlung, da ihr die Überlassung des Abfalls erleichtert wird.[1119] Die Kosten der Sammlung und Erfassung im Holsystem dürften dagegen potenziell höher ausfallen als bei der Einsammlung mittels Bringsystem. Deshalb werden Modelle einer gemeinsamen

---

schwankend. Bündelsammlungen nehmen an Bedeutung ab. Ein Bringsystem ist lediglich noch in einem Kreis vorherrschend (4 %). Die Sammlung des Altpapiers über das kommunale Abfallgefäß stellt sich laut LKT NRW als »Erfolgsrezept« gegen gewerbliche Altpapiersammlungen Privater dar. In 90 % der Kreise mit flächendeckendem Einsatz der »Blauen Tonne« treten keine gewerblichen Sammler auf. Dagegen trifft ihr Auftreten in 92,3 % aller Fälle Kreisgebiete, in denen die »Blaue Tonne« nicht flächendeckend im Einsatz ist. Dementsprechend wird in den Kreisen bei geplanten Veränderungen in der Altpapiersammlung fast durchgängig auf ein derartiges Holsystem gesetzt.

1117 S. hierzu: Mitt. StGB NRW 2008, 241.

1118 S. *Bürgerschaft Hmb.*, Drs. 19/4207, S. 2; *Öko-Institut,* Optimierung der Abfallwirtschaft in Hamburg unter dem besonderen Aspekt des Klimaschutzes, S. 79, unter http://www.hamburg.de/abfall/853462/gutachten-awi-klima.html, zuletzt abgerufen am 21.12.2010; s. auch die Studie des *MUNLV* (jetzt *MKULNV*) *NRW,* Ressourcen- und Klimaschutz in der Siedlungsabfallwirtschaft des Landes Nordrhein-Westfalen – Zukünftige Potenziale und Entwicklungen, S. 43, unter http://www.umwelt.nrw.de/umwelt/pdf/munlv_klimaschutz_endbericht.pdf, zuletzt abgerufen am 21.12.2010.

1119 Vgl. §§ 1 Abs. 1 S. 2 Nr. 7, 9 Abs. 1, Abs. 2 S. 3 LAbfG NRW; §§ 7 Abs. 1 Nr. 2, 1. Fall, 12 Abs. 1 Nr. 1, 1. Fall KrW-/AbfG. Zum Mehr- bzw. Minderaufwand beim Altpapier-Holsystem gegenüber einem Altpapier-Bringsytsem S. *DStGB*-Dokumentation Nr. 58, Beilage, in: StuG INTERAKTIV 4/2006, S. 12 m. w. N., wonach bei einer mittleren Berechnungsvariante (durchschnittlicher Logistikaufwand für das Holsystem, d. h. 4-wöchentliches Abfuhrintervall und Einsatz von Heckladerfahrzeugen mit einer Besatzung von 1 Fahrer + 2 Lader bei einer Tagesleistung von 700 Beh. (pro Fahrzeug u. Tag)) bei mehr als 30 EUR/t höheren Entsorgungskosten für Restabfall als für Altpapier das Holsystem wirtschaftlich vorteilhafter als das Bringsystem ist.

Sammlung und Abholung mit anderen Wertstoffen in einer kommunalen Wertstofftonne oder »gelben Tonne plus« erprobt.[1120]

Soweit die Altpapierentsorgung schon heute mittels »Blauer Tonnen« stattfindet, sollte zumindest im Hinblick auf die mögliche Konkurrenz durch gewerbliche Sammlungen darauf geachtet werden, dass die Behälter möglichst im Alleineigentum des zuständigen öffentlich-rechtlichen Entsorgungsträgers stehen.[1121] Auf diese Weise wird vermieden, dass ein unterlegener Bieter einer Ausschreibung, der zuvor Drittbeauftragter des öffentlich-rechtlichen Entsorgungsträgers war und bei der Erfassung der Abfälle eigene Tonnen eingesetzt hat, diese nach Vertragsende umfunktioniert und mit den Behältern fortan eine gewerbliche Sammlung durchführt.[1122]

Der Kauf der Altpapiertonnen kann auch über die Abfallgebühren finanziert werden, da es sich hierbei um betriebswirtschaftlich erforderliche, ansatzfähige (Material-)Kosten (vgl. § 9 Abs. 2 S. 1 LAbfG NRW i. V. m. § 6 Abs. 2 S. 1 KAG NRW) einer Neustrukturierung handelt. Sie dienen der Leistungserbringung bzw. -erstellung im Rahmen der kommunalen Abfallentsorgungseinrichtung.[1123] Hierbei empfiehlt es sich, einen längeren Kalkulationszeitraum (höchstens drei Jahre, vgl. § 6 Abs. 2 S. 2 KAG NRW) zugrunde zu legen, um die Abfallgebühren möglichst stabil zu halten.[1124]

1120 Hierzu: *Fehling,* NuR 2010, 323 (326); *Gruneberg/Wenzel,* AbfallR 2010, 162 (166 ff.). § 10 Abs. 1 Nr. 3 RefE KrWG normiert jetzt explizit die Einführungsmöglichkeit einer einheitlichen Wertstofftonne. Bereits nach gegebener Rechtslage kann dies, ggf. unter Rückgriff auf § 6 Abs. 4 S. 5, 6 und 7 VerpackVO, erfolgen.

1121 So die Empfehlung in Mitt. StGB NRW 2008, 241.

1122 Ein solches Verhalten ist wohl (vergaberechtlich) zulässig, vgl. oben unter Dritter Teil, § 5, A., IV., 2.

1123 S. zu den ansatzfähigen Kosten: *Queitsch,* in: Schink/Queitsch/Scholz, LAbfG NRW, § 9 Rn. 129.

1124 Mitt. StGB NRW 2008, 241.

Vierter Teil: Ausblick und Zusammenfassung

§ 1 Ausblick

Die in Deutschland entwickelte Dualität von privaten und öffentlich-rechtlichen Entsorgungsstrukturen hat sich bewährt. Gerade in Zeiten der zusammenbrechenden Weltmarktpreise für Rohstoffe, in denen auch die Erlöse für Sekundärrohstoffe sinken, zeigt sich die notwendige Auffang- und Ausgleichsfunktion der öffentlichen Hand. Lediglich das kommunale Abfallgebührenaufkommen federt in derartigen Krisensituationen die veränderte Kosten- und Erlössituation so ab, dass die bestehenden Entsorgungsdienstleistungen qualitativ gleich bleibend erbracht werden können. Mit der weltweit zunehmenden Bevölkerungsentwicklung und der sich daraus ergebenden steigenden Nachfrage nach Rohstoffen wird zudem der Bedarf an Rohstoffen und aufgrund der Endlichkeit dieser, auch das Interesse an Sekundärrohstoffen steigen.[1125] Daher bleibt der Aufbau einer adäquaten Infrastruktur für die Sammlung, Verwertung und Entsorgung von Siedlungsabfällen ohne Alternative. Diese Herausforderung können die öffentlich-rechtlichen Entsorgungsträger nicht alleine, sondern nur in Zusammenarbeit mit der privaten Abfallwirtschaft meistern.

Es bleibt abzuwarten, ob der jetzige Referentenentwurf zum Gesetz erstarkt. Das Schicksal von Gesetzesentwürfen ist so unsicher wie eine mittelfristige Wetterprognose.[1126] Sie sind nicht selten Spielbälle politischer Befindlichkeiten. Feststeht, dass die Umsetzungsfrist bis zum 12.12.2010 nicht eingehalten werden konnte. Zum weiteren zeitlichen Ablauf des Gesetzesentwurfs lässt sich Folgendes sagen: Nach erfolgter Ressortabstimmung soll der Entwurf der EU-Kommission zur Notifizierung übermittelt werden. Sofern diese keine Einwände erhebt, kann nach Ablauf einer Frist von drei Monaten die Kabinettentscheidung erfolgen. Daran schließt sich das eigentliche Gesetzgebungsverfahren im Bundestag und im Bundesrat an. Auch dies wird einige Zeit in Anspruch nehmen. Mit einem Inkrafttreten des neuen KrWG ist nicht vor Sommer 2011 zu rechnen.

Auch der Rechtsstreit, über den das BVerwG in seiner Grundsatzentscheidung zu befinden hatte, geht weiter: Das Gericht hatte die Sache mangels

---

1125 S. zu den Marktperspektiven für Sekundärrohstoffe: *trend:research,* MA 2009, 502 (506).

1126 So *Schneider,* Gesetzgebung, § 13 Rn. 529.

ausreichender tatsächlicher Feststellungen an das OVG Schleswig-Holstein zurückverwiesen.[1127] Hier fand am 7.12.2010 die mündliche Verhandlung statt. Eine Entscheidung in der Sache steht noch aus.

Die von den Klägern erhobene Anhörungsrüge nach § 152 a VwGO vor dem BVerwG wurde zwar als unzulässig verworfen,[1128] jedoch ist noch eine Verfassungsbeschwerde beim BVerfG anhängig.[1129] Letztere haben die Beschwerdeführer auf den Entzug des gesetzlichen Richters gem. Art. 101 Abs. 1 S. 2 GG (in diesem Fall des EuGH im Rahmen einer Vorlage nach Art. 267 AEUV) sowie auf die Verletzung der Berufsfreiheit gem. Art. 12 Abs. 1 GG gestützt. Daneben steht noch eine Entscheidung hinsichtlich der beiden Beschwerden der privaten Entsorgungsverbände BDE und bvse aus.[1130] Diese hatten wegen des BVerwG-Urteils, und hier insbesondere wegen der aus ihrer Sicht gegen Unionsrecht verstoßenden, zu engen Auslegung des § 13 Abs. 3 S. 1 Nr. 3 KrW-/AbfG, von diesem Rechtsbehelf Gebrauch gemacht, um die EU-Kommission zu einem Vertragsverletzungsverfahren nach Art. 258 AEUV zu bewegen.

1127 Az. 4 LB 8/09.

1128 *BVerwG,* Beschl. v. 30.9.2009 – 7 C 15/09 –, in: juris.

1129 Az. 2 BvR 2639/09.

1130 Az. COMP/B-1/39734 – Deutsche Haushaltsabfälle.

§ 2 Zusammenfassung in Leitsätzen

1. Neben der Entwicklung in der verwaltungsgerichtlichen Rechtsprechung, die gewerbliche Sammlungen in einem weiten Ausmaß als zulässig erachtet hat, war auch der zwischenzeitliche Anstieg der Altpapierpreise für die Zunahme der privaten Sammlungen verantwortlich (S. 1 ff.).

2. § 13 KrW-/AbfG ist ein »kompliziertes System«, welches sich »als ein nicht gerade durch Überschaubarkeit zu charakterisierendes Geflecht von Ausnahmen, Ausnahmen von Ausnahmen, Rückausnahmen und von – durch weitgefasste, unbestimmte und kaum bestimmbare Gesetzesbegriffe geprägten – Einzelregelungen darstellt«. Ein Überlassen setzt zunächst einen »physischen Transfer« des Abfalls voraus. Abfälle zur Beseitigung aus privaten Haushaltungen unterliegen der Überlassungspflicht an den öffentlich-rechtlichen Entsorgungsträger. Bei Abfällen zur Verwertung ist dies nur der Fall, soweit die Abfallverursacher zu einer Verwertung nicht in der Lage sind oder diese nicht beabsichtigen. Der Begriff der privaten Haushaltungen i. S. v. § 13 Abs. 1 S. 1 KrW-/AbfG setzt eine eigenständige Haushaltsführung voraus, die eine selbstbestimmte Lebensgestaltung ermöglicht und auf Dauer angelegt ist. »Andere Herkunftsbereiche« meint alle Abfälle, die ihrer Herkunft nach nicht aus privaten Haushaltungen stammen, also namentlich aus Industrie und Gewerbe, aus Geschäftsräumen, aus Infrastruktureinrichtungen und dies ungeachtet der konkreten Abfalleigenschaften (S. 7 ff.).

3. Der Gesetzgeber sieht eine Reihe von Ausnahmen von der Überlassungspflicht vor: Für Verursacher von Abfällen aus privaten Haushaltungen besteht gem. § 13 Abs. 1 S. 1 KrW-/AbfG eine Überlassungspflicht nur, soweit sie zu einer Verwertung nicht in der Lage sind (Verwertungsmöglichkeit) oder diese nicht beabsichtigen (Verwertungsabsicht). Des Weiteren greift diese Grundpflicht für Erzeuger und Besitzer von Abfällen zur Beseitigung aus anderen Herkunftsbereichen nur, soweit sie diese nicht gem. § 13 Abs. S. 2 KrW-/AbfG in eigenen Anlagen beseitigen oder überwiegende öffentliche Interessen eine Überlassung erfordern. Daneben entfällt die Überlassungspflicht gegenüber den öffentlich-rechtlichen Entsorgungsträgern, wenn Dritten oder privaten Entsorgungsträgern Pflichten zur Entsorgung nach den §§ 16, 17 oder 18 KrW-/AbfG übertragen worden sind (§ 13 Abs. 2 KrW-/AbfG). Keine Überlassungspflicht besteht zudem für Abfälle, die einer Rücknahme- oder Rückgabepflicht aufgrund einer Rechtsverord-

nung nach § 24 KrW-/AbfG unterliegen, soweit nicht die öffentlich-rechtlichen Entsorgungsträger aufgrund einer Bestimmung nach § 24 Abs. 2 Nr. 4 KrW-/AbfG an der Rücknahme mitwirken (§ 13 Abs. 1 S. Nr. 1 KrW-/AbfG). Darüber hinaus entfällt eine Überlassungspflicht nach § 13 Abs. 3 S. 1 Nr. 1 lit. a KrW-/AbfG für Abfälle, die in Wahrnehmung der Produktverantwortung nach § 25 KrW-/AbfG freiwillig zurückgenommen werden, soweit dem zurücknehmenden Hersteller oder Vertreiber ein Freistellungsbescheid nach § 25 Abs. 3 KrW-/AbfG erteilt worden ist. Eine Überlassungspflicht besteht nach § 13 Abs. 3 S. 1 Nr. 2 und 3 KrW-/AbfG auch nicht für Abfälle, die durch eine gemeinnützige oder gewerbliche Sammlung einer ordnungsgemäßen und schadlosen Verwertung zugeführt werden. Ein zentrales Abgrenzungsindiz ist dabei, ob die karitative Organisation die Vermarktungserlöse vollständig erhält – dann gemeinnützige Sammlung – oder ob die gemeinnützige Einrichtung lediglich einen Anteil des Erlöses erhält – dann gewerbliche Sammlung. Schlussendlich können die Länder zur Sicherstellung der umweltverträglichen Beseitigung Andienungs- und Überlassungspflichten für gefährliche Abfälle zur Beseitigung bestimmen, § 13 Abs. 4 S. 1 KrW-/AbfG (S. 18 ff.).

4. Die gesetzlichen Anforderungen an die Art und Weise der Verwertung sprechen dafür, private Haushalte nur unter engen Voraussetzungen von der Überlassungspflicht freizustellen. Im Rahmen einer neutralen Gesamtschau sprechen die teleologischen Aspekte, aber auch die Gesamtsystematik des § 13 Abs. 1 S. 1 HS 2, 1. Fall KrW-/AbfG gegen eine Zulässigkeit der Einschaltung Dritter. Würde die Einschränkung der Verwertungsmöglichkeit (»in der Lage sein«) eine Drittbeauftragung beinhalten, so wäre es faktisch keine solche. Eine Ausweitung der Herausnahme aus der Nachweispflicht gem. §§ 43 Abs. 4, 44 Abs. 1 S. 1 KrW-/AbfG i. V. m. § 1 Abs. 3 NachwVO durch die Zulässigkeit der Drittbeauftragung würde zwangsläufig eine effektive behördliche Überwachung der Entsorgung erschweren. Diese Konsequenz spricht gegen die Einbeziehung Dritter im Rahmen des § 13 Abs. 1 S. 1 HS 2, 1. Fall KrW-/AbfG. Sowohl der Wortlaut als auch die Entstehungsgeschichte sind bei der Auslegung hingegen wenig hilfreich (S. 29 ff.).

5. Zumindest einer der Abfallverursacher muss im Falle einer gemeinschaftlichen Verwertung die Möglichkeit der Eigenverwertung haben, um von einer zulässigen Ausnahme von der Überlassungspflicht gem. § 13 Abs. 1 S. 1 HS 2 KrW-/AbfG ausgehen zu können. Ein bloß gemeinsames Überlassen von verwertbaren Abfällen stellt keine zulässige Ausnahme von

der Überlassungspflicht i. S. d. § 13 Ab. 1 S. 1 HS 2 KrW-/AbfG dar. Der Satzungsgeber kann einen Anreiz zur Abfallvermeidung/-verwertung i. S. d. § 9 Abs. 2 S. 3 LAbfG NRW für kleine Haushalte bzw. Ein-Personen-Grundstücke schaffen, indem er die Bildung von Entsorgungsgemeinschaften ausdrücklich zulässt. Mit der Regelung des § 9 Abs. 1 a S. 3 LAbfG nimmt der Landesgesetzgeber eine Beschränkung des Verwertungsortes auf das eigene Grundstück vor, die der Bundesgesetzgeber gerade so nicht vorsieht. Die Regelung verstößt daher gegen § 13 Abs. 1 S. 1 HS 2 KrW-/AbfG (S. 40 ff.).

6. Wenn man die Rechtsprechung der letzten Jahre zu den gewerblichen Abfallsammlungen verfolgt, so wird durchaus eine Änderung der Rechtsprechung deutlich. So haben frühere Entscheidungen den öffentlichen Interessen der Kommunen ein sehr viel höheres Gewicht beigemessen. Vor dem Urteil des BVerwG zeichnete sich jedoch in der verwaltungsgerichtlichen Rechtsprechung eine Tendenz zugunsten der gewerblichen Sammlungen ab. Während sich das oberste Verwaltungsgericht mit seiner Grundsatzentscheidung v. 18.6.2009 zu § 13 Abs. 1 S. 1 HS 2, 1. Fall KrW-/AbfG der überwiegenden Meinung in Rechtsprechung und Literatur angeschlossen hat, widerspricht es mit seinen Ausführungen zu § 13 Abs. 3 S. 1 Nr. 3 KrW-/AbfG der bislang verbreiteten Auffassung der Verwaltungs- und Oberverwaltungsgerichte (S. 45 ff.).

7. Die Entsorgungspflicht liegt vorrangig bei den Abfallverursachern. Dies stellt den Grundsatz dar. Die Überlassungspflicht bildet hiervon eine Ausnahme, von der unter bestimmten Voraussetzungen wiederum eine Rückausnahme (auch Ausnahme-Ausnahme genannt) vorliegt (S. 50 f.).

8. Der Begriff der Sammlung sagt nichts über den Turnus der Sammlung aus. Bei einer Konkretisierung der Rechtsfigur des gewerblichen Sammlers ist es nicht zielführend, darauf abzustellen, von wem die Initiative für die Sammlung ausgegangen ist. Der Aufgabenbereich des gewerblichen Sammlers schließt keine Tätigkeiten aus, die auf der Grundlage vertraglicher Bindungen – insbesondere aufgrund eines Einzelauftrags des Abfallverursachers – in dauerhaften Strukturen abgewickelt werden. Sammlung i. S. v. § 13 Abs. 3 S. 1 Nr. 3 KrW-/AbfG umschreibt das Zusammentragen von in der Regel gleichartigen, verwertbaren Abfällen, welches nicht durch/oder für Entsorgungsträger in Erfüllung ihrer Entsorgungspflicht erfolgt, sondern aufgrund eines Eigeninteresses des Sammelnden an dem Sammelgut (S. 51 ff.).

9. Der Begriff der Sammlung ist nicht auf das unentgeltliche Entgegennehmen beschränkt. Die Tatsache, dass das Aufgabenfeld der öffentlich-rechtlichen Entsorgungsträger dadurch gekennzeichnet ist, »dass sie auf vertraglichen Grundlagen und in regelmäßig dauerhaften Strukturen wiederkehrende Entsorgungsleistungen erbringen«, bedeutet nämlich nicht zwangsläufig, dass die Tätigkeit der gewerblichen Sammler konträr gestaltet sein muss (S. 59 ff.).

10. Eine Eingrenzung des Begriffs der öffentlichen Interessen nur anhand des Wortlauts ist nicht möglich. Mit diesem Tatbestandsmerkmal hat der Gesetzgeber in gewisser Weise einen wirtschaftlichen Schutz öffentlicher Sammlungen vor gewerblicher Konkurrenz bewirkt. Die Binnensystematik des § 13 KrW-/AbfG darf nicht zu der systematischen Fehlannahme verleiten, die Überlassung an den öffentlich-rechtlichen Entsorgungsträger stelle als gesetzlich vorgesehener Ausgangspunkt des § 13 KrW-/AbfG den gemeinwohlverträglicheren Zustand dar. Die Rechtsbegriffe »öffentliches Interesse« und »Wohl der Allgemeinheit« i. S. d. § 10 Abs. 4 KrW-/AbfG sind voneinander zu trennen, da ihnen nach der Gesamtkonzeption des KrW-/AbfG unterschiedliche Regelungsfunktionen zukommen. Eine generelle Zuordnung der Abfallentsorgung zum Kernbereich der kommunalen Selbstverwaltung ist ausgeschlossen. Aber auch im Randbereich der Selbstverwaltungsgarantie kommt den Gemeinden kein genereller Schutz vor privater Konkurrenz zu. Den Staat trifft die Verantwortung, hinreichende Rahmenvorgaben zu schaffen, die einen Mindeststandard in der Abfallentsorgung einschließlich stabiler Abfallgebühren, unabhängig von dem Auftreten gewerblicher Sammler, gewährleisten. Bei den Begriffen fiskalisch und öffentlich ist nicht von einem Gegensatzverhältnis auszugehen (S. 63 ff.).

11. Das Ausmaß der Gebührenerhöhung muss die Prognose erlauben, dass es zu einer ernsthaften Gefährdung der Funktionsfähigkeit des öffentlich-rechtlichen Entsorgungssystems führen wird, um ein überwiegendes Interesse i. S. d. § 13 Abs. 3 S. 1 Nr. 3 KrW-/AbfG zu begründen. Unter Berücksichtigung der Systematik und der Verteilung der Verantwortung zwischen privater und öffentlicher Zuständigkeit im KrW-/AbfG lässt sich durch das konkurrierende Auftreten des im Ausschreibungsverfahren unterlegenen Bieters weder ein Verstoß gegen Treu und Glauben noch ein entgegenstehendes öffentliches Interesse herleiten. Bei der Frage, ob die Gefährdung des Sammelsystems für Verkaufsverpackungen ein öffentliches Interesse darstellt, ist unabhängig von der grundsätzlichen Anerkennung der

Sicherung des Rücknahme- und Kreislaufsystems der VerpackVO als öffentlicher Belang im Hinblick auf den jeweiligen Sekundärrohstoff zu differenzieren: Zum einen sind die unterschiedlichen Verwertungsquoten gem. Anhang I zu § 6 VerpackVO zu berücksichtigen. Zum anderen spielt der Anteil an Verkaufsverpackungen im Rahmen der jeweiligen Sekundärrohstoffmenge eine erhebliche Rolle. Das Abwerben von Kunden ist grundsätzlich zulässig, da es sich hierbei – auch im Falle des Hinwirkens auf eine Vertragsauflösung – um eine Ausprägung des freien Wettbewerbs handelt. Das Kriterium der »Gefährdung« der Funktionsfähigkeit der öffentlich-rechtlichen Entsorgungswirtschaft erweist sich als Konkretisierung der öffentlichen Interessen am geeignetsten, da es durch das Bilden von Fallgruppen durch die Rechtsprechung oder von Regelbeispielfällen durch den Gesetzgeber (»insbesondere, wenn ...«) eine konturenscharfe Eingrenzung ermöglicht, die auch in vielen anderen Rechtsgebieten praxistauglich ist. Öffentlichen Interessen, die in § 13 Abs. 3 S. 1 Nr. 3 KrW-/AbfG Berücksichtigung finden können, sind nicht öffentliche Belange jedweder Art, sondern nur die, die sich aus den Zielen des KrW-/AbfG ergeben oder sonst im Sachzusammenhang mit der Sammlung selbst stehen. Fiskalische Interessen können mittelbar zum Tragen kommen, wenn die Funktionsfähigkeit der öffentlich-rechtlichen Abfallentsorgung in Folge der gewerblichen Sammlung bzw. im Falle ihrer Einstellung aus finanziellen Gründen tatsächlich nicht mehr zu gewährleisten ist (S. 73 ff.).

12. Die mangelnde Auslastung von Entsorgungsanlagen spielt nur eine Rolle, soweit sie eine Gefährdung der Funktionsfähigkeit der öffentlichen Entsorgung zur Folge hat. Die kommunale Abfallwirtschaft ist nicht daran gehindert, im Wettbewerb mit dem gewerblichen Sammler ihrerseits parallel dazu die Einsammlung und Verwertung zu betreiben und somit zumindest einen bestimmten Anteil der getätigten Investitionen nutzbringend zu verwenden. Der Gesetzgeber hat ein duales Abfallwirtschaftssystem gewählt, welches sich durch ein flexibles Nebeneinander von Entsorgungsleistungen der öffentlich-rechtlichen Entsorgungsträger und der privaten Unternehmen kennzeichnet und den Unwägbarkeiten des Marktes und des Wettbewerbs unterliegt. Ein solches System kann keine absolute Planungssicherheit gewährleisten (S. 91 ff.).

13. Die Einbeziehung arbeitsmarktpolitischer Gesichtspunkte würde die vorgegebene Zweckrichtung des Gesetzes überschreiten und steht hierzu auch in keinem Sachzusammenhang. Dem Gesichtspunkt einer flächendeckenden, gewerblichen Sammlung kommt nur eine bloße Indizwirkung

für das Vorliegen eines öffentlichen Interesses zu. Belange der öffentlichen Sicherheit und Ordnung, wie die Verkehrssicherheit, die Beeinträchtigung des Straßen- und Ortsbildes sowie Hygiene und Seuchenschutz, können nicht als öffentliche Interessen i. S. d. § 13 KrW-/AbfG eingeordnet werden. Die von Verwaltung und Rechtsprechung, ungeachtet eventuell vorhandener abweichender abfall- und/oder rechtspolitischer Vorstellungen, zu respektierende Entscheidung des Gesetzgebers, private Sammlungen nach § 13 Abs. 3 S. 1 Nr. 3 KrW-/AbfG zuzulassen und die Überlassungspflicht insoweit einzuschränken, würde unterlaufen, könnten gewerbliche Sammlungen bereits unter Hinweis auf entgegenstehende vertragliche Beziehungen untersagt werden (S. 100 ff.).

14. Durch das Verbot der gewerblichen Sammlung ist lediglich ein sachlich-räumlicher Teilbereich bzw. eine Teilfunktion des privaten Entsorgungsunternehmens betroffen, so dass von einer bloßen Berufsausübungsregelung auszugehen ist. Der Träger der öffentlichen Abfallentsorgung trägt die Darlegungslast für eine konkrete, nicht mehr hinnehmbare Beeinträchtigung der öffentlichen Abfallwirtschaft (S. 112 ff.).

15. Soll der Nachweis i. S. d. § 13 Abs. 3 S. 1 Nr. 3 KrW-/AbfG nicht seine Berechtigung verlieren, so ist es erforderlich, dass das Sammelunternehmen vor Ausübung der Sammlung konkrete Angaben über den Gegenstand und das Verfahren der Verwertung macht (S. 117 ff.).

16. Eine gewerbliche Bioabfallsammlung, die auch die Sammlung von tierischen Nebenprodukten mit einbezieht, fällt nicht unter den Anwendungsbereich des § 13 Abs. 3 S. 1 Nr. 3 KrW-/AbfG. Enthält der Bioabfall nur pflanzliche Bestandteile bzw. tierische Nebenprodukte, die nicht die charakteristischen Hauptbestandteile des Produkts darstellen, sind gewerbliche Sammlungen zulässig. Da die Rückgabeoptionen Kommune, Vertreiber und Hersteller nach Sinn und Zweck des ElektroG ein abschließendes System bilden, kommt eine darüber hinausgehende Inanspruchnahme von gewerblichen Sammlungen für Elektro(nik)schrott gem. § 13 Abs. 3 S. 1 Nr. 3 KrW-/AbfG über § 2 Abs. 3 S. 1 ElektroG nicht in Betracht. § 13 Abs. 3 S. 1 Nr. 3 KrW-/AbfG findet dagegen auf Altholzsammlungen Anwendung. Ausgenommen sind lediglich gefährliche Altholzabfälle. Gewerbliche Sammlungen von Altglasverkaufsverpackungen sind wiederum grundsätzlich unzulässig. Sie sind nur ausnahmsweise zulässig, wenn das Erreichen der Verwertungsquote offensichtlich nicht gefährdet ist. Die Sammlung anderer Altglasfraktionen, also Nichtverpackungen, ist daneben

grundsätzlich zulässig, dürfte sich mengenmäßig jedoch wohl kaum lohnen (S. 122 ff.).

17. Die Schutzbedürftigkeit der Bürger gebietet die Information über die Kostenzusammenhänge, damit diese nicht von unerwarteten Gebührenerhöhungen getroffen werden und ihre Interessen sachgerecht wahrnehmen können. In straßenrechtlicher Hinsicht muss zwischen solchen Behältern differenziert werden, die vom Bürger bestellt sind und solchen, die eigenmächtig vom Sammler aufgestellt werden. Sofern ein Gebührentatbestand festgelegt wird, der nur vordergründig der Festlegung von Sondernutzungsgebühren dient, und dessen eigentliches Ziel vielmehr die Bekämpfung gewerblicher Sammlungen durch die Hintertür des Straßen- und Wegerechts ist, würde dies sachfremde Erwägungen darstellen. Aufgrund der im KrW-/AbfG enthaltenen detaillierten Pflichten der Abfallbesitzer und -erzeuger und deren Zusammenwirken mit den öffentlich-rechtlichen Entsorgungsträgern ist anzunehmen, dass dann, wenn Abfallbesitzer oder bekannte Abfallerzeuger vorhanden sind, das KrW-/AbfG die Entsorgung insoweit abschließend regelt und für landesrechtliche Änderungen der Entsorgungszuständigkeit insoweit kein Raum bleibt. Neben der Inanspruchnahme des Abfallverursachers kann auch der private Sammelunternehmer Adressat einer Untersagungsverfügung sein, da er durch das Werben um Überlassung der Abfälle an ihn die Abfallverursacher zumindest – als Zweckveranlasser – zur Missachtung der Überlassungspflicht an den öffentlich-rechtlichen Entsorgungsträger anregt. Falls es durch gewerbliche Altpapiersammlungen zu chaotischen, straßenverkehrsgefährdenden Verhältnissen kommt, ist es Sache der Straßenverkehrsbehörden, hier einzugreifen und entsprechende Verfügungen zu erlassen (§ 32 StVO). Ob die Werbung für die kommunale Wertstofftonne seitens des öffentlich-rechtlichen Entsorgungsträgers unter Berücksichtigung der Grundsätze des Leistungswettbewerbs als wirtschaftlich sachgerecht angesehen werden kann, ist insbesondere danach zu beurteilen, inwieweit sich das Werbeverhalten zum Nachteil der Mitbewerber wettbewerbshindernd auswirkt, ob hinter der Maßnahme auch die Wahrung von Allgemeininteressen, wie beispielsweise die Verhinderung einer Gebührenerhöhung oder Umweltschutzmaßnahmen, steht und ob diese Werbung erfahrungsgemäß zudem geeignet ist, der Verwirklichung dieser Belange zu dienen. Es ist im Grundsatz Sache der Kommune, durch Gebührenregelungen ein Verhalten der Abfallverursacher zu fördern, welches im Interesse der Funktionsfähigkeit der kommunalen Abfallwirtschaft liegt. Insoweit steht es im Ermessen des Satzungsgebers, Anreize zu schaffen. Dies kann

auch einen teilweisen Gebührenverzicht umfassen. Eine komplette Streichung der Abfallgebühren für die kommunale »Blaue Tonne« durch eine Kostenverlagerung ist ebenfalls möglich. Sowohl die Kooperationsform des Zweckverbandes als auch die weniger einschneidende Maßnahme der öffentlich-rechtlichen Vereinbarung bieten Handlungsoptionen, um sich im »Kampf ums Altpapier« zusammenzuschließen und somit letztendlich konkurrenzfähiger gegenüber den Privaten zu sein. Durch die Grundsatzentscheidung in der Rechtssache »Hamburger Stadtreinigung« hat der EuGH den Spielraum deutscher Gebietskörperschaften, interkommunal zu kooperieren, erheblich erweitert. Die Sicherstellung der Entsorgungssicherheit im Gemeindegebiet auf hohem Umweltschutzniveau und gleichzeitig zu sozialverträglichen Kosten stellt einen öffentlichen Zweck i. S. d. § 107 Abs. 4 S. 1 GO NRW i. V. m. § 107 Abs. 1 S. 1 Nr. 1 GO NRW dar (S. 140 ff.).

18. Auch wenn der Tatbestand des § 13 Abs. 3 S. 1 Nr. 3 KrW-/AbfG in den Jahren seit seines Inkrafttretens höchst umstritten war und immer noch ist, so hat er doch aufgrund zahlreicher Gerichtsurteile und -beschlüsse an Kontur gewonnen. Gerade bei dem unbestimmten Begriff der öffentlichen Interessen haben sich Fallgruppen entwickelt. Eine komplett neue, konturenschwache Regelung würde dazu führen, dass diese jahrelange Rechtsfortbildung verloren ginge. Da die gewerblichen Sammlungen gerade in Konkurrenz zu dem öffentlich-rechtlichen Entsorgungsträger auftreten, sollte dieser – wie in § 18 RefE KrWG vorgesehen – nicht auch zugleich für das formelle Anzeigeverfahren zuständig sein. Der Begriff der gewerblichen Sammlung sollte vom Gesetzgeber, wie in § 3 Abs. 18 RefE KrWG vorgeschlagen, legal definiert werden. Das BVerwG hat hier mit seinem Grundsatzurteil eine neuartige, vorher in dieser Radikalität nie vertretene Begriffsbestimmung getroffen, die mit den Vorgaben der Wettbewerbs- und der Warenverkehrsfreiheit des AEUV schwer vereinbar sein dürfte (S. 194 ff.).

19. Eine Ausweitung der Überlassungspflichten für gemischte Abfälle aus privaten Haushaltungen im KrW-/AbfG ist mit den Vorgaben der AbfRRL sowie der AbfVerbrVO vereinbar. Eine Erweiterung der Überlassungspflichten für sortenreine Abfälle unterliegt dagegen den Regelungen des Primärrechts. Die Vorschrift des Art. 106 Abs. 2 S. 1 AEUV vermag sowohl eine Abweichung von sekundärem Unionsrecht als auch von sämtlichen Vorschriften des Primärrechts, einschließlich aller Grundfreiheiten, zu rechtfertigen. Auch von den sortenreinen Abfallsorten, beispielsweise Elektro- oder Metallschrott, kann ein nicht unerhebliches Gefährdungspotenzial vom

Stoff selbst oder aufgrund seiner nicht ordnungsgemäßen und schadlosen Entsorgung ausgehen. Auch die Entsorgung von getrennt gesammelten Verwertungsabfällen aus privaten Haushaltungen stellt somit eine Dienstleistung von allgemeinem wirtschaftlichen Interesse dar. Durch die gesetzliche Öffnung für gewerbliche Sammlungen wird den Grundfreiheiten, insbesondere der Warenverkehrsfreiheit, in angemessenem Maße Rechnung getragen. Verhältnismäßig i. e. S. ist eine Einschränkung nur dann nicht, wenn der private Wettbewerber eine im Vergleich zum öffentlich-rechtlichen Entsorgungsträger höherwertige Dienstleistung anbietet (S. 215 ff.).

20. Vielfältige Formen der Kooperation zwischen öffentlich-rechtlichen Körperschaften und privaten Entsorgungsunternehmen bieten in der Praxis eine ernst zu nehmende Handlungsoption über den bestehenden Konkurrenzkampf hinaus. Aufgaben der Daseinsvorsorge, wie die Abfallwirtschaft, müssen nicht zwingend unmittelbar vom Staat erledigt werden, nur weil sie von wesentlicher Bedeutung für das Allgemeinwohl sind. Der originäre Bereich der Daseinsvorsorge ist nicht per se privatisierungsfest. Nur in sog. Randbereichen kann sich die öffentliche Hand neben der Aufgabenerledigung aber auch ihrer Reserveverantwortung entledigen, wenn Dienstleistungen oder Güter für den sozialen, zur Grundversorgung verpflichteten Staat verzichtbar sind. Die Verantwortung kann somit unter Berücksichtigung der Garantenstellung des Staates (nur) teilprivatisiert werden (S. 236 ff.).

21. Die nähere Erläuterung und Erklärung bzw. das »zu Ende denken« des bewusst gewählten, unbestimmten Rechtsbegriffs der öffentlichen Interessen ist dem Bundesgesetzgeber vorbehalten bzw. muss im Rahmen der situations- und einzelfallbezogenen Rechtsanwendung und Norminterpretation erfolgen. Den Gemeinden steht keine Nachbesserungskompetenz hinsichtlich gesetzgebungskompetenzmäßig getroffener Entscheidungen des Bundes zur Verwendung generalklauselartiger – wenn auch für die Rechtspraxis mitunter schwer handhabbarer oder sogar missglückter – Formulierungen zu. Die haushaltsnahe Altpapiertonne stellt sich als die benutzerfreundlichste und leistungsfähigste Methode der getrennten PPK-Erfassung dar (S. 248 ff.).

22. Letztlich wird nur eine Zusammenarbeit zwischen öffentlich-rechtlichen Entsorgungsträgern und der privaten Abfallwirtschaft die Herausforderung eines zunehmenden Bedarfs an Sekundärrohstoffen meistern können (S. 255 f.).

Literaturverzeichnis

Aengenvoort, Peter-Paul, Allgemeine Grundsätze des Gebührenrechts, NWVBl. 1997, 409 ff.

Allekotte, Thomas/*Schulte,* Franz, Größere Gestaltungsspielräume für die interkommunale Zusammenarbeit, Besprechung des EuGH-Urteils vom 09.06.2009, C-480/06 (Kommission/Bundesrepublik Deutschland), veröffentlicht in Gemhlt Heft 10/2009 S. 230 ff., Gemhlt 2009, 276 ff.

Ax, Thomas/*Schmidt,* Carsten, Praxis der Vergabe von Entsorgungsdienstleistungen im Altpapierbereich, DVBl. 2008, 1295 ff.

dies., Der Kampf ums Altpapier!, Zur Entscheidung des OVG Niedersachsen vom 24. Januar 2008 – 7 ME 193/07, MA 2008, 245 f.

Bach, Markus/*Philipp,* Ortwin, Die Entsorgung von Abfall aus privaten Haushalten durch gewerbliche Entsorgungsunternehmen – zugleich Anmerkung zu BVerwG, Urt. v. 18.6.2009 – 7 C 16/08 (»Kampf ums Altpapier«), SächsVBl. 2009, 252 ff.

Bartram, Berit/*Schade,* Rainer, Andienungs- und Überlassungspflichten contra Eigenverantwortung, Abfallverwertung und Abfallbeseitigung nach dem neuen Kreislaufwirtschafts- und Abfallgesetz (KrW-/AbfG), UPR 1995, 253 ff.

Bauer, Werner P., Kommunikation und Kooperation in ForumZ – Wege zur Optimierung in der Abfallwirtschaft, MA 2009, 288 ff.

Baum, Heinz-Georg, Auswirkungen einer steuerlichen Gleichbehandlung von öffentlichen Entsorgungseinrichtungen und privaten Entsorgungsunternehmen, AbfallR 2010, 87 ff.

ders./Cantner, Jochen, Preisverwerfungen im Entsorgungssektor – Ursachen, Wirkungen und Lösungsmöglichkeiten, ZfbF 1999, 80 ff.

Bausback, Winfried, Maßstabswechsel und behördliche Hinweispflichten bei der Erhebung von kommunalen Herstellungsbeiträgen i. S. des Art. 5 Abs. 1 KAG, Testfall eines gewandelten Verwaltungsverständnisses? Zugleich Anmerkung zur Entscheidung des BayVerfGH vom 8.1.2002 Vf. 6-VII-00, BayVBl. 2003, 705 ff.

Becht, Florian/*Groß,* Thomas, Die Privatisierung der Überwachung im Kreislaufwirtschafts- und Abfallrecht, UPR 2010, 336 ff.

von Bechtolsheim, Caroline, Kap. 5: Abgabensatzungen: Erster Abschn.: Abfallgebühren, in: Lübbe-Wolff/Wegener (Hrsg.), Umweltschutz durch kommunales Satzungsrecht, Bauleitplanung – Abfall – Abwasser – Abgaben – Baumschutz, S. 301 ff.

Becker, Ernst/*Winkel,* Johannes, Kommentierung zu § 23 GO NRW, in: Held/Becker/Decker/Kirchhof/Krämer/Wansleben/Winkel (Hrsg.), Bd. I, Gemeindeordnung für das Land Nordrhein-Westfalen.

Beckmann, Martin, Konkretisierung des Abfallbegriffs sowie der gesetzlichen Grundsätze und Pflichten der Kreislaufwirtschaft, NuR 1999, 24 ff.

ders., Brauchen wir eine kommunale Entsorgungsautarkie für gemischte Siedlungsabfälle?, AbfallR 2006, 263 ff.

ders., Kreislaufwirtschafts- und Abfallrecht, Einführung in das Abfallrecht, Berlin 2007.

ders., Abfallhierarchie und gesetzliche Überlassungspflichten im Arbeitsentwurf des Kreislaufwirtschaftsgesetzes, Erste Anmerkung zum Arbeitsentwurf der Bundesregierung mit Stand vom 23.2.2010, AbfallR 2010, 54 ff.

ders., Kommentierung zu § 24 KrW-/AbfG, in: Landmann/Rohmer (Hrsg.), Umweltrecht, Bd. III: Sonstiges Umweltrecht.

ders./David, Hans-Joachim, Kommunale Abfallwirtschaft als unlauterer Wettbewerb, DVBl. 1998, 1041 ff.

ders./Gesterkamp, Stefan, Kommunal- und vergaberechtliche Anforderungen an eine interkommunale Gemeinschaftsarbeit in der Abfallwirtschaft, AbfallR 2003, 227 ff.

dies., Vergaberechtliche Aspekte der kommunalen Gemeinschaftsarbeit in der Abfallwirtschaft, AbfallR 2003, 279 ff.

Beckmann, Martin/*Kersting,* Andreas, Von der öffentlichen Daseinsvorsorge zur privaten Kreislaufwirtschaft, Zur Ausgestaltung der Überlassungspflichten in § 13 KrW-/AbfG, BB 1997, 161 ff.

dies., Kommentierung zu §§ 10, 13, 21 KrW-/AbfG, in: Landmann/Rohmer (Hrsg.), Umweltrecht, Bd. III: Sonstiges Umweltrecht.

Beckmann, Martin/*Wittmann,* Antje, Zur Zulässigkeit gewerblicher Sammlungen und der Beauftragung Dritter bei der Verwertung von Haushaltsabfällen, Anmerkungen zum Altpapier-Urteil des Bundesverwaltungsgerichts vom 18.6.2009, AbfallR 2009, 235 ff.

Bell, Albrecht/*Rehak,* Heinrich, Vergaberecht und kommunale Privatisierung der Abfallentsorgung, LKV 2001, 185 ff.

Bilitewski, Bernd/*Kügler,* Thomas, Altpapier vom Abfall zum Rohstoff, MA 2010, 156 ff.

Birk, Hans-Jörg/*Kretz,* Claus, Hat die Einführung der Biotonne Auswirkungen auf die Hausmüllgebühr?, VBlBW 1999, 7 ff.

Bleicher, Ralf, Rechtliche Grenzen der gewerblichen Sammlung und der »Behälteroptimierung«, AbfallR 2007, 260 ff.

ders., Probleme der Altpapierentsorgung aus Sicht der Kommunen, AbfallR 2008, 173 ff.

Bonk, Heinz Joachim/*Schmitz,* Heribert, Kommentierung zu § 21 VwVfG, in: Stelkens/Bonk/Sachs (Hrsg.), Verwaltungsverfahrensgesetz, Kommentar.

Brand, Thomas/*Mohl,* Helmut, Zur Rechtmäßigkeit der Quersubventionierung der Biotonne, NWVBl. 1998, 468 ff.

Brandt, André, Besteht eine Pflicht zur Anwendung der Abfallrahmenrichtlinie vor Ablauf der Umsetzungsfrist?, AbfallR 2009, 167 ff.

Braun, Christian, Die »Blaue Tonne« – Straßenkrieg um Altpapier, ThürVBl. 2009, 49 ff.

ders., Unlauterer Wettbewerb durch kommunale Gesellschaften, SächsVBl. 2009, 201 ff.

Bree, Axel, Die Privatisierung der Abfallentsorgung nach dem Kreislaufwirtschafts- und Abfallgesetz, Systematische Darstellung aktueller Rechtsprobleme unter Berücksichtigung der allgemeinen Privatisierungslehren, Berlin 1998, zugl. Diss. Univ. Göttingen 1997.

Breuer, Rüdiger (Hrsg.), Staat, Selbstverwaltung und Private in der Wasser- und Entsorgungswirtschaft, Referate und Diskussionen der 18. Vortragsveranstaltung des Instituts für das Recht der Wasser- und Entsorgungswirtschaft an der Universität Bonn am 18. Mai 1995 und weitere Abhandlungen, Köln u. a. 1997.

Brosius-Gersdorf, Frauke, Wirtschaftliche Betätigung von Gemeinden außerhalb ihres Gebiets, Gemeindeordnungsrecht und Verfassungsrecht in Harmonie oder Disharmonie?, AöR 130 (2005), 392 ff.

Brüning, Christoph, Interkommunale Zusammenarbeit in der Entsorgungswirtschaft aus vergaberechtlicher Sicht, DVBl. 2009, 1539 ff.

ders./Schulte, Friedrich-W./*Wiesemann,* Hermann, Kommentierung zu § 6 KAG NRW, in: Driehaus (Hrsg.), Kommunalabgabenrecht, Kommentar, Bd. I.

Buch, Thomas, Anforderungen an die Umsetzung der novellierten Abfallrahmenrichtlinie in nationales Recht aus Landessicht, AbfallR 2009, 74 ff.

Bullinger, Martin, Ziele und tragende Regelungen des Elektro- und Elektronikgerätegesetzes, in: Bullinger/Lückefett (Hrsg.), Das neue Elektrogesetz, S. 17 ff.

ders./Fehling, Michael (Hrsg.), Elektrogesetz, Handkommentar, 1. Aufl., Baden-Baden 2005.

ders./Lückefett, Hans-Jochen (Hrsg.), Das neue Elektrogesetz, 1. Aufl., Baden-Baden 2005.

Bundesministerium für Umwelt, Naturschutz und Reaktorsicherheit/Umweltbundesamt, Ökologisch sinnvolle Verwertung von Bioabfällen, Anregungen für kommunale Entscheidungsträger, Stand: September 2009, Berlin u. a.

Burgi, Martin, Kommunalrecht, 3. Aufl., München 2010.

Burmann, Michael/*Heß,* Rainer/*Jahnke,* Jürgen/*Janker,* Helmut (Hrsg.), Straßenverkehrsrecht, 21. Aufl., München 2010.

Butzer, Hermann (Hrsg.), Wirtschaftlichkeit durch Organisations- und Verfahrensrecht, Vorträge beim Symposium anlässlich des 65. Geburtstags von Prof. Dr. Friedrich E. Schnapp in Bochum, Berlin 2004.

Calik, Kalim, Blaue Papiertonne schützt das Klima und schont wertvolle Rohstoffe: Die Papiere bitte!, Entsorga 2009, 20 ff.

Cantner, Jochen, Die Kostenrechnung als Instrument der staatlichen Preisregulierung in der Abfallwirtschaft, Heidelberg 1997, zugl. Diss. Univ. Augsburg 1997.

Claus, Oliver/*Schomerus,* Thomas/*Versteyl,* Ludger-Anselm, Reformbedarf für die Regelungen zur Pflichtenübertragung nach den §§ 16-18 KrW-/AbfG?, AbfallR 2009, 290 ff.

Cosson, Rainer, »Blaue Tonnen«: Gewerbefreiheit versus »überwiegendes öffentliches Interesse«, Anmerkung zum Beschluss des VGH Mannheim vom 11.2.2008 – 10 S 2422/07 –, AbfallR 2008, 83 ff.

ders., Die Neuordnung der Entsorgungszuständigkeiten – Überlassungspflicht aus Sicht der privaten Entsorger, AbfallR 2009, 154 ff.

von Danwitz, Thomas, Dienste von allgemeinem wirtschaftlichem Interesse in der europäischen Wettbewerbsordnung, in: Krautscheid (Hrsg.), Die Daseinsvorsorge im Spannungsfeld von europäischem Wettbewerb und Gemeinwohl, Eine sektorspezifische Betrachtung, S. 103 ff.

Daub, Walter/*Eberstein,* Hans Hermann (Hrsg.), Kommentar zur VOL/A, 5. Aufl., Düsseldorf 2000.

Deutscher Städte- und Gemeindebund, Dokumentation Nr. 58 Handlungsempfehlung zur Kostensenkung in der kommunalen Abfallentsorgung, Beilage, in: StuG INTERAKTIV 4/2006.

Dieckmann, Martin, Entsorgungsautarkie der Mitgliedstaaten nach der Novelle der EG-Abfallrahmenrichtlinie, Spielräume und Grenzen für Maßnahmen zum Schutz der nationalen Entsorgungsstrukturen, ZUR 2008, 505 ff.

ders., Europarechtliche Spielräume für Andienungspflichten und Überlassungspflichten, AbfallR 2009, 270 ff.

ders., Nationale Entsorgungsautarkie und Europarecht, Spielräume und Grenzen mitgliedstaatlicher Überlassungspflichten für verwertbare Abfälle aus privaten Haushaltungen, Berlin 2009.

ders., Der Arbeitsentwurf für das neue Kreislaufwirtschaftsgesetz, AbfallR 2010, 64 ff.

ders./Besche, Beatrix, Keine Pflicht zur Ausschreibung der Altpapierentsorgung bei positivem Marktwert des Altpapiers?, AbfallR 2004, 87 ff.

Dietlein, Johannes, Polizei- und Ordnungsrecht, in: Dietlein/Burgi/Hellermann (Hrsg.), Öffentliches Recht in Nordrhein-Westfalen, Verfassungsrecht, Kommunalrecht, Polizei- und Ordnungsrecht, Öffentliches Baurecht, § 3, S. 273 ff.

ders./Burgi, Martin/*Hellermann,* Johannes (Hrsg.), Öffentliches Recht in Nordrhein-Westfalen, Verfassungsrecht, Kommunalrecht, Polizei- und Ordnungsrecht, Öffentliches Baurecht, 3. Aufl., München 2009.

Dinger, Felix, Voraussetzungen für die Zulässigkeit von Altpapiersammlungen durch private Abfallunternehmen, UPR 2007, 373 ff.

Dittmann, Hans-Martin, Die Ansatzfähigkeit von sog. Leerkosten bei der Erhebung von Abfallgebühren nach § 6 KAG NW und § 9 Abs. 2 LAbfG NW, NWVBl. 1997, 413 ff.

Dörr, Oliver, Zu den gesetzlichen Grenzen gewerblicher Hausmüllverwertung (§ 13 Abs. 3 S. 1 Nr. 3 KrW-/AbfG), DÖV 2003, 838 ff.

Dolde, Klaus-Peter (Hrsg.), Umweltrecht im Wandel, Bilanz und Perspektiven aus Anlass des 25-jährigen Bestehens der Gesellschaft für Umweltrecht, Berlin 2001.

von Donat, Christoph/*Lipinsky,* Julia, »Stadtreinigung Hamburg« – ein Sieg für die interkommunale Kooperation, KommJur 2009, 361 ff.

Driehaus, Hans-Joachim (Hrsg.), Kommunalabgabenrecht, Kommentar, Bd. I, 43. Lfg., Stand: September 2010, Herne u. a.

Dünchheim, Thomas/*Schöne,* Franz-Josef, Privat vor Staat? – Die Novellierung des kommunalen Wirtschaftsrechts in NRW, DVBl. 2009, 146 ff.

Ehlers, Dirk, Die Entwicklung des kommunalen Wirtschaftsrechts, Der Landkreis 2007, 456 ff.

Ehricke, Ulrich, Die Vereinbarkeit des kommunalen Örtlichkeitsprinzips mit dem EG-Recht, Köln 2009.

Engartner, Tim, Kehrt der Staat zurück? Rekommunalisierung in den Aufgabenbereichen Entsorgung und Gebäudereinigung, ZögU 32 (2009), 339 ff.

Erbguth, Wilfried/*Schlacke,* Sabine, Umweltverfassungsrecht – eine Einführung, Jura 2009, 431 ff.

Erlenkämper, Friedel, Die Unterrichtungspflicht nach § 6 b GO NW, Der Städtetag 1979, 673 ff.

Fehling, Michael, Innovationsförderung durch Herstellerverantwortung und Optionsmodelle im ElektroG, NuR 2010, 323 ff.

Fischer, Hans-Günter, Aktive Regulierung in der Abfallwirtschaft als Bedingung für offene Wettbewerbsmärkte, Wirtschaftsdienst 2005, 551 ff.

Fischer, Kristian/*Arndt,* Hans-Wolfgang, Kommentar zur Verpackungsverordnung, 2. Aufl., Frankfurt a. M. 2007.

Fischer, Thomas, Zur Lauterbarkeit der Kündigungshilfe durch Vorlage vorgefertigter Kündigungsschreiben, WRP 2005, 1230 ff.

Flanderka, Fritz, Struktur und Ausgestaltung des dualen Systems in der Bundesrepublik Deutschland, BB 1996, 654 ff.

ders., Einführung sowie Kommentierung zu § 6 VerpackVO, in: Flanderka/Stroetmann (Hrsg.), Verpackungsverordnung, Kommentar für die Praxis unter vollständiger Berücksichtigung der 5. Änderungsverordnung.

ders./Stroetmann, Clemens (Hrsg.), Verpackungsverordnung, Kommentar für die Praxis unter vollständiger Berücksichtigung der 5. Änderungsverordnung, 3. Aufl., Heidelberg 2009.

Fluck, Jürgen (Hrsg.), Kreislaufwirtschaft-, Abfall- und Bodenschutzrecht, Kommentar, Bd. 1, 93. Lfg., Stand: Mai 2010, Heidelberg.

ders./Giesberts, Ludger, Kommentierung zu § 13 KrW-/AbfG, in: Fluck (Hrsg.), Kreislaufwirtschaft-, Abfall- und Bodenschutzrecht, Kommentar, Bd. 1.

ders./Strack, Lutz, Die Verarbeitung und Beseitigung von tierischen Nebenprodukten nach der EG-VO Nr. 1774/2002 und dem TierNebG, Neues europäisches Recht und ergänzendes deutsches Recht im Veterinärbereich, NuR 2004, 503 ff.

Forsthoff, Ernst, Rechtsfragen der leistenden Verwaltung, Nachdruck, Stuttgart 1959.

Frenz, Walter, Umsatzsteuerpflicht und Privatisierung der Abfallentsorgung, DStZ 2000, 505 ff.

ders., Kreislaufwirtschafts- und Abfallgesetz, 3. Aufl., Köln u. a. 2002.

ders., Die eigentumsrechtliche Zuordnung von Sekundärrohstoffen aus abfallrechtlicher Sicht, AbfallR 2009, 121 ff.

ders., Die eigentumsrechtliche Zuordnung von Sekundärrohstoffen aus wettbewerbsrechtlicher Sicht, AbfallR 2009, 187 ff.

ders., Aktuelle europarechtliche Grenzen des Vergaberechts, NVwZ 2010, 609 ff.

ders./Wimmers, Kristina, Vorwirkung von Richtlinien, UPR 2009, 425 ff.

Fricke, Klaus/*Bahr,* Tobias/*Bidlingmaier,* Werner/*Turk,* Thomas, Energieeffizienz der stofflichen und energetischen Verwertung ausgewählter Abfallfraktionen, MA 2010, 63 ff.

Friege, Henning, Abfallentsorgung, in: Krautscheid (Hrsg.), Die Daseinsvorsorge im Spannungsfeld von europäischem Wettbewerb und Gemeinwohl, Eine sektorspezifische Betrachtung, S. 200 ff.

Gädeke, Michael, Öffentliche und private Entsorgungsverantwortung, Baden-Baden 2002, zugl. Diss. Univ. Leipzig 2001.

Garrelmann, Andrea, Das zukünftige Kreislaufwirtschaftsgesetz – Förderung der Kreislaufwirtschaft vor umweltverträglicher und sicherer Abfallentsorgung?, EILDIENST LKT NRW 2010, 326 ff.

Gaßner, Hartmut, Bewertung von Überlassungspflichten vor dem Hintergrund aktueller Diskussionen, AbfallR 2006, 13 ff.

ders., Häuserkampf um Wertstoffe – Überlassungspflicht und gewerbliche Sammlung, in: Haase (Hrsg.), Abfall als Stoff- und Energieressource, 13. Tagung Siedlungsabfallwirtschaft Magdeburg, 24. und 25. September 2008, S. 181 ff.

ders./Thärichen, Holger, Die Zukunft der kommunalen Hausmüllentsorgung im Spannungsfeld zwischen gewerblichen Sammlungen und der Novelle der Abfallrahmenrichtlinie, AbfallR 2009, 18 ff.

dies., Novellierungsbedarf des Kreislaufwirtschafts- und Abfallgesetzes vor dem Hintergrund aktueller Rechtsprechung und der neuen Abfallrahmenrichtlinie, MA 2009, 176 ff.

Gaßner, Hartmut/*Versmann,* Andreas, Neuordnung kommunaler Aufgaben im Kreislaufwirtschafts- und Abfallgesetz, Leitfaden für die Praxis, Berlin 1996.

ders./Willand, Achim/*Pippke,* Nicole, Vereinbarkeit einer Neuordnung der abfallrechtlichen Überlassungspflichten mit dem EG-Recht, Gutachten im Auftrag des UVM BW, des MUFV RLP und des MUNLV NRW, n. v., Berlin 2000.

ders./Willand, Achim/*Fischer,* Jochen/*Pippke,* Nicole, Rechtliche Grundsatzfragen der Auslegung der neuen abfallrechtlichen Vorschriften des Kreislaufwirtschafts- und Abfallgesetzes, Gutachten im Auftrag des Umweltbundesamtes, unter http://www.umweltdaten.de/publikationen/fpdf-l/1984.pdf, zuletzt abgerufen am 30.11.2010, Berlin 2001.

Gebhardt, Rainer/*Schuster,* Falko, Öffentliche Betriebswirtschaftslehre – Fallbearbeitung aus dem Gebiet »Einführung in die ÖBWL«, DVP 2009, 426 ff.

dies., Öffentliche Betriebswirtschaftslehre, DVP 2010, 29 ff.

Geerlings, Jörg, Kommunale Energieversorgungsunternehmen nach der Novellierung der nordrhein-westfälischen Gemeindeordnung, NWVBl. 2008, 90 ff.

Germelmann, Claas Friedrich, Präzisierung in der Sonderabgaben-Rechtsprechung des Bundesverfassungsgerichts, GewArch 2009, 476 ff.

Gerstlberger, Wolfgang/*Schneider,* Karsten, Öffentlich Private Partnerschaften, Zwischenbilanz, empirische Befunde und Ausblick, Berlin 2008.

Gesterkamp, Stefan, Vergaberechtlicher Freifahrtsschein für kommunale Kooperationen?, Besprechung von EuGH, Urteil vom 9.6.2009 – C-480/06, AbfallR 2009, 229 ff.

Giesberts, Ludger, Kommentierung zu § 9, in: Giesbert/Hilf (Hrsg.), Elektro- und Elektronikgerätegesetz, Kommentar.

ders., Kommentierung zu § 13 KrW-/AbfG, in: Giesberts/Reinhardt (Hrsg.), Beck´scher Online-Kommentar, Umweltrecht, KrW-/AbfG.

ders./Hilf, Juliane (Hrsg.), Elektro- und Elektronikgerätegesetz, Kommentar, 2. Aufl., München 2009.

ders./Reinhardt, Michael (Hrsg.), Beck´scher Online-Kommentar, Umweltrecht, KrW-/AbfG, 16. Lfg., Stand: 1.7.2010, München.

Götting, Horst-Peter/*Nordemann,* Axel (Hrsg.), UWG, Handkommentar, 1. Aufl., Baden-Baden 2010.

Grabitz, Eberhard/*Hilf,* Meinhard/*Netttesheim,* Martin (Bgr./Hrsg.), Das Recht der Europäischen Union, Bd. II: EUV/EGV, 40. Lfg., Stand: Oktober 2009, München.

Gröpl, Christoph, Ökonomisierung von Verwaltung und Verwaltungsrecht, VerwArch 93 (2002), 459 ff.

Gruber, Jens Tobias, Die gewerbliche Sammlung von Altpapier mittels »Blauer Tonnen«, Anmerkung zu den Beschlüssen des OVG Lüneburg vom 24.1.2008 – 7 ME 192/07 und 7 ME 193/07, AbfallR 2008, 31 ff.

Grundmann, Jörg, »Wilder Müll« im Spannungsfeld des allgemeinen und besonderen Ordnungsrechts, Köln u. a. 2003, zugl. Diss. Univ. Bonn 2002.

Gruneberg, Ralf/*Wenzel,* Frank, Überlassungspflichten und Wertstofftonne, Der Entwurf des KrWG aus kommunalwirtschaftlicher Sicht, AbfallR 2010, 162 ff.

Gruneberg, Ralf/*Peter,* Sarah/*Wenzel,* Frank, Aktuelle Probleme bei der PPK-Entsorgung – Spannungsfeld zwischen Kommunen, Systembetreibern und Entsorgern, AbfallR 2010, 2 ff.

Guckelberger, Annette, Die wirtschaftliche Betätigung kommunaler Unternehmen außerhalb des Gemeindegebiets, BayVBl. 2006, 293 ff.

Haase, Hartwig (Hrsg.), Abfall als Stoff- und Energieressource, 13. Tagung Siedlungsabfallwirtschaft Magdeburg, 24. und 25. September 2008, Magdeburg 2008.

Haaß, Bernhard, Handlungsspielräume gemeindlicher Umweltpolitik am Beispiel des Abfallrechts, Berlin 1992, zugl. Diss. Univ. Berlin 1992.

Häberle, Peter, Öffentliches Interesse als juristisches Problem, 2. Aufl., Berlin 2006, zugl. Habil. Univ. Freiburg 1970.

Hagmann, Joachim, Wettbewerbsrechtliche Grenzen der Durchführung gewerblicher Sammlungen, AbfallR 2008, 293 ff.

Hamacher, Claus/*Stein,* Frank, Kommentierung zu § 4 KAG NRW, in: Hamacher/Lenz/Menzel/Queitsch/Rudersdorf/Schneider/Stein/Thomas (Hrsg.), Kommunalabgabengesetz für das Land Nordrhein-Westfalen, Kommentar.

Hamacher, Claus/*Lenz,* Edgar/*Menzel,* Matthias/*Queitsch,* Peter/*Rudersdorf,* Michael/*Schneider,* Otmar/*Stein,* Frank/*Thomas,* Roland (Hrsg.), Kommunalabgabengesetz für das Land Nordrhein-Westfalen, Kommentar, 11. Lfg., Stand: September 2010, Wiesbaden.

Hams, Sigrid/*Becker,* Gabriele/*Mrotzek,* Asja, Ressourcen- und Klimaschutz in der Siedlungsabfallwirtschaft des Landes Nordrhein-Westfalen, Möglichkeiten bei der Bio- und Grünabfallverwertung, MA 2009, 237 ff.

Harte-Bavendamm, Henning/*Henning-Bodewig,* Frauke (Hrsg.), Gesetz gegen den unlauteren Wettbewerb (UWG), Kommentar, 2. Aufl., München 2009.

Hasemann-Trutzel, Hans-J./*von der Lühe,* Christian, Gutachten zum Entwurf des landesweiten Abfallwirtschaftsplans, Teilplan: Siedlungsabfälle im Auftrag der Rheinischen Entsorgungs-Kooperation (REK), n. v., Mainz 2009.

Hausmann, Hans-Christian, Nichtanwendbarkeit des Vergaberechts bei interkommunaler Zusammenarbeit unter Einbeziehung des EuGH-Urteils »Stadtreinigung Hamburg«, VR 2010, 191 ff.

Hefermehl, Wolfgang/*Köhler,* Helmut/*Bornkamm,* Joachim (Hrsg.), Gesetz gegen den unlauteren Wettbewerb, Kommentar, 28. Aufl., München 2010.

Heinze, Anke, Neue Vorgaben zur Entsorgung von Küchen- und Speiseabfällen – Die EU-Hygieneverordnung –, MA 2003, 586 ff.

Held, Friedrich Wilhelm, Kommentierung zu § 107 GO NRW, in: Held/Becker/Decker/Kirchhof/Krämer/Wansleben/Winkel (Hrsg.), Kommunalverfassungsrecht Nordrhein-Westfalen, Bd. I, Gemeindeordnung für das Land Nordrhein-Westfalen.

ders./Becker, Ernst/*Decker,* Heinrich/*Kirchhof,* Roland/*Krämer,* Franz/*Wansleben,* Franz/*Winkel,* Johannes (Hrsg.), Kommunalverfassungsrecht Nordrhein-Westfalen, Bd. I und II, 24. Lfg., Stand: Juni 2010, Wiesbaden.

Hellermann, Johannes, Örtliche Daseinsvorsorge und gemeindliche Selbstverwaltung, Zum kommunalen Betätigungs- und Gestaltungsspielraum unter den Bedingungen europäischer und staatlicher Privatisierungs- und Deregulierungspolitik, Tübingen 2000, zugl. Habil. Univ. Bielefeld 1998.

ders., Handlungsformen und -instrumentarien wirtschaftlicher Betätigung, in: Hoppe/Uechtritz (Hrsg.), Handbuch Kommunale Unternehmen, § 7, S. 130 ff.

Hendler, Reinhard/*Belz,* Marlene, Neuordnung der Entsorgung von Verkaufsverpackungen durch die 5. Novelle der Verpackungsverordnung, GewArch 2009, 5 ff.

Hendler, Reinhard/*Marburger,* Peter/*Reinhardt,* Michael/*Schröder,* Meinhard (Hrsg.), Abfallentsorgung zwischen Wettbewerb und hoheitlicher Lenkung, Rechtsfragen aus nationaler und europäischer Perspektive, Tagung des Instituts für Umwelt- und Technikrecht vom 4. bis 5. März 2001, Berlin 2001.

Hengst, Peter/*Majcherek,* Joachim (Hrsg.), Straßen- und Wegegesetz des Landes Nordrhein-Westfalen, Kommentar, 6. Lfg., Stand: Juli 2009, Wiesbaden.

Henneke, Hans-Günter (Hrsg.), Optimale Aufgabenerfüllung im Kreisgebiet?, Professorengespräch 1998 des Deutschen Landkreistages am 19. und 20. März 1998 im Landkreis Oberhavel, Stuttgart u. a. 1999.

ders./Pünder, Hermann/*Waldhoff,* Christian (Hrsg.), Recht der Kommunalfinanzen, Abgaben – Haushalt – Finanzausgleich, München 2006.

Hentschel, Peter/*König,* Peter/*Dauer,* Peter (Bgr./Hrsg.), Straßenverkehrsrecht, 40. Aufl., München 2009.

Herdegen, Matthias, Europarecht, 12. Aufl., München 2010.

Herrmann, Christoph/*Michl,* Walther, Wirkungen von EU-Richtlinien, JuS 2009, 1065 ff.

Hölzl, Franz Josef/*Fedke,* Tibor, Vergaberechtliche Relevanz von Vertragsänderungen (hier: Entsorgungsvertrag), Anmerkung zu OLG Celle, Beschl. v. 29.10.2009 – 13 Verg 8/09, In die (blaue) Tonne, DVBl. 2010, 64 ff.

Hösch, Ulrich, Zur Behandlung der zwingenden Gründe des überwiegenden öffentlichen Interesses, UPR 2010, 7 ff.

Hoffmann-Riem, Wolfgang, Effizienz als Herausforderung an das Verwaltungsrecht – Einleitende Problemskizze, in: Hoffmann-Riem/Schmidt-Aßmann (Hrsg.), Effizienz als Herausforderung an das Verwaltungsrecht, S. 11 ff.

ders./Schmidt-Aßmann (Hrsg.), Effizienz als Herausforderung an das Verwaltungsrecht, 1. Aufl., Baden-Baden 1998.

ders./Schmidt-Aßmann, Eberhard/*Voßkuhle,* Andreas (Hrsg.), Grundlagen des Verwaltungsrechts, Bd. I: Methoden, Maßstäbe, Aufgaben, Organisation, München 2006.

Hofmann, Harald/*Theisen,* Rolf-Dieter/*Bätge,* Frank, Kommunalrecht in Nordrhein-Westfalen, Fachbuch mit Übungsaufgaben und Lösungen, 14. Aufl., Witten 2010.

Hoppe, Werner, Überlassungs-, Andienungs- und Entsorgungspflichten, in: Hoppe/Bauer/Faber/Schink (Hrsg.), Auswirkungen des Kreislaufwirtschafts- und Abfallgesetzes auf die öffent-lich-rechtlichen Entsorgungsträger, S. 63 ff.

ders./Bauer, Joachim/*Faber,* Angela/*Schink,* Alexander (Hrsg.), Auswirkungen des Kreislaufwirtschafts- und Abfallgesetzes auf die öffentlich-rechtlichen Entsorgungsträger, Stuttgart 1996, Bd. 27 der Schriftenreihe des Freiherr-vom Stein-Instituts.

ders./Uechtritz, Michael (Hrsg.), Handbuch Kommunale Unternehmen, 2. Aufl., Köln 2007.

Hurst, Manuela, Optionsspielräume Privater im Kreislaufwirtschafts- und Abfallrecht, Köln u. a. 2005, zugl. Diss. Univ. Bonn 2004.

dies., Reichweite der Überlassungspflichten für Abfälle zur Verwertung aus privaten Haushaltungen, AbfallR 2005, 146 ff.

dies., Das neue Elektro- und Elektronikgerätegesetz – Handlungsspielräume trotz Regulierung, DVBl. 2006, 283 ff.

dies., Altpapiersammlung – Endstation Bundesverwaltungsgericht, NuR 2010, 180 ff.

dies., Entsorgungszuständigkeiten und Überlassungspflichten aus Sicht der privaten Entsorger, AbfallR 2010, 180 ff.

Hutsch, Justine Karoline, Kommunen und gewerbliche Abfallsammler im Wettbewerb ums Altpapier, NJ 2009, 314 ff.

Ihmels, Karl, Die deutsche Verpackungsverwertung bedarf gründlicher Neuordnung, MA 2010, 69 ff.

Isensee, Josef/*Kirchhof,* Paul (Hrsg.), Handbuch des Staatsrechts, Bd. II: Verfassungsstaat, 3. Aufl., Heidelberg 2004.

Iwers, Steffen J., Urteilsanmerkung zu BVerwG, Urt. v. 27.8.2009 – 7 CN 2/08 –, LKV 2010, 81 f.

Jäde, Henning, Befangenheitsschranken behördlicher Beratungspflicht, BayVBl. 1988, 264 ff.

Janker, Helmut, Kommentierung zu § 32 StVO, in: Burmann/Heß/Jahnke/Janker (Hrsg.), Straßenverkehrsrecht.

Jarass, Hans D., Aktivitäten kommunaler Unternehmen außerhalb des Gemeindegebiets, insbesondere im öffentlichen Personennahverkehr, DVBl. 2006, 1 ff.

ders., Kommentierung zu Art. 3 und 14 GG, in: Jarass/Pieroth (Hrsg.), Grundgesetz für die Bundesrepublik Deutschland, Kommentar.

ders./Petersen, Frank/*Weidemann,* Clemens (Hrsg.), Kreislaufwirtschafts- und Abfallgesetz, Kommentar, 26. Lfg., Stand: Februar 2010, München.

ders./Pieroth, Bodo (Hrsg.), Grundgesetz für die Bundesrepublik Deutschland, Kommentar, 10. Aufl., München 2009.

Kämmerer, Jörn Axel, Privatisierung, Typologie – Determinanten – Rechtspraxis – Folgen, Tübingen 2001, zugl. Habil. Univ. Tübingen 2000.

Kafka, Axel, Die Ausschreibung der kommunalen Altpapierentsorgung im Spannungsfeld abfall- und kartellrechtlicher Anforderungen, NZBau 2009, 765 ff.

ders./Schmelzle, Veit, Abfälle aus privaten Haushaltungen: Überlassungspflicht und Zulässigkeit gewerblicher Sammlungen, IR 2009, 218 ff.

Kahle, Christian, Grenzen der Zulässigkeit gewerblicher Abfallsammlungen, NordÖR 2009, 10 ff.

Kaiser, Carola/*Stern,* Dirk, Die fünfte Novelle der Verpackungsverordnung – eine kritische Würdigung, ZUR 2008, 358 ff.

Kaltschmitt, Martin, Biomasse als nachwachsender Energieträger, in: Kaltschmitt/Hartmann/Hofbauer (Hrsg.), Energie aus Biomasse, Grundlagen, Techniken und Verfahren, S. 1 ff.

ders./Hartmann, Hans/*Hofbauer,* Hermann (Hrsg.), Energie aus Biomasse, Grundlagen, Techniken und Verfahren, 2. Aufl., Berlin u. a. 2009.

Karenfort, Jörg, Privatwirtschaftliche Entsorgungsbetriebe, in: Bullinger/Lückefett (Hrsg.), Das neue Elektrogesetz, S. 102 ff.

Karpenstein, Ulrich, Haushaltsabfälle zwischen Privatisierung und Kommunalisierung, Wertstoffsammlungen aus abfall-, europa- und verfassungsrechtlicher Perspektive, Berlin 2009.

Kaufmann, Marcel, § 15: Kommunale Gebühren, in: Henneke/Pünder/Waldhoff (Hrsg.), Recht der Kommunalfinanzen, Abgaben – Haushalt – Finanzausgleich, S. 256 ff.

Kilian, Werner/*Richter,* Peter/*Trapp,* Jan Hendrik (Hrsg.), Ausgliederung und Privatisierung in Kommunen, Empirische Befunde zur Struktur kommunaler Aufgabenwahrnehmung, Berlin 2006.

Kirchhof, Gregor, Rechtsfolgen der Privatisierung, Jede Privatisierung lockert, löst öffentlich-rechtliche Bindungen, AöR 132 (2007), 215 ff.

Klages, Christoph, Vermeidungs- und Verwertungsgebote als Prinzipien des Abfallrechts, Zur Fortentwicklung des Abfallbeseitigungsrechts zu einem Recht der Abfallwirtschaft, Düsseldorf 1991, zugl. Diss. Univ. Trier 1989/90.

ders., Sind private Altpapiersammlungen zulässig? Anmerkung zum Urteil des Bayerischen VGH vom 12.7.2007 – 23 BV 07.240, AbfallR 2007, 229 ff.

ders., Gebietsfremde öffentlich-rechtliche Entsorgungstätigkeit bei fehlender Auslastung eigener Anlagen, Anmerkung zum Beschluss des OVG Münster vom 1.4.2008 – 15 B 122/08, AbfallR 2008, 139 ff.

Klett, Wolfgang, Rohstoffsicherung als Herausforderung für die Kreislaufwirtschaft, Betrachtungen aus Anlass der Novelle des Kreislaufwirtschafts- und Abfallgesetzes, AbfallR 2009, 279 ff.

Kleve, Guido, Kampf um die Abfälle aus privaten Haushaltungen, AbfallR 2008, 272 ff.

Klieve, Lars Martin, Kommentierung zu § 75 GO NRW, in: Held/Becker/Decker/Kirchhof/Krämer/Wansleben/Winkel (Hrsg.), Kommunalverfassungsrecht Nordrhein-Westfalen, Bd. I, Gemeindeordnung für das Land Nordrhein-Westfalen.

Klöck, Oliver, Die Verwertung von Hausmüll nach dem KrW-/AbfG, NuR 1999, 441 ff.

ders., 4. Düsseldorfer Abfallrechtstag, Tagungsbericht, UPR 2010, 342 ff.

Kloepfer, Michael, Umweltschutzrecht, München 2008.

Klowait, Jürgen, Die Beteiligung Privater an der Abfallentsorgung, Baden-Baden 1995, zugl. Diss. Univ. Bochum 1994.

Knirsch, Hanspeter, Kommentierung zu § 75 GO NRW, in: Rehn/Cronauge/von Lennep/Knirsch (Hrsg.), Gemeindeordnung für das Land Nordrhein-Westfallen, Bd. II.

Knopp, Lothar, Papierverwertung via Dienstleistungskonzession, DÖV 2004, 604 ff.

ders./Heinze, Anke, Neue Herausforderungen für die Abfallwirtschaft: Altholz- und Gewerbeabfallverordnung, UPR 2003, 126 ff.

ders./Küchenhoff, Benjamin, Private Sammlung kontra öffentliche Entsorgung beim Altpapier, UPR 2007, 216 ff.

Koch, Hans-Joachim (Hrsg.), Umweltrecht, 3. Aufl., München 2010.

ders./Reese, Moritz, Hausmüllentsorgung zwischen kommunaler Trägerschaft und gewerblichen Sammelsystemen – Rechtliche Gestaltungsmöglichkeiten zur Stärkung der kommunalen Verantwortung –, Gutachten im Auftrag des Verbandes für kommunale Abfallwirtschaft und Stadtreinigung (VKS im VKU) und der SRH Verwaltungsgesellschaft, n. v., Hamburg 2008.

dies., Hausmüllentsorgung zwischen kommunaler Trägerschaft und gewerblichen Sammelsystemen, Ergebnisse eines Gutachtens im Auftrag des Verbandes für kommunale Abfallwirtschaft und Stadtreinigung (VKS im VKU) und der SRH Verwaltungsgesellschaft, AbfallR 2009, 58 ff.

dies., Hausmüllentsorgung als Aufgabe der Daseinsvorsorge – nach der Altpapier-Entscheidung des Bundesverwaltungsgerichts vom 18. Juni 2009 –, Gutachten im Auftrag des VKS im VKU und der SRH Verwaltungsgesellschaft mbH, n. v., Hamburg 2010.

dies., Abfallwirtschaftliche Daseinsvorsorge im Europäischen Binnenmarkt – zugleich ein Beitrag zur Auslegung von Art. 106 AEU –, DVBl. 2010, 1393 ff.

Köck, Wolfgang, Die Sonderabgabe als Instrument des Umweltschutzes, Zugleich ein Beitrag zur Dogmatik des Abgabenrechts, Düsseldorf 1991, zugl. Diss. Univ. Bremen 1990.

Köhler, Heinz/*Held*, Friedrich Wilhelm, Kommentierung zu § 23 GkG NRW, in: Held/Becker/Decker/Kirchhof/Krämer/Wansleben/Winkel (Hrsg.), Kommunalverfassungsrecht Nordrhein-Westfalen, Bd. II, Gesetz über kommunale Gemeinschaftsarbeit.

dies./Plückhahn, Detlev/*Klieve*, Lars Martin, Kommentierung zu §§ 2, 3, 25 GkG NRW, in: Held/Becker/Decker/Kirchhof/Krämer/Wansleben/Winkel (Hrsg.), Kommunalverfassungsrecht Nordrhein-Westfalen, Bd. II, Gesetz über kommunale Gemeinschaftsarbeit.

Köhler, Helmut, Kommentierung zu § 4 UWG, in: Hefermehl/Köhler/Bornkamm (Hrsg.), Gesetz gegen den unlauteren Wettbewerb, Kommentar.

von Köller, Henning, Kreislaufwirtschafts- und Abfallgesetz: Textausgabe mit Erläuterungen, 2. Aufl., Berlin 1996.

König, Peter, Kommentierung zu § 32 StVO, in: Hentschel/König/Dauer (Bgr./Hrsg.), Straßenverkehrsrecht.

von Komorowski, Alexis, Die Novelle des Landesabfallgesetzes, VBlBW 2009, 449 ff.

Konrad, Karlheinz, Verfassungsfragen kommunaler Verpackungssteuersatzungen, BB 1995, 1109 ff.

Konzak, Olaf, Gutachterliche Stellungnahme ElektroG und Entsorgungswirtschaft, Rechte und Pflichten der Entsorgungswirtschaft bei der Umsetzung des ElektroG im Auftrag des Bundesverbandes Sekundärrohstoffe und Entsorgung e. V., n. v., Köln 2006.

Krämer, Ludwig, EU-rechtliche Vorgaben für die Erfüllung von Aufgaben der Daseinsvorsorge im Rahmen der Abfallwirtschaft, AbfallR 2010, 40 ff.

Krämer, Peter/*Walter*, Gotthard/*Flamme*, Sabine, Elektrogeräte, Werden die Potenziale zur Steigerung der Wertschöpfung ausreichend genutzt?, MA 2009, 623 ff.

Kraft-Zörcher, Sabine/*Neubauer*, Reinhard, Die kommunale Arbeitsgemeinschaft – eine Chance, kommunale Selbstverwaltung zu sichern, LKV 2010, 193 ff.

Krajewski, Markus, Dienstleistungen von allgemeinem Interesse im Vertrag von Lissabon, ZögU 33 (2010), 75 ff.

Krautscheid, Andreas (Hrsg.), Die Daseinsvorsorge im Spannungsfeld von europäischem Wettbewerb und Gemeinwohl, Eine sektorspezifische Betrachtung, Wiesbaden 2009.

Kreienmeier, Ute, Holz aus heimischen Wäldern nutzen, Chancen und wirtschaftliches Potenzial der Bioenergie in Deutschland, StuG 2009, 483 ff.

Kronawitter, Martin, Geplante Umsetzung der EU-Abfallrahmenrichtlinie ins deutsche Recht und deren steuerliche Auswirkungen auf kommunale Müllverbrennungsanlagen, NVwZ 2010, 1054 ff.

Kropp, Olaf, Die Energieeffizienzformel der neuen Abfallrichtlinie, ZUR 2009, 584 ff.

ders., Die Anwendung der neuen Abfallrichtlinie auf tierische Nebenprodukte und Tierkörper, NuR 2009, 841 ff.

ders., Neuabgrenzung von Verwertung und Beseitigung, AbfallR 2010, 193 ff.

Krüper, Julian, Gemeinwohl im Prozess, Elemente eines funktionalen subjektiven Rechts auf Umweltvorsorge, Berlin 2009, zugl. Diss. Univ. Düsseldorf 2006.

Kube, Hanno, § 21: Lenkungszwecke kommunaler Abgaben, in: Henneke/Pünder/Waldhoff (Hrsg.), Recht der Kommunalfinanzen, Abgaben – Haushalt – Finanzausgleich, S. 408 ff.

Kulartz, Hans-Peter, Kommentierung zu § 3 a Nr. 2 VOL/A Abschn. 2, in: Kulartz/Marx/Portz/Prieß (Hrsg.), Kommentar zur VOL/A.

ders./Marx, Friedhelm/*Portz,* Norbert/*Prieß,* Hans-Joachim (Hrsg.), Kommentar zur VOL/A, Köln 2007.

Kunig, Philipp, Kommentierung zu § 13 KrW-/AbfG, in: Kunig/Paetow/Versteyl (Hrsg.), Kreislaufwirtschafts- und Abfallgesetz.

ders./Paetow, Stefan/*Versteyl,* Ludger-Anselm (Hrsg.), Kreislaufwirtschafts- und Abfallgesetz, 2. Aufl., München 2003.

Kusenbach, Heidrun, Kommunale Abfallorganisation im Wandel, Hagen 2002.

Landkreis Leer, Erfolgreiche Abwehr gewerblicher Altpapierentsorger, NLT 2008, 160 ff.

von Landmann, Robert/*Rohmer,* Gustav (Hrsg.), Umweltrecht, Bd. III: Sonstiges Umweltrecht, 56. Lfg., Stand: 01.07.2009, München.

Landsberg, Gerd, Rechtsprobleme der Privatisierung im Bereich der Abfallentsorgung, in: Breuer (Hrsg.), Staat, Selbstverwaltung und Private in der Wasser- und Entsorgungswirtschaft, Referate und Diskussionen der 18. Vortragsveranstaltung des Instituts für das Recht der Wasser- und Entsorgungswirtschaft an der Universität Bonn am 18. Mai 1995 und weitere Abhandlungen.

Langner, Mirjam Vanessa, Die örtliche Begrenzung kommunaler Wirtschaftstätigkeit und die Grundfreiheiten des EG-Vertrages, Frankfurt a. M. 2008, zugl. Diss. Univ. Münster 2007.

Larenz, Karl/*Canaris,* Claus-Wilhelm, Methodenlehre der Rechtswissenschaft, 3. Aufl., Berlin u. a. 1995.

Lauruschkus, Friederike/*Lutterbach,* Anna/*Temme,* Thomas, Erträge unter Druck, Ein Vergleich der Zukunftsfähigkeit von Abfallgebührenmodellen im Kontext von demografischem Wandel und sinkenden Mengen, MA 2009, 507 ff.

Lausch, Wolfgang, Gedanken zu Abfall, Information und Kommunikation, in: Lausch/Strehz (Hrsg.), Information und Kommunikation in der Abfallwirtschaft, Entwicklung und Anwendung von Informationssystemen in der Abfallwirtschaft, S. 11 ff.

ders./Strehz, Jörg-Ronald (Hrsg.), Information und Kommunikation in der Abfallwirtschaft, Entwicklung und Anwendung von Informationssystemen in der Abfallwirtschaft, Berlin 1991.

Leder, Martin, Kohärenz und Wirksamkeit des kommunalen Wirtschaftsrechts im wettbewerbsrechtlichen Umfeld – Probleme und Lösungen unter Einschluss der Rechtsfigur »Wettbewerbsunternehmen« –, DÖV 2008, 173 ff.

Leisner, Walter, »Privatisierung« des Öffentlichen Rechts, Von der »Hoheitsgewalt« zum gleichordnenden Privatrecht, Berlin 2007.

von Lennep, Hans Gerd, Kommentierung zu § 23 GO NRW, in: Rehn/Cronauge/von Lennep/Knirsch (Hrsg.), Gemeindeordnung für das Land Nordrhein-Westfalen, Bd. I.

Löwer, Wolfgang, Energieversorgung zwischen Staat, Gemeinde und Wirtschaft, Köln u. a. 1989.

Ludwig, Grit, Energetische Verwendung von Biomasse nur mit Augenmaß vorantreiben, NuR 2009, 831 ff.

Lübbe-Wolff, Gertrude/*Wegener,* Bernhard W. (Hrsg.), Umweltschutz durch kommunales Satzungsrecht, Bauleitplanung – Abfall – Abwasser – Abgaben – Baumschutz, 3. Aufl., Berlin 2002.

Mahro, Bernd, Biogene Reststoffe aus der Lebensmittelindustrie, Ein wertvoller Sekundärrohstoff, MA 2010, 56 ff.

Martens, Wolfgang, Öffentlich als Rechtsbegriff, Bad Homburg u. a. 1969, zugl. Habil. Univ. Münster 1968.

Maurer, Hartmut, Allgemeines Verwaltungsrecht, 17. Aufl., München 2009.

Mayen, Thomas, Privatisierung öffentlicher Aufgaben: Rechtliche Grenzen und rechtliche Möglichkeiten, DÖV 2001, 110 ff.

Meins, Jürgen W., Das neue Kreislaufwirtschafts- und Abfallgesetz (KrW-/AbfG), BayVBl. 1997, 100 ff.

Meyer, Anton/*Konrad,* Christian, Der Kampf ums Altpapier – Zur Frage der »überwiegenden öffentlichen Interessen« und »ordnungsgemäßen und schadlosen Verwertung« i. S. des § 13 Abs. 3 Satz 1 Nr. 3 KrW-/AbfG, BayVBl. 2009, 73 ff.

Meyer, Cedric C., Entsorgung von Lebensmitteln sowie Küchen- und Speiseabfällen im Umbruch, Die EG-Hygieneverordnung Nr. 1774/2002 bewirkt weitreichende Änderungen im abfallrechtlichen Vollzug, AbfallR 2004, 127 ff.

Michel, Daniel, Die Zulässigkeit überörtlicher kommunaler Wirtschaftstätigkeit im Bereich der Wasserversorgung, Frankfurt a. M. 2007, zugl. Diss. Univ. Mainz 2006.

Michler, Hans-Peter, LexisNexis-Kommentar – Kreislaufwirtschafts- und Abfallgesetz, Stand: 01.01.2010, Münster.

Middelschulte, Christiane, Unbestimmte Rechtsbegriffe und das Bestimmtheitsgebot, Eine Untersuchung der verfassungsrechtlichen Grenzen der Verwendung sprachlich offener Gesetzesformulierungen, Hamburg 2007, zugl. Diss. Univ. Bielefeld 2007.

Ministerium für Umwelt- und Naturschutz, Landwirtschaft und Verbraucherschutz des Landes Nordrhein-Westfalen (jetzt MKULNV), Ressourcen- und Klimaschutz in der Siedlungsabfallwirtschaft des Landes Nordrhein-Westfalen – Zukünftige Potenziale und Entwicklungen, Stand: 31.12.2008, Düsseldorf.

Mohn, Ulrich/*Fuchs,* Timm, Keine erlaubnisfreie Aufstellung von »Blauen Altpapiertonnen« in Dresden, StuG 2009, 202.

Müggenborg, Hans-Jürgen, Abfallerzeuger und Abfallbesitzer, NVwZ 1998, 1121 ff.

Mühlenbruch, Ferdinand, Außenwirksame Normkonkretisierung durch »Technische Anleitungen«, Verbindliche administrative Rechtsetzung am Beispiel der TA Abfall, Baden-Baden 1992, zugl. Diss. Univ. Gießen 1992.

Müller, Friedrich/*Christensen,* Ralph, Juristische Methodik, Bd. I: Grundlegung für die Arbeitsmethoden der Rechtspraxis, 10. Aufl., Berlin 2009.

Müller, Jürgen, Neues vom Altpapier, Gemhlt 2009, 41 ff.

ders., Gutes aus Leipzig und Luxemburg, EuGH gibt interkommunale Zusammenarbeit frei / BVerwG für Kommunen im Altpapierstreit, Gemhlt 2010, 111 ff.

Müller, Theodor, Kommentierung zu § 3 a VOL/A Abschn. 2, in: Daub/Eberstein (Hrsg.), Kommentar zur VOL/A.

Naumann, Jörg, Straßen- und Wegerecht: Ungeliebte Altkleidercontainer, BayVBl. 2010, 102 ff.

Noll, Peter, Gesetzgebungslehre, Reinbek 1973.

Oebbecke, Janbernd, Gemeindeverbandsrecht Nordrhein-Westfalen, Köln u. a. 1984, Bd. 5 der Schriftenreihe des Freiherr-vom-Stein-Instituts.

ders., Die örtliche Begrenzung kommunaler Wirtschaftstätigkeit, ZHR 164 (2000), 375 ff.

ders., Entwicklungstendenzen im Abfallgebührenrecht, in: Hendler/Marburger/Reinhardt/Schröder (Hrsg.), Abfallentsorgung zwischen Wettbewerb und hoheitlicher Lenkung, Rechtsfragen aus nationaler und europäischer Perspektive, Tagung des Instituts für Umwelt- und Technikrecht vom 04. bis 05. März 2001, S. 85 ff.

ders., Die Aufgaben des Zweckverbandes, NVwZ 2010, 665 ff.

Oexle, Anno, Neuordnung des Altholzrechts, AbfallR 2003, 10 ff.

Omsels, Hermann-Josef, Kommentierung zu § 4 Nr. 10 UWG, in: Harte/Henning (Hrsg.), Gesetz gegen den unlauteren Wettbewerb (UWG), Kommentar.

Ossenbühl, Fritz, Zur Kompetenz für ergänzende abfallrechtliche Regelungen, DVBl. 1996, 19 ff.

ders., Der verfassungsrechtliche Rahmen offener Gesetzgebung und konkretisierender Rechtsetzung, DVBl. 1999, 1 ff.

Otto, Franz, Die Bioabfallverordnung – Ein Überblick –, DVP 1999, 150.

Paschlau, Helmut, Drittbeauftragung und Pflichtenübertragung nach Kreislaufwirtschaftsgesetz und öffentliches Vergaberecht, MA 2000, 740 ff.

ders./Rindtorff, Embrecht, Verwertung von Hausmüll: Wohin führt die »gewerbliche Sammlung«?, MA 2004, 534 ff.

Pauly, Markus W./*Heidmann,* Maren, Die Miterfassung von Verkaufsverpackungen aus Papier, Pappe und Karton nach der Verpackungsverordnung, AbfallR 2009, 62 ff.

dies., Die Zulässigkeit der kommunalen Wertstofftonne nach dem Abfallrecht, AbfallR 2010, 171 ff.

Pernice, Ingolf/*Wernicke,* Stephan, Kommentierung zu Art. 86 EGV, in: Grabitz/Hilf/Nettesheim (Bgr./Hrsg.), Das Recht der Europäischen Union, Bd. II: EUV/EGV.

Petersen, Frank, Entwicklungen des Kreislaufwirtschaftsrechts – Die neue Abfallrahmenrichtlinie – Auswirkungen auf das Kreislaufwirtschafts- und Abfallgesetz, NVwZ 2009, 1063 ff.

ders., Die kommunale Abfallentsorgung – Auf der Gratwanderung zwischen Daseinsvorsorge und Liberalisierung, in: Dolde (Hrsg.), Umweltrecht im Wandel, S. 575 ff.

ders./Rid, Urban, Das neue Kreislaufwirtschafts- und Abfallgesetz, NJW 1995, 7 ff.

Pielow, Johann-Christian/*Finger,* Thorsten, Der Anschluss- und Benutzungszwang im Kommunalrecht, Jura 2007, 189 ff.

Pippke, Nicole, Öffentliche und private Abfallentsorgung, Die Privatisierung der Abfallwirtschaft nach dem Kreislaufwirtschafts- und Abfallgesetz, Berlin 1999, zugl. Diss. Univ. Bielefeld 1998.

dies./Gnittke, Katja, Kap. 2: Abfallsatzung, in: Lübbe-Wolf/Wegener (Hrsg.), Umweltschutz durch kommunales Satzungsrecht, Bauleitplanung – Abfall – Abwasser – Abgaben – Baumschutz, S. 165 ff.

Prelle, Rebecca, Illegale Exporte von Elektroaltgeräten, Regelungslücken und Vollzugsdefizite, AbfallR 2010, 13 ff.

dies./Thärichen, Holger/*Versteyl,* Andrea, Elektro- und Elektronikgerätegesetz, Kommentar, Berlin 2008.

Pünder, Hermann, Haushaltsrecht im Umbruch – eine Untersuchung am Beispiel der Kommunalverwaltung, Stuttgart 2003, Bd. 43 der Schriftenreihe des Freiherr-vom-Stein-Instituts, zugl. Habil. Univ. Münster 2002.

Quaas, Michael, Sonderprobleme der Abfallgebühr, VBlBW 2000, 89 ff.

Queitsch, Peter, Das neue Kreislaufwirtschafts- und Abfallgesetz, UPR 1995, 412 ff.

ders., Das KrW-/AbfG unter dem Blickwinkel der aktuellen Rechtsprechung, StuG 1997, 332 ff.

ders., Gebührenanreize zur Vermeidung und Verwertung von Abfällen, UPR 1998, 88 ff.

ders., Gebührenerhebung bei zurückgehenden Abfallmengen, KStZ 1999, 21 ff.

ders., Gemeinnützige und gewerbliche Abfallsammlungen nach § 13 Abs. 3 KrW-/AbfG, UPR 2005, 88 ff.

ders., Gewerbliche Abfallsammlungen als Ausnahmetatbestand, AbfallR 2008, 78 ff.

ders., Abfallüberlassungspflicht für private Haushaltungen, AbfallR 2008, 178 ff.

ders., Rechtssicherheit bei der Abfallüberlassungspflicht und den gewerblichen Abfallsammlungen, Anmerkung zum Urteil des BVerwG vom 18.6.2009 – 7 C 16.08, AbfallR 2009, 249 ff.

ders., Benutzungsgebühren und interkommunale Zusammenarbeit, KStZ 2009, 21 ff.

ders., Eine geordnete Abfallentsorgung muss das Ziel sein, Zum Arbeitsentwurf des KrWG (Stand: 23.2.2010), AbfallR 2010, 188 ff.

ders., Kommentierung zu § 6 KAG, Vorbem. sowie die Erl. zu Abfallentsorgungsgebühren, in: Hamacher/Lenz/Menzel/Queitsch/Rudersdorf/Schneider/Stein/Thomas (Hrsg.), Kommunalabgabengesetz für das Land Nordrhein-Westfalen, Kommentar.

ders., Kommentierung zu § 9 LAbfG NRW, in: Schink/Queitsch/Scholz (Hrsg.), Abfallgesetz für das Land Nordrhein-Westfalen.

Ramsauer, Ulrich, Allgemeines Umweltverwaltungsrecht, in: Koch (Hrsg.), Umweltrecht, S. 74 ff.

Reck, Hans-Joachim, Kommunale Unternehmen brauchen fairen Zugang zu Markt und Wettbewerb, DVBl. 2009, 1546 ff.

Reese, Moritz, Grundprobleme des europäischen Abfallrechts und Lösungsbeiträge der neuen Abfallrahmenrichtlinie, NVwZ 2009, 1073 ff.

Rehn, Erich/Cronauge, Ulrich/*von Lennep,* Hans Gerd/*Knirsch,* Hanspeter (Hrsg.), Gemeindeordnung für das Land Nordrhein-Westfalen, Bd. II, 34. Lfg., Stand: November 2009, Siegburg.

Reimer, Silke, Die Ökologisierung des Abfallgebührenrechts, Kiel 2001, zugl. Diss. Univ. Kiel 1999.

Rindtorff, Ermbrecht, Götterdämmerung für die kommunale Hausmüllentsorgung?, DVBl. 2001, 1038 ff.

ders./Gabriel, Marc, Die gewerbliche Sammlung und Verwertung von Hausmüll, Zur Zulässigkeit von gewerblichen Sammlungen als Ausnahme von der Überlassungspflicht gemäß § 13 KrW-/AbfG, AbfallR 2004, 194 ff.

Ringwald, Roman, Daseinsvorsorge als Rechtsbegriff, Forsthoff, Grundgesetz und Grundversorgung, Frankfurt a. M. 2008, zugl. Diss. Univ. Mainz 2007.

Rode, André, Räumlicher Wirkungskreis kommunaler Unternehmen, Aachen 2006, zugl. Diss. Univ. Konstanz 2005.

Roder, Matthias, Die Verpackungsverordnung, Kommentar, Stuttgart u. a. 2009.

Sauthoff, Michael, Öffentliche Straßen, Straßenrecht – Straßenverkehrsrecht – Verkehrssicherungspflichten, 2. Aufl., München 2010.

Scheidler, Alfred, Verschmutzung öffentlicher Wege und Plätze durch Tierfäkalien, DVP 2009, 278 ff.

ders., Zulässigkeit gewerblicher Altpapiersammlungen aus privaten Haushaltungen, Anmerkungen zu BVerwG, Urt. v. 18.6.2009 (7 C 16.08), ThürVBl. 2010, 25 ff.

Scheier, Michael, Verpackungsverordnung und Duales System, BB 1993, Beilage zu Nr. 9, 23 ff.

Schink, Alexander, Von den Schwierigkeiten der Kommunen mit dem Kreislaufwirtschafts- und Abfallgesetz, ZG 11 (1996), 97 ff.

ders., Öffentliche und private Entsorgung, NVwZ 1997, 435 ff.

ders., Organisationsmodelle für überörtliche Kooperationen, in: Henneke (Hrsg.), Optimale Aufgabenerfüllung im Kreisgebiet?, Professorengespräch 1998 des Deutschen Landkreistages am 19. und 20. März 1998 im Landkreis Oberhavel, S. 61 ff.

ders., Zur weiteren Liberalisierung im Bereich der Abfallentsorgung aus rechtlicher Sicht, in: Hendler/Marburger/Reinhardt/Schröder (Hrsg.), Abfallentsorgung zwischen Wettbewerb und hoheitlicher Lenkung, Rechtsfragen aus nationaler und europäischer Perspektive, Tagung des Instituts für Umwelt- und Technikrecht vom 04. bis 05. März 2001, S. 105 ff.

ders., Kommentierung zu § 5 LAbfG NRW, in: Schink/Queitsch/Scholz (Hrsg.), Abfallgesetz für das Land Nordrhein-Westfalen.

ders./Queitsch, Peter/*Scholz,* Friederike (Hrsg.), Abfallgesetz für das Land Nordrhein-Westfalen, 3. Lfg., Stand: Juni 2010, Wiesbaden.

Schmalz, Reinhard, Die öffentlich-rechtlichen Entsorgungsträger, in: Bullinger/Lückefett (Hrsg.), Das neue Elektrogesetz, S. 88 ff.

ders./Bullinger, Martin, Kommentierung zu § 9 ElektroG, in: Bullinger/Fehling, (Hrsg.), Elektrogesetz, Handkommentar.

Schmehl, Arndt, Auffang- oder Gewährleistungsverantwortung bei privat-öffentlicher Konkurrenz? Das Beispiel des »Altpapierstreits«, NVwZ 2009, 1262 ff.

Schmelz, Christoph, Die Entwicklung der dogmatischen Figuren des Zweckveranlassers und der latenten Gefahr, BayVBl. 2001, 550 ff.

Schmidt, Thorsten Ingo, Kommunale Kooperation, Der Zweckverband als Nukleus des öffentlich-rechtlichen Gesellschaftsrechts, Tübingen 2005, zugl. Habil. Univ. Göttingen 2004.

Schmidt-Aßmann, Eberhard/*Schoch,* Friedrich (Hrsg.), Besonderes Verwaltungsrecht, 14. Aufl., Berlin 2008.

Schmidt-Jortzig, Edzard, Der Grundsatz der Wirtschaftlichkeit – Verfassungsrechtliche Determinanten, in: Butzer (Hrsg.), Wirtschaftlichkeit durch Organisations- und Verfahrensrecht, Vorträge beim Symposium anlässlich des 65. Geburtstags von Prof. Dr. Friedrich E. Schnapp in Bochum, S. 17 ff.

Schmitt, Carl, Gesetz und Urteil, 2. Aufl., München 1969.

Schneider, Hans, Gesetzgebung, Ein Lehr- und Handbuch, 3. Aufl., Heidelberg 2002.

Schoch, Friedrich, Das gemeindliche Selbstverwaltungsrecht gemäß Art. 28 Abs. 2 Satz 1 GG als Privatisierungsverbot?, DVBl. 2009, 1533 ff.

ders., Polizei- und Ordnungsrecht, in: Schmidt-Aßmann/Schoch (Hrsg.), Besonderes Verwaltungsrecht, S. 127 ff.

von Schoenberg, Andreas, Gemeinsam Werte schaffen, der gemeinderat 2010, 26 f.

Schoppen, Claudia, Wertstoffraub und Rosinenpickerei – Defizite der »geteilten Produktverantwortung« nach dem ElektroG, AbfallR 2009, 106 ff.

Schulze-Fielitz, Helmuth, Grundmodi der Aufgabenwahrnehmung, in: Hoffmann-Riem/Schmidt-Aßmann/Voßkuhle (Hrsg.), Grundlagen des Verwaltungsrechts, Bd. I, § 12, S. 761 ff.

Schwind, Joachim, Gewerbliche Altpapiersammlung: Bundesverwaltungsgericht stärkt kommunale Entsorgungsträger, NLT 2009, 161 ff.

Séché, Marcel, Der Rechtsschutz des privaten Abfallentsorgers gegen öffentliche Konkurrenz aus Art. 12 Abs. 1 Grundgesetz, Aachen 2004, zugl. Diss. Univ. Trier 2004.

Seiler, Christian, Auslegung als Normkonkretisierung, Heidelberg 2000.

Serwe, Hans-Jürgen, Chancen und Risiken der kommunalen Kooperation in der Abfallwirtschaft am Beispiel des Zweckverbandes EKOCity, Der Landkreis 2007, 522 ff.

ders., Kreis Mettmann: Fünf Jahre Abfallwirtschaftsverband EKOCity, EILDIENST LKT NRW 2007, 371 ff.

Siechau, Rüdiger, Hausmüllentsorgung zwischen kommunaler Trägerschaft und gewerblichen Sammelsystemen, Rechtliche Gestaltungsmöglichkeiten zur Stärkung der kommunalen Verantwortung, MA 2009, 134 ff.

Siegel, Thorsten, Einführung in das Kommunalabgabenrecht, JuS 2008, 1071 ff.

Späth, Alexander, Kommentierung zu § 4 Nr. 7 UWG, in: Götting/Nordemann (Hrsg.), UWG, Handkommentar.

Spannagel, Till, Kommunale Handlungsoptionen gegen gewerbliche Altpapiersammlungen vor der Entscheidung des Bundesverwaltungsgerichts, AbfallR 2008, 232 ff.

ders., Praxishinweis zu dem Urteil des OVG Schleswig, KommJur 2008, 301 ff.

ders., Wende im Streit um Altpapiersammlung ?, Urteil des OVG Hamburg zugunsten kommunaler Entsorgung, StuG 2008, 321 ff.

Speth, Rudolf, Das Bezugssystem Politik – Lobby – Öffentlichkeit, APuZ 19/2010, 9 ff.

Stein, Katrin, Privatisierung kommunaler Aufgaben – Ansatzpunkte und Umfang verwaltungsgerichtlicher Kontrolle, DVBl. 2010, 563 ff.

Stelkens, Paul/*Bonk,* Heinz Joachim/*Sachs,* Michael (Hrsg.), Verwaltungsverfahrensgesetz, Kommentar, 7. Aufl., München 2008.

Stelkens, Ulrich, Kommentierung zu § 37 VwVfG, in: Stelkens/Bonk/Sachs (Hrsg.), Verwaltungsverfahrensgesetz, Kommentar.

Stober, Rolf, Kooperation mit Privaten und Privatisierung, in: Wolff/Bachof/Stober, Verwaltungsrecht, Bd. III, S. 494 ff.

Storm, Peter-Christoph, Umweltrecht, Einführung, 9. Aufl., Berlin 2010.

Streffing, Thomas/*Gehrmeyer,* David, Methodik der Auslegung von Rechtsvorschriften, Gemhlt 2009, 222 ff.

Struve, Tanja, Anwendbarkeit des europäischen Vergaberechts auf die interkommunale Zusammenarbeit geklärt, Der Landkreis 2009, 487 ff.

dies., Durchbruch für interkommunale Zusammenarbeit, EuZW 2009, 805 ff.

Stuchlik, Holger, Straßenrechtliche Sondernutzungen, GewArch 2004, 143 ff.

Tepe, Linus, Verfassungsrechtliche Vorgaben für Zuständigkeitsverlagerungen zwischen Gemeindeverbandsebenen, Stuttgart 2009, Bd. 61 der Schriftenreihe des Freiherr-vom-Stein-Instituts, zugl. Diss. Univ. Münster 2009.

Tettinger, Peter J., Privatisierungskonzepte für die Abfallwirtschaft, in: Wendt u. a. (Hrsg.), Staat, Wirtschaft, Steuern, Festschrift für Friauf, S. 569 ff.

Teuber, Christian, Interkommunale Kooperationen unter Berücksichtigung vergabe- und wasserrechtlicher Fragestellungen – Teil 1: Erscheinungsformen und Kriterien für die Rechtsformenwahl, KommJur 2008, 444 ff.

Teufel, Günther/*Kempkes,* Jan Hendrik, Kommunalwirtschaftliche Betätigung im privilegierten Bereich am Beispiel der Entsorgung, KommJur 2007, 206 ff.

Thärichen, Holger, Öffentliche Interessen im Abfallrecht, Zum Rechtsbegriff der »überwiegenden öffentlichen Interessen im Kreislaufwirtschafts- und Abfallgesetz, Berlin 2004, zugl. Diss. Univ. Berlin 2004.

ders., Eigenverwertung von Haushaltsabfällen durch Dritte?, Anmerkung zum Urteil des Landgerichts Berlin vom 16. September 2003, MA 2004, 19 ff.

ders., Folgen der BVerwG-Entscheidung für gewerbliche Abfallsammlungen außerhalb der PPK- Fraktion, MA 2009, 591 f.

ders./Prelle, Rebecca, Die kommunale Eigenvermarktung von Elektro- und Elektronikaltgeräten nach dem ElektroG, AbfallR 2005, 108 ff.

Theisen, Rolf-Dieter, in: Hofmann/Theisen/Bätge (Hrsg.), Kommunalrecht in Nordrhein-Westfalen, Fachbuch mit Übungsaufgaben und Lösungen.

Theißen, Guido, Der tauschähnliche Umsatz in der Entsorgungswirtschaft, Systematische Einordnung und praktische Schwierigkeiten, AbfallR 2009, 306 ff.

Thomas, Anke/*Pott,* Philipp, Organisation der kommunal- und privatwirtschaftlichen Abfallentsorgung: Eine Einführung mit Beispielen aus der Praxis, Berlin 1995.

Thrän, Daniela, Holzartige Biomasse, in: Kaltschmitt/Hartmann/Hofbauer (Hrsg.), Energie aus Biomasse, Grundlagen, Techniken und Verfahren, S. 137 ff.

Tobias, Mario/*Lückefett,* Hans-Jochen, Das Elektrogesetz – Herstellerverantwortung, Altgerätemanagement und Verpflichtete, ZUR 2005, 231 ff.

Tomerius, Stephan, Gesetzgebungskompetenzen in der Kreislaufwirtschaft und Satzungsspielräume der Kommunen, NuR 1999, 621 ff.

ders./Breitkreuz, Tilman, Selbstverwaltungsrecht und »Selbstverwaltungspflicht«, Verfassungsrechtliche Überlegungen zur Rolle von Art. 28 Abs. 2 Satz 1 GG bei der Privatisierung kommunaler Aufgaben, DVBl. 2003, 426 ff.

Trapp, Jan Hendrik, Ausgliederung und Privatisierung in den dreißig größten deutschen Städten, in: Kilian/Richter/Trapp (Hrsg.), Ausgliederung und Privatisierung in Kommunen, Empirische Befunde zur Struktur kommunaler Aufgabenwahrnehmung, S. 85 ff.

trend:research GmbH, Institut für Trend- und Marktforschung, MA 2009, 502 ff.

Uechtritz, Michael/*Otting,* Olaf, Kommunalrechtliche Voraussetzungen für die wirtschaftliche Betätigung, in: Hoppe/Uechtritz (Hrsg.) Handbuch Kommunale Unternehmen, § 6, S. 63 ff.

Uerpmann, Robert, Das öffentliche Interesse, Seine Bedeutung als Tatbestandsmerkmal und als dogmatischer Begriff, Tübingen 1999, zugl. Habil. Univ. Berlin 1999.

Versteyl, Ludger-Anselm/*Wendenburg,* Helge, Änderungen des Abfallrechts – Anmerkungen zum Kreislaufwirtschafts- und Abfallgesetz sowie den Gesetzen zu dem Basler Übereinkommen, NVwZ 1994, 833 ff.

Vetter, Andrea, Bioabfallverordnung 1998, NVwZ 1999, 622 ff.

dies., Entsorgung von Haushaltsabfällen nach dem KrW-/AbfG – Entsorgungsmonopol oder Auffangzuständigkeit der öffentlich-rechtlichen Entsorgungsträger, VBlBW 2010, 93 ff.

Viotto, Regina, Das öffentliche Interesse, Transformationen eines umstrittenen Rechtsbegriffs, Baden-Baden 2009, zugl. Diss. Univ. Bielefeld 2008.

Vogl, Norbert, Die Kreislaufwirtschaft bei Elektro- und Elektronikgeräten, Hamburg 2007, zugl. Diss. Univ. Regensburg 2007.

Wallmann, Rainer/*Fritz,* Thomas/*Fricke,* Klaus, Energie aus Abfall – Potenziale und Nutzungsmöglichkeiten, MA 2009, 250 ff.

Walter, Christine, Die Verteilung der Entsorgungspflichten zwischen Abfallverursacher und öffentlich-rechtlichem Entsorgungsträger nach dem KrW-/AbfG, zugl. Diss. Univ. Mannheim 1997.

Weidemann, Clemens, Zum Verhältnis von privater Verwertungs- und kommunaler Entsorgungspflicht, NVwZ 2000, 1131 ff.

ders., Darf Hausmüll privat verwertet werden? – Neue Rechtsprechung zu Systemfragen des Kreislaufwirtschaftsgesetzes, NVwZ 2008, 1086 ff.

ders., Kommentierung zu § 13 KrW-/AbfG, in: Jarass/Petersen/Weidemann (Hrsg.), Kreislaufwirtschafts- und Abfallgesetz, Kommentar.

Weißenborn, Thomas, Das neue Tierkörperbeseitigungsrecht (2), AbfallR 2003, 74 ff.

Wendenburg, Helge, Zum Stand der Beratungen der Abfallrahmenrichtlinie, AbfallR 2007, 150 ff.

Wendt, Rudolf/*Höfling,* Wolfram/*Karpen,* Ulrich/*Oldiges,* Martin (Hrsg.), Staat, Wirtschaft, Steuern, Festschrift für Karl Heinrich Friauf zum 65. Geburtstag, Heidelberg 1996.

Wenzel, Frank, Überlassungspflichten für Verwertungsabfälle aus privaten Haushaltungen – Regel oder Ausnahme?, ZUR 2008, 411 ff.

Wernsmann, Philipp, Die Verordnung zur Durchführung des Tierische-Nebenprodukte-Beseitigungsgesetzes (TierNebV) vom 27.7.2006 (1) und ihre Auswirkungen auf die Errichtung und den Betrieb von Biogasanlagen, AUR 2006, 384 ff.

Wiesemann, Hermann, Benutzungsgebühren und Privatisierung, NWVBl. 1998, 257 ff.

Willand, Achim/*von Bechtolsheim,* Caroline/*Jänicke,* Katrin, Kooperation oder Konkurrenz – kommunale Aspekte aktueller Entwicklungen der Abfallwirtschaft, ZUR 2000, 74 ff.

Winnik, Sabine A., Die abfallwirtschaftliche Betätigung der Gemeinden, Eine vergleichende Untersuchung zum deutschen Kommunalrecht, Baden-Baden 2009, zugl. Diss. Univ. Bayreuth 2009.

Winter, Gerd, Vom Nutzen der Effizienz im öffentlichen Recht, KJ 2001, 300 ff.

Wirtz, Martin, Kommentierung zu § 4 Nr. 10 UWG, in: Götting/Nordemann (Hrsg.), UWG, Handkommentar.

Wissing, Volker, Überlassungspflichten begründende Gemeinwohlinteressen im System des Kreislaufwirtschafts- und Abfallgesetzes, zugl. Diss. Univ. Münster 1997.

Wittmann, Robert Georg, Rückstandsmanagement, Eine theoretische und empirische Untersuchung, Stuttgart 1994, zugl. Diss. Univ. Augsburg 1994.

Wolff, Hans/*Bachof,* Otto/*Stober,* Rolf, Verwaltungsrecht, Bd. 3, 5. Aufl., München 2004.

Wolffgang, Hans-Michael/*Hendricks,* Michael/*Merz,* Matthias, Polizei- und Ordnungsrecht in Nordrhein-Westfalen, 2. Aufl., München 2004.

Wulfhorst, Reinhard, Die Konkretisierung des Kreislaufwirtschafts- und Abfallgesetzes – eine Aufgabe für den Landesgesetzgeber?, NVwZ 1997, 975 ff.

Wustlich, Guido, Ökonomisierung im Umweltrecht, ZUR 2009, 515 ff.

Zacher, Hans F., Das soziale Staatsziel, in: Isensee/Kirchhof (Hrsg.), Handbuch des Staatsrechts, Bd. II, § 28, S. 785 ff.

Zandonella, Carlo/*Thärichen,* Holger, Bioabfälle zwischen öffentlicher und privater Entsorgung: Zum Begriff der »überwiegenden öffentlichen Interessen« in § 13 Abs. 3 S. 1 Nr. 3 KrW-/AbfG, NVwZ 1998, 1160 ff.

von Zezschwitz, Friedrich, Das Gemeinwohl als Rechtsbegriff, zugl. Diss. Univ. Marburg 1967.

Sachverzeichnis

Schriftenreihe des Freiherr-vom-Stein-Instituts im Deutschen Gemeindeverlag, Verlag W. Kohlhammer

Band 1 Janbernd *Oebbecke,* Zweckverbandsbildung und Selbstverwaltungsgarantie, 1982, 104 Seiten, kartoniert, € 10,50.
ISBN 3-555-00530-8

Band 2 Edzard *Schmidt-Jortzig* / Alexander *Schink,* Subsidiaritätsprinzip und Kommunalordnung, 1982, 168 Seiten, kartoniert, € 14,50.
ISBN 3-555-00535-9

Band 3 Ingolf *Deubel,* Der kommunale Finanzausgleich in Nordrhein-Westfalen, 1984, 264 Seiten, kartoniert, € 17,90.
ISBN 3-555-00592-8

Band 4 Alexander *Schink,* Rechtsnachfolge bei Zuständigkeitsveränderungen in der öffentlichen Verwaltung, 1984, 340 Seiten, kartoniert, € 18,40.
ISBN 3-555-00593-6

Band 5 Janbernd *Oebbecke,* Gemeindeverbandsrecht Nordrhein-Westfalen, Eine systematische Darstellung, 1984, 168 Seiten, kartoniert, € 15,50.
ISBN 3-555-00623-1

Band 6 Hans-Jürgen *Fischedick,* Die Wahl der Benutzungsform kommunaler Einrichtungen, 1986, 121 Seiten, kartoniert, € 15,50.
ISBN 3-555-00689-4

Band 7 Janbernd *Oebbecke,* Weisungs- und unterrichtungsfreie Räume in der Verwaltung, 1986, 324 Seiten, kartoniert, € 19,50.
ISBN 3-555-00693-2

Band 8 Werner *Hauser,* Die Wahl der Organisationsform kommunaler Einrichtungen, Kriterien für die Entscheidung zwischen möglichen Organisationsformen, 1987, 300 Seiten, kartoniert (vergriffen).

Band 9 Elke *Bartels,* Abfallrecht – Eine systematische Darstellung, 1987, 224 Seiten, kartoniert (vergriffen).

Band 10 Ansgar *Müller,* Schulorganisationsrecht Nordrhein-Westfalen – Eine systematische Darstellung, 1988, 174 Seiten, kartoniert, € 23,00.
ISBN 3-555-00766-1

Band 11 Hans-Uwe *Erichsen* / Werner *Hoppe* / Adalbert *Leidinger* (Hrsg.), Kommunalverfassungen in Europa, 1988, 182 Seiten, kartoniert, € 25,50.
ISBN 3-555-00780-7

Band 12 Alexander *Schink,* Naturschutz- und Landschaftspflegerecht Nordrhein-Westfalen, 1989, 563 Seiten, kartoniert (vergriffen).

Band 13 H. Jürgen *Wolff,* Bedarfsgerechte Struktur der Kreiseinnahmen, 1990, 388 Seiten, kartoniert, € 20,35.
ISBN 3-555-00799-8

Band 14 Hans-Uwe *Erichsen,* Die Vertretung der Kommunen in den Mitgliederorganen von juristischen Personen des Privatrechts, 1990, 184 Seiten, kartoniert, € 20,35.
ISBN 3-555-00832-3

Band 15 Paul-Peter *Humpert,* Genehmigungsvorbehalte im Kommunalverfassungsrecht, 1990, 276 Seiten, kartoniert, € 22,90.
ISBN 3-555-00833-1

Band 16 Werner *Hoppe* / Alexander *Schink* (Hrsg.), Kommunale Selbstverwaltung und europäische Integration, 1990, 145 Seiten, kartoniert, € 20,35.
ISBN 3-555-00857-9

Band 17 Werner *Hoppe* / Hans-Uwe *Erichsen* / Adalbert *Leidinger* (Hrsg.), Aktuelle Probleme der kommunalen Selbstverwaltung – 10 Jahre Freiherr-vom-Stein-Institut, 1991, 210 Seiten, kartoniert, € 20,35.
ISBN 3-555-00910-9

Band 18 Hans *Vietmeier,* Die staatlichen Aufgaben der Kommunen und ihrer Organe – Auftragsverwaltung und Organleihe in Nordrhein-Westfalen, 1992, 378 Seiten, kartoniert, € 25,50.
ISBN 3-555-00913-3

Band 19 Angela *Faber,* Europarechtliche Grenzen kommunaler Wirtschaftsförderung – Die Bedeutung der Art. 92-94 EWGV für die kommunale Selbstverwaltung, 1992, 260 Seiten, kartoniert (vergriffen)

Band 20 Werner *Hoppe* / Martin *Schulte,* Rechtsschutz der Länder in Planfeststellungsverfahren des Bundes – Dargestellt am Beispiel des Denkmalschutzes in Nordrhein-Westfalen, 1993, 101 Seiten, kartoniert, € 12,70.
ISBN 3-555-00994-X

Band 21 Jan *Bodanowitz,* Organisationsformen für die kommunale Abwasserbeseitigung, 1993, 196 Seiten, kartoniert, € 20,35.
ISBN 3-555-00995-8

Band 22 Jürgen *Brügge,* Bodendenkmalrecht unter besonderer Berücksichtigung der Paläontologie, 1993, 222 Seiten, kartoniert, € 22,50.
ISBN 3-555-01015-8

Band 23 Ute *Adam,* Veterinärrecht – Eine systematische Darstellung unter besonderer Berücksichtigung der Rechtslage in Nordrhein-Westfalen, 1993, 284 Seiten, kartoniert, € 23,00.
ISBN 3-555-01024-7

Band 24 Werner *Hoppe* / Joachim *Bauer* / Angela *Faber* / Alexander *Schink* (Hrsg.), Rechts- und Anwendungsprobleme der neuen Bauordnung NW, 1996, 170 Seiten, kartoniert, € 15,30.
ISBN 3-555-01095-6

Band 25 Andrea *Krebs,* Rechtliche Grundlagen und Grenzen kommunaler Elektrizitätsversorgung, 1996, 370 Seiten, kartoniert, € 25,50.
ISBN 3-555-01102-2

Band 26 Margit *Twehues,* Rechtsfragen kommunaler Stiftungen, 1996, 366 Seiten, kartoniert, € 23,60.
ISBN 3-555-01107-3

Band 27 Werner *Hoppe* / Joachim *Bauer* / Angela *Faber* / Alexander *Schink* (Hrsg.), Auswirkungen des Kreislaufwirtschafts- und Abfallgesetzes auf die öffentlich-rechtlichen Entsorgungsträger, 1996, 220 Seiten, kartoniert, € 18,00.
ISBN 3-555-01120-0

Band 28 Olaf *Otting,* Neues Steuerungsmodell und rechtliche Betätigungsspielräume der Kommunen, 1997, 333 Seiten, kartoniert, € 22,50.
ISBN 3-555-01134-0

Band 29 Heidrun *Schnell,* Freie Meinungsäußerung und Rederecht der kommunalen Mandatsträger unter verfassungsrechtlichen, kommunalrechtlichen und haftungsrechtlichen Aspekten, 1997, 250 Seiten, kartoniert, € 20,35.
ISBN 3-555-01159-6

Band 30 Janbernd *Oebbecke* / Joachim *Bauer* / Angela *Faber* (Hrsg.), Umweltrecht und Kommunalrecht – Kolloquium aus Anlaß des Ausscheidens von Werner Hoppe als Geschäftsführender Direktor des Freiherr-vom-Stein-Instituts, 1998, 161 Seiten, kartoniert, € 10,20.
ISBN 3-555-01166-9

Band 31 Anke *Freisburger,* Public Private Partnership in der kommunalen Museumsarbeit, 2000, 296 Seiten, kartoniert, € 20,35.
ISBN 3-555-01210-X

Band 32 Janbernd *Oebbecke* / Joachim *Bauer* / Hermann *Pünder* (Hrsg.), Perspektiven der kommunalen Sparkassen – Symposium des Freiherr-vom-Stein-Instituts und des Westfälisch-Lippischen Sparkassen- und Giroverbandes am 24. Februar 2000, 2000, 121 Seiten, kartoniert, € 10,20.
ISBN 3-555-01228-2

Band 33 Holger *Obermann,* Die kommunale Bindung der Sparkassen – Verfassungsrechtliche Möglichkeiten und Grenzen ihrer Ausgestaltung, 2000, 224 Seiten, kartoniert, € 19,40.
ISBN 3-555-01229-0

Band 34 Raphael *Lohmiller,* Kapitalbeteiligungsgesellschaften der Sparkassen – Eine Untersuchung über die Rechtsgrundlagen der Beteiligungsfinanzierung durch kommunale Sparkassen, 2000, 318 Seiten, kartoniert, € 20,20.
ISBN 3-555-01231-2

Band 35 Olaf *Schefzyk,* Der kommunale Beteiligungsbericht – Ein Instrument zur verbesserten Berichterstattung über die Unternehmenstätigkeit der Kommunen, 2000, 391 Seiten, kartoniert, € 21,45.
ISBN 3-555-01234-7

Band 36 Angela *Faber,* Gesellschaftliche Selbstregulierungssysteme im Umweltrecht – unter besonderer Berücksichtigung der Selbstverpflichtungen, 2001, 501 Seiten, kartoniert, € 29,65.
ISBN 3-555-01240-1

Band 37 Klaus *Schulenburg,* Die Kommunalpolitik in den Kreisen Nordrhein-Westfalens: Eine empirische Bestandsaufnahme, 2001, 484 Seiten, kartoniert, € 25,10.
ISBN 3-555-01250-9

Band 38 Janbernd *Oebbecke* / Dirk *Ehlers* / Alexander *Schink* / Hermann *Pünder* (Hrsg.), Kommunalfinanzen – Symposium aus Anlaß des 75. Geburtstages von Adalbert Leidinger am 8. März 2001 in Münster, 2001, 155 Seiten, kartoniert, € 13,75.
ISBN 3-555-01251-7

Band 39 Janbernd *Oebbecke* / Dirk *Ehlers* / Alexander *Schink* / Hermann *Pünder* (Hrsg.), Die nordrhein-westfälische Gemeindeprüfung in der Diskussion – Kolloquium des Freiherr-vom-Stein-Instituts und des Innenministeriums Nordrhein-Westfalen am 2. Februar 2001, 2001, 79 Seiten, kartoniert, € 11,22.
ISBN 3-555-01252-5

Band 40 Peter *Lüttmann,* Aufgaben und Zusammensetzung der Verwaltungsräte der kommunalen Sparkassen, 2002, 407 Seiten, kartoniert, € 24,85.
ISBN 3-555-01274-6

Band 41 Janbernd *Oebbecke* / Dirk *Ehlers* / Alexander *Schink* / Hermann *Pünder* (Hrsg.), Aktuelle Fragen der Sparkassenpolitik – Wissenschaftliches Kolloquium des Freiherr-vom-Stein-Instituts am 8. März 2002 zu Ehren von Herrn Dr. Kuhr anlässlich seines Ausscheidens als Vorsitzender des Kuratoriums des Freiherr-vom-Stein-Instituts, 2002, 70 Seiten, kartoniert, € 7,85.
ISBN 3-555-01278-9

Band 42 Ansgar *Hörster,* Die Wahrnehmung der Sozialhilfeaufgaben im kreisangehörigen Raum in Nordrhein-Westfalen, 2002, 342 Seiten, kartoniert, € 23,85.
ISBN 3-555-01279-7

Band 43 Hermann *Pünder,* Haushaltsrecht im Umbruch – eine Untersuchung der Erfordernisse einer sowohl demokratisch legitimierten als auch effektiven und effizienten Haushaltswirtschaft am Beispiel der Kommunalverwaltung, 2003, 665 Seiten, kartoniert, € 29,85.
ISBN 3-555-01289-4

Band 44 Thomas *Harks*, Kommunale Arbeitsmarktpolitik – Rechtliche Vorgaben und Grenzen, 2003, 295 Seiten, kartoniert, € 19,80.
ISBN 3-555-01302-5

Band 45 Volker *Schepers,* Internet-Banking und sparkassenrechtliches Regionalprinzip, 2003, 275 Seiten, kartoniert, € 19,80.
ISBN 3-555-01308-4

Band 46 Marco *Kulosa,* Die Steuerung wirtschaftlicher Aktivitäten von Kommunen – eine betriebswirtschaftliche Analyse, 2003, 290 Seiten, kartoniert, € 20,20.
ISBN 3-555-01316-5

Band 47 Frank *Placke,* Interkommunale Produktvergleiche als Basis für den kommunalen Finanzausgleich, 2003, 433 Seiten, kartoniert, € 24,60.
ISBN 3-555-01321-1

Band 48 Antje *Wittmann,* Der Sparkassenverbund, 2004, 294 Seiten, kartoniert, € 22,00.
ISBN 3-555-01328-9

Band 49 Barbara *Lübbecke,* Das Kommunalunternehmen – neue Organisationsform im kommunalen Wirtschaftsrecht von Nordrhein-Westfalen, 2004, 343 Seiten, kartoniert, € 24,80.
ISBN 3-555-01329-7

Band 50 Sven Oliver *Hoffmann,* Gewässerschutzrecht Nordrhein-Westfalen – eine systematische Darstellung unter besonderer Berücksichtigung der europarechtlichen und bundesrechtlichen Vorgaben, 2004, 500 Seiten, kartoniert, € 26,80.
ISBN 3-555-01330-0

Band 51 Janbernd *Oebbecke* / Dirk *Ehlers* / Alexander *Schink* / Dörte *Diemert* (Hrsg.), Kommunalverwaltung in der Reform – Wissenschaftliche Fachtagung des Freiherr-vom-Stein-Instituts am 2. Juli 2004 in Münster, 2004, 165 Seiten, kartoniert, € 14,20.
ISBN 3-555-01339-4

Band 52 Hans *Lühmann*, Die Zusammenführung von Arbeitslosen- und Sozialhilfe im Sozialgesetzbuch II (SGB II) – Sozial- und organisationsrechtliche Aspekte des Hartz IV-Gesetzes für die kommunale Sozialpolitik, 2005, 223 Seiten, kartoniert, € 17,80.
ISBN 3-555-01349-1

Band 53 Jörg *Niggemeyer,* Zulässigkeit und Grenzen von Sparkassenfusionen – eine Untersuchung am Beispiel von Zusammenschlüssen nordrhein-westfälischer Sparkassen, 2005, 476 Seiten, kartoniert, € 26,80.
ISBN 3-555-01350-5

Band 54 Dörte *Diemert,* Das Haushaltssicherungskonzept – Verfassungs- und haushaltsrechtliche Grundlagen in NRW unter Berücksichtigung des Neuen Kommunalen Finanzmanagements, 2005, 555 Seiten, kartoniert, € 28,80.
ISBN 3-555-01370-X

Band 55 Andrea *Becker,* Die Entwicklung des Personalvertretungsrechts in Nordrhein-Westfalen – eine Untersuchung der wesentlichen Einflussfaktoren auf die Gesetzgebung am Beispiel des LPVG NRW, 2006, 495 Seiten, kartoniert, € 29,00.
ISBN 3-555-01371-8

Band 56 Janbernd *Oebbecke* / Dirk *Ehlers* / Martin *Klein* / Theresia *Theurl* / Dörte *Diemert* (Hrsg.), Perspektiven für Sparkassen und Genossenschaftsbanken – Wissenschaftliche Fachtagung des Freiherr-vom-Stein-Instituts und des Instituts für Genossenschaftswesen der Universität Münster am 17. Oktober 2005 in Münster, 2006, 128 Seiten, kartoniert, € 10,20.
ISBN 3-555-01385-5

Band 57 Inken *Pehla,* Der Haftungsverbund der Sparkassen-Finanzgruppe – eine Untersuchung der Institutssicherung der Sparkassen und Landesbanken unter besonderer Berücksichtigung des Einlagensicherungs- und Anlegerentschädigungsgesetzes, 2006, 240 Seiten, kartoniert, € 20,80.
ISBN 3-555-01372-6

Band 58 Janbernd *Oebbecke* / Dirk *Ehlers* / Martin *Klein* / Dörte *Diemert* (Hrsg.), Zwischen kommunaler Kooperation und Verwaltungsreform – Fachtagung aus Anlass des 25-jährigen Bestehens des Freiherr- vom-Stein-Instituts am 12. Mai 2006 in Münster, 2006, 127 Seiten, kartoniert, € 12,80.
ISBN 3-555-01391-2

Band 59 Simone *Schütte-Leifels,* Die Grundsätze der Sozialhilfe nach der Reform, 2007, 345 Seiten, kartoniert, € 24,80.
ISBN 978-3-555-01399-2

Band 60 Christian *Thiemann,* Rechtsprobleme der Marke Sparkasse, 2008, 314 Seiten, kartoniert, € 24,00.
ISBN 978-3-555-01451-7

Band 61 Linus *Tepe,* Verfassungsrechtliche Vorgaben für Zuständigkeitsverlagerungen zwischen Gemeindeverbandsebenen, 2009, 235 Seiten, kartoniert, € 20,00.
ISBN 978-3-555-01459-3

Band 62 Anna *Roth,* Die allgemeine Lebensmittelüberwachung als Instrument des Verbraucherschutzes - eine systematische Darstellung unter besonderer Berücksichtigung der Rechtslage und der Organisationsstrukturen in Nordrhein-Westfalen, 2009, 336 Seiten, kartoniert, € 26,00.
ISBN 978-3-555-01474-6

Band 63 Jan Stefan *Lüdde,* Sparkassenrecht der Länder - Bestand und Entwicklung seit 1949, 2010, 232 Seiten, kartoniert, € 20,80.
ISBN 978-3-555-01504-0

Band 64 Carsten *Lund,* Private in der Sparkassen-Finanzgruppe? - Zum Verbleib materiell voll- und teilprivatisierter Landesbanken im Haftungsverbund, 2010, 181 Seiten, kartoniert, € 18,80.
ISBN 978-3-555-01511-8

Band 65 Katharina *Kallerhoff,* Öffentlich-rechtliche Entsorgungsträger contra private Abfallwirtschaft - Aktuelle rechtliche Entwicklungen unter besonderer Berücksichtigung der gewerblichen Sammlungen von verwertbaren Sekundärrohstoffen, 2011, 310 Seiten, kartoniert, € 24,60.
ISBN 978-3-555-01547-7